MY BEST

毎日の勉強と定期テスト対策に

For Everyday Studies and Exam Prep for High School Students

よくわかる 高校古文+漢文

Classics

黒澤弘光

塚田勝郎

Gakken

まえがき

私たちの国には、一千年以上もの長い年月の間に書かれ、継承されてきた多くのすぐれた古典文学作品があります。21世紀に生きる私たちも、それらにふれ、親しむことを通じて、脈々と受け継がれてきた祖先たちの考えたことや様々な心情を理解し、人間同士として共感し、共有することができるのです。

もちろん、古典の作品はそれぞれの時代の言語表現によって書かれているため、高校生の皆さんも初めはとまどうことも多いでしょう。しかし、それは外国語とは違います。文の基本的構造は変わりませんし、主要な語彙にも相当程度共通のものがあります。

どうかこの本を皆さんの手引き（古典文学作品の世界へのガイド）として活用し、古文になじんでいってください。そのお役に立てるように、できるだけ工夫して執筆・編集いたしました。皆さんの努力が成果をあげるよう、願っております。

黒澤　弘光

「漢文学習の特効薬はありますか？」という高校生の質問に、私はいつも「教科書を声に出して読んでごらん。」と答えています。予想外の方法に驚く人もいるでしょうが、漢文の音読はとても効果的です。

漢文のテストで点数が取れないと悩む生徒は、実は問題文をよく読んでいないのです。問題文を理解せずに設問に答えられるはずがありません。解答のヒントは、多く問題文中に潜んでいるからです。

音読を習慣にすると、次第に文語の調子に慣れてきます。漢文の訓読は既に日本語訳（文語訳）です。しかし、文語の調子に慣れていないと、何が書いてあるのか、さっぱりわかりません。特殊な慣用句や句形（句法）などを除けば、返り点と送り仮名に従って読むと、おおよその意味がわかるはずです。一文ずつ現代語訳（口語訳）しないと理解できないというのでは、実戦に対応できません。

この本でも、まず音読から始めてみましょう。その効果は保証します。

塚田　勝郎

本書の使い方

1 学校の授業の理解に役立ち、基礎から定期テストレベルまでよくわかる参考書

本書は、高校の授業の理解に役立つ古文・漢文の参考書です。

授業の予習や復習に使うと授業を理解するのに役立ちます。また、各項目の理解のポイントを示したり、確認問題や詳しい解説などもあり、定期テスト対策にも役立ちます。

2 図や表、写真を使用した、見やすく、わかりやすい紙面

カラーの図や表、写真を使うことで、学習する内容のイメージがつかみやすくなっています。

3 POINT・太字で要点がよくわかる さらに +アルファ で一歩進めてわかる

POINT で「覚えておきたいポイント」、「問題を解くためのポイント」がわかります。色のついた文字や、太字になっている文章は特に注目して学習しましょう。

+アルファ では、さらに一歩進んだ内容を知ることができます。

古文略式表記一覧

動詞

意味　尊＝尊敬　謙＝謙譲　丁＝丁寧　補＝補助動詞

活用型　四＝四段　上一＝上一段　上二＝上二段　下一＝下一段　下二＝下二段
カ変＝カ行変格　サ変＝サ行変格　ナ変＝ナ行変格　ラ変＝ラ行変格

形容詞

活用の種類　ク＝ク活用　シク＝シク活用　カリ＝カリ活用

形容動詞

活用の種類　ナリ＝ナリ活用　タリ＝タリ活用

助動詞

意味　受＝受身　尊＝尊敬　可＝可能　自＝自発　使＝使役　断＝断定　伝＝伝聞
過＝過去　完＝完了　存＝存続　推＝推量　打＝打消　意＝意志　希＝希望
詠＝詠嘆　比＝比況　予＝予定　当＝当然　強＝強意　婉＝婉曲　勧＝勧誘
義＝義務　適＝適当　例＝例示　伝過＝伝聞過去　現推＝現在推量
原推＝原因推量　過推＝過去推量　反仮＝反実仮想

活用形　未＝未然形　用＝連用形　止＝終止形　体＝連体形　已＝已然形　命＝命令形

助詞

種類　格＝格助詞　接助＝接続助詞　係＝係助詞　副助＝副助詞　間＝間投助詞
終助＝終助詞

MY BEST

CONTENTS もくじ

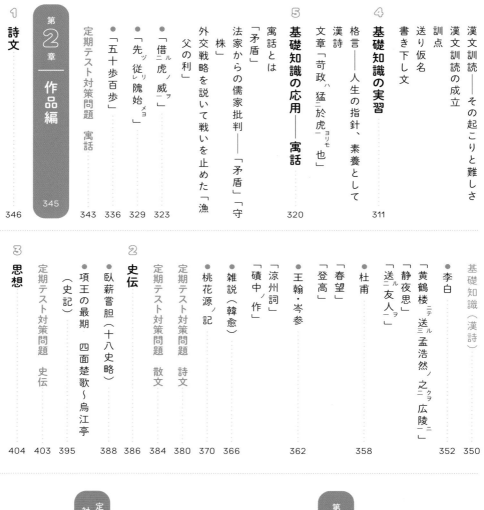

MY BEST

High School Study Tips
to Help You Reach Your Goals

よくわかる

高校の勉強ガイド

中学までとどう違うの?

勉強の不安、どうしたら解決する!?

高校3年間のスケジュールを知ろう！

中学までとのギャップに要注意！

中学までの勉強とは違い、**高校では学ぶボリュームが一気に増える**ので、テスト直前の一夜漬けではうまくいきません。部活との両立も中学以上に大変です！

また、高校では入試によって学力の近い人が多く集まっているため、中学までは成績上位だった人でも、初めての定期テストで予想以上に苦戦し、**中学までとのギャップ**にショックを受けてしまうことも…。しかし、そこであきらめず、勉強のやり方を見直していくことが重要です。

高3は超多忙！
高1・高2のうちから勉強しておくことが大事。

高2になると、**文系・理系クラスに分かれる**学校が多く、より現実的に志望校を考えるようになってきます。そして、高3になると、一気に受験モードに。

大学入試の一般選抜試験は、早い大学では高3の1月から始まるので、**高3では勉強できる期間は実質的に9か月程度しかありません。**おまけに、たくさんの模試を受けたり、志望校の過去問を解いたりなどの時間も必要です。高1・高2のうちから、計画的に基礎をかためていきましょう！

一般的な高校3年間のスケジュール

※3学期制の学校の一例です。くわしくは自分の学校のスケジュールを調べるようにしましょう。

高1	4月	●入学式　●部活動仮入部
	5月	●部活動本入部　●一学期中間テスト
	7月	●一学期期末テスト　●夏休み
	10月	●二学期中間テスト
	12月	●二学期期末テスト　●冬休み
	3月	●学年末テスト　●春休み
高2	4月	●文系・理系クラスに分かれる
	5月	●一学期中間テスト
	7月	●一学期期末テスト　●夏休み
	10月	●二学期中間テスト
	12月	●二学期期末テスト　●冬休み
	2月	●部活動引退（部活動によっては高3の夏頃まで継続）
	3月	●学年末テスト　●春休み
高3	5月	●一学期中間テスト
	7月	●一学期期末テスト　●夏休み
	9月	●総合型選抜出願開始
	10月	●大学入学共通テスト出願　●二学期中間テスト
	11月	●模試ラッシュ　●学校推薦型選抜出願・選考開始
	12月	●二学期期末テスト　●冬休み
	1月	●私立大学一般選抜出願　●大学入学共通テスト　●国公立大学二次試験出願
	2月	●私立大学一般選抜試験　●国公立大学二次試験（前期日程）
	3月	●卒業　●国公立大学二次試験（後期日程）

部活との
両立を
したいな

受験に向けて
基礎を
かためなきゃ

やることが
たくさんだな

高1・高2のうちから受験を意識しよう！

基礎ができていないと、高3になってからキツイ！

高1・高2で学ぶのは、**受験の「土台」**になるもの。**基礎の部分に苦手分野が残ったままだと、高3の秋以降に本格的な演習を始めたとたんに、ゆきづまってしまうことが多い**です。特に、英語・数学・国語の主要教科に関しては、基礎からの積み上げが大事なので、不安を残さないようにしましょう。

また、文系か理系か、国公立か私立か、さらには目指す大学や学部によって、受験に必要な科目は変わってきます。**いざ進路選択になった際に、自分の志望校や志望学部の選択肢をせばめてしまわないよう**、苦手だからといって捨てる科目のないようにしておきましょう。

暗記科目は、高1・高2で習う範囲からも受験で出題される！

社会や理科などのうち**暗記要素の多い科目は、受験で扱う範囲が広いため、高3の入試ギリギリの時期までかけてようやく全範囲を習い終わる**ような学校も少なくありません。受験直前の焦りやつまずきを防ぐためにも、高1・高2のうちから、習った範囲は受験でも出題されることを意識して、マスターしておきましょう。

増えつつある、学校推薦型や総合型選抜

《国公立大学の入学者選抜状況 》

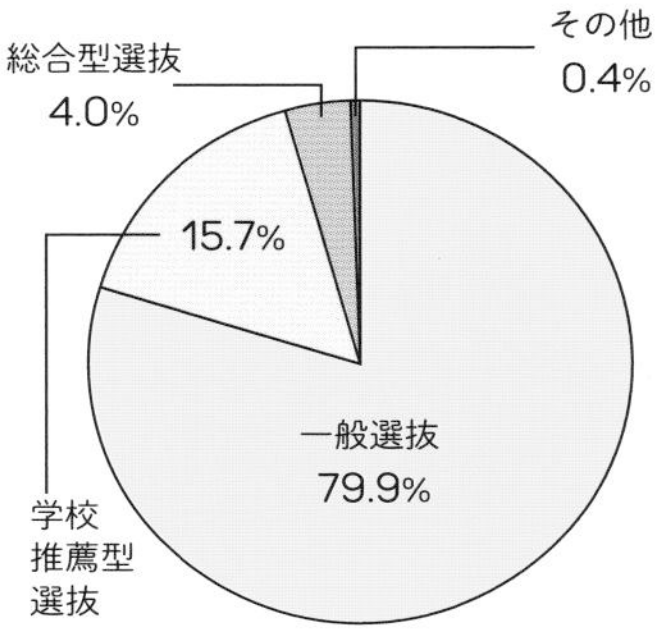

《私立大学の入学者選抜状況 》

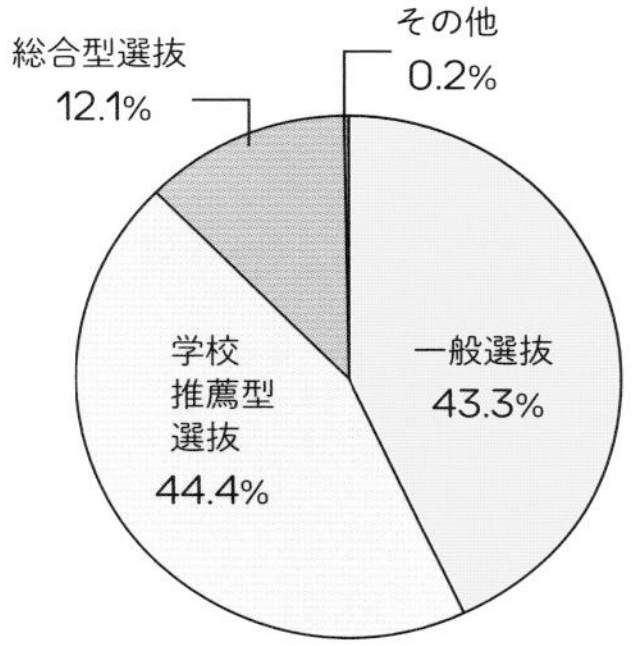

文部科学省「令和２年度国公私立大学入学者選抜実施状況」より
AO入試→総合型選抜、推薦入試→学校推薦型選抜として記載した

私立大学では入学者の50%以上！　国公立大でも増加中。

大学に入る方法として、一般選抜以外に近年増加傾向にあるのが、**学校推薦型選抜（旧・推薦入試）**や**総合型選抜（旧・AO入試）**です。

学校推薦型選抜は、出身高校長の推薦を受けて出願できる入試で、大きく分けて、「公募制」と「指定校制（※私立大学と一部の公立大学のみ）」があります。推薦基準には、学校の成績（高校1年から高校３年1学期までの成績の状況を５段階で評定）が重視されるケースが多く、スポーツや文化活動の実績などが条件になることもあります。

総合型選抜は、大学の求める学生像にマッチする人物を選抜する入試です。書類選考や面接、小論文などが課されるのが一般的です。

高1からの成績が重要。毎回の定期テストでしっかり点を取ろう！

学校推薦型選抜、総合型選抜のどちらにおいても、学力検査や小論文など、**学力を測るための審査**が必須となっており、大学入学共通テストを課す大学も増えています。また、**高1からの成績も大きな判断基準になるため、毎回の定期テストや授業への積極的な取り組みを大事にしましょう。**

Q

高校に入って急にわからなくなった…！
どうしたら授業についていける？

A

授業の前に、予習をしておこう！

高校の勉強は中学に比べて難易度が格段に上がるため、授業をまじめに聞いていたとしても内容が難しく感じられる場合が少なくないはずです。

授業についていけないと感じた場合は、授業前に参考書に載っている要点にサッとでもいいので目を通しておくことをおすすめします。予習の段階ですから、理解できないのは当然なので、完璧な理解をゴールにする必要はありません。それでも授業の「下準備」ができているだけで、授業の内容が頭に入りやすくなるはずです。

Q

今日の授業、よくわからなかったけど、先生に今さら聞けない…どうしよう!?

A

参考書を活用して、わからなかったところはその日のうちに解決しよう。

先生に質問する機会を逃してしまうと、「まあ今度でいいか…」とそのままにしてしまいがちですよね。

ところが、高校の勉強は基本的に「積み上げ式」です。「新しい学習」には「それまでの学習」の理解が前提となっている場合が多く、ちょうどレンガのブロックを積み重ねていくように、「知識」を段々と積み上げていくようなイメージなのです。そのため、わからないことをそのままにしておくと、欠けたところにはレンガを積み上げられないのと同じで、次第に授業の内容がどんどん難しく感じられるようになってしまいます。

そこで役立つのが参考書です。参考書を先生代わりに活用し、わからなかった内容は、その日のうちに解決する習慣をつけておくようにしましょう。

Q

テスト直前にあわてたくない！
いい方法はある!?

A

試験日から逆算した「学習計画」を練ろう。

定期テストはテスト範囲の授業内容を正確に理解しているかを問うテストですから、よい点を取るには全範囲をまんべんなく学習していることが重要です。すなわち、試験日までに授業内容の復習と問題演習を全範囲終わらせる必要があるのです。

そのためにも、毎回「試験日から逆算した学習計画」を練るようにしましょう。事前に計画を練ることで、いつまでに何をやらなければいけないかが明確になるため、テスト直前にあわてることもなくなりますよ。

Q

部活で忙しいけど、成績はキープしたい！効率的な勉強法ってある？

A

通学時間などのスキマ時間を効果的に使おう。

部活で忙しい人にとって、勉強と部活を両立するのはとても大変なことです。部活に相当な体力を使いますし、何より勉強時間を捻出するのが難しくなるため、意識的に勉強時間を確保するような「工夫」が求められます。

具体的な工夫の例として、通学時間などのスキマ時間を有効に使うことをおすすめします。実はスキマ時間のような「限られた時間」は、集中力が求められる暗記の作業の精度を上げるには最適です。スキマ時間を「効率のよい勉強時間」に変えて、部活との両立を実現しましょう。

古文・漢文の勉強のコツ Q&A

Q

助動詞が難しくて古文がわからなくなっちゃった…！
何か対策はあるの？

A

助動詞攻略のカギは動詞・形容詞のマスター。

約30語もある助動詞が、それぞれに活用しているように見えて混乱してしまう人が多いのですが、本書（P56～P75）では、助動詞を活用のタイプ別に分類して覚えやすくしてあります。そして、助動詞の大半が、実は、動詞・形容詞の活用タイプなのです。

Q

古典文法のほかに、
古文を学習するうえで大事なポイントってなに？

A

重要語句の語彙《ごい》を増やそう。

基本的な重要語句の語彙を増やすことで、古文の読解力は大きく進みます。ことに、現代語に同形異義語のある重要語（「おどろく」「あたらし」「やがて」など。本書 P21 参照）や、よく用いられる慣用句（「あかず」「さるべき」「世の中」など）はしっかり覚えましょう。

Q

漢文が得意になる秘訣は？

A

まずは教科書を音読しよう。

意外かもしれませんが、漢文学習の基礎は音読です。音読を繰り返すうちに、文語のリズムにだんだん慣れてきて、おおよその意味も理解できるようになってきます。
本書でも、まずは音読をするところから始めてみましょう。

第1章 入門編

1 古語・古文と親しむために

1 仮名遣いの基礎知識

古文の仮名遣いは、現代の仮名遣いとはだいぶ違う。それは、発音は時代とともに変わってきたのに、発音に基づいて用いられた仮名遣いはほぼ平安中期の表記に基づいた形のままで継承されているからである。このような古文の仮名遣いを「**歴史的仮名遣い（旧仮名遣い）**」という。

また、漢字の音《おん》を仮名で書く場合も、現代仮名遣いと違った仮名遣いが用いられた。たとえば「京」は「きょう」ではなく「きやう」である。

歴史的仮名遣いの読み方に慣れるために、次のようなルールを覚えておこう。

1 語頭以外のハ行はワ行音で読む

「は・ひ・ふ・へ・ほ」が語頭以外（一語の二音節目以降）にあるときは、それぞれ「ワ・イ・ウ・エ・オ」と読む。

例

かは（河）→カワ

こひし（恋し）→コイシ

うたふ（歌ふ）→ウタウ

かへる（帰る）→カエル

おほし（多し）→オオシ

ha《は》 → wa《ワ》

hi《ひ》 → i《イ》

hu《ふ》 → u《ウ》

he《へ》 → e《エ》

ho《ほ》 → o《オ》

2 その他の歴史的仮名遣いの発音

「ゐ・ゑ・を（助詞以外）」は「イ・エ・オ」、「ぢ・づ」「くわ・ぐわ」は「ジ・ズ」「カ・ガ」と読む

例
- とのゐ（宿直）↓トノイ
- うゑき（植木）↓ウエキ
- を（緒）↓オ
- あづまぢ（東路）↓アズマジ
- くわじつ（花実）↓カジツ
- ぐわん（願）↓ガン

現代仮名遣いでは、促《そく》音「っ」、拗《よう》音「きゃ・しゅ・りょ」などの「ゃ・ゅ・ょ」は小さく右に寄せて書くが、歴史的仮名遣いでは、促音や拗音は原則として小さく書かない。

3 〈母音+u〉は長音で読む

一語の中で母音「ア・イ・エ・オ」にuの母音が続いて二重母音となっている場合（「アウ」「イウ」「エウ」「オウ」）は、それぞれ「オー・ユー・ヨー・オー」と読む。

例
- やう（様）↓ヨー　yau→yō
- うつくしう（美しう）↓ウツクシュー　utukusiu→utukusyū
- えうきよく（謡曲）↓ヨーキョク　eukyoku→yōkyoku

au《アウ》 → ō《オー》
iu《イウ》 → yū《ユー》
eu《エウ》 → yō《ヨー》
ou《オウ》 → ō《オー》

前述の三つのルールをあてはめ、または組み合わせて読んでいけば、歴史的仮名遣いの読み方はマスターできる。

例
たまふ（給ふ）→タモー　tamafu→tamau→tamō
けふ（今日）→キョー　kefu→keu→kyō
ゑふ（酔ふ）→ヨー　efu→eu→yō
てふ（蝶）→チョー　tefu→teu→tyō

2　古語のとらえ方

古今異義語

古語のなかには、現在用いられているものと語形が同じか、ほとんど同じでありながら、意味上大きな違いのあるものがある。つい現代語の意味と誤りやすいので、注意しよう。

例　この所に住みはじめし時はあからさまと思ひしかども、（方丈記）

→この「あからさま」は〈**ちょっと・仮に**〉の意味であり、現在の〈ろこつ・隠さずにはっきりと〉などの意味ではない。

例　日しきりにとかくしつつ、ののしるうちに、夜ふけぬ。（土佐日記）

→この「ののしる」を、現代語のように〈口ぎたなく悪口を言う〉の意味にとったのでは、この文脈（都へ帰る国守と客とが送別の宴をしている）とはまったく逆の意味になってしまう。〈**大声をあげて騒ぐ**〉という意味である。

例　ありがたきもの。舅《しうと》にほめらるる婿《むこ》、また姑《しうとめ》に思はるる嫁《よめ》の君。（枕草子）

→〈**滅多にないもの**。舅（配偶者の父）にほめられる婿（娘の夫）、また、姑（配偶者の母）に可愛がられる嫁。〉という訳になる。「ありがたきもの」を、現代語のように〈ありがたいもの〉などと訳さないように注意する必要がある。

注意すべき古今異義語

語	中心の意味	注意点
あからさま	ほんのちょっと・一時的	〈ろこつ〉の意ではない
あたらし	惜《お》しい・もったいない	「新し」でなく「惜《あたら》し」の意味となる場合が多い
ありがたし	めったにない・生きるのが大変だ	「有り難し」である
おどろく	はっと気がつく・目をさます	〈びっくりする〉と訳すと意味が通らないことが多い
からし	つらく苦しい・ひどい	味でなく気持ちを表す
さうざうし	物足りず心さびしい	「索々《さくさく》し」の音便。「騒々し」ではない
つとめて	早朝・翌朝	朝を表す名詞
つれなし	冷淡だ・平気だ・変わらない	こちらのはたらきかけに動かない様子。平然とした様子を表す
なかなか	中途半ぱ・かえって・むしろ	現代語の「かなり」の意とは異なる
ののしる	声高く騒ぐ・評判が高い	〈罵倒《ばとう》する〉意ではない
はしたなし	どっちつかずだ・きまりが悪い	〈下品だ〉の意味ではない
やがて	そのまま・すぐに	現代語より時間的に早い

Q 「いろは歌」ってなに？

A 十世紀ごろの音韻に基づいて、四十七の仮名文字をすべて一度ずつ使ってつくられた次の歌（「今様歌《いまよううた》」）が「いろは歌」です。

いろはにほへと　（色は匂へど）
ちりぬるを　（散りぬるを）
わかよたれそ　（我が世誰ぞ）
つねならむ　（常ならむ）
うゐのおくやま　（有為の奥山）
けふこえて　（今日越えて）
あさきゆめみし　（浅き夢見じ）
ゑひもせす　（酔ひもせず）

この歌を口ずさんで、歴史的仮名遣いに慣れるのもオススメです。

2 文法基本事項①

1 品詞（基本的には現代語と同じ）

単語を文法上の性質・機能によって分類したもので、十種類に分類できる。

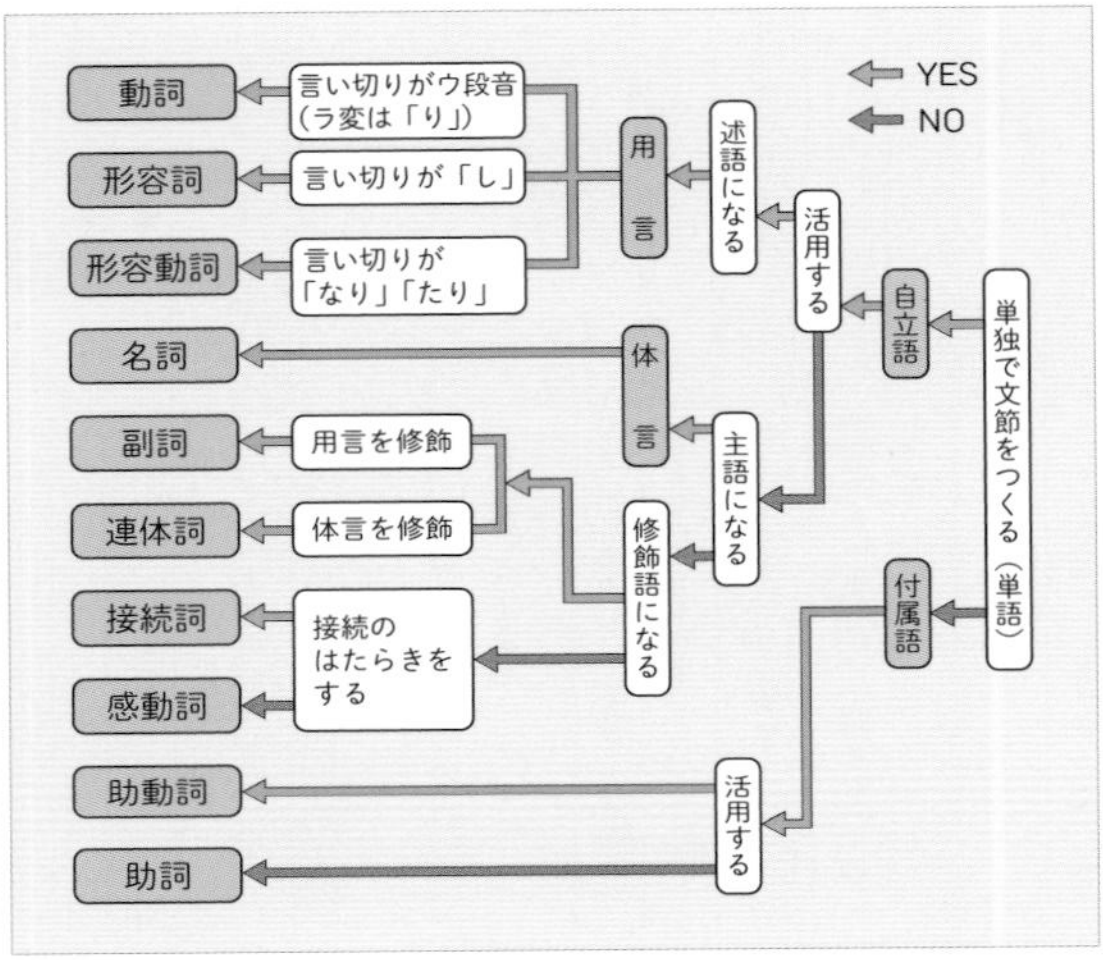

2 名詞

次の五種類がある。

普通名詞、固有名詞、代名詞、数詞、形式名詞。

代名詞

		人称代名詞	指示代名詞 物事	指示代名詞 場所	指示代名詞 方向
自称		あ・あれ わ・われ おのれ			
対称		な・なれ なんぢ			
他称	近称	こ・これ	こ・これ	ここ	こち こなた
他称	中称	そ・それ	そ・それ	そこ	そち そなた
他称	遠称	か・かれ あ・あれ	か・かれ あ・あれ	かしこ	あち あなた かなた
不定称		た・たれ なにがし それがし	いづれ なに	いづこ いづく	いづち いづかた

3 動詞

自立語で活用があり、主として、事物の動きや存在を表す。**「ウ段の音」で終わる**のが原則。**ラ変動詞のみ、「り」（イ段の音）で終わる。**

動詞の活用

活用の種類には、四段活用・上一段活用・上二段活用・下一段活用・下二段活用・カ行変格活用・サ行変格活用・ナ行変格活用・ラ行変格活用がある。

活用型	古語	現代語
四段	「咲く」「行く」「思ふ」など多数	五段
ラ行変格	「あり」「居《を》り」「侍《はべ》り」「いまそかり」の四語	
ナ行変格	「死ぬ」「往《い》ぬ」（去ぬ）の二語	
下一段	「蹴《け》る」一語	
上一段	「着る」「見る」「似る」「干《ひ》る」など十数語	上一段
上二段	「落つ」「過ぐ」「老ゆ」など多数	
下二段	「考ふ」「見ゆ」など多数	下一段
カ行変格	「来《く》」一語	カ行変格
サ行変格	「す」「おはす」の二語	サ行変格

活用型の名称

活用型の名称に用いられる「段」とは、音節のア段・イ段・ウ段・エ段のことである（後の活用表では、a・i・u・eで示す）。

四段活用は、ア・イ・ウ・エの四つの段にわたって語尾が変化する。上一段活用は、イ段一つをもとにして変化し、上二段活用は、イ段からウ段へ変わり、イ段に戻るという変化をする。下一段活用・下二段活用も同様で、エ段一つをもとにして変化しているのが下一段、エ段からウ段へ移り、エ段に戻るのが下二段である。

変格活用は、以上五つの活用型からはずれ、特殊な活用をするものをいい、ナ行変格活用、ラ行変格活用、カ行変格活用、サ行変格活用がある。

古語動詞の活用表

活用型＼活用形	未然形	連用形	終止形	連体形	已然形	命令形	所属語、その他
四段	a	i	u	u	e	e	
上一段	i	i	−iる	−iる	−iれ	−iよ	「着る」「煮る」「似る」「干《ひ》る」「嚔《ひ》る」「見る」「射る」「鋳《い》る」（ヤ行）「居《ゐ》る」「率《ゐ》る」（ワ行）など。
上二段	i	i	u	−uる	−uれ	−iよ	
下一段	け	け	ける	ける	けれ	けよ	「蹴《け》る」の一語だけ
下二段	e	e	u	−uる	−uれ	−eよ	
ナ変	な	に	ぬ	ぬる	ぬれ	ね	「死ぬ」「往《い》ぬ」（去ぬ）の二語
ラ変	ら	り	り	る	れ	れ	「あり」「居《を》り」「侍《はべ》り」「いまそかり」の四語と「然《さ》り」「かかり」「しかり」
カ変	こ	き	く	くる	くれ	こ（よ）	「来《く》」の一語だけ（命令形は「こ」「こよ」どちらでも）
サ変	せ	し	す	する	すれ	せよ	「す」および「おはす」

（表中、a、iなどはア段・イ段などの〝段〟を、ひらがなは固定している部分を表す）

未然形と已然形

口語文法では、活用形は〈未然・連用・終止・連体・仮定・命令〉の六つと習ったが、古語の活用形には、現代語にある**仮定形がなく、そのかわりに已然形がある。**その理由は、この活用形の下に接続助詞「ば」がついた場合、現代語では仮定条件となるが、**古文では仮定条件とはならず、確定条件（①〜ので。〜から。②〜と。〜たところ）となる**からである。ここで、「未然」と「已然」の意味を理解しよう。

未然…（未《いま》だ然《しか》らず）現段階ではまだそうなっていないこと。

・花咲かば＝未然形＋ば

⬇仮定条件を表す〈花が咲くなら〉

已然…（已《すで》に然《しか》り）現段階ですでにそういう状態になっている（または、そうなるとわかっている）こと。

・花咲けば＝已然形＋ば

⬇確定条件を表す〈花が咲くので〉

四段活用

ア段・イ段・ウ段・エ段の四段にわたる活用。

基本形	語幹	未然形	連用形	終止形	連体形	已然形	命令形
行く	行	か ka	き ki	く ku	く ku	け ke	け ke
下に続く主な語		ず・む・ば	けり・て	（言い切り）べし	こと・とき	ど・ども	（言い切り）

*動詞の中で、所属語が最も多い。

*現在の五段活用の原形。

ラ行変格活用（略称「ラ変」）

基本形	語幹	未然形	連用形	終止形	連体形	已然形	命令形
あり	あ	ら ra	り ri	り ri	る ru	れ re	れ re
下に続く主な語		ず・む・ば	けり・て	（言い切り）べし	こと・とき	ど・ども	（言い切り）

*ラ行四段活用とほぼ同じで、終止形のみがイ段（「り」）。

*存在を表す語の集まりで、形容詞・形容動詞の活用（「――から」「――かり」などの補助活用）のもととなっている。

*そのため、助動詞にもラ変型活用語が多く（「り」「けり」「なり」など）、形容詞・形容動詞型活用語を含めれば、助動詞においてラ変型活用の影響は大きい。

*基本的には「あり」「居《を》り」「侍《はべ》り」「いまそかり」（「いますかり」「いまそがり」ともいう）の四語が所属語だが、派生語として「然《さ》り」「かかり」「しかり」（副詞「さ・かく・しか」に「あり」がついて一語化したもの）の三語がある。

上一段活用

イ段を中心とする活用。

基本形	語幹	未然形	連用形	終止形	連体形	已然形	命令形
着る	語幹・語尾の区別なし	き ki	き ki	きる kiru	きる kiru	きれ kire	きよ kiyo
下に続く主な語		ず・む・ば	けり・て	（言い切り）べし	こと・とき	ど・ども	（言い切り）

*現在の上一段活用とほぼ同じで、命令形のみが違う（現代語では「-iろ」（「着ろ」））。

*所属語は「着る」「煮る」「似る」「干《ひ》る」「嚔《ひ》る」「見る」、「射る」「鋳《い》る」（以上の二語はヤ行上一段）、「居《ゐ》る」「率《ゐ》る」（以上の二語はワ行上一段）。〈キミニイヒヰ

ル（君に言ひ居る）という語呂合わせで覚えるとよい。

下一段活用

エ段（「け」）を中心とする活用。

基本形	語幹	未然形	連用形	終止形	連体形	已然形	命令形
蹴《け》る	区別なし	け	け	ける	ける	けれ	けよ
下に続く主な語		ず・む・ば	けり・て	（言い切りか）べし	こと・とき	ど・ども	（言い切り）

＊上一段活用の「i」が「e（け）」に変わっているだけ。

＊所属語は「蹴《け》る」一語だけ（したがって、使用頻度は低い）。

上二段活用

イ段・ウ段を中心とする活用。

基本形	語幹	未然形	連用形	終止形	連体形	已然形	命令形
過ぐ	過	ぎ gi	ぎ gi	ぐ gu	ぐる guru	ぐれ gure	ぎよ giyo
下に続く主な語		ず・む・ば	けり・て	（言い切りか）べし	こと・とき	ど・ども	（言い切り）

＊上二段活用の所属語は、現在では基本的に上一段活用となっている。

＊ヤ行上二段活用は「老《お》ゆ」「悔《く》ゆ」「報《むく》ゆ」の三語と覚えておくとよい（P29参照）。

下二段活用

エ段・ウ段を中心とする活用。

基本形	語幹	未然形	連用形	終止形	連体形	已然形	命令形
避《さ》く	避《さ》	け ke	け ke	く ku	くる kuru	くれ kure	けよ keyo
下に続く主な語		ず・む・ば	けり・て	（言い切りか）べし	こと・とき	ど・ども	（言い切り）

＊動詞の中で、**四段活用に次いで所属語が多い。**

＊いわゆる他動詞的な意味をもつ語が多い。

サ行変格活用（略称「サ変」）

サ行の「し」「す」「せ」を中心とする活用。

基本形	語幹	未然形	連用形	終止形	連体形	已然形	命令形
す	区別なし	せ se	し si	す su	する suru	すれ sure	せよ seyo
下に続く主な語		ず・む・ば	けり・て	（言い切りか）べし	こと・とき	ど・ども	（言い切り）

＊**サ行下二段活用とほぼ同じで、連用形のみがイ**

段（「し」）。

＊所属語は「す」のみだが、ほかの語について一語化して使われることも多い。

和語＋す……「心す」「涙す」「恋《こひ》す」「ものす」など。

漢語＋す……「死す」「愛す」「察す」「信ず」「御覧ず」など（「信ず」「御覧ず」など、連濁で「ず」に変化した語もサ変という）。

その他、「全《まつた》うす」などのように〈形容詞の連用形＋す〉や、「先にす」が一語化して「先んず」となったりする例もある。

＊「おはす」の活用型を特定するのは難しいが、サ変と覚えておくのが最も適用範囲が広い。

ナ行変格活用（略称「ナ変」）

ナ行の「な」「に」「ぬ」「ね」を中心とする活用。

基本形	語幹	未然形	連用形	終止形	連体形	已然形	命令形
死ぬ	死	な na	に ni	ぬ nu	ぬる nuru	ぬれ nure	ね ne
下に続く主な語		ず・む・ば	けり・て	（言い切りか）べし	こと・とき	ど・ども	（言い切り）

＊ナ行四段型（「な」「に」「ぬ」……「ね」）とナ行下二段型（「ぬ」「ぬる」「ぬれ」）との合体形。

＊所属語は「死ぬ」「往《い》ぬ」の二語のみ。

カ行変格活用（略称「カ変」）

カ行の「き」「く」「こ」を中心とする活用。

基本形	語幹	未然形	連用形	終止形	連体形	已然形	命令形
来《く》	区別なし	こ ko	き ki	く ku	くる kuru	くれ kure	こ（よ） ko(yo)
下に続く主な語		ず・む・ば	けり・て	（言い切りか）べし	こと・とき	ど・ども	（言い切り）

＊終止・連体・已然形は、二段活用型（〈-u・-uru・-ure〉）。

未然・連用・命令形はほかの活用型とは異なる。

＊所属語は「来《く》」のみだが、ほかの動詞の連用形などについて一語化する例もある。

〈「出《い》で来《く》」「持《も》て来《く》」「詣《まう》で来《く》」「追《お》ひ来《く》」など〉

動詞の活用型の判別

動詞の活用型（さらに活用形）の判別は、次の手順で行う。

(1)まず、**所属語の少ない六種類の活用型**（上一段・下一段・ナ変・ラ変・カ変・サ変）については、**その所属語を暗記してしまう**（P24上段の表を参照）。

(2)今、活用型を判別しようとしている動詞が、**この六種類のどれかに所属する語ではないか**とチェックする（ここでキャッチできれば、終止形も同時にわかることになる）。

(3)この六種類の活用型の所属語ではないとなれば、**四段・上二段・下二段のどれか**に属する動詞ということになる。そこで、**打消の助動詞「ず」（口語の「ない」でもよい）をつけて否定表現にしてみる**。そのとき、「ず」（または「ない」）の上に、

ア段の音がきていれば――**四段**
イ段の音がきていれば――**上二段**
エ段の音がきていれば――**下二段**

あとは、その活用型のパターンにあてはめて、活用形を割り出す。

動詞の終止形の求め方

上一段・下一段・ナ変・ラ変・カ変・サ変の所属語については、すでに終止形で暗記しておく（前項の(1)参照）はずだから問題はない。

残された四段・上二段・下二段動詞については、前項の(3)のように否定表現をつくったときの語形の**最後の（つまり、「ず」「ない」のすぐ前にきている）母音をuに変えてしまえば**、終止形ができる。

例 「読まナイ」→「ま」はア段だから四段動詞。「ま」〔ma〕のaをuに変えれば〔mu〕、終止形は「読む」。

例 「過ぎナイ」→「ぎ」はイ段だから上二段動詞。「ぎ」〔gi〕のiをuに変えれば〔gu〕、終止形は「過ぐ」。

例 「懸《か》けナイ」→「け」はエ段だから下二段動詞。「け」〔ke〕のeをuに変えれば〔ku〕、終止形は「懸《か》く」。

＊この方法をとるにあたって、次の事項を暗記しておく

とよい。

❶ア行下二段動詞は「得《う》」「心得《こころう》」の二語のみ。

❷ワ行下二段動詞は「植《う》う」「飢《う》う」「据《す》う」の三語のみ。

❸ヤ行上二段動詞は「老《お》ゆ」「悔《く》ゆ」「報《むく》ゆ」の三語のみ。

❶と❷は、**下二段動詞のア行・ハ行・ヤ行・ワ行の区別をつけるために必要**である。これらは、否定表現をつくるとき、「――エナイ」という音としてとらえられ、区別が難しい。

たとえば、「数ふれば」という形から、頭の中で「数えナイ」という否定表現をつくるまではよいが、終止形を「数う」と間違えたりする。語尾に「ふれ」というハ行の仮名が用いられているのだから、「数ふ」だ。

また、「消えて」という形から、「消えナイ」という否定表現をつくり、下二段とわかったあとで、終止形は「消う」か「消ゆ」かと迷ったりもする。**ア行下二段・ワ行下二段は、❶・❷に記したように限定されているのだから、そのほかはヤ行下二段動詞で「――ゆ」の形だ（ヤ行で活用する動詞は、❸の三語を除いて、すべて下二段）。**

❸は、上二段動詞のハ行・ヤ行・ワ行の区別をつけるために役立つが、この区別は仮名遣い（「ひ・ふ」「ゐ・う」が使われているかどうか）によく注意すれば、さして難しいことではない。

4 形容詞（ク活用・シク活用）

事物の状態や性質、人の心情などを表す。「し」で言い切りになる。単独で、述語・連体修飾語・連用修飾語になることができる。

種類と活用

活用の種類	基本形	語幹	未然形 「バ・ズ」に連なる	連用形 「ナル・ケリ」に連なる	終止形 言い切る	連体形 「トキ」に連なる	已然形 「ドモ」に連なる	命令形 命令的に言い切る
ク活用	よし	よ	(く) から	く かり	し	き かる	けれ	かれ
シク活用	正し	正	(しく) しから	しく しかり	し	しき しかる	しけれ	しかれ

＊ク活用・シク活用はそっくりで、終止形は共通。ほか

の活用形は、ク活用の上に「し」をつければシク活用になる。

■**形容詞の活用の種類識別**

下に動詞「なる」をつけて、「――くなる」となればク活用、「――しくなる」となればシク活用。

■**補助活用（カリ活用）**

本活用の連用形にラ変動詞「あり」がついてできたもので、たとえば「多かり」は、〈多く＋あり→多かり〉というように成立した。

未然形	連用形	連体形	命令形
アラ から	アリ かり	アル かる	アレ かれ

（く → から・かり・かる・かれ）

未然形「――(し)から」、連用形「――(し)かり」、連体形「――(し)かる」の次には助動詞がつくのが原則である。

■**「多し」と「多かり」**

「多し」に限って、終止形に「多かり」、已然形に「多かれ」という語形が用いられることがある。

例　はしたなめわづらはせ給ふ時も多かり。（終止形）

5 形容動詞（ナリ活用・タリ活用）

主として事物の状態や性質を表す。単独で述語になり、また、連体修飾語や連用修飾語にもなる。「なり」、または「たり」で言い切りになる。

種類と活用

活用の種類	基本形	語幹	未然形 「バ・ズ」に連なる	連用形 「ナル・ケリ」に連なる	終止形 言い切る	連体形 「トキ」に連なる	已然形 「ドモ」に連なる	命令形 命令的に言い切る
ナリ活用	静かなり	静か	なら	なり に	なり	なる	なれ	なれ
タリ活用	堂々たり	堂々	たら	たり と	たり	たる	たれ	たれ

＊ナリ活用が主である。

＊タリ活用形容動詞は、すべて〈漢語(音読み)＋たり〉という語形で、古文での用例は少ない。

例　歴然たり・寂寞《じやくまく》たり・堂々たり

形容動詞の成立

「〜に」「〜と」という語形に、ラ変動詞「あり」がついてできた（形容詞のカリ活用と同様）。

例 静かに＋あり→静かなり
堂々と＋あり→堂々たり

＊状態・心情を表す語に、断定の助動詞「なり」「たり」がついて一語化したものと考えてもよい（活用もこの二つの助動詞と同じ）。

形容動詞と、名詞＋断定の助動詞「なり」との見分け方

＊状態・心情を表せば形容動詞、そうでなければ「名詞＋なり」。

＊上に連用修飾語（例 いと）がつけば形容動詞。連体修飾語（例 いみじき）がつけば「名詞＋なり」。

6 補助用言について

■ **補助動詞** ㋐敬語でないもの＝あり・をり・ゐる

㋑敬語
- 尊敬語＝「給ふ（四段活用）」「ます」「おはす」「おはします」
- 謙譲語＝「奉る」「申す」「聞こゆ」「聞こえさす」「参らす」「給ふ（下二段活用）」
- 丁寧語＝「侍り」「候ふ」

■ **補助形容詞** 「なし」の一語だけ。

3 おさえておきたい古典常識

時代区分

平城遷都（七一〇）……**奈良時代始まる。**

大和時代の文学……漢字の伝来によって、口承文学から記載文学の時代に入る。

奈良時代の文学……上代人の素朴で純真な心を詠んだ『万葉集』や、『古事記』『日本書紀』のような神話・伝承・歴史の作品が生まれた。

Q 大和時代ってなに？

A 日本史の時代区分の一つで、四世紀ごろから八世紀ごろまでの、大和政権が支配していた時代のことです。

平安遷都（七九四）……**平安時代始まる。宮廷貴族全盛。**

平安時代の文学……藤原氏を中心とする貴族社会の盛衰と歩みを同じくした宮廷貴族文学の時代。仮名文字を自在に使った女性の作家による数々の傑作が世に出る。

▲源氏物語画帖

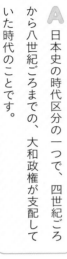

鎌倉幕府開設（一一九二ごろ）……**貴族社会から中世武家社会へ大きく転換。**

鎌倉・室町時代（中世）の文学……実力をもって天下の実権を握った武家階級の力の表現ともいうべき戦記文学と、隠者《いんじゃ》の随筆文学とが代表である。

この時期の文学は仏教思想の影響が強く、仏教的無常観が底流をなしている。

▶お伽草子『弁慶物語』

江戸幕府開設（一六〇三）……**幕藩体制による近世封建制度の確立。町人が台頭。**

江戸時代（近世）の文学……経済力を握った町人は、自分たちの趣味や価値観に合った文化を求め、俳諧・浮世草子・浄瑠璃《じょうるり》・歌舞伎《かぶき》などが流行した。そこにはのびのびとした新興町人階級の意欲の反映が見られる。

▶歌舞伎劇場（『浮絵劇場図』鳥居清忠筆）

貴族の一生

出産・誕生

出産は出血をともなうため穢《けが》れと考えられ、後宮の女性は懐妊すると三か月めごろに宮中から退出し、里（実家）に設けられた産屋《うぶや》や産室で出産した。難産の犠牲になることも少なくなく、安産祈願の「加持祈禱《かぢきたう》」が盛んに行われた。即位可能な皇子を出産させることを狙いとして、女子の誕生が期待された。無事に出産がすむと、新生児のためにいろいろな儀式が行われた。

▼『源氏物語五十四帖』より桐壺

結婚

平安前期は、夫が妻の邸に通う「妻問《つまどひ》」で、一夫多妻であった。まず、男性が女房などから女性の噂を聞いたり、「垣間見《かいまみ》」で知ったりして、求婚の手紙（歌）を贈る。女性は母親の勧めなどで返事の手紙（歌）を贈る。何度かの贈答を経て女性からの内報で、男性は夜、女性の邸を訪ねる。最初は、男性は簀子《すのこ》までで女房を通じて女性と歌を贈答し、朝明るくなる前に帰る。やがて結ばれると、男性は帰邸後、女性に「後朝《きぬぎぬ》の文」を贈った。両親が許して男性を通わせ、三日目に「露顕《ところあらはし》」という披露の儀式を行い正式な結婚とされる。それ以後は、昼も女性の邸にいることができるようになる。男性の衣服なども女性の方で用意し、子どもも母親が養った。平安中期より「婿取」といい、夫婦同居となるが中期もしばらくは「妻問」が正婚とされた。

▼垣間見

成長

男児も女児も三歳から七歳ぐらいの間に、初めて袴をつける「袴着《はかまぎ》（着袴《ちゃくこ》）」の儀式が行われた（現在の七五三の起源）。その後、女児は八歳ごろから髪をのばす。元服前の男児は童とよばれ、母や姉妹のもとへ自由に出入りが許された。公卿の子は、十歳ごろで「童殿上《わらはてんじやう》」といって、「清涼殿」に出仕して作法の見習いをする。皇子たちは七〜八歳ぐらいになると、漢籍を初めて学ぶ「書《ふみ》始め」を行う。

▼裳着

成人

男子の成人式は「元服《げんぷく》」で、十一歳から十七歳ぐらいの間に行われた。大人の衣服を着け、髪型を変えて冠をつけたので、「初冠《うひかうぶり》」ともいう。女子は「裳着《もぎ》」で、十二歳から十四歳ぐらいの間に行われた。大人の衣服を着て裳を着け、髪を結い上げる「髪上げ」をした。結婚の準備が整ったことの披露《ひろう》でもあった。

算賀

当時は寿命が短かったので、四十歳を過ぎたときの「四十の賀」（「初賀」）をはじめとして、「五十の賀」、「六十の賀」などを行った。近世から還暦・古希・喜寿・米寿も算賀として祝うようになった。

▼『源氏四十の賀』

死・服喪

仏教の影響を受け、火葬が広く流布《るふ》した。火葬の地とされた鳥辺野《とりべの》付近に霊屋《たまや》を設け、霊を祀《まつ》り荼毘《だび》に付した。死後、四十九日は「中陰《ちゆういん》（中有《う》）」とよび、七日ごとに供養《くよう》をした。一定期間「服喪《ふくも》」として、喪服《もふく》を着用し慎んだ。喪の終わりを「はて」（四十九日、一周忌）といい、河原に出て禊《みそぎ》をし、喪服を脱いだ。

貴族の生活

貴族たちの生活で重要視されたのが種々の年中行事である。このうち最も重要で多いのは神事祭礼に関する行事で、これは上代の祭政一致のなごりと考えられる。

こういった行事は、生活を暦日（太陰暦であったことに注意）を基準として規則づける意味があり、生活にしまりとゆとりとを適当に与えるものであった。

主な年中行事一覧

月	行事		内容
1	七草《ななくさ》（人日《じんじつ》）	7日	春の七草を入れてつくった粥《かゆ》を食べる。万病を防ぎ、邪気を除く。
	県召除目《あがためしのぢもく》	11〜13日	新しく諸国の国司（地方官）を任命する。「春の除目」ともいう。
3	上巳《じやうし》	3日	盃《さかずき》を水に流し、自分の前にくるまでに詩をつくる曲水宴《ごくすいのえん》（「きょくすいのえん」とも）が行われる。「桃の節供」ともいい、女子の節供とする。
4	灌仏会《くわんぶつゑ》	8日	釈迦の誕生日に、仏に甘茶をそそいで祭る法会。
	賀茂祭《かものまつり》	中または下の酉《とり》の日	京都の賀茂神社の例祭。一年中で最も盛大な祭りで、単に「祭り」といえばこれを指す。すべて葵で飾られるので「葵祭《あふひ》」ともよばれる。

◀曲水宴

5	端午《たんご》	5日	男子の節供。邪気をはらうために、しょうぶ・よもぎを軒《のき》に挿す。
6	六月祓《みなづきばらへ》	晦日	神社の参詣人に茅《ち》の輪をくぐらせて祓い浄める。「夏越《なごし》の祓《はらへ》」ともいう。
7	七夕《たなばた》	7日	牽牛《けんぎゅう》・織女《しょくじょ》星を祭り、裁縫・書道など諸芸の上達を乞うので、「乞巧奠《きかうでん》」ともいう。
8	月見	15日	十五夜の月を賞美する。「仲秋の名月」ともいう。
	司召除目《つかさめしのぢもく》		在京諸司の内官（中央官）を任命する。秋に多いので「秋の除目」ともいう。
9	重陽《ちょうやう》	9日	寿命をのばすため、酒に菊の花弁を浮かべて飲む。宮中では詩歌の献上が行われる。「菊の節供」ともいう。
11	新嘗会《しんじやうゑ》	中の卯の日	その年の新穀を神々にそなえ、天皇が召し上がる。翌日、群臣に新穀で食事をたまわる「豊明節会《とよのあかりのせちゑ》」がある。「新嘗祭《にひなめまつり》」とも。
12	大祓《おほはらへ》	大晦日《おおみそか》	一年間の心身の穢れを清める神事で、六月祓と同じ。
	追儺《ついな》	大晦日の夜	悪鬼を追い出し、邪気をはらう儀式で「鬼やらひ」ともいう。近世以降は、民間の節分の行事として残る。

＊「人日」「上巳」「端午」「七夕」「重陽」を総称して「五節供」という。

◀関白賀茂詣

MY BEST Classics

第2章 作品編

1 説話

POINT

説話を通じて古文に親しむ。
現代語と意味の異なる古今異義語を理解する。
古文を読むときのきまりごとを学習する。

▲雀の恩返し

仏神の奇特から世俗の珍談奇談まで

「説話」とは、世に伝えられた話の総称である。現存最古の説話集は、延暦《えんりゃく》六（七八七）年に僧景戒《きょうかい》によって編纂された仏教説話集『日本霊異記』で、その後、『三宝絵』『日本往生極楽記』などが書かれた。保安元（一一二〇）年ごろに編纂された『今昔物語集』は、インド・中国・日本の説話の集大成とされ、千余話を集めてわが国最大の説話集となっている。芥川龍之介の「羅生門」「鼻」「芋粥《いもがゆ》」などは『今昔物語集』所収の説話に素材を採っている。

鎌倉時代は〝説話の宝庫〟ともいわれ、承久元（一二一九）年ごろの成立とされる『宇治拾遺物語』をはじめ、『古本説話集』、『発心集《ほっしんしゅう》』（鴨長明《かものちょうめい》編）、『十訓抄《じっきんしょう》』（六波羅二﨟左衛門入道編か）、『古今著聞集《ここんちょもんじゅう》』（橘成季《たちばなのなりすえ》編）、『沙石集《しゃせきしゅう》』（無住道暁《むじゅうどうぎょう》編）など多くの説話集が編まれた。

宇治拾遺物語

作品解説

成立年、編者はともに未詳だが、採録されている話から考えて、十三世紀前半の成立と考えられる。全十五巻から成る。序文によると、源隆国《みなもとのたかくに》が宇治の平等院の南泉坊で、往来の人々を呼び集めて昔話を聞き書きしたた『宇治大納言物語』に、後世の人が次々に増補・加筆してできたものだとされている。

バラエティーに富んだ雑多な説話

内容は、**仏教説話**と**世俗説話**に大別され、仏教に関するものには、仏の霊験談・高僧の法験談・庶民の発心談《ほっしんだん》などがある。世俗に関するものには、芸能伝説・滑稽談・盗賊談・報恩談などがあるが、「舌切り雀」の話の原型として知られている雀の恩返しや、亀の恩返し、鬼のこぶとり（こぶとり爺《じい》さん）などの民間伝承を採録したり、下級階層や庶民社会の話題を多く取り上げている。

また、**この説話集の魅力は、バラエティーに富み、宗教色・教訓色が薄く、各説話を一つの小物語のようにしようとする編者の創作的工夫も見られ、説話のおもしろみを生かそうとしている点にある。**編者の目が、人間の様々な姿・心情に注がれていることが読み取れる。

『宇治拾遺物語』は芥川も好んだ説話集

『宇治拾遺物語』は、『今昔物語集』と共通の説話を八十編以上収めるほか、『古事談』や『十訓抄』などとも類話をもつ。これらの説話は、落語や読本《よみほん》の材料に取り入れられるなど、後の文芸に多くの影響を及ぼした。これらの説話文学を好んだ近代作家も多く、特に芥川龍之介は『宇治拾遺物語』や『今昔物語集』に小説の題材を求め、「羅生門」「鼻」「芋粥」など近代解釈を盛り込んだすぐれた短編を書いた。

本書で学習する「絵仏師良秀」は「地獄変」の素材となった話である。芥川は、この作品に独自の文学性を与えてすぐれた作品としている。また、「絵仏師良秀」では良秀には妻や子がいるとだけあるが、芥川の描く良秀には娘がいて、その娘が大きな役割を果たしている。「地獄変」では、良秀の絵への執念が非常に印象深く描写されるが、みごとな地獄変の屏風を描き終えた良秀は、数日後に自殺してしまうという結末になっている。ぜひ一読を勧めたい作品である。

児《ちご》のそら寝

見栄《みえ》を張って失敗した児《ちご》

僧たちが夜食にぼたもちをつくろうとしているのを聞きつけた児が、食いしん坊と思われまいとして寝たふりを続けていたのだが、ついに我慢が切れて……という話。

これも今は昔、比叡《ひえ》の山に児ありけり。僧たち、よひ《ィ》のつれづれに、「いざ、かいもちひ《ィ》せむ《ン》。」と言ひ《ィ》けるを、この児、心よせに聞きけり。さりとて、しいださむ《ン》を待ちて寝ざらむ《ン》も、わろかりなむ《ン》と思ひ《ィ》て、かたかたに寄りて、寝たるよしにて、いでくるを待ちけるに、すでにしいだしたるさまにて、ひしめきあひ《ィ》たり。

- あり（ラ変・用）／けり（伝過・止）
- せ（サ変・未）／む（意・止）／言ひ（ハ四・用）／ける（過・体）
- 聞き（カ四・用）／けり（過・止）／しいださ（サ四・未）／む（婉・体）／待ち（タ四・用）／寝（ナ下二・未）／ざら（打・未）／む（婉・体）／わろか（ク・用）
- な（強・未）／む（推・止）／思ひ（ハ四・用）／寄り（ラ四・用）／寝（ナ下二・用）／たる（存・体）／いでくる（カ変・体）
- 待ち（タ四・用）／ける（過・体）／しいだし（サ四・用）／たる（完・体）／ひしめきあひ（ハ四・用）／たり（存・止）

今ではもう昔のことになったが、比叡山（の延暦寺）に（一人の）児がいたということだ。僧たちが、宵の手持ちぶさたに、「さあ、ぼたもちをつくろう」と言ったのを、この児は、期待して聞いた。（児は）そうかといって、（僧たちが）つくりあげるのを待って（それまで）寝ないのもきっとよくないだろうと思って、片すみに寄って、寝ているふりをして、できあがるのを待っていたところ、もうできあがった様子で、（僧たちは）集まって騒いでいる。

■…文法重要事項
■…重要語句
□…訳が出やすい箇所

語釈・文法解説

今は昔…説話の語り出しによく用いられる表現。

比叡の山…平安京の北東にある比叡山《ひえいざん》。ここでは、比叡山にある、天台宗の中心寺院延暦寺《えんりゃくじ》を指す。

児…学問や行儀見習いのために寺に預けられていた、貴族や武士などの子弟。

よひ…宵《よい》。日没から夜中になるまでの時間。

つれづれ…**退屈**。することがなくて手持ちぶさた。

この児、さだめておどろかさむ《ン》ずらむ《ン》と待ちゐ《イ》たるに、僧の、「もの申しさぶらは《ワ》む《ン》。おどろかせたまへ《エ》。」と言ふ《ウ》を、うれしとは思へ《エ》ども、ただ一度にいらへ《エ》む《ン》も、待ちけるかともぞ思ふ《ウ》とて、いまひとこゑ《エ》呼ばれていらへ《エ》む《ン》と、念じて寝たるほどに、「や、な起こしたてまつりそ。をさなき人は寝入りたまひ《イ》にけり。」と言ふ《ウ》こゑ《エ》のしければ、あなわびしと思ひ《イ》て、いま一度起こせかし

（文法注）おどろかさ サ四・未／むず 推・止／らむ 推・止／ゐ ワ上一・用／たる 存・体／申し サ四・用／さぶらは 丁・補・未／む 意・止／おどろか カ四・未／せ 尊・用／たまへ 尊・補・命／言ふ ハ四・体／うれし シク・止／思へ ハ四・已／いらへ ハ下二・未／む 婉・体／待ち タ四・用／ける 過・体／思ふ ハ四・体／呼ば バ四・未／れ 受・用／いらへ ハ下二・未／む 意・止／念じ サ変・用／寝 ナ下二・用／たる 存・体／起こし サ四・用／たてまつり 謙・補・用／をさなき ク・体／寝入り ラ四・用／たまひ 尊・補・用／に 完・用／けり 過・止／言ふ ハ四・体／し サ変・用／けれ 過・已／わびし シク・語幹／思ひ ハ四・用／起こせ サ四・命

（現代語訳）この児は、きっと（僧が、自分を）起こすだろうと、待ち続けていると、僧が、「もしもし。目をおさましください」と言うのを、（児は）うれしいとは思うけれど、たった一度（よばれただけ）で返事をするのも、（ぼたもちができるのを）待っていたのかと（僧たちが）思うと困ると考えて、もう一声よばれて返事をしようと、我慢して寝ているうちに、「これ、お起こししてはいけない。幼い人は、寝入ってしまわれた」という声がしたので、（児は）ああ、困ったなあと思って、もう一度起こしておくれ

おどろかさむずらむ…「**おどろかす**」（起こす。目ざめさせる）の未然形に、推量の助動詞「むず」「らむ」のついた形。

もの申しさぶらはむ…丁寧によびかけるときの言葉。もしもし。

もぞ思ふ…〜と困る。〜たら大変だ。「もぞ」は、これから起こりそうなことを心配する意味を表す。

念じて…「念ず」（サ変）は「我慢する。心に強く思う」の意。

な起こしたてまつりそ…「な――そ」で、柔らかい禁止・制止の意を表す。

と思ひ寝に聞けば、ひしひしとただ食ひに食ふ音のしければ、ず

（聞け：カ四・已／食ひ：ハ四・用／食ふ：ハ四・体／し：サ変・用／けれ：過・已）

と思いながら寝て聞くと、むしゃむしゃと、ただ盛んに（ぼたもちを）食べる音がしたので、

ちなくて、無期《むご》ののちに、「えい。」といらへたりければ、僧たち

（なく：ク・用／いらへ：ハ下二・用／たり：完・用／けれ：過・已）

どうしようもなく、だいぶ経ってから、「はい」と返事をしたので、僧たちが

わらふことかぎりなし。

（わらふ：ハ四・体／かぎりなし：ク・止）

笑うことこのうえもない。

思ひ寝…何かを思いながら寝ていること。

理解のポイント

児の気持ちの変化をたどってみよう

①期待……僧が「さあ、ぼたもちをつくろう」と言った。

➡「やった！　ぼくも食べられるぞ」

②見栄《みえ》を張る……できるのを待っているのもよくない。

➡「食いしん坊じゃないところを見せよう」

③強い期待……ぼたもちができあがったらしい。

➡「きっとぼくを起こしてくれるだろう」

④喜び……「目をおさましください」と起こしてくれた。

➡「やっぱりこうなった。でも……」

⑤もう一度見栄を張る……「一度よばれただけで起きる

と、『ほんとうは待っていたんじゃないか』と思われそうだ」

⑥期待して待つ……「もう一度よばれてから返事しよう」

⑦意外な展開に驚く……別の僧が、「よく寝ているんだから起こすのはやめなよ」と制止。

⬇「そんな……！ 困っちゃったなあ」

⑧じっと我慢……僧たちがむしゃむしゃと食べている。

⬇「ああ、つらいよ。どうしたらいいんだ」

⑨我慢の限界が切れる……このままでは食べ終わってしまう。

⬇「しかたがない、答えちゃおう。ハーイ！」

僧侶たちの気持ち

①児を起こして一緒に食べさせよう……「目をおさましください」

②児が答えないので、よく寝ていると思う……「もう一度起こそう」「いや、よく寝ているんだよ。このままにしておこう」

③さっき声をかけてからずっと経《た》って、児が「ハーイ！」と返事した……「えっ、なんで今ごろ……？ ハハア、カッコつけて寝たふりをしていたのか」

⬇おもしろく、かわいくて大笑い。

Q 古文を読むときに、コツはありますか？

A 歴史的仮名遣いに慣れることが、古文読解の第一歩です。

今回の「児のそら寝」では、「言ひ《い》ける」「こゑ《え》」などの歴史的仮名遣いが使用されています。また、「しいださむ《ん》」のように、「む」と表記して「ん」と読む例もあります。

P18〜P20で説明した歴史的仮名遣いの読み方を思い出すなどしながら、何度も読んで慣れてしまいましょう。

定期テスト対策問題　児《ちご》のそら寝

解答・解説はP278

問一 次の語句の読み方を、現代仮名遣いで書きなさい。

①よひ　②かいもちひ　③言ひける　④待ちゐたる
⑤さぶらはむ　⑥いらへむ　⑦をさなき　⑧こゑ

問二 次の語句の意味を答えなさい。

①つれづれ　②いざ　③さりとて　④おどろく
⑤いらふ　⑥念ず　⑦ずちなし　⑧かぎりなし

問三 次の①〜⑨を現代語訳しなさい。

①いざ、かいもちひせむ　②わろかりなむ
③いでくるを待ちける　④さだめておどろかさむずらむ
⑤もの申しさぶらはむ　⑥待ちけるかともぞ思ふ
⑦いまひとところ呼ばれていらへむ　⑧な起こしたてまつりそ
⑨あなわびし

ヒント

問三
①「いざ」は、人を誘う言葉。
②「なむ」は強意の助動詞「ぬ」に、推量の助動詞「む」がついた形。
③「出《い》で来《く》」(カ変動詞)は、「できる。出て来る」の意。
④「むずらむ」は、二語から成るが、全体で推量として訳す。
⑤よびかけの言葉として定型化した表現。
⑥「——もぞ〜」は、これから起こりそうなことを心配し、危ぶむ心情を表現。
⑦「いま」は、「さらに。もう〜」の意。
⑧「な——そ」は、柔らかい禁止・制止の表現。
⑨「あな」は感動詞。

問四 P43の「児のそら寝」7行めで、僧が「もの申しさぶらはむ。おどろかせたまへ」と声をかけたのに児が返事しなかった理由を、三十字以内で説明しなさい。

問五 P44の「児のそら寝」13行めで、児が「えい」と返事したのを聞いて僧たちが大笑いした理由を、三十五字以内で説明しなさい。

問四 「ただ一度に〜もぞ思ふ」という児の思いに着目しよう。

問五 「無期ののちに」返事をしたことがポイント。

絵仏師良秀

芸術に対する良秀の執念

隣家から出た火が自分の家に燃え移るのを平然と眺めながら、長年追い求めてきた不動明王の火炎の描き方を体得した絵仏師良秀の執念。

…文法重要事項
…重要語句
…訳が出やすい箇所

これも今は昔、絵仏師《えぶつし》《エブッシ》良秀《よしひで》《リョウシュウ》(りやうしう)といふ《ウ》ありけり。家の隣より火

八四・体　ラ変・用　伝過・止

これも今では昔のことだが、絵仏師良秀という者がいたそうだ。(自分の)家の隣から火事が

出《い》できて、風おしおほひ《オイ》て責めければ、逃げ出でて大路へ出でに

カ変・用　ハ四・用　マ下二・用　過・已　接助　ダ下二・用　ダ下二・用

出て、風が(火を)おし包んで迫ってきたので、逃げ出して大通りに出てしまった。

けり。人のかかする仏もおはし《ワ》けり。

過・止　カ四・未　使役・体　サ変・用・尊　過・止

(家の中には)人が注文して描かせている仏様もいらっしゃった。

また衣着ぬ妻子なども、さながら内にありけり。それも知ら

カ上一・未　打・体　ラ変・用　過・止　ラ四・未

また、(ろくに)着物も着ていない妻や子どもも、すべて家の中にいた。(良秀は)それにも

ず、ただ逃げ出でたるをことにして、向かひ《イ》のつらに立てり。

打・用　ダ下二・用　サ変・用　タ四・已

かかわらず、ただ(自分一人)逃げ出したのをよいことにして、(家の)向かい側に立っていた。

語釈・文法解説

絵仏師…仏画を描くことを専門とする絵かき。

おしおほひて…おし包んで。

責めければ…迫ってきたので。「ば」は順接確定条件の接続助詞。

人のかかする…人が注文して描かせている。「する」は使役の助動詞「す」(現在の「せる」)の連体形。

さながら…「すべて。そのまま」の意の副詞。

それも知らず…それにもかかわらず。

ことにして…よいことにして。「ことにす」は、「よいことにする。それに満足する」の意。

見れば、すでに我が家に移りて、煙、炎くゆりけるまで、おほ《オ》

マ上一・已　接助　ラ四・用　ラ四・用　過・体

見ると、(火は)すでに自分の家に燃え移って、煙や炎がくすぶり立ちのぼってしまうときまで、ほとんど

かた向かひ《イ》のつらに立ちて眺めければ、「あさましきこと」とて、

タ四・用　マ下二・用　過・已　接助　シク・体

(大路の)向こう側に立って眺めていたので、「大変なことだぞ」と言って、

人ども来《き》とぶらひ《イ》けれど、騒がず。「いかに」と人言ひ《イ》ければ、

カ変・用　ハ四・用　過・已　接助　ガ四・未　打・止　ハ四・用　過・已　接助

人々が来て見舞ったが、(良秀は)騒ぎもしない。「どうしたことだ」と人が言っていると、

向かひ《イ》に立ちて、家の焼くるを見て、うちうなづき《ズ》て、時々笑ひ《イ》

タ四・用　カ下二・体　マ上一・用　カ四・用　ハ四・用

(良秀は)向こう側に立って、家が焼けるのを見て、軽くうなずいて、時々笑っていた。

けり。「あはれ《ワ》、しつるせう《ショウ》とくかな。年ごろはわろくかきける

過・止　連体詞　終助　ク・用　カ四・用　詠・体

「ああ、大変なもうけものだなあ。長年、下手に描いていた

ものかな」と言ふ《ウ》時に、とぶらひ《イ》に来たる者ども、「こはいかに、

終助　ハ四・体　カ変・用

ものだなあ」と言うときに、見舞いに来ていた者たちが、「これはまたどうして、

向かひのつら…向こう側。「つら」は、「そば。わき」。

くゆりけるまで…くすぶり立ちのぼってしまうときまで。

あさましきこと…大変なことだぞ。**「あさまし」は「驚きあきれる。意外だ。情けない」の意。「こと」という体言で終わっているのは、「体言止め」という余情表現。**

とぶらひけれど…見舞ったけれど、「とぶらふ」は、「訪れる。見舞う」の意。

あはれ…感動詞。「ああ……!」

しつるせうとく…大変なもうけもの。**「しつる」は連体詞で、「たいした〜。大変な〜」の意。「せうとく」は「もうけもの」。**

かな…詠嘆の終助詞。「〜なあ。〜よ」。

年ごろ…長年。「年ごろ」は「①ここ数年間。②長年」の意。

かきける…この「ける」は詠嘆(気づき)の助動詞「けり」。これまでの自分の描き方が下手だったと気づいたことを表している。

こはいかに…「これはどうしたことか」

かくては立ち給へ《エ》るぞ。あさましきことかな。物のつき給へ《エ》るか」

タ四・用　尊・補 已　存・体　シク・体　終助　カ四・用　尊・補 已

このように立っていらっしゃるのか。あきれたことだなあ。何か物怪がおつきになったのか」

と言ひ《イ》ければ、「なんでふ《ジョウ》物のつくべきぞ。年ごろ不動尊の火炎を

ハ四・用　過・已　接助　カ四・止

と言ったところ、「どうして物怪のとりつくはずがあろうか。長年の間お不動様の(背の)火炎を

あしくかきけるなり。今見れば、かう《コウ》こそ燃えけれと、心得つる

シク・用　カ四・用　詠・体　断・止　マ上一 已　接助　係　ヤ下二 用　詠・已　ア下二・用

まずく描いたものであったよ。今見ると、(火とは)このように燃えるのだったのかと、納得がいったのだ。

なり。これこそせう《ショウ》とくよ。この道をたてて世にあらんには、仏

断・止　タ下二・用　ラ変・未　婉・体

これこそもうけものよ。この(絵の)道をもって世間で生きていく以上は、仏様

だによくかき奉らば、百千《ももち》の家も出できなん。わた《トウ》うたちこそ、

副助　カ四・用　謙・補 未　接助　カ変・用　強 未　推・止　係

さえうまく描き申し上げれば、百も千もの家もきっと建つだろう。あなたたちは、

させる能もおは《ワ》せねば、物をも惜しみ給へ《エ》」と言ひ《イ》て、あざ笑ひ《イ》

連体詞　サ変・未　打 已　接助　マ四・用　尊・補 已　ハ四・用　ハ四・用

たいした才能もおありでないから、物惜しみをなさるのだ」と言って、あざ笑っ

という意味。

かくては立ち給へるぞ…このように立っていらっしゃるのか。「給へ」は尊敬の補助動詞「給ふ」の已然形。「る」は、存続の助動詞「り」の連体形。

あさましき…形容詞「あさまし」の連体形。「あきれたことだ」の意。

物のつく…物怪《もののけ》がとりつく。

なんでふ…どうして。「なにといふ」の略。反語の副詞。

こそ…強意の係助詞。結びの語は詠嘆(気づき)の助動詞「けり」の已然形「けれ」。

仏だに…仏様さえ。「だに」は、下の「ば」と呼応して、最小限の条件を表す(「〜さえ…ば」)。

出できなん…「な」は強意の助動詞「ぬ」の未然形。「ん」は推量の助動詞「む(ん)」の終止形。きっとできることだろう。

わたうたち…あなたたち。

させる能…これといった才能。**「させる」は連体詞。下に否定表現をともなって、「たいした〜ない」の意。**

おはせねば…おありでないから。**「おは**

てこそ立てりけれ。

係　タ四・已　伝過・已

て立っていたそうだ。

その後にや、良秀がよぢ《ジ》り不動とて、今に人々めで合へ《エ》り。

ハ四・已

そのあとのことであったろうか、良秀のよじり不動といって、今でも人々が皆ほめている。

▲中央に座っているのが不動明王

せ」は「おはす」（「あり」の尊敬語）の未然形。「ね」は打消の助動詞「ず」の已然形。

その後にや…直後に「あらむ」「ありけむ」などを補って考える。

めで合へり…皆ほめている。皆で賞賛している。

解釈

良秀の二つの笑いの相違

良秀の二つの笑いの相違は、次のようにまとめられる。

■9行めの「笑ひ」⬇不動明王の火炎の描き方が納得できたという会心の笑い。

■17行めの「笑ひ」⬇周囲の俗人の常識的な心配など問題ではないという超然とした笑い。

良秀の人柄・ものの考え方を読み取る

■依頼されて描いた仏画や妻子を置き去りにして逃げ、見物している。⬇仏を敬う心や妻子への情愛をもっていない（利己的な人柄）。

■火事見舞いに来た人たちに対する言葉（「わたうたちこそ～惜しみ給へ」）⬇絵仏師として強い自信をもち、平凡な者たちを見下げる人柄。

文法

係り結び

係助詞「こそ」があると、それを受ける文末の活用語が已然形となる。これを「係り結び」という。

「かうこそ燃えけれ」（14行め）の「こそ」の結びは「けれ」（詠嘆（気づき）の助動詞「けり」の已然形）で、訳すとき誤解は少ないのだが、「わたうたちこそ、させる能もおはせねば、物をも惜しみ給へ」（16～17行め）の例では、うっかりすると「こそ」の結びの「給へ」（已然形）を命令形と誤解し、「あなたがたは、～物惜しみをなさいませ」と解釈してしまったりするので、注意が必要だ。ほかに、「ぞ」「なむ」「や」「か」も係り結びとなる助詞である。

古文は主語の省略が多い

私たちの日常会話では、「行く?」「行くよ」のように主語を省略するのがふつうのことになっている。古文も同様に、わかりきった主語を省略している。

古文では次のような点が現代語と違う。

① **主語の省略が、現代語より多い。**

② 古文は一つの文の中で次々と話題が移っていくことが多い。複数の文がつながって、長い一つの文を構成しているといってもよい。そこで、**一つの文の中に、複数の異なる主語が現れることがある。**

例 家の隣より火出できて、風おしおほひて責めければ、逃げ出でて大路へ出でにけり。（本文1～3行め）

a 家の隣より火出できて、
b 風おしおほひて責めければ、
c （良秀は）逃げ出でて大路へ出でにけり。

文中で主語がa・b・cと三つも移り変わり、肝心の話題の人c（良秀）は省略されている。

そこで、**古文を現代語訳するときには、省略されている（書かれていない）主語を補うのがふつう**である。

すべての主語を補う必要はないが、次の場合は補った方がよい。

① ある文の中に、その主語が全く書かれていない場合（本文1～3行めと、4～7行目「それも知らず、～眺めければ、」では、主語の「良秀」はほとんど省略されている）。

② 一つの文の中に複数の異なる主語がある場合。新しい主語になるたびに、その主語をはっきりさせる。

例 今見れば、かうこそ燃えけれと、心得つるなり。（本文14～15行め）
→主語「私」　→主語「火」　→主語「私」

POINT

係り結びの法則

「係り結び」とは、文中に係助詞「ぞ」「なむ」「や」「か」「こそ」があるとき、文の結びが一定の呼応をすることをいう。

〈係助詞〉	〈意味〉	〈結びの活用形〉
ぞ・なむ	強意	連体形
や（やは）・か（かは）	疑問・反語	連体形
こそ	強意	已然形

定期テスト対策問題　絵仏師良秀

解答・解説はP279

ヒント

問一　次の語句の読み方を、現代仮名遣いで書きなさい。

①おしおほひて　②おはしけり　③おほかた　④うなづきて　⑤笑ひけり
⑥あはれ　⑦せうとく　⑧なんでふ　⑨かう　⑩わたう

問二　次の語句の意味を答えなさい。

①おはす　②さながら　③つら　④おほかた　⑤あさまし
⑥とぶらふ　⑦わろし　⑧あし　⑨心得《こころう》　⑩めづ

問三　次の①〜⑩を現代語訳しなさい。

①人ども来とぶらひけれど　②あはれ、しつるせうとくかな
③年ごろはわろくかきけるものかな　④こはいかに
⑤なんでふ物のつくべきぞ　⑥かうこそ燃えけれ
⑦世にあらんには　⑧させる能もおはせねば
⑨その後にや　⑩めで合へり

問四 P48の「絵仏師良秀」3行め、4行めの、「人のかかする仏もおはしけり」「また衣着ぬ妻子なども、さながら内にありけり」という状態で、良秀一人が逃げ出して火事を見ているという記述から、良秀のどんな人柄やものの考え方が読み取れるか。二十五字以内で答えなさい。

問五 P50の「絵仏師良秀」16〜17行めで、火事を心配してやって来た人たちに、「わたうたちこそ、させる能もおはせねば、物をも惜しみ給へ」と言ったことから、良秀のどんな人柄やものの考え方が読み取れるか。四十字以内で答えなさい。

問四 「仏」（つまり、仏画）は、信仰の対象として尊ばれるべきもの。「妻子」は本来なら大切な家族である。

問五 「させる能もおはせねば」と面と向かって言うのは、ずいぶんと失礼なふるまいのはず。

2 文法基本事項② ―― 古文読解のための要点 助動詞

助動詞は、付属語で活用があり、主に用言やほかの助動詞につき、いろいろな意味を添える。助動詞を分類するには、次の三つのやり方がある。

❶意味による分類

主な意味	助動詞
受身・尊敬 自発・可能	る・らる
使役・尊敬	す・さす・しむ
打消	ず
過去	き・けり
完了	つ・ぬ・たり・り
推量	む〈ん〉・むず〈んず〉・けむ〈けん〉・らむ〈らん〉・べし・まし・らし・めり
推定・伝聞	なり
打消推量 打消意志	じ・まじ
断定	なり・たり
希望	まほし・たし
比況	ごとし

❷接続による分類

接続	助動詞
未然形に接続	る・らる・す・さす・しむ・ず・む・むず・まし・じ・まほし・り（サ変のみ）
連用形に接続	き・けり・つ・ぬ・たり（完了）・けむ・たし
終止形に接続（ただし、ラ変型活用語には連体形に接続する）	べし・らむ・らし・めり・なり（推定・伝聞）・まじ
連体形に接続	なり（断定）・ごとし
已然形に接続	り（四段のみ）
その他（体言・助詞・副詞）に接続	なり（断定）・たり（断定）・ごとし

❸活用の型による分類

活用の型	助動詞
動詞型	四段型……む・けむ・らむ 下二段型…る・らる・す・さす・しむ・つ ナ変型……ぬ ラ変型……けり・たり（完了）・り・なり（推定・伝聞）・めり サ変型……むず
形容詞型	べし・まじ・まほし・たし・ごとし
形容動詞型	ナリ活用型…なり（断定） タリ活用型…たり（断定）
特殊型	じ・らし・まし・き・ず

以下、活用を覚える便宜を重視して、活用の型に即して説明する。

「む」「けむ」「らむ」は推量三兄弟

基本形	未然形	連用形	終止形	連体形	已然形	命令形	活用型	接続
む〈ん〉	○	○	む〈ん〉	む〈ん〉	め	○	**四段**	**未然形**
けむ〈けん〉	○	○	けむ〈けん〉	けむ〈けん〉	けめ	○	**四段**	**連用形**
らむ〈らん〉	○	○	らむ〈らん〉	らむ〈らん〉	らめ	○	**四段**	**終止形** **ラ変連体形**

●主な意味

む……**推量・意志**

けむ……過去**推量**

らむ……現在**推量**

この三語の活用を見れば、これらが推量の「む」を共通の主要部分として成り立っていることがわかるだろう。「けむ」の「け」、「らむ」の「ら」は、〈○／○／む／む／め／○〉の上にのっているだけである。それぞれの用法を、例に即して見てみよう。

「む」の用法

❶**推量**「〜だろう」

例 少納言よ、香炉峰の雪いかならむ〈少納言よ、香炉峰の雪はどんなであろうか〉（枕草子）

❷**意志**「〜う、〜しよう、〜つもりだ」

例 名にし負はばいざこと問はむ都鳥〈（都ということばを）名前としてもっているならば、さあ、尋ねよう、都鳥よ〉（伊勢物語）

❸**婉曲**「〜ような」

例 月の出でたらむ夜は見おこせ給へ〈月が出ているような夜は、（私の住む月を地上から）ご覧ください〉（竹取物語）

❹**仮定**「〜としたら、〜という場合は」

例 見たてまつらでしばしもあらむは、いとうしろめたう思ひきこえ給ひて〈しばらくでもお目にかからないでいるとしたら、それはとても気がかりだと思い申し上げなさって〉（源氏物語）

❺**勧誘・適当**「〜するのがよい（だろう）」

例 ししこらかしつる時はうたて侍るを、とくこそ試みさせ給はめ〈病気をこじらせたときは嫌ですから、すぐにおためしなさるのがよいでしょう〉（源氏物語）

＊勧誘・適当用法は、「こそ――め」「（連用形＋）なむ・てむ」の形で用いられる。

＊「む」の主語が、
一人称の場合……意志
二人称の場合……勧誘・適当
三人称の場合……推量

＊文中の連体形の「む」は、婉曲、仮定用法である。

「けむ」の用法

❶**過去推量**「〜たのだろう」

例 浮舟の女君のかかる所にやありけむ〈浮舟の女君が、こういう所に住んでいたのだろうか〉（更級日記）

❷**過去伝聞**「〜たという、〜たと聞く」

例 吾《あ》を待つと君が濡れけむあしひきの山の雫《しづく》にならましものを〈私を待つために、あなたが濡れたという

山の雫になれるものならなりたかったのに〉（万葉集）

＊過去伝聞は「けむ」が文中で連体形になっている場合である。

「らむ」の用法

❶現在推量「（今ごろ）～ているだろう」

例 憶良らはいまはまからむ子泣くらむ〈この憶良めはもう退出しましょう。今ごろ、家では子どもが泣いているでしょう〉（万葉集）

❷原因推量「どうして～（ている）のだろう、～だから～のだろう」

例 宿りせし花橘も枯れなくになど時鳥《ほととぎす》声絶えぬらむ〈時鳥が宿った花橘は枯れないのに、どうして時鳥の鳴き声がやんだのだろう〉（古今和歌集）

③婉曲「～ような」

例 おぼすらむこと何事ぞ〈（あなたが心の中で）思っていらっしゃるようなことは何事ですか〉（竹取物語）

④伝聞「～という、～そうだ」

例 唐土《もろこし》に名つきたる鳥の選《え》りてこれにのみゐるらむ〈中国では大げさな名のついている鳥が、選んでこの木にだけとまるという（のは）〉（枕草子）

＊婉曲、伝聞用法で用いられることは少ない。

「む」のバリエーション「むず（んず）」

基本形	未然形	連用形	終止形	連体形	已然形	命令形	活用型	接続
むず	○	○	むず〈んず〉	むずる〈んずる〉	むずれ〈んずれ〉	○	サ変	未然形

推量の助動詞「む」＋格助詞「と」＋サ変動詞「す」が縮まって「むず」となり、助動詞化したもの。したがって、**活用型は一番下の「す」と同じサ変型**「せ・し・す・する・すれ・せよ」。

この「ず」を打消の助動詞「ず」と誤解しないように気をつけよう。打消「ず」の直前に「む」という音がくることはない。

「むず」の用法

❶**推量**「〜だろう」

例 かのもとの国より、迎へに人々まうで来むず〈あのもとの国から、（私を）迎えに人々がやって来るだろう〉（竹取物語）

❷**意志**「〜う、〜しよう、〜つもりだ」

例 船つかまつらずは、いちいちに射殺さむずるぞ〈船を出さないなら、一人一人弓で射殺すつもりだぞ〉（平家物語）

「む」の反対語「じ」

基本形	未然形	連用形	終止形	連体形	已然形	命令形	活用型	接続
じ	○	○	じ	（じ）	（じ）	○	無変化	未然形

「む」が推量・意志を表すのに対して、「じ」は**打消推量・打消意志を表す**反対語の関係。未然・連用・命令形がないところは「む」と共通だ。

活用型は、**語形変化がない**というありがたいもの。しかも、**ほとんどの用例が終止形**である。

「じ」の用法

❶**打消推量**「〜ないだろう、〜まい」

例 人の心にはつゆをかしからじと思ふ〈他人の心には少しもおもしろくあるまいと思う（のが）〉（枕草子）

❷**打消意志**「〜まい、〜ないつもりだ、〜ないようにしよう」

例 京にはあらじ、東の方に住むべき国求めにとて行きけり〈京には居るまい、東国の方に住むにふさわしい国を探しに行こうと思って出かけて行った〉（伊勢物語）

ラ変型活用の助動詞

終止形が「――り」で終わる助動詞（七語）**はすべてラ変型活用**〈ら・り・り・る・れ・れ〉

基本形	未然形	連用形	終止形	連体形	已然形	命令形	活用型	接続
けり	（けら）	○	けり	ける	けれ	○	ラ変	連用形
たり	たら	たり	たり	たる	たれ	（たれ）	ラ変	連用形
り	ら	り	り	る	れ	れ	ラ変	サ変未然形 四段已然形 （命令形）
なり	○	なり	なり	なる	なれ	○	ラ変	終止形 ラ変連体形
めり	○	めり	めり	める	めれ	○	ラ変	終止形 ラ変連体形
なり	なら	なり に	なり	なる	なれ	なれ	形容動詞	体言 副詞・助詞 連体形
たり	たら	たり と	たり	たる	たれ	たれ	形容動詞	体言

●主な意味

けり……過去
たり……連用形に接続→存続・完了
り……存続・完了
なり……終止形・ラ変連体形に接続→推定・伝聞
めり……推定
なり……体言・連体形に接続→断定
たり……体言に接続→断定

＊活用表の（ ）は、用例がごく少ないことを示し、○は、その活用形の用例がないことを示す。したがって、（ ）や○まで正確に記憶する必要はない。→この七語は**基本的に〈ら・り・り・る・れ・れ〉という語形変化**と覚えておき、「けり」なら「け」、「たり」なら「た」をその上につけるという覚え方をしておけば支障はない（ただし、**断定の助動詞「なり」の連用形「に」**はしっかり覚えておく必要がある〈P64参照〉。断定「たり」の連用形「と」についてはそれほどの必要はない）。

「けり」の用法

❶伝聞過去「〜た、〜たそうだ、〜たということだ」
人づてに聞き知った過去の事実を回想する。

例 昔、竹取の翁といふ者ありけり〈昔、竹取の翁という者がいたそうだ〉（竹取物語）

❷詠嘆（気づき）「〜たのだなあ、〜たよ」
今まで気がつかなかった事実に初めて気がついて、感動する意を表す。

例 月いとはなやかにさし出でたるに今夜は十五夜なりけりとおぼし出でて〈月がとても美しく照り出したので、「そうだ、今夜は十五夜だったのだなあ」とお思い出しになって〉（源氏物語）

「たり」「り」の用法

❶存続「〜ている、〜てある」

例 紫だちたる雲の細くたなびきたる〈紫がかっている雲が細くたなびいている（のがよい）〉（枕草子）

例 うらうらに照れる春日にひばりあがり〈うららかに照っている春の日に雲雀があがり〉（万葉集）

❷完了「〜た」

例 しれものは走りかかりたれば〈馬鹿者は走りかかったので〉（枕草子）

例 大納言殿のまゐり給へるなりけり〈なんと大納言殿が参上なさったのであったよ〉（枕草子）

＊「たり」は、接続助詞「て」にラ変動詞「あり」がついた**「〜てあり」のつまった形**（teari → tari……「e」が脱落）で、したがって存続（「〜ている、〜てある」）を表し、活用は「あり」と同じである。

＊「り」は、四段活用・サ行変格活用の連用形（四段動詞なら「き・ち」など（「書き・立ち」）、サ変動詞なら「し」）にラ変動詞「あり」がつき、「書き・あり」（kaki・ari）「し・あり」（si・ari）の**〈-ia〉が〈e〉に変化して「書けり」「せり」となる**、という過程を経て成立した助動詞（＝つまり、**「あり」そのもの**）である。

したがって、接続は「サ変の未然形、および四段の已然形」と説明されるが、それは右記の音の変化の結果としてその語形になったということであり、実際的には、**四段・サ変動詞のエ段の音につく**と考えておけばよい。

「なり」の用法①

❶推定「〜のようだ、〜らしい」（**音声から状況を推察**）

例 鳴きののしるに、みな人起きなどしぬなり〈（鶏が）鳴き騒ぐので、人々は皆起きたりなどしたようだ〉

(枕草子)

❷伝聞「〜ということだ、〜だそうだ、〜と聞いている」

例 聞けば、侍従の大納言の御女《みむすめ》なくなり給ひぬなり〈噂に聞くと、侍従の大納言の姫君がお亡くなりになったということだ〉(更級日記)

「めり」の用法

❶**推定**「〜のようだ、〜のように思われる、〜のように見える」(**見たところから状況を推察**)

例 子になりたまふべき人なめり〈私の子になりなさるはずの人であるように思われる〉(竹取物語)

❷**婉曲**「〜のようだ」

例 かくて明けぬれば、天禄三年とぞいふめる〈こうして年が明けると、天禄三年というようだ〉(蜻蛉日記)

＊「なり」「めり」がラ変型活用語(ラ変動詞、形容詞・形容動詞、上記と同じ活用型の助動詞)の連体形(「――る」という語形になる)につく場合、その「――る」が音便《おんびん》(P178参照)によって「――ん」となり、その「ん」が表記されないことがある。

例 ある＋めり→あんめり→あめり
ざる＋なり→ざんなり→ざなり
よかる＋めり→よかんめり→よかめり

「なり」の用法②

❶**断定**「〜だ、〜である」

例 おのが身は、この国の人にもあらず。月の都の人なり〈私の身は、この国の人ではない。月の都の人である〉(竹取物語)

❷**所在**「〜にある、〜にいる」

地名・国名や場所を表す言葉について、所在の意を表す。連体形だけの用法である。

(ア) 下にくる語が人間の場合は、「〜にいる」と訳す。

例 京なる医師《くすし》〈京にいる医者〉(徒然草)

(イ) 下にくる語が人間以外の場合は、「〜にある」と訳す。

例 駿河なる宇津の山〈駿河にある宇津の山〉(伊勢物語)

■**連用形「に」について**

接続助詞「て」「して」、補助動詞「あり」、疑問の係助詞「や」「か」をともなって用いられる。

(ア) 接続助詞「て」「して」をともなう場合

例 月の都の人にて〈月の都の人であって〉(竹取物語)

(イ) 補助動詞「あり」、係助詞「や」「か」をともなう場合

「〜にや(あらむ)」「〜にか(あらむ)」のように、「あり」などが省略されることも多い。

例 おのが身は、この国の人にもあらず〈私の身は、この国の人ではない〉(竹取物語)

例 いづれの御時にか〈どの帝の御代であったろうか〉(源氏物語)

推定・伝聞の「なり」と断定の「なり」との識別法

■**基本的な識別法**

①接続から判別する。

「終止形＋なり」は推定・伝聞、「体言・連体形＋なり」は断定。

例 人々あまた声して来《く》なり。国守の御子の太郎君のおはするなりけり〈人々が大勢話しながら来るようだ。国守の御子の太郎君がいらっしゃるのであったよ〉(宇治拾遺物語)

＊「来なり」の「来」は、カ変動詞の終止形だから、「なり」は推定、「おはするなりけり」の「おはする」は、サ変動詞の連体形だから、「なり」は断定。

②前後の文脈から判別する(**音声が聞こえているという状況の場合は推定「なり」**)。

四段活用・上一段活用・下一段活用語は、**終止形と連体形が同形**なので、下にくる「なり」は、接続の上からだけでは判別できない。また、ラ変は、**推定・伝聞も連体形につく**ので、これも判別できない。これらは、前後の文脈を考えて判別する。

■**「あんなり(あなり)」「なんなり(ななり)」の「なり」は、伝聞か推定の意で、断定の意になることはない。**

例 駿河の国にあなる山の頂に持てつくべきよし仰せたまふ〈駿河の国にあるという山の頂上に持って行く旨をご命令になる〉(竹取物語)――伝聞

「たり」の用法

断定「〜だ、〜である」

例 下として、上に逆《さか》ふること、あに人臣の礼たらむや
〈臣下であって君に逆らうことは、どうして人臣の礼でありえようか〉（平家物語）

＊平安時代には漢文訓読文に用いられたが、**和文ではほとんど用いられない**。中世以降、特に軍記物語、説話集などに多く用いられるようになった。

＊断定「なり」「たり」は、**ともに格助詞「に」「と」にラ変動詞「あり」がつき**、〈ni＋ari→nari〉（「i」が脱落）、〈to＋ari→tari〉（「o」が脱落）という変化によってできた語である（形容動詞ナリ活用、タリ活用のでき方と同じ（P31参照））。

下二段型活用の助動詞

下二段型六語のうち、五語は尊敬用法をもち、未然形接続

基本形	未然形	連用形	終止形	連体形	已然形	命令形	活用型	接続
る	れ	れ	る	るる	るれ	れよ	下二段	四段・ナ変・ラ変の未然形
らる	られ	られ	らる	らるる	らるれ	られよ	下二段	右以外の未然形
す	せ	せ	す	する	すれ	せよ	下二段	四段・ナ変・ラ変の未然形
さす	させ	させ	さす	さする	さすれ	させよ	下二段	右以外の未然形
しむ	しめ	しめ	しむ	しむる	しむれ	しめよ	下二段	未然形
つ	て	て	つ	つる	つれ	てよ	下二段	連用形

●**主な意味**

る・らる……受身・尊敬・自発・可能
す・さす……使役・尊敬
しむ……使役・尊敬
つ……完了・強意

「る」「らる」の用法（現代語の「れる」「られる」の古形）

❶受身「〜れる、〜られる」

例 かく言はれたるこそつたなけれ〈このように言われたのは情けない〉（今昔物語）

❷尊敬「お〜になる、〜なさる」

「給ふ」よりも尊敬の程度が低い。

例 かの大納言、いづれの船に乗らるべき〈あの大納言殿は、どの船にお乗りになるのがよいだろうか〉（大鏡）

❸自発「自然と〜れる、つい〜てしまう」

例 今日は都のみぞ思ひやらるる〈今日は京のことばかりが自然と思いやられる〉（土佐日記）

❹可能「〜ことができる」

例 いかなる所にも住まる〈どんな所にも住むことができる〉（徒然草）

＊**平安中期までは、可能用法は打消か反語とともに用いられる。**

尊敬語＋「る・らる」の型

＊「仰す」＋「らる（尊敬）」＝「仰せらる」（最高敬語）

＊**「れ給ふ」「られ給ふ」（＝「る・らる（受身・自発）」＋「給ふ」）**

この場合、「る」「らる」は尊敬とはならない。

例 「御硯の墨すれ」と仰せらるるに〈（中宮が）「御硯の墨をすれ」とおっしゃるので〉（枕草子）

「す」「さす」の用法（現代語の「せる」「させる」の古形）

❶使役「〜せる、〜させる」

例 「かれに物食はせよ」と言ひければ、食はするに〈「あれ（狐）に物を食べさせろ」と言ったので、食べさせると〉（宇治拾遺物語）

❷尊敬「お〜になる、〜なさる、〜なされる」

例 「犬などもかかる心あるものなりけり」と笑はせ給ふ〈「犬なども こうした心があるものだったのだなあ」とお笑いになる〉（枕草子）

「す」「さす」の識別

①単独で用いられれば使役

尊敬語をともなわない単独用法のときは、使役である。

例 壺の薬そへて、頭中将を呼びて奉らす〈壺の（中に入っている）薬を添えて、頭中将をよんで天皇に献上させる〉（竹取物語）

②尊敬語をともなえば、尊敬（二重尊敬となる）

(ア) 下に**「給ふ」「おはします」**がくる。

例 などかはさしもうち解けつると笑はせ給ふ〈どうしてそんなに安心してしまったのかとお笑いになる〉（枕草子）

(イ) 上に「たまふ」「のたまふ」がくる。

例 これ、賜はするぞ。衣すすけためり〈これを、くださるのだよ。（お前の）着物はすすけているようだ〉（枕草子）

＊「す」「さす」は、軍記物語では、「受身」の意味で用いることがある。これは、自分に害が及ぶような動作を、相手にそうさせてやる、という言い方で表したもの。

例 河野通信、父を討たせて、「やすからぬ者なり。～」〈河野通信は、父を討たれて、「心外なやつだ。～」〉（平家物語）

「しむ」の用法

❶使役「～せる、～させる」

例 山人の我に得しめし山づとぞこれ〈山の人が私に手に入れさせた山の土産はこれだ〉（万葉集）

❷尊敬「お～になる、～なさる」（二重尊敬のみ）

例 鐘の声を聞こしめして作らしめ給ふ詩《からうた》ぞかし〈鐘の音をお聞きになっておつくりになった漢詩であるよ〉（大鏡）

「せ（させ・しめ）＋給ふ」の識別

「給ふ」の上の「せ」「させ」「しめ」は、尊敬・使役のどちらの場合もあるが、

①「〜に、〜を（して）」という使役する対象が想定できれば使役、

②助動詞を除いても意味が通じれば尊敬（二重尊敬）、と考えて判別する（「しめ給ふ」が二重尊敬となる場合は少ない）。

「つ」の用法

❶完了「〜た、〜てしまう、〜てしまった」

完了（ある動作・事柄が完全に終わってしまうこと）を表す。

例　とみのもの縫ふに、かしこう縫ひつと思ふに、針を引き抜きつれば、はやく尻を結ばざりけり〈急ぎの仕立物を縫うときに、うまく縫ったと思ったが、針を引き抜いたところ、なんとまあ糸尻を結んでいなかったことであるよ〉（枕草子）

❷強意「きっと（必ず）〜する」

「べし」や「む」「らむ」に接続して、**「つべし」「てむ」**「つらむ」となることが多い。

例　この酒を飲みてむとて、よき所を求めゆくに、天の河といふ所にいたりぬ〈この酒をきっと飲もうと思って、適当な場所を捜し求めて行くと、天の河という所に行きついた〉（伊勢物語）

❸並列「〜たり…たり」

例　乗ってはおりつ、おりては乗つつ〈乗っては降りたり、降りては乗ったり〉（平家物語）

ナ変型の助動詞

「つ」とペアになる助動詞「ぬ」はナ変型

基本形	未然形	連用形	終止形	連体形	已然形	命令形	活用型	接続
ぬ	な	に	ぬ	ぬる	ぬれ	ね	ナ変	連用形

「ぬ」の用法

❶完了「〜た、〜てしまった、〜てしまう」

例 行き行きて駿河の国に至りぬ〈どんどん旅を続けて駿河の国に着いた〉（伊勢物語）

❷強意（確述）「きっと〜、〜てしまう」

「べし」「む」「らむ」に接続して、「ぬべし」「なむ」「ぬらむ」となることが多い。

例 風吹きぬべし〈きっと風が吹くだろう〉（土佐日記）

❸並列「〜たり…たり」

例 浮きぬ沈みぬ揺られければ〈浮いたり沈んだりして揺られていたので〉（平家物語）

「つ」と「ぬ」との使い分け

「つ」は他動詞につき、意識的な動きを表すことが多いのに対して、「ぬ」は自動詞につき、自然的な動きを表すことが多い。

例 日を暮らしつ〈その日を暮らした〉（更級日記）

例 日暮れぬ〈日が暮れた〉（伊勢物語）

特殊型活用の助動詞（「じ」「らし」「まし」「き」「ず」）

打消推量・打消意志の助動詞「じ」は語形が変化しなかった（P60参照）。このように、動詞・形容詞・形容動詞の活用型のパターンには属さない活用型を特殊型とよぶ。まず、「じ」と似て語形が（ほとんど）変化しない「らし」から見ていこう。

基本形	未然形	連用形	終止形	連体形	已然形	命令形	活用型	接続
らし	○	○	らし	らし	らし	○	特殊	終止形 ラ変連体形

「らし」の用法（現代語の「らしい」の語源）

●根拠ある推量「〜らしい」

例 春過ぎて夏来たるらし白妙の衣ほしたり天の香具山〈春が過ぎて夏がやってきたらしい。その証拠には

真っ白な着物が香具山にほしてある〉（万葉集）

＊「らし」がラ変型活用語につくと、活用語の「る」が脱落して、「ある（動詞）らし」→「あらし」「〜かる（形容詞）らし」→「からし」「なる（助動詞）らし」→「ならし」「ける（助動詞）らし」→「けらし」となることがある。

＊上代（奈良時代およびそれ以前）には「らしき」という形があり、係助詞「こそ」の結びとして用いられた稀《まれ》な例がある。

反実仮想用法をもつ「まし」

基本形	未然形	連用形	終止形	連体形	已然形	命令形	活用型	接続
まし	ませ ましか	○	まし	まし	ましか	○	特殊	未然形

「まし」については、次の用法と反実仮想の型を覚えておけば十分である。

「まし」の用法

❶反実仮想「もし〜であったとしたら〜であろうに」

ある事実に反した事態を仮定し、その結果を想像・推量する意を表す。

例 鏡に色・形あらましかば、うつらざらまし〈鏡に色・形があったとしたら、何も映らないだろうに（なあ）〉（徒然草）

❷（迷いの）意志「〜しようか、どうしようか」

例 しやせまし、せずやあらまし〈しようか、しないでいようか〉（徒然草）

反実仮想の型

❶ましかば〜まし

❷せば〜まし

❸ませば〜まし

❹未然形＋ば〜まし

❶が最も多く、❷がそれに次いで多い。

「けり」と対比される過去の助動詞「き」

基本形	未然形	連用形	終止形	連体形	已然形	命令形	活用型	接続
き	（せ）	○	き	し	しか	○	特殊	連用形 カ変・サ変へは特殊

特殊型の中でも最も覚えにくい活用。「迫るは岸氏か」と覚えるのも手である。

「き」の用法

過去の回想「〜た」

書き手や話し手が**直接体験した事実**を回想する。

例 人の「さなむある」といひしを、「さしもあらじ」と思ひしに、十年ばかりさぶらひて聞きしに、まことにさらに音せざりき〈人が「鶯は宮中では鳴かない」と言ったのを、私は「そんなことはあるまい」と思ったが、十年ほど宮中にお仕えして聞いたのに、本当に全く鳴かなかった〉（枕草子）

＊未然形「せ」は、反実仮想の「せば〜まし」に使われるだけ。

＊「けり」が人から伝え聞いたり書物で読んだりした過去を表すのに対して、「き」は、自分で直接体験した過去や、歴史上の事実とされている過去の事柄を表す。

＊カ変・サ変への接続……ふつうは連用形に接続するが、カ変の未然形「こ」、連用形「き」、サ変の未然形「せ」には連体形「し」、已然形「しか」が接続し、サ変の連用形「し」には終止形「き」のみが接続する。

こ・き・せ→し・しか
し→き

形容詞型に似たところもある打消の助動詞「ず」

基本形	未然形	連用形	終止形	連体形	已然形	命令形	活用型	接続
ず	（ず） ざら	ず ざり	ず	ぬ ざる	ね ざれ	○ ざれ	特殊	未然形

＊「ざら・ざり・ざる・ざれ」は、「ず」の連用形「ず」にラ変動詞「あり」がついて「ずあり」となり、それが縮まってできたものである（zuari→zari……「u」が脱落）。これは、形容詞の「から・かり・かる・かれ」が、連用形の「く」に「あり」がついてできたのと同じである（kuari→kari……「u」が脱落）。

＊**「ざら・ざり・ざる」は、基本的にほかの助動詞を接続させるための語形である。**

＊連体形「ぬ」、已然形「ね」というナ行の音が入っている点に注意。

「ず」の用法

●**打消**「〜ない、〜ぬ」

例 京には見えぬ鳥なれば、みな人見知らず〈京では見えない鳥なので、人々は誰も知らない〉（伊勢物語）

二種の「ぬ」「ね」の識別

「ぬ」には、打消の助動詞「ず」の連体形と、完了の助動詞「ぬ」の終止形、「ね」には打消の助動詞「ず」の已然形と、完了の助動詞「ぬ」の命令形とがある。

■**識別法**

上にある語の活用形で決定。解決しなければ下にある語で決定。

①**未然形接続であれば打消。連用形接続であれば完了**とわかるが、上にくる語が上一段・上二段活用や下二段活用の場合は、未然形・連用形が同形なので上にある語からは決められない。

②**下にある語が体言であれば、「ぬ」は連体形だから打消。**「ども」など已然形接続の語が続いたりすれば「ね」は已然形だから、これも打消となる。

そのほか、「こそ」の結びになっていれば、その「ね」は已然形だから打消となる。

形容詞型活用の助動詞

「じ」「らし」「まし」を除いて、「――し」「――じ」で終わる助動詞は形容詞型（「べし」「まじ」「まほし」「たし」「ごとし」）

基本形	未然形	連用形	終止形	連体形	已然形	命令形	活用型	接続
べし	べく べから	べく べかり	べし	べき べかる	べけれ	○	形容詞	終止形 ラ変連体形
まじ	まじく （まじから）	まじく まじかり	まじ	まじき まじかる	まじけれ	○	形容詞	終止形 ラ変連体形
まほし	まほしく まほしから	まほしく まほしかり	まほし	まほしき まほしかる	まほしけれ	○○	形容詞	未然形
たし	たく たから	たく たかり	たし ○	たき たかる	たけれ	○○	形容詞	連用形
ごとし	ごとく	ごとく	ごとし	ごとき	○	○	形容詞	連体形・体言「が・の」

●主な意味

べし……推量・意志・当然・適当

まじ……打消推量・打消意志

まほし……希望

たし……希望

ごとし……比況

「べし」の用法

❶推量「～だろう、きっと～だろう、～に違いない」

例 人々の深き志はこの海にも劣らざるべし〈人々の深い厚意は、この深い海にも劣らないだろう〉（土佐日記）

❷意志「～う、～しよう、～するつもりだ」

例 得失なく、この一矢に定むべしと思へ〈あたりはずれを考えずに、この一本の矢で決めようと思え〉（徒然草）

❸当然「～すべきである」

例 人、死をにくまば、生を愛すべし〈人は、死を憎むならば、当然生を愛すべきである〉（徒然草）

❹適当「～のがよい、～のがふさわしい」

例 家の作りやうは、夏をむねとすべし〈家の作り方は、夏を中心にするのがよい〉（徒然草）

❺可能「～できる」

❻命令「〜せよ」

例 必ずこの度の御遊びには参るべし〈必ず、この次の歌舞の遊びの会には参上せよ〉（宇治拾遺物語）

＊「べし」は、当然・適当用法がもとになった助動詞で、同じ推量・意志の用法でも「む」のそれよりも強い表現となる。

「まじ」の用法

「まじ」は「べし」の反対語。

❶**打消推量**「〜ないだろう、〜まい」

例 薬のほかはなくとも事かくまじ〈薬のほかのものはなくても、不自由しないだろう〉（徒然草）

❷**打消意志**「〜まい、〜しないつもりだ、〜しないようにしよう」

例 わが身は女なりとも敵の手にはかかるまじ〈私は女であっても、敵の手にはかからないようにしよう〉（平家物語）

❸**打消当然**「〜べきではない、〜てはならない、〜はずがない、〜しなくてよい」

例 妻といふものこそ、男のもつまじきものなれ〈妻というものは、男が持つべきではないものである〉（徒然草）

❹**不適当**「〜のはよくない、〜は不適切だ」

例 帰り入らせ給はむことはあるまじく思《おぼ》して〈（帝が御所の中に）戻ってお入りになられることはあってはいけないとお思いになって〉（大鏡）

❺**不可能**「〜できない」

例 げにえ堪ふまじく泣き給ふ〈本当にこらえることができないようにお泣きになる〉（源氏物語）

❻**禁止**「〜てはならない、〜するな」

例 御文にも「おろかにもてなし給ふまじ」とかへすがへすいましめ給へり〈お手紙にも「いいかげんにおもてなしになってはいけません」とくり返しくり返し、ご忠告なさった〉（源氏物語）

＊「まじ」の打消推量・打消意志の用法は、「じ」のそれよりも強い表現となる。

「まほし」「たし」の用法

●**希望**「～たい」

例 名取川、いかなる名を取りたるならむと聞かまほし〈名取川、これはどんな評判を取ったのだろうかと聞いてみたい〉（枕草子）

例 言ひたきままに語りなして〈言いたい放題に作り話をして〉（徒然草）

＊「たし」の連体形「たき」のイ音便形が、現代語の「たい」の語源である。

「ごとし」の用法

❶**比況（たとえ）**「～のようだ、～に似ている」

例 松島は笑ふがごとく、象潟《きさかた》はうらむがごとし〈松島は笑っているようであり、象潟は恨んでいるようだ〉（奥の細道）

❷**例示**「たとえば～のような」

例 楊貴妃のごときは、あまり時めきすぎて、悲しきことあり〈たとえば楊貴妃のようなものは、寵愛を受けすぎて、悲しい結果になることがある〉（大鏡）

＊体言＋のごとし
連体形＋がごとし
となるのが基本。

＊「ごとし」と似た表現に「ごとくなり（ごとし＋なり）」「やうなり（やう＋なり）」があり、これらを一語の助動詞とする見方もある。

例 昨日のごとくに風波見えず〈昨日のように風も波も見えない〉（土佐日記）

3 随筆

POINT

文章の美しさや巧みさを読み味わう。
様々な表現技巧や文章構造を理解する。
文章に込められた作者の思いをくみ取る。

心のおもむくままにつづった文章

文学史に残る作品として最も古くからあるものは、『古事記』のような神話・伝説・歴史の書と、『万葉集』のような和歌集、『懐風藻』のような漢詩集であり、平安時代に入ってからは『竹取物語』『伊勢物語』などのような物語と、『土佐日記』に始まる仮名日記がそれらに続く。最初の随筆は、平安中期、長保三（一〇〇一）年ごろに成立したとされる、清少納言の『枕草子』である。心のおもむくままにつづるという自由な形式の作品が生まれるまでにこれだけの時がかかったことは興味深い。

『枕草子』は、その内容のおもしろさ、興味深さに加えて、無駄のないひきしまった、的確な文章表現においても、その時代の人々の目を見張らせるほどの魅力をもっていた。作者が多くの漢学者を輩出した清原家《きよはらけ》に生まれ育ったという環境によるところも大きかったと思われる。

『枕草子』と、鎌倉初期、建暦《けんりゃく》二（一二一二）年に成立した『方丈記』、そして鎌倉末期、一三〇〇年代初めに成立した『徒然草』の三つの作品を、古典三大随筆と称することもある。

『方丈記』は、当時歌人として知られていた鴨長明《かものちょうめい》の著作で、この世のすべては変転し、消えてゆくという無常観を色濃く漂わせており、五大災厄といわれる様々な大災害（安元の大火、養和の飢饉など）の悲惨な様相を克明に描いている。『徒然草』の作者吉田兼好《けんこう》（兼好法師）も歌人として知られていた人だが、武士階級の勢力拡大に圧倒されてしだいに衰えていく貴族階級の一人として、かつての優雅・繊細な貴族文化の栄えた平安中・後期を懐古する思いや、人の世と自然の様々な様相とその味わいを巧みな文章で表現している。

この後、『花月草紙《かげつそうし》』（松平定信《まつだいらさだのぶ》）、『玉勝間《たまかつま》』（本居宣長《もとおりのりなが》）、『折焚柴《おりたくしば》の記』（新井白石《はくせき》）などの名随筆が著された。

方丈記

作者と成立年代

作者は鴨長明で、建暦二（一二一二）年成立。長明は久寿二（一一五五）年、京都の下鴨神社の禰宜《ねぎ》（神官）の家に生まれ、若いころから琵琶《びわ》などの音楽や和歌に親しんだ。三十歳ころから源俊恵《しゅんえ》に師事して本格的な和歌の修行を積み、後鳥羽院に認められる。和歌所が再興されると、その寄人《よりうど》となった。しかし、官位は従五位下から進まず、宿願であった賀茂神社の神官の職も、同族の者に妨げられて得られなかった。五十一歳のころ、大原に隠遁し、続いて日野山に移り、そこに方丈の庵《いおり》を結んだ。建保四（一二一六）年、六十一歳で没した（六十二歳説もある）。歌に関する故実や歌人の逸話、詠歌の心得などを記した歌論書の『無名抄』、遁世者の話を記した説話集の『発心集』も長明の著作である。

作品解説

閑居の愉《たの》しみと中世的無常観

『方丈記』は『枕草子』や『徒然草』と違い、一貫した主題と構想をもって書かれた随筆である。

まず有名な「行く河の流れは～」の序があり、次いで当時起こった安元の大火・治承の辻風・福原遷都・養和の飢饉・元暦の大地震などの天変地異が描かれる。さらに、日野山中の閑居に落ち着くまでの自分の経歴・方丈の庵の様子と生活・自己の心境が描かれ、最後にその心境への反省を述べて結んでいる。そこには、**世俗から離れようとしても世俗への執着を断ち切れない自己矛盾に悩む姿**も見られる。全体として、**人生無常・厭離穢土《おんりえど》の仏教思想（穢れた現世を去り、清らかな浄土に生まれかわりたいとする思想）につらぬかれている。**

文章は漢語・仏語をまじえた、簡潔で流麗な和漢混交文。対句表現や比喩も巧みで、散文と詩的要素がとけあったすばらしい文章である。

行く河の流れ

「万物は流転する」（ヘラクレイトスの言葉）
この世に存在するすべての物は、時の流れとともに変転し、消滅していく
——「諸行無常《しょぎょうむじょう》」の思いをみごとにつづった名文。

…文法重要事項
…重要語句
…訳が出やすい箇所

行く河の流れは絶えずして、しかも、もとの水にあらず。よど
（絶え：ヤ下二・未　ず：打・用　に：断・用　あら：ラ変・未　ず：打・止）
流れて行く川の流れは絶えることなく、それでいて、もとの水ではない。

みに浮かぶうたかたは、かつ消え、かつ結びて、久しくとどまり
（浮かぶ：バ四・体　消え：ヤ下二・用　結び：バ四・用　久しく：シク・用　とどまり：ラ四・用）
よどみに浮かぶ水の泡は、一方で消え（たかと思うと）、また一方で（新しく）できて、長く（この世に）とど

たるためしなし。世の中にある人とすみかと、またかくのごとし。
（たる：存・体　なし：ク・止　ある：ラ変・体　ごとし：比・止）
まっている例はない。この世に存在する人と住居も、またこのようなものだ。

たましきの都のうちに、棟《むね》を並べ、甍《いらか》を争へ《エ》る、高き、いやし
（並べ：バ下二・用　争へ：ハ四・已　る：存・体　高き：ク・体　いやしき：シク・体）
玉を敷きつめたように立派な都の中で棟を並べ、棟瓦（の高さ）を競っている（かのような）、身分の高い、（また）賤し

き人の住まひ《イ》は、世々を経て尽きせぬものなれど、これをまこと
（経：ハ下二・用　せ：サ変・未　ぬ：打・体　なれ：断・已）
い（といった様々の階層の）人の住居は、何世代を経て尽きないものだが、こうした家をほんとう（に昔からある家）かと調べて

語釈・文法解説

うたかた…水の泡。
かつ消え、かつ結びて…一方で消えたかと思うと、また一方で(新しく)できて。
かくのごとし…これと同じようなものだ。「ごとし」は比況の助動詞。
たましきの…玉を敷きつめたように立派な。
棟…屋根の中央の、最も高く、水平になっている所。
甍を争へる…棟瓦《むねがわら》の高さを競っている。棟瓦とは、屋根の最も高いところ(棟)に置かれた屋根瓦のこと。**「る」は、存続（「～ている。～てある」の意）の助動詞「り」の連体形。**

かと尋ぬれば、昔ありし家はまれなり。あるいは去年《こぞ》焼けて今年
（ナ下二・已／ラ変・用 過・体／ナリ・止／カ下二・用）
みると、昔あった家は稀である。あるいは（家）は去年焼けて、今年つくった（ものだ）。

作れり。あるいは大家《おほいへ》《オオイエ》滅びて小家《こいへ》《イエ》となる。住む人もこれに同じ。
（ラ四・已 完・止／バ上二・用／ラ四・止／マ四・体／シク・止）
ある（家）は（かつての）大きな家が滅んで小さな家となっている。住む人もこれと同じだ。

所も変は《ワ》らず、人も多かれど、いにしへ《エ》見し人は、二、三十人が
（ラ四・未 打・用／ク(カリ)・已／マ上一・用 過・体）
（昔と）場所も変わらず、人も多いが、昔会った（ことのある）人は、二、三十人の中で、

中に、わづ《ズ》かに一人二人なり。朝《あした》に死に、夕べに生まるるならひ《イ》、
（断・止／ナ変・用／ラ下二・体）
わずか一人か二人である。朝に夕に、死んだり生まれたりする世の常は、

ただ水の泡にぞ似たりける。知らず、生まれ死ぬる人、いづ《ズ》かた
（ナ上一・用 存・用 詠・体／ラ四・未 打・止／ラ下二・用 ナ変・体）
ちょうど水の泡にそっくりなのだ……。（私は）知らない、生まれ死ぬ人は、どこからやって

より来たりて、いづかたへか去る。また知らず、仮の宿り、誰《た》が
（ラ四・用／ラ四・体／ラ四・未 打・止）
来て、どこへ去《ズ》って行くのかを。また（私は）知らない、この（はかない）仮そめの住居

世々を経て…何世代を経て。いくつもの時代を経過して。

尽きせぬものなれど…尽きることはないものだが。

あるいは…あるものは。ある場合は。

多かれど…「多かれ」は、形容詞のカリ活用（P30参照）の已然形。通常の已然形は「――けれ」となる。

ただ…「ちょうど。まさに」の意の副詞。

いづかたへか去る…**「いづかた」は「どこ」**。「か」は疑問の係助詞で、結びの「去る」は連体形。

ために心を悩まし、何によりてか目を喜ばしむる。その主《あるじ》とす

サ四・用　ラ四・用　バ四・未　使・体

について、誰のために心を悩まし、何によって目を楽しませるのかを。その（家の）主人と

みかと、無常を争ふ《ウ》さま、いは《ワ》ば朝顔の露に異ならず。あるいは

ハ四・体　ナリ・未　打・止

住居とが、滅びのはやさを競うかのような様子は、いわば朝顔の露と変わらない。ある場合は

露落ちて花残れり。残るといへ《エ》ども朝日に枯れぬ。あるいは花し

タ上二・用　ラ四・已　存・止　ラ四・止　ラ下二・用　完・止

露が落ち花が残っている。残るとはいっても朝日で枯れてしまう。ある場合は花がしぼみ露が

ぼみて露なほ《オ》消えず。消えずといへ《エ》ども夕べを待つことなし。

マ四・用　ヤ下二・未　打・止　ヤ下二・未　打・止　タ四・体　ク・止

まだ消えない。消えないとはいっても夕方まで保たれることはないのだ。

喜ばしむる…「しむる」は、使役の助動詞「しむ」の連体形。上の「か」の結びとなっている。

無常を争ふさま…滅びのはやさを競うかのような様子。

といへども…一語化して、逆接確定条件の接続助詞となっている。

解釈

すべては変転し、消えてゆく
——仏教の無常観

一瞬もとどまることのない「時」の流れを水の流れにたとえる表現は、『論語』にも見られる。その絶えざる流れの中で、人も、物事も、この世に存在するすべてが変転し、消えてゆく。この文章に描かれているのは、そうした仏教の「無常観」（「常なる存在は無い」という認識）なのである。

表現技巧を尽くして書かれた「行く河の流れ」

「行く河の流れ」を何度か音読してみると、この文章が、実になだらかで美しい流れをもっていることに気づくだろう。さらに、内容を理解したうえで読めば、しみじみとしたみごとな〝調《しら》べ〟となって心に迫ってくる。

この文章の美しさは、作者・鴨長明が歌人として磨きあげた言語感覚の粋《すい》を尽《つ》くしていることに起因する。主な文章技巧表現を見てみよう。

❶**対句**《ついく》……文章中に、**構造が相似型で意義の対応する二つの句を並べて**、表現効果を高める技巧。漢詩文でよく用いられる。

a 棟を並べ／甍を争へる

b 去年焼けて／今年作れり

c 大家滅びて／小家となる

このほか、

知らず、生まれ死ぬる人、いづかたより来たりて、
いづかたへか去る。

また知らず、仮の宿り、誰がためにか心を悩まし、
何によりてか目を喜ばしむる。

あるいは露落ちて花残れり。
あるいは花しぼみて露なほ消えず。

残るといへども朝日に枯れぬ。
消えずといへども夕べを待つことなし。

も対句関係となっている。

❷**比喩**《ひゆ》……ある事柄の説明に、ほかの事柄を借りて、よりわかりやすくし、あわせて表現効果を高める。

●「世の中にある人とすみかと、またかくのごとし」で、

この世の人と住居との様子が、それまで述べてきた川の水と泡との状況と同じだと述べている。

●「また知らず、仮の宿り」以降は、住居とその主人とがはかなく消えていく様子を、朝顔の花と露とにたとえている。

❸**倒置**……文の前半・後半の位置を逆に置き、表現効果を高める。

「知らず、生まれ死ぬる人、いづかたより来たりて、いづかたへか去る」と「また知らず、仮の宿り、誰がためにか心を悩まし、何によりてか目を喜ばしむる」は、いずれも、本来はそれぞれの文の末尾に置かれるはずの「知らず」が文頭にきて、倒置文となっている。倒置によって、詠嘆の情を表現することができる。

❹**互文**……「A—B・C—D」となっている言葉・文節のつながりを、「A—C・B—D」という順に**組みかえて修飾性を高める**表現技巧。

例 「日進月歩」＝「一日ごと、一月ごとに、進歩してゆく」状態を表している語だが、「日—月、進—歩」の順を組みかえている。

「朝に死に、夕べに生まるるならひ」を、このままで訳すと、「朝に死んで、夕方に生まれてくる習《なら》わし」ということになって、死ぬのは朝、生まれるのは夕方と決まっていたかのような意味になってしまう（または、朝死んだ人が、夕方生まれかわってくる、という大変な誤解もしかねない）。ここは、「朝に夕べに、死に生まるる」という言葉のつながりを、A—C・B—Dという順に組みかえたものである。

はかないものの典型「露」

「露」は、はかないもののたとえとしてよく用いられ、「露の命」「露の世」「露の身」などは、もはや慣用表現といってもいいくらいである（「露の世は露の世ながらさりながら」は小林一茶が、晩年に愛する幼い娘を失ったときの句）。辞世の和歌や俳句にもよく用いられる。

名詞・副詞として**「ほんの少し。少しも（〜ない）」という意味に用いられる**のも「はかなさ」と共通のイメージによるものである。

定期テスト対策問題　行く河の流れ

解答・解説はP280〜281

問一 次の語句の意味を答えなさい。

①うたかた　②ためし　③こそ　④いにしへ
⑤ならひ　⑥ただ　⑦いづかた　⑧なほ

問二 次の語句を現代語訳しなさい。

①かくのごとし　②甍を争へる　③いづかたへか去る
④誰がために　⑤残るといへども

問三 次の①〜⑥を現代語訳しなさい。

①行く河の流れは絶えずして、しかも、もとの水にあらず
②かつ消え、かつ結びて、久しくとどまりたるためしなし
③世々を経て尽きせぬものなれど
④朝《あした》に死に、夕べに生まるるならひ
⑤何によりてか目を喜ばしむる
⑥消えずといへども夕べを待つことなし

ヒント

問三
①「〜ずして」「〜にあらず」に注意して訳そう。
②「かつ〜、かつ――」と、「ためし」の訳に注意（P78脚注参照）。
④一人の人間について言っていることではない。
⑤「か」は疑問の係助詞。
⑥「〜といへども」は、一語化して逆接確定条件の接続助詞。

問四 次の①～④の部分に用いられている文章表現技巧の名称を、それぞれ漢字二字で答えなさい。

①世の中にある人とすみかと、またかくのごとし
②棟を並べ、甍を争へる
③朝に死に、夕べに生まるるならひ
④知らず、生まれ死ぬる人、いづかたより来たりて、いづかたへか去る

問五 この文章中に用いられている「うたかた」「露」は、どのようなものの象徴として用いられているか。「――もの」という形で、六字で答えなさい。

問六 この文章全体の主題となっている認識を、漢字二字、または三字で答えなさい。

問四
①「かくのごとし」は、「このようなものだ」の意。
②前半と後半が同じ構造になっている。
③一人の人間のことと考えてしまうと妙な内容になってしまう。「日進月歩」のような構造になっている点に着目。
④「知らず」の対象となる内容が「いづかたより～去る」の部分。

問五 「うたかた」は「久しくとどまりたるためしなし」、「露」は「消えずといへども～」と書かれている。

問六 「すべては変転し、消えてゆく」という認識である。

徒然草

▲『兼好法師行状絵巻』

作者と成立年代

筆者は吉田兼好《けんこう》（兼好法師）。『徒然草《つれづれぐさ》』という書名は、冒頭の一文、「つれづれなるままに〜」に由来している。成立は、鎌倉時代の末期、建武の中興となるころの元徳二（一三三〇）年から翌元弘元（一三三一）年にかけての一年間、兼好四十八歳から四十九歳にかけてとされる。

兼好は俗名《ぞくみょう》を卜部《うらべ》兼好《かねよし》といい、京都の吉田神社の神官の家に生まれた。青年時代は六位の蔵人《くろうど》として宮中に出仕し、歌道では二条為世《にじょうためよ》に師事して頓阿《とんあ》・慶運・浄弁とともに当時の和歌の四天王の一人に数えられた。和漢の学や有職故実《ゆうそくこじつ》（古来の朝廷や武家の礼式や官職・法令などを研究する学問）にも明るく、宮廷の公卿・殿上人にも重んじられていたようだ。三十歳前後で出家し、比叡山の横《よ》川《かわ》、京都の双《ならび》が岡などに住んだ。死んだのは観応三（一三五二）年以後、六十八歳ぐらいのときと推定されている。

作品解説

深い教養に基づいた批判精神

『徒然草』は、序段に書かれているとおり、兼好の心に浮かんでくる様々なことを、感興にまかせて書きつづったもので、二百四十三段から成る。その内容は、人間論・処世論・求道《ぐどう》論・趣味論・芸道論・逸話・自然観察・有職故実など多岐にわたっている。あるときには古典趣味や王朝文化へのあこがれが色濃く現れ、あるときには仏教の無常観や老荘の虚無思想・儒教の道徳が語られるというように、一見すると不統一で、矛盾する内容のあるようにも感じられるが、それは、物事の表裏を様々な面から眺め、自分の価値観と美意識に基づいて意見を述べていることの現れと見られ、どの章段をとっても、事実を鋭く観察し、的確に判断している作者兼好の透徹した目が感じられる。こうした点から、『徒然草』は知性・感性を養う教養の書として、多くの人々に読まれ続けてきた。

和文と和漢混交文の使い分け

『徒然草』の文体は、内容に応じて使い分けられている。古典的趣味のただよう自然観察・趣味論などでは流麗な和文を使い、儒教・仏教の思想に基づく処世訓や人間論などを述べるときには和漢混交文を使っているのである。また、兼好の文章の真髄は和文よりも和漢混交文にあり、簡潔明快で、優雅さのあふれた、味わい深い名文として知られている。

『徒然草』は隠者文学の傑作

『徒然草』は『枕草子』とともに随筆文学の双璧といわれるが、『枕草子』が直感的・感覚的・自己主張的なのに比べて、思索的・合理的・常識的・内省的である。鎌倉初期に成立した『方丈記』とともに、隠者文学の傑作であり、『枕草子』『方丈記』『徒然草』を「古典三大随筆」とよぶ。

Q 和漢混交文ってなに？

A 和文の特色と漢文訓読文の特色をあわせもった文章のことを和漢混交文といいます。鎌倉時代以降の軍記物語や紀行文によくみられる文体です。

神無月《かん(み)なづき》のころ

なかなか断ち切れない煩悩《ぼんのう》

人は様々な煩悩（欲望や迷い）をもっている。それを断ち切って、清浄な自由の中で生きていこうと願うのだが、気づかぬうちに新たな煩悩が……。

神無月のころ、栗栖野《くるすの》といふ《ウ》所を過ぎて、ある山里に尋ね入る
（過ぎ：ガ上二・用　入る：ラ四・体）
（陰暦）十月のころ、栗栖野という所を通り過ぎて、ある山里に（人を）たずねて入ったこと

ことはべりしに、遥かなる苔《こけ》の細道をふみわけて、心ぼそく住み
（はべり：ラ変・用　し：過・体　遥かなる：ナリ・体　ふみわけ：カ下二・用　心ぼそく：ク・用　住み：サ四・用）
がありましたが、（そのときに、その道からはずれた方へ）ずうっと長く続いている、苔の生《は》えた細い道を踏み分けた奥に、閑寂

なしたる庵《いほり》《イオリ》あり。木の葉に埋《うづ》《ウズ》もるる懸樋《かけひ》《イ》のしづ《ズ》くならでは、つゆ
（たる：存・体　あり：ラ変・止　埋もるる：ラ下二・体　なら：断・未）
な風情に整えて住んでいる小さな家がある。（心をひかれて近寄って見ると、）落葉に埋まっている懸樋《かけい》の水のしたたる音以外には、

おとな《ノ》ふ《ウ》もののなし。閼伽棚《あかだな》に菊・紅葉《もみぢ》《モミジ》など折り散らしたる、さす
（おとなふ：ハ四・体　なし：ク・止　散らし：サ四・用　たる：存・体）
少しも音を立てるものもない。（それでも）閼伽棚に菊やもみじの枝などの折ったのが無造作《むぞうさ》においてあるのは、（こんな

がに住む人のあればなるべし。
（住む：マ四・体　あれ：ラ変・已　なる：断・体　べし：推・止）
さびしい場所でも）やはり、住む人があるからなのであろう。

（濃い網掛け）…文法重要事項
（薄い網掛け）…重要語句
（囲み）…訳が出やすい箇所

語釈・文法解説

神無月…**陰暦十月**。

栗栖野…現在の京都市山科区にある栗栖野。

心ぼそく…閑寂な風情で。

住みなしたる…「――なす」は、「意図的に――する。気を使って――する」の意。

懸樋…庭などに水を引くため、地上に架け渡した樋《とい》。

――ならでは…――以外には。――でなくては。

つゆ（――なし）…少しも――ない。

閼伽棚…仏前にそなえる水・花・仏具などを置く棚。

かくてもあられけるよと、あは《ワ》れに見るほどに、かなたの庭に、

ラ変・未　可・用　詠・体　ナリ・用　マ上一・体

こんなふうにして暮らしていくこともできるものなのだなあと、しみじみ身にしみて見ているうちに、（ふと気がつくと）向こうの庭に、

大きなる柑子《かうじ》の木の、枝もたわわになりたるが、まは《ワ》りをきびし

ナリ・体　同格　ラ四・用　存・体　シク・用

大きなみかんの木で、枝もたわわむほどに実がなっているのがあって、その周囲を厳重に囲ってあった

く囲ひ《イ》たりしこそ、少しことさめて、この木なからましかばと覚

ハ四・用　存・用　過・体　マ下二・用　ク・未　反仮・未　ヤ下二・用

のには、少し興ざめがして、この木がなかったら（よかったのに）と

えしか。

過・已

思われた。

さすがに…そうはいってもやはり。とはいえ。

かくても…こんなふうにしても。

柑子…みかんの一種。

なからましかば…「――ましかば（～まし）」は、反実仮想（事実と違う場合の仮定「もし――たら～のに」）。

解釈

中世隠者文学の粋――『方丈記』『徒然草』

貴族社会から引退して市中を離れた郊外・山里などに住み、仏道修行に専念する人を隠者という。煩わしい俗世間から離れたこうした境遇は、ことに中流・下流貴族たちの望んだ安らかな老後の生き方であった。鴨長明、吉田兼好はその代表的な人物であり、その著作である『方丈記』『徒然草』は、隠者文学の双璧といわれる。

この「神無月のころ」で兼好が見た「心ぼそく住みなしたる庵」の主人もまた、こうした隠者の一人だったと思われる。人の通る道から奥へ引き込んだ庵は、その居室も庭も閑寂な風情に保たれている。人との関わりや様々な煩悩（欲望や迷い）を絶ち切った人――と見えたのである。

「この木なからましかば」に込められた兼好の思い

この庵を見て「かくてもあられけるよ」（こんなふうにして暮らしていくこともできるものなのだなあ……）と感銘を受けた兼好だったが、庭の片隅にある柑子の木の周囲を厳重に囲ってあるのに気づいて、その思いがさめてしまう。俗世の欲を絶ち切ったと思われた庵の主人に、「この柑子の実を盗まれたくない」という欲望のあることが表れていたからである。「この木がなかったならば」の次には「よかったろうになあ……」という思いが省略されている（**「ましかば」**についでは後の文法の項で説明）。この木がなかったなら、庵の主人の物欲が目覚めてしまうこともなかったろうし、兼好も「みごとな生き方を見られたものだ」という感銘をもったまま立ち去ることができたのに……という思いである。

詠嘆（気づき）を表す「けり」

これまで学習してきた説話「児のそら寝」「絵仏師良秀」で用いられていた過去の助動詞は、ほとんど**伝え聞いた過去を表す「けり」**だった。それに対して、兼好自身の体験を書いた「神無月のころ」では、「はべりし」「囲ひたりし」「覚えしか」と、**自分の体験した過去を表す「き」**が用いられている。ところが、「かくてもあられけるよ」においては「けり」が用いられている。これは、この「けり」が詠嘆（気づき）を表す用法だからだ（P61参照）。**和歌に用いられている「けり」は基本的にはこの用法**であり、散文においても、**「〜なりけり」という言い方になっている場合**や、自分自身の体験を書いている文において使われている「けり」はこの用法ではないかとチェックしてみる必要がある。

「――ましかば」は反実仮想（P70参照）

事実に反した仮定を反実仮想という。「この木なからましかば」も、現に見ている柑子の木が「もしなかったら」と仮定しているので反実仮想である。**「――ましかば〜まし」**という形が最も多く、ほかに**「――せば〜まし」**「ませば〜まし」という形もある（いずれも「もし――たら〜たろうに」という意味）。

POINT

過去の助動詞「き」と「けり」の用法

き　**過去の回想**…自分の体験した過去を表す。

けり　**伝聞過去**……人から伝え聞いた過去を表す。
詠嘆（気づき）……今まで気がつかなかった事実に初めて気がついて、感動する意を表す。

定期テスト対策問題　神無月のころ

解答・解説はP281～282

問一　次の語句の意味を答えなさい。

①神無月　②心ぼそく　③～ならでは　④つゆ～なし

⑤さすがに　⑥あはれに　⑦ことさめて

問二　次の――線部の動詞については活用の種類と終止形を、～～線部の助動詞についてはその文法的意味と終止形を答えなさい。

①はべりし　②あればなるべし

③あられけるよ　④なからましかばと覚えしか

問三　次の①～⑤を現代語訳しなさい。

①はべりしに

②つゆおとなふものなし

③住む人のあればなるべし

④かくてもあられけるよ

⑤この木なからましかばと覚えしか

ヒント

問三

①「はべり」は「あり」の丁寧形。

③「あれば」は、「已然形＋ば」の形になっている。

④「れ」「ける」の文法的意味に注意して訳そう。

⑤「――ましかば」は反実仮想の用法。

問四 P88の「神無月のころ」6行めに「かくてもあられけるよ」とあるが、「かくて」の状況を表している表現を、本文中から十字で抜き出しなさい。

問五 P88の「神無月のころ」8行めに「少しことさめて」とあるが、なぜ兼好は「ことさめて」しまったのか。五十字以内で説明しなさい。

問六 P88の「神無月のころ」8行めの「この木なからましかば」の下に省略されている部分の内容を十字以内で書きなさい。

問四 「かくて」の前に記されている、この「庵」の様子をよく読んでみよう。

問五 「柑子の木」の周りを、「きびしく囲ひたり」というようにしてあるのはなぜかを考えて答えよう。

問六 それまで兼好は、「かくてもあられけるよと、あはれに」見ていたのである。この木がなかったら、その思いのままでいられたはず。

九月二十日《ながつきはつか》のころ

繊細な美的感覚をもつ男女の間柄

身分の高い「ある人」に、「二十日の月を見て歩こう」と誘われた兼好が目にした、ひっそり暮らす女性の感銘深い心遣いと生き方。

…文法重要事項
…重要語句
…訳が出やすい箇所

ハ四・未　受・用　謙・補・用　カ下二・体　カ四・体

九月二十日のころ、ある人に誘は《ワ》れ奉《たてまつ》りて、明くるまで月見歩《あり》く

（陰暦）九月二十日ごろに、ある方に誘われ申し上げて、夜が明けるまで月を見て歩き回った

ラ変・用　過・体　ダ下二・体　ラ変・用　サ変・未　使・用　ラ四・用　尊・補・用　完・止

こと侍《はべ》りしに、思《おぼ》し出《い》づ《ズ》る所ありて、案内せさせて入り給《たま》ひ《イ》ぬ。

ことがありましたが、（途中で、そのお方がふと）お思い出しになった家があって、（ある女の家に立ち寄り、従者に）取り次ぎを申し入れさせてお入りになった。

ラ下二・用　存・体　同格　ク・体　ナリ・未　打・体　ナリ・用　ラ四・用

荒れたる庭の露しげきに、わざとならぬにほ《オ》ひ《イ》、しめやかにうち

（私は外で待っていて、その家の様子を見ると、）荒れている庭には夜露が深くおりていて、そこにわざわざ焚《た》いたというわけではない香《こう》のかおりがしんみりとかおって、

バ上二・用　存・体　ナリ・止

薫りて、忍びたるけはひ《イ》、いとものあは《ワ》れなり。

ひっそりと暮らしている雰囲気が、とてもしみじみとした風情がある。

ク・体　ダ下二・用　尊・補・用　完・已　ナリ・用　ヤ下二・用

よきほどにて出で給ひ《イ》ぬれど、なほ《オ》ことざまの優《いう》《ユウ》におぼえて、

（そのお方は）ちょうどよいかげんの時間で出ておいでになったけれども、（私は）なおも事のありさまが優美に思われて、

語釈・文法解説

ながつき…**陰暦九月**。

月…ここでは、陰暦二十日ごろの月。

案内せさせて…「ある人」が、従者に命じて、訪れた家に取り次ぎを申し入れさせた。

わざとならぬ…客の訪れに、わざわざ焚いたというわけではない。平素から香を焚きしめていたと判断している。

にほひ…ここでは、香の匂い。

忍びたるけはひ…人目を避けて、ひっそりと暮らしていることが察せられる雰囲気。

よきほど…兼好や従者たちを待たせ過ぎない、ちょうどよい時間。

物の隠れよりしばし見ゐ《イ》たるに、妻戸をいま少し押し開けて、月

物陰からしばらく見ていると、（女はこのお方を送り出して後）妻戸をもう少し押し開けて、

見る気色なり。やがてかけこもらましかば、口惜しからまし。あ

月を見ている様子である。（これがもし、客を送り出して後）すぐに鍵をかけて閉じ込もってしまったとしたら、（余韻をかみしめることもない女と思われて）さぞ残念なことであったろうに。

とまで見る人ありとは、いかでか知らん。かやう《ヨウ》のことは、ただ

（客を送り出した）あとまで見ている人がいるとは、（かの女は）どうして知っていようか（、知るはずはない。つまり、この女の今の動作は、人を意識してのものではなく、自然に行ったものだったのだ）。このような奥ゆかしいふるまいができるとい

朝夕の心づかひ《イ》によるべし。

うことは、ただ平素の心がけによるのであろう。

その人、ほどなく失《う》せにけりと聞き侍りし。

その女はまもなく亡くなってしまったと聞きましたよ……。

ことざま…事の成り行きと家の様子。

妻戸…部屋の出入り口にある左右両開きの戸。

やがて…すぐに。そのまま。

かけこもらましかば…「かけこもら」の「かけ」は、戸の掛けがねを掛けるの意。**「――ましかば～まし」は反実仮想表現。**

いかでか…反語表現。どうして――か、そんなことはない。

かやうのこと…家の女主人の暮らしぶりと、恋人の帰ったあと、さらに妻戸を開けて月を見て、余韻をかみしめているという行動。

解釈

「ある人」はどのような人物であることが読み取れるか

● まずは身分について考えよう。兼好はこの人に誘われたということを「誘はれ奉《たてまつ》りて」と書いている。**「奉る」は謙譲の補助動詞**で「誘われ申し上げて」という意味になるので、誘われた兼好の方がへりくだっていることがわかる。また、「ある人」の行為については、「思《おぼ》し出づる」（**「思す」は「思ふ」の尊敬語**）、「入り給ひぬ」「出で給ひぬれど」（**「給ふ」は尊敬の補助動詞**）と、尊敬語を用いている。つまり、この人は**兼好（かつて六位の蔵人だった）よりも身分が上の人物**であることがわかる。さらに「せ給ふ」「させ給ふ」「思し出でらる」のような二重尊敬までは用いていないので、殿上人（四位・五位の貴族）と推察される（敬語法についてはP112参照）。

● 次に、「ある人」の素養・人間性について考えてみよう。

この人は「二十日のころ」の月を夜明けまで見て歩こうとしている。当時の貴族が様々に姿を変えていく月を見て楽しんだことは知られているが、ことに望《もち》月（十五日）や十三夜《じゅうさんや》月、十六夜《いざよい》月を楽しむことが多かった。日没時刻から約六時間後に出る、左半分が光っている「二十日余りの月」を見て味わおうとするのは、ずいぶんと繊細な美的感覚をもつ人と推察される。

また、ふと立ち寄った家（以前からの恋人の住居であろう）を「よきほどにて」辞去して来たことから、兼好や従者たちに対する心遣いを忘れていないことがわかる。

全体的に、こまやかな美的感覚や心遣いをもった殿上人だということが読み取れる。

「ある人」が立ち寄った家の女主人について読み取れること

「ある人」がふと思い出して立ち寄った所とは、以前からの恋人の家であろう（婚姻制度も男女間のあり方についての社会通念も、現在のそれとは大きく違うことを頭に置いてほしい)。住居にはそこに住む人の人柄・センスが現れる。兼好はその家について次のようなことを感じ取った。

①庭もことに手入れせず、世間の人たちに目立たないように配慮して暮らしている……身分のある人の恋人と知られないように、と心遣いをしている。

②庭に、「ある人」の訪れを受けて急いで焚《た》いたというわけではない香のかおりが漂っている……ふだんのこまやかな心遣いと繊細な美的感覚(=「ある人」と通いあう)がうかがえる。

また、(たぶん久々に)訪れた「ある人」が帰って行ったあとの、この女主人のふるまいを見て、兼好はつくづく感銘を受けた。

恋人が帰って行ったあと、この女性は「妻戸をいま少し押し開けて、月見る気色」であった。……ふつうなら、夜中に訪れた客が帰ればすぐに戸じまりをするだろうが、この女性はかえって戸をもう少し開いて月を見ていた。久々に恋人と過ごした一時《ひととき》の余韻をかみしめ、「あの方も、今、この月を眺めていることだろう」という、同じ風情をともに味わう思いを胸に抱いている(深い心の通いあいと、こまやかな心情)。

最後の一文でますます深まる余情

最後の一文に着目しよう。その女性は、その後まもなく亡くなってしまったと聞いた、とある。ここには、「あのようにみごとな心ばえの女性が……。残念なことだ」という思いが表現されている。文末が、**過去の助動詞「き」の連体形「し」で終わっている**ことを見逃してはいけない。この文には「ぞ」「なむ」のような、下を連体形で結ぶ係助詞は用いられていない。こうした表現は、**連体形止めの余情表現**といい、言葉にし切れない深い思いや情感を表す。この女性の死を惜しむ兼好の思いが込められているのである(ちなみに、兼好はこの女性の死を「ある人」から聞いたのではないことがわかる。「ある人」であれば、この女性の死はまさに自分に密接な関係のあることのはず。それなら「失せにけり」ではなく、「失せにき」、または余情表現を用いて「失せにし」となっているはずだからである)。

文法

敬語の使い方に注意しよう

敬語の使い方に着目すると、登場人物同士の身分関係が明確になる。

- **尊敬語**……「思《おぼ》す」「給ふ」
- **謙譲語**……「奉る」
- **丁寧語**……「侍り」

同格用法の「の」（格助詞）

「荒れたる庭の露しげきに」という表現に用いられている「の」は、「荒れたる庭」の様子をさらに「露しげき」と説明している。上にある名詞について、さらに説明を加えるという用法の「の」を、同格という。「神無月のころ」にも、「大きなる柑子の木の、枝もたわわになりたるが」という表現があったことを思い出そう。――線部は、「柑子の木」の様子について説明している部分である。

反実仮想表現に、もう一度注目しよう

「やがてかけこもらましかば、口惜しからまし」は、前段でも学習した反実仮想表現である。「ある人」を見送ったあとの女主人のふるまいが、もし違ったものであったら……という兼好の思いを汲み取ろう。

反語表現に注意しよう

係助詞「や（やは）」「か（かは）」は疑問・反語を表す。反語表現は、「どうして～か（、いや、そんなことはない）」というように、ふつうの否定表現よりもさらに強い調子の否定を表す。

例 なにか射る〈どうして射ることがあるか、そんな必要はない〉

また、反語の副詞（さらに、それに「か」のついた形）を用いることもある。

例 なんでふ物のつくべきぞ（P50参照）

例 いかでか知らん（本文8行め）

定期テスト対策問題　九月二十日のころ

解答・解説はＰ282

ヒント

問一　次の語句の意味を答えなさい。

①ながつき　②侍りし　③思し出づる所

④案内せさせて　⑤わざとならぬ　⑥優に

⑦気色《けしき》　⑧やがて　⑨かやうの

問二　①～④の傍線部について、それぞれが㋐尊敬語　㋑謙譲語　㋒丁寧語のどれにあたるかを答えなさい。

①誘はれ奉りて　②侍りし　③思《おぼ》し出づる　④入り給ひぬ

問三　次の①～⑤を現代語訳しなさい。

①忍びたるけはひ、いとものあはれなり

②ことざまの優《いう》におぼえて

③やがてかけこもらましかば、口惜しからまし

④いかでか知らん

⑤ほどなく失せにけり

問四 「ある人」と兼好とは、どちらが高い身分か。根拠を挙げて答えなさい。

問五 「ある人」が立ち寄った家の女主人について、次の①～⑥のうち、適切なものを選びなさい。

①「ある人」が今夜訪れることを知っていた。
②外から見える庭を念入りに手入れしている。
③ふだんからよい匂いの香を焚いている。
④身分のある方の恋人として、世間に恥ずかしくないように暮らしている。
⑤客の帰った後は、用心のためなるべく早く戸閉まりをしている。
⑥心に残る物ごとの余韻をかみしめるこまやかさをもつ。

問四 敬語の使い方に着目して考えよう。

問五
- 「ある人」は、「思し出づる所ありて」その家に立ち寄ったと書かれている。
- 「荒れたる庭の露しげき」「忍びたるけはひ」という表現に着目しよう。
- 女主人は、「妻戸をいま少し押し開けて、月見る気色」だったと書かれていることに注意。

枕草子

▲清少納言

作者と成立年代

作者は清少納言で、長徳元（九九五）年～長保三（一〇〇一）年ごろ成立。「少納言」は、中宮定子《ていし》のもとに仕えていたころの呼び名で、本名は不明。「少納言」は身近な人などの官名と考えられるが、近親者にはおらず、不詳。「清」は「清原」の「清」。清原氏は漢学・歌道にすぐれた家柄で、曾祖父の深養父《ふかやぶ》は『古今和歌集』の時代の歌人であり、父の元輔《もとすけ》も十世紀中期、宮中の「梨壺《なしつぼ》」において『後撰和歌集』の撰進と『万葉集』の訓読にあたった〝梨壺の五人〟の一人で、漢学者でもあった。

清少納言は、三十歳ぐらいで一条天皇の中宮定子に出仕した。定子は時の関白藤原道隆《みちたか》の娘で、入内《じゅだい》後数年間は道隆の権勢とともに栄えたが、道隆の死後、叔父道長《みちなが》の権勢が確立していき、兄の伊周《これちか》と弟の隆家《たかいえ》は左遷され、道長の娘彰子《しょうし》が入内するに至って、その勢力は衰退の一途をたどった。定子の死後、宮仕えを辞したとされるが、晩年については不明。

作品解説

機知に富んだ「をかし」の文学

『枕草子』は約三百の章段から成り、それぞれの内容から次のように分類される。

(1)**類集的章段**…同じ類のものを集めたもの。

❶「ものづくし」の章段。

「うつくしきもの」「にくきもの」の類で、主として人事に関する。微細な観察力と鋭利な美的感覚が発揮されている。

❷「ものはづけ」の章段。

「山は」「鳥は」の類で、主に自然を素材とする。ほぼ和歌の題となるものである。

(2)**日記回想的章段**…「中納言参り給ひて」「雪のいと高う降りたるを」の話などの類で、作者の宮中生活における経験や見聞をまとめたもの。後宮の記録という性格もあって、敬愛する中宮定子とその一族の華麗さを追慕の気持ちを込めて描いている。

(3)**随想的章段**…「春はあけぼの」の類で、折にふれての感想をつづった段で、自然や人事に美を求める独創的な感覚が発揮されている。着想は新鮮、観察は鋭く、描写は印象的である。文体は、省略が多く、簡潔で軽妙。時に長文もまじえて変化に富む。

『枕草子』は『源氏物語』と並ぶ平安文学の双璧

『枕草子』は中宮定子の栄華と没落の時代にかけて書かれており（ただし、各段は時代順に配されてはいない）、その内容は感想にせよ評論にせよ、いずれも当時の「をかし」という美意識に貫かれている。『源氏物語』は「あはれの文学」、『枕草子』は「をかしの文学」とされる。女性特有の鋭い感覚に加え、機知に富み、特に古歌・漢詩・漢学をふまえた即興的な会話の妙にすぐれている。

春はあけぼの

古来、名文として知られる冒頭の文章
四季それぞれの最も美しく、味わい深い時刻の情景を、簡潔・的確な文章で描いている名文。春と冬については、当時の通念と異なる時間帯を取り上げている点に注目しよう。

…文法重要事項
…重要語句
…訳が出やすい箇所

春はあけぼの。やうやう《ヨウヨウ》白くなりゆく山ぎは《ワ》少しあかりて、
紫だちたる雲の細くたなびきたる。
夏は夜。月のころはさらなり。やみもなほ《オ》、蛍の多く飛びちが
ひ《イ》たる。また、ただ一つ二つなど、ほのかにうち光りて行くもを《オ》
かし。雨など降るもを《オ》かし。

（文法）白く：ク・用／なりゆく：カ四・体／あかり：ラ四・用／紫だち：タ四・用／たる：存・体／細く：ク・用／たなびき：カ四・用／たる：存・体／さらなり：ナリ・止／多く：ク・用／飛びちがひ：ハ四・用／たる：存・体／ほのかに：ナリ・用／光り：ラ四・用／行く：カ四・体／をかし：シク・止／降る：ラ四・体／をかし：シク・止

（訳）春はあけぼの。しだいに白くなってゆく山ぎわが少し朱《あか》みを帯びて、紫がかった雲が細くたなびいている美しさはすばらしい。夏は夜。月の夜はいうまでもない。闇の夜でもやはり、蛍がたくさん飛びかっている眺めはすばらしい。ほんの一、二匹、かすかに光って飛んで行くのもすてきだ。雨の降る夜もいい。

語釈・文法解説

あけぼの…空が白んでくるころ。
やうやう（副）…**しだいに。少しずつ。**
さらなり…**いうまでもない。「言ふも（言へば）さらなり」の省略形。**
なほ（副）…**（それでも）やはり。**
をかし…**趣深い。味わい深い。**（P110の「Q&A」参照）

秋は夕暮れ。夕日のさして山の端《は》いと近うなりたるに、烏《からす》の寝《ね》所《どころ》へ行くとて、三つ四つ、二つ三つなど飛び急ぐさへ《エ》あは《ワ》れなり。まいて雁《かり》などの連ねたるが、いと小《ちひ》《チイ》さく見ゆるは、いとを《オ》かし。日入り果てて、風の音、虫の音《ね》など、はた言ふ《ウ》べきにあらず。冬はつとめて。雪の降りたるは、言ふ《ウ》べきにもあらず、霜のいと白きも、またさらでも、いと寒きに、火など急ぎおこして、炭

秋は、夕暮れ。夕日がさして、山やまがくっきりと近いように見えるころ、烏がねぐらに帰ろうとして、あちらに三、四羽、こちらに二、三羽と急いで飛んで行く姿までが、しみじみとした趣がある。まして、列になった雁《かり》が、(夕空に)とても小さく見えるのは、たいそう趣深い。日が沈んだ後、秋風の音や虫の音《ね》などが聞こえてくるのは、また何とも言えないすばらしさだ。冬は、早朝。雪の降っているときのすばらしさは、言いようもないほどで、霜が真っ白におりている朝もいい。また、霜が真っ白におりているというほどでなくても、とても寒いときに、火を急いでおこして、

まいて…**「まして」のイ音便。**

雁などの連ねたるが…**「の」は同格用法。**「連ねたる」は、列をなしている様子をいう。

はた(副)…(これも)また。ほかに、「あるいは。とはいえ」などの意もある。

つとめて…**早朝。ほかに、「翌朝」の意もある。**

さらでも…そうでなくても、そうでない場合も。「さあらでも」のつまった形。

ラ四・体　シク・止　ラ四・用　ク・用　バ四・用　カ四・已

もて渡るも、いとつきづきし。昼になりて、ぬるくゆるびもてい

炭を持ってあちこちに届けて回る様子も、いかにも冬らしくてよい。昼ごろになって、寒さもゆるんでしだいに暖かくなっていく

ク・体　ラ四・用　ク・止

けば、火桶《ひをけ》《オケ》の火も白き灰がちになりてわろし。

と、火鉢の炭も白い灰が多くなって、見苦しい。

つきづきし…ふさわしい。（状況に）しっくり合っている。ここでは、「いかにも冬らしくてよい」の意。

ゆるびもていけば…「――もていく」は、「しだいに――（――ていく）」の意。しだいに寒さがゆるんでいくことを表現している。

火桶…木製の火鉢。

わろし…よくない。見苦しい。

解釈

内容・表現ともに独自の世界を開いた冒頭「春はあけぼの」

古来、名文として知られるこの冒頭の文章を、内容・表現の両面から考えてみよう。

● **内容**……四季それぞれの、最も味わい深く、美しい時刻の情景を取り上げている。春は、ふつう、夕暮れ（「春宵」）や朧月の風情を称賛する表現が多いのだが、ここでは「あけぼの」の空の、刻々と変化していく美しさが描かれている。夏は、暗い夜の月や蛍の風情と、暑さをしずめてくれる夜の雨の好ましさを描く。秋は、誰しもが愛《め》でる夕暮れの味わいを取り上げるが、そこには、あまり親しまれない烏たちが寝ぐらに帰る姿に「あはれ」を覚え、次いでまさに秋の風情とされる雁の列（和歌にも漢詩にも「初雁」という題《テーマ》で歌われる）に移る。さらに、秋風の音、虫の鳴く

音《ね》といった、こまやかな聴覚的美感覚にまでおよぶ。冬は、誰しもがつらいと感じる、身のひきしまるような寒い早朝を挙げている。いっそ最も冬らしい時刻こそが冬の味わいということであろう。ここには貴族の屋敷や宮中に仕える下働きの女性たちが忙しく立ち働く姿や火鉢の炭の変化といった、人事に目をとめる作者のまなざしが表れている。

●**表現**……「春はあけぼの」「夏は夜」「秋は夕暮れ」「冬はつとめて」と、簡潔・的確に言い切る表現に、当時の仮名書きの文章（物語・日記など）を読み慣れた貴族たちは目を見張ったことであろう。この文章全体にも、ほかの多くの章段（ことに、「ものづくし」「ものはづけ」の章段）にも、こうした簡潔・的確でひきしまった表現が随所に見られる。これは、作者が漢学の名家清原《きよはら》家に育ち、その薫陶を受けて育ってきたことが大きな要因であろう（『枕草子』には、「雪のいと高う降りたるを」「二月《きさらぎ》つごもりごろ」など、漢詩文についての作者の素養の深さが発揮される章段がいくつもある）。『枕草子』は、文体という点でも注目されるべき作品なのである。

文法

添加の副助詞「さへ」の用法に注意しよう

「さへ」は、現代語の「さえ」（「これさえあれば」のように用いる）とは異なり、「（そのうえ・それに加えて）〜までも」という添加の意味を表す（現代語の「さえ」にあたる古語は、「だに」「すら」である）。秋の風情の一つとして挙げられている烏は、ふつう、不吉な鳥、あるいは悪知恵があって悪戯《いたずら》をして人に嫌われる鳥というイメージで描かれる。この文章では、秋の夕暮れに感じる様々な風情の中で見ると、あの烏までがしみじみとした風情のあるように見えるといっているのである。

定期テスト対策問題　春はあけぼの

解答・解説はP283

問一　次の語句の意味を答えなさい。

①やうやう　②さらなり　③なほ　④あはれなり
⑤まいて　⑥つとめて　⑦つきづきし　⑧わろし

問二　次の①・②を現代語訳しなさい。

①いとをかし
②はた言ふべきにあらず

問三　P103の「春はあけぼの」6～7行めに「烏の～飛び急ぐさへあはれなり」とあるが、この「さへ」はどのようなことを表現しているのか。左の空欄を三十字以内で補って答えなさい。

［　　　　　　　　　　］ということ。

ヒント

問二
①「いと」は「とても。たいそう」の意の副詞。
②「言ふべきにあらず」は「えも言は（れ）ず」と同じ意味の表現。

問三　烏がふつうどのようなイメージでとらえられていたかを考えてみよう（P105下段参照）。「さへ」は添加の助詞。

問四 「月のころ」「夕日のさして」「雁などの連ねたるが」の三つの「の」について、それぞれの用法の違いを簡潔に説明しなさい。

問五 P103の「春はあけぼの」11行めの「さらでも」とはどのようなことをいっているのか。三十字以内で説明しなさい。

問四 「連ねたる」は、「雁など」についての説明となっている。

問五 「さら」はラ変動詞「さり」の未然形。その前に記されている内容を受けている。

うつくしきもの

作者の優しい眼差《まなざ》しと鋭い観察眼の現れた文章

いくつものかわいらしいものや子どもたちの姿を、無駄のない的確な文章で描いて、作者の優しい眼差しを感じさせる文章である。

…文法重要事項
…重要語句
…訳が出やすい箇所

うつくしきもの。瓜《うり》にかきたる児《ちご》の顔。雀《すずめ》の子の、ねず鳴きするに踊り来る。二つ三《み》つばかりなる児の、急ぎて這《は》ひ《イ》来る道に、いと小さき塵《ちり》のありけるを、目ざとに見つけて、いとを《オ》かしげなる指《および》にとらへ《エ》て、大人ごとに見せたる、いとうつくし。頭《かしら》は尼そぎなる児の、目に髪のおほ《オ》へ《エ》るを、かきはやらで、うちかたぶきて

シク・体　カ四・用　存・体　サ変・体
カ変・体　断・体　ガ四・用　カ変・体
ク・体　ラ変・用　伝過・体　カ下二・用　ナリ・体
ハ下二・用　サ下二・用　存・体　シク・止
断・体　ハ四・已　存・体　カ四・用　ラ四・未　カ四・用

かわいいもの。瓜に描いてある子どもの顔。雀の子が、「チュッ、チュッ」と鳴きまねをすると、ぴょんぴょんと踊るようにしてやってくる姿。二つか三つくらいの幼い子が、急いではってくる途中に、とても小さなごみがあったのを、目ざとく見つけて、とてもかわいらしい指で持って、大人たち一人一人に見せているのは、ほんとうにかわいい。おかっぱ頭の幼い子が、目に髪の毛がかかってくるのを、払おうともせず、首をちょっとかしげて、

語釈・文法解説

うつくし…**かわいい。いとしい。**

ねず鳴き…ねずみの鳴き声をまねして「チュッ、チュッ」と言うこと。

をかしげなる…**かわいらしい様子。趣のありそうな様子。**

尼そぎ…昔の子どもの髪型。尼のように、髪を肩または背中のあたりで切りそろえた。

かきはやらで…払おうともせず。

うちかたぶきて…首をちょっとかしげて。

て物など見たるも、うつくし。

マ上一・用　存・体　シク・止

何かをじっと見ている様子もかわいらしい。

大きにはあらぬ殿上童《てんじやうわらは》《ジョウワラワ》の、装束《さうぞ》《ソウ》きたてられて歩《あり》くも、うつくし。

ナリ・用　ラ変・未　打・体　カ四・用　タ下二・未　受・用　カ四・体　シク・止

あまり大きくはない殿上童が、立派な着物を着せられて歩き回っているのもかわいい。

を《オ》かしげなる児の、あからさまに抱《いだ》きて、遊ばしうつくしむほど

ナリ・体　ナリ・用　カ四・用　サ四・用　マ四・体

きれいな幼児が、ほんのちょっと抱いて遊ばせ、かわいがっているうちに、

に、かいつきて寝たる、いとらう《ロウ》たし。

カ四・用　ナ下二・用　完・体　ク・止

こちらに抱きついて寝てしまったりするのは、とてもかわいい。

雛《ひひな》《ヒイナ》の調度《てうど》《チョウ》。蓮《はちす》の浮《う》き葉《は》のいと小さきを、池より取り上げたる。

ク・体　ガ下二・用　完・体

雛人形のお道具類。　蓮の浮き葉のとても小さいのを、　池からすくい上げてあるもの。

葵《あふひ》《アオイ》のいと小さき。何も何も、小さきものは、みなうつくし。

ク・体　ク・体　シク・止

葵の葉の、とても小さいもの。　どんなものでも小さいものは皆かわいい。

殿上童…元服前に、宮中の作法を見習うために清涼殿《せいりょうでん》の殿上《てんじょう》の間《ま》に昇ることを許された少年。

装束きたてられて…立派な着物を着せられて。「装束く」は「衣服を身につける。着飾る」の意。

あからさまに…**ほんのちょっと、仮そめに、一時的に。**

うつくしむ…**かわいがる。**

らうたし…**かわいい。いとしい。かわいそうだ。**

雛の調度…雛人形のお道具類。

解釈

「ものづくし」の魅力

『枕草子』には、「うつくしきもの」のほかにも、「にくきもの」「うれしきもの」「すさまじきもの」「ありがたきもの」など、「ものづくし」と総称される章段がいくつもある（高校生の皆さんが皆で楽しみながらつくる「よろず番附」を思い出してみてほしい）。清少納言の感性・知性や、人間についての観察眼などがはっきり現れた、明快な文章である。ぜひそのいくつかを読んで、このすぐれた女性のくり広げる世界に親しんでいただきたい（「鳥は」「虫は」など「ものはづけ」の章段も同様である）。

この「うつくしきもの」には、いくつものかわいらしい物や子どもの姿が描かれているが、その眼目となっているのは、ここに挙げた文章の最後の一文、「何も何も、小さきものは、みなうつくし」であろう。ことに、二、三歳の幼児（現在の数え方だと一、二歳）の動きを、細かい点まで見逃さずリアルに描いているところに、鋭い観察眼と深い愛情とが感じ取れて興味深い。

体言止め、連体形止め（体言格で終わる）が多用されている点に注意

「春はあけぼの」も同様だったが、「ものづくし」には体言止め、連体形止めが多く用いられている。余情表現の効果とともに、言わずとも察してもらえる内容や、一々言葉にするとくり返しになってしまうことを省略して表現効果を高めていることに注目しよう。

Q「をかし」と「あはれ」の違いってなに？

A「をかし」は対象に興味や好奇心を感じるさまを表し、理知的で明るいニュアンスをもちます。一方、「あはれ」は対象に共感・同情し、しみじみと心に深く感じるさまを表し、主観的・情緒的なニュアンスをもちます。

定期テスト対策問題　うつくしきもの

解答・解説はP283〜284

問一 次の語句の意味を答えなさい。

①うつくし　②をかしげなり　③装束く　④らうたし

問二 次の①・②を現代語訳しなさい。

①うちかたぶきて物など見たる

②あからさまに抱きて、遊ばしうつくしむほどに

問三 「うつくしきもの」の文章で作者の述べたいことが最もよく表れている一文を書き抜きなさい。

ヒント

問二

①幼児のかわいらしいしぐさを描いている。

②「あからさまに」「うつくしむ」の訳に気をつけよう。

問三　たくさんの例を挙げたうえで、それをまとめている文を探そう。

4 敬語法の基本

敬語法とは、敬うべき人物や神仏に敬意を示すために、ふつうの言葉と違って、敬意を含んだ特別な言葉で表現すること。次のように、尊敬・謙譲・丁寧《ていねい》の三種がある。

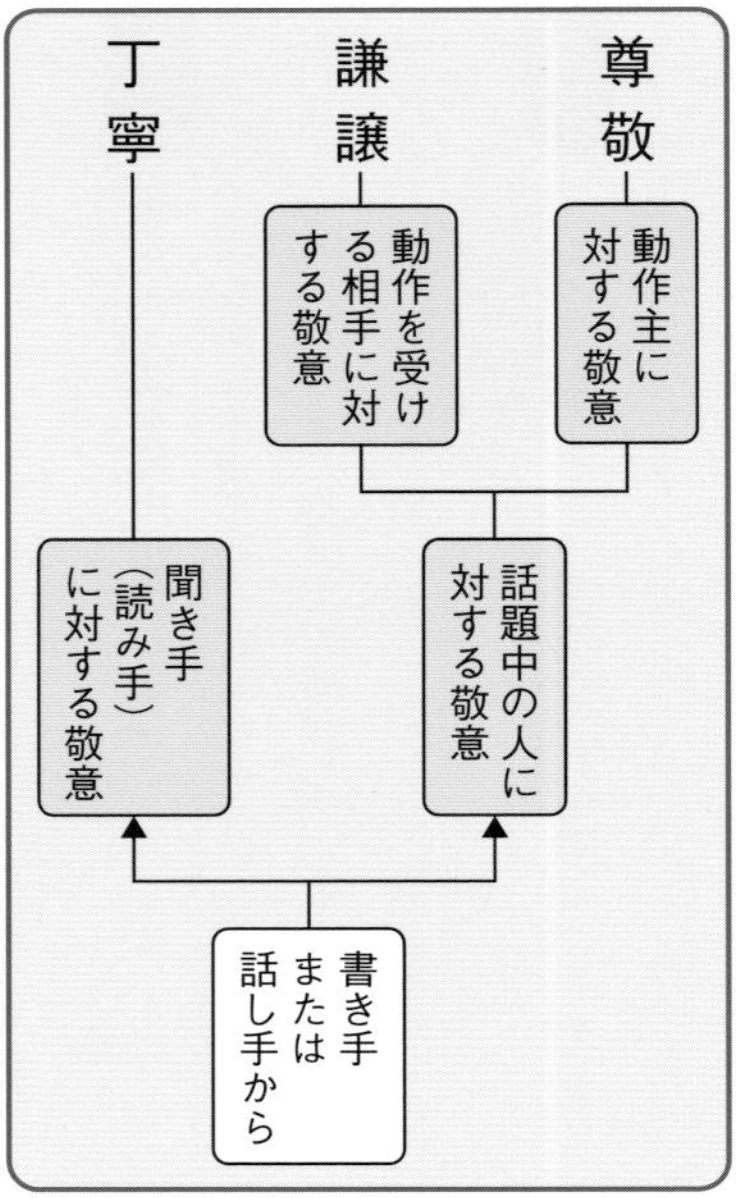

＊誰の敬意なのかは文の種類によって判断できる。

・地の文……書き手（作者・筆者）
・会話文・手紙文……話し手・手紙の書き手
・心内文（心で思ったこと）……思い手

尊敬

書き手または話し手から動作主に対する敬意

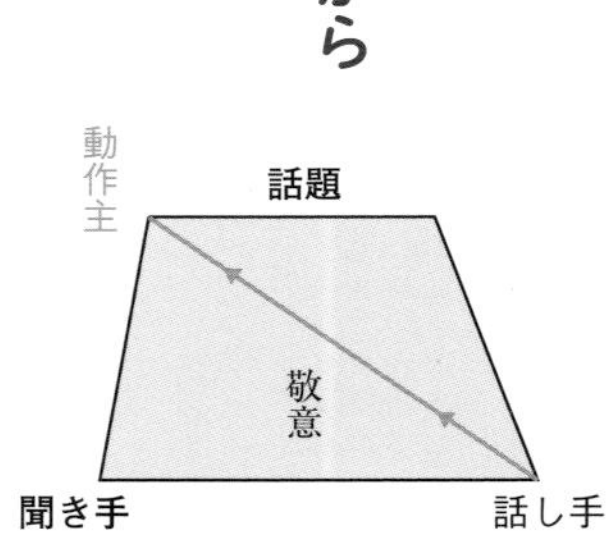

例 母君は（主語）泣き**給ふ**。（述語）

動作主　（行為）　尊敬の補助動詞

〈母君はお泣きになる〉

▼話し手が、**動作主**である登場人物「母君」（「君」も敬語）を高めるために、「泣く」に「給ふ」をつけて表現した。

謙譲

書き手または話し手から動作を受ける相手に対する敬意

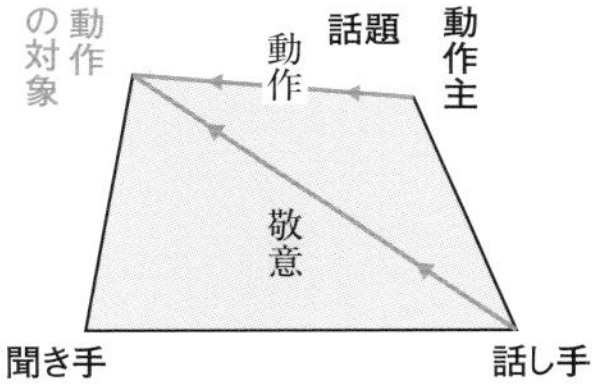

例 君に 御衣《おんぞ》を **たてまつる。**
（動作の対象：君に／動作主＝君に御衣をさしあげる人（行為）：たてまつる）

〈君にお召し物をさしあげる〉

▼話し手が、**動作の向かう対象**（「君」）に敬意を表すために、動作主の行為に対して用いた。

＊動作の主体が話し手自身である場合に用いられる謙譲語には、話し手のへりくだる気持ちが表現される。

丁寧

書き手または話し手から聞き手（読み手）に対する敬意

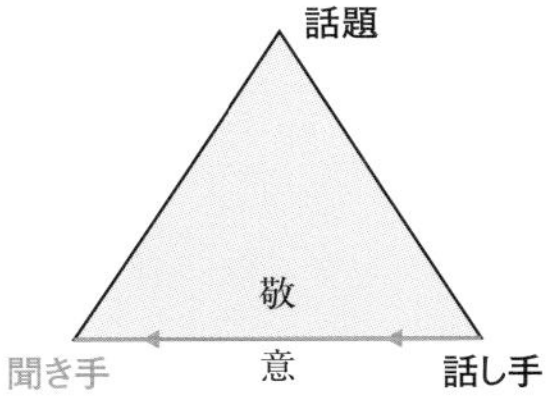

例 夜 更《ふ》け**はべり**ぬべし。
（無人格の主語：夜／丁寧の補助動詞：はべり）

〈夜がもうふけてしまうでしょう〉

▼話し手が、直接**聞き手**（話し相手）に対して、敬意（丁寧な気持ち）を示すため、丁寧の補助動詞「はべり」を用いた。

5 物語①

POINT

人物の心情の動きを理解し、物語に親しむ。
和歌を中心として語られる歌物語の特徴をとらえる。
和漢混交文のリズムを味わい、その美しさに親しむ。

物語文学の二つの流れ

上代（奈良時代、およびそれ以前）に伝承されていた神話・伝説（民間の言い伝えも含む）は、平安時代に入って仮名文字の成立と広がりにともなって、物語という新しい文学を生み出した。その大きな流れの一つは、伝奇的要素や空想性の強い〝作り物語〟（〝伝奇物語〟ともいう。怪奇・幻想性のある物語のこと）であり、もう一つは、当時貴族社会や民間で語り継がれていた〝歌語り〟（和歌についての説話・伝承）をもとにした〝歌物語〟である。

現存最古の作り物語は『竹取物語』で、かぐや姫の誕生、五人の貴公子と帝の求婚、そして姫の昇天というストーリーをもち、当時の説話・伝承の基本的パターンである天人女房説話、貧者致富談、難題聟説話などを巧みに組み合わせた構成となっている。作者は未詳であるが、漢学の素養があり、仏典・和歌にも通じた男性と考えられる。『源氏物語』にも、「物語の出で来はじめの祖《おや》なる竹取の翁」という表現があり、当時から物語の祖という評価が与えられていた。

さらに、『源氏物語』に先行する長編物語である『宇津《うつ》保《ほ》物語』や、継子《ままこ》いじめ譚《たん》の『落窪物語《おちくぼものがたり》』などがある。

歌物語には、在原業平《ありわらのなりひら》の一代記的性格もあわせもった『伊勢物語』や、『後撰和歌集』時代の歌人たちの歌語りと伝承を収めた『大和《やまと》物語』、業平に似て恋と歌に生きた平貞文《たいらのさだふん》を主にした『平中《へいちゅう》物語』などがある。ことに『伊勢物語』は、その王朝風の雅《みや》びやかなところが多くの人々に愛され、後には謡曲に採り上げられたり、様々な美術・工芸品に描かれたりして、日本文化に大きな影響を与えた。

伊勢物語

作者と成立年代

わが国最古の歌物語。成立年、作者はともに未詳だが、十世紀初頭から中ごろまでの間に現存の作品の原型となったものが成立したと考えられる。百二十五段から成り、そのほとんどが「昔男ありけり」で始まり、多くの雅びやかな恋愛が、歌を中心として展開されている。

全体を通してみると、ある「男」の初冠《ういこうぶり》（元服）から始まり、その臨終に至る生涯をつづる、という形をとっており、在原業平の歌が多く収録されて、業平と思われる「男」の一生に仮託した日記と見られることから、古くは『在五が物語』『在五中将の日記』『在中将』などともよばれていた（「在五」は「在原家の五男」の意）。

なお、『伊勢物語』という名称については、伊勢の斎宮に関わる条《くだり》が初めの部分にあるからとされている。

作品解説

「男」の多彩な恋と憂い

全百二十五段中、在原業平の和歌を中心に据えた、「男」の恋愛や風雅の物語が数多く収められている。初冠を経た少年貴族の淡い恋心の話から始まり、高貴な女性との許されない恋と別れ、失意のまま東国へ下って都と都にいる親しい人を偲《しの》ぶ話、惟喬親王《これたかのみこ》との主従の心のつなが

▲『業平東下り図（伊勢物語富士山図）』尾形光琳筆

りの話と続き、末段に辞世の歌をおいた一代記風の章立てとなっている。不遇な人生を歩みながらも、恋と風雅に富む一生を送った「男」の物語は、当時の王朝貴族(ことに女性貴族)の好むところでもあり、後の『源氏物語』などの文学作品にも多大な影響を与えた。また、本作品中には、「筒井筒」や「梓弓」など、在原業平とおぼしき人物とは関係のない、身分の低い男女の恋愛の話なども収められている。

▲『八橋蒔絵螺鈿硯箱』尾形光琳作
『伊勢物語』第9段の「八橋」の場面を題材にしている。『伊勢物語』は、文学作品のほか、様々な美術・工芸品に描かれるなど、日本文化に大きな影響を与えた。

「歌物語」は和歌にまつわる〝歌語《うたがた》り〟

歌物語とよばれる『伊勢物語』は、『竹取物語』などの作り物語(伝奇物語=怪奇・幻想性のある物語)と違い、歌を中心として、話の筋はすべて引用される歌のためにある、という点に特色がある。また、作り物語がすべてフィクションであるのに対し、歌物語は事実に近い話も多いのが特色である。

よく知られた章段の紹介

「芥川《あくたがわ》」(第六段)

「男」が、とうてい妻にはできない高貴な女性のもとに何年も通っていたのだが、ある夜、やっと盗み出して、闇夜にともに逃げた。芥川という河のあたりで、この女は草に置いてある露の光りを見て、「あれは何?」と尋ねたのだが、気の急《せ》いている男は返事もせずに先を急ぎ、ひどい雨の上に雷まで鳴るので、野中の荒れ果てた小屋に入って女を奥に置き、戸口で外を警戒していた。ところが、そこは鬼のいる所で、女を一口に食ってしまった。女は「あれえっ!」と叫んだのだが雷雨の音に消されて男には聞こえない。やっと夜が明けて見ると、女はいなくなっていた。男は身悶《みもだ》えして泣いたが、何の甲斐もない。

白玉かなにぞと人の問ひしとき
露と答へて消えなましものを

(あれは真珠なの、それとも何なのとあなたが尋ねたとき、露だよと答えて露のようにはかなく二人とも消えてしまえばよかったのに……)

と詠んだ。

(この後、これは二条の后高子《たかいこ》を盗み出したのだが、兄たちに取り返されてしまったことをいう、と書いてある。)

「筒井筒《つついづつ》」(第二十三段)

筒井筒の井戸で背比べをして育った幼なじみの男女が、恋の歌のやりとりを経て結ばれたが、男は新しい女のもとに通うようになってしまった。女は、恨み言一つ言わずに夫を送り出すので、男は不審に思ったが、男が出かけたふりをして庭から女の様子をうかがっていると、女が、

風吹けば沖つ白波たつた山
夜半にや君が一人越ゆらむ

(風が吹くと沖の白波が立つ、その「たつ」の名をもつ竜田山を、夜中にあなたが一人で越えているのでしょうか)

と詠むのを聞いて、自分への愛情の深さに気づき、新しい女のもとへは行かなくなった。

(この歌語りにおいては、幼なじみの二人が結ばれるのも歌のやり取りの成果であり、後に男が別の女性に心を移してしまったという危機においても、女の心の込もった歌が男の愛を取り戻す原因となったというように、“歌のもつ霊力”ともいうべき話となっている。典型的な歌語りである。)

東下り①

都落ちの一行の思い

京を捨てて東国へ旅立った男は、八橋（三河）、宇津・富士の麓《ふもと》（駿河《するが》）と歌を詠みながら下り、隅田川に到着。旅の愁いと都の妻への慕情を絶唱する。

昔、男ありけり。その男、身を要《えう》《ヨウ》なきものに思ひ《イ》なして、京に

ラ変・用　伝過・止　ク・体　サ四・用

昔、ある男がいたそうだ。その男は、わが身を生きていてもかいのないものと思い込んで、京に

はあらじ、東《あづま》《アズマ》の方に住むべき国求めにとて行きけり。もとより友

ラ変・未　打意・止　マ四・止　適・体　マ下二・用　カ四・用　伝過・止

はおるまい、東国の方に住むのにふさわしい国を探しに行こうと思って出かけていった。以前からの友人

とする人一人《ひとり》二人《ふたり》して行きけり。道知れる人もなくて、惑ひ《イ》行き

サ変・体　カ四・用　伝過・止　ラ四・已　存・体　ク・用　ハ四・用　カ四・用

一人二人と連れだって行った。道を知っている人もいなくて、迷いながら行った。

けり。三河《みかは》《カワ》の国八橋《やつはし》といふ《ウ》所に至りぬ。そこを八橋といひ《イ》ける

伝過・止　ハ四・体　ラ四・用　完・止　ハ四・用　伝過・体

三河の国の八橋という所に着いた。その場所を八橋といっていたわけは、

は、水行く川の蜘蛛《くも》手《で》なれば、橋を八つ渡せるによりてなむ《ン》八橋

カ四・体　断・已　接助　サ四・已　存・体　ラ四・用　接助

水の流れる川筋が蜘蛛の手足のように分かれているので、橋を八つ渡してあるのによって八橋と名づけたのだ。

…文法重要事項
…重要語句
…訳が出やすい箇所

語釈・文法解説

要なき…**必要のない。**

じ…打消意志を表す助動詞。「……ないつもりだ。……ないようにしよう」

東《あづま》…東国。関東地方。

もとより…もともと。以前から。

（道知れ）る…存続の助動詞「り」の連体形。このあとに出てくる「渡せる」「よめる」の「る」も、存続・完了の「り」。

三河の国…今の愛知県。

八橋…いくつもに分岐している川のそれぞれに連続的にかけた橋。

蜘蛛手《くもで》…蜘蛛の手足のように（水の流れが）八方に分かれている様子。

といひ《イ》ける。その沢のほとりの木の陰におりゐ《イ》て、乾飯《かれいひ》《イイ》食ひ《イ》

ハ四・用　伝過・体　ワ上一・用　ハ四・用

そこにある沢のそばの木陰に馬からおりて座って、ほしいいを食べた。

けり。その沢にかきつばたいとおもしろく咲きたり。それを見

伝過・止　ク・用　カ四・用　存・止　マ上一・用

その沢にかきつばたがとても趣深く咲いている。それを見て、

て、ある人のいはく《ワ》、「かきつばたといふ《ウ》五文字を句の上《かみ》にすゑ《エ》

連体詞　ハ四・未　ハ四・体　ワ下二・用

ある人が言うには、「かきつばたという五文字をそれぞれの句の初めに置いて、

て、旅の心をよめ」と言ひ《イ》ければ、よめる、

マ四・命　ハ四・用　伝過・已　接助　マ四・已　完・体

旅の思いを詠んでみなさい」と言ったので、詠んだ歌、

唐衣《からころも》きつつなれにしつましあれば

カ上一・用　接助　ラ下二・用　完・用　過・体　副助　ラ変・已　接助

唐衣をいつも着なれるようになれ親しんできた妻が都にいるので、

はるばるきぬる旅をしぞ思ふ《ウ》

カ変・用　完・体　副助　係　ハ四・体

はるばる遠くまで来てしまった旅路の遠さをしみじみやるせなく思うことよ。

おりゐて…馬からおりて腰をおろして。「ゐ」は上一段動詞「ゐる」の連用形で、「座る」。

乾飯《かれいひ》…一度炊いた飯を乾燥させた、旅行用の食糧。

沢…低湿地で、草などが茂っている所。

おもしろく…趣深く。風情のある様子で。

句の上…短歌の五・七・五・七・七の各句の初め。このように各句の初めに題名を詠み込んだ歌を「折句《おりく》」という。

唐衣きつつ…**「なれ」を導く序詞。「唐衣」は「着る」の枕詞。「着・萎《な》れ・褄《つま》・張る」は「唐衣」の縁語。**

なれにし…**「なれ」は「慣れ」と「萎れ」(着なれて糊気《のりけ》がなくなる意)との掛詞。「に」は完了の助動詞「ぬ」の連用形。「し」は過去の助動詞「き」の連体形。**

つまし…**「つま」は「妻」と「褄」(えり下から裾《すそ》までのへり)との掛詞。「し」は強意の副助詞。**

はるばる…「遥々《はるばる》」と「張る張る」の掛詞。

きぬる…**「き」はカ変動詞「来《く》」の連用形と、上一段動詞「着る」の連用形との掛詞。**

とよめりければ、みな人、乾飯の上に涙落としてほとびにけり。

（マ四・已／完 用／伝過・已／接助……サ四・用……バ上二・用／完 用／伝過・止）

と詠んだので、一行の人は皆（悲しくなって）ほしいいの上に涙を落として（ほしいいが）ふやけてしまったということだ。

12

解釈

東下りの理由

主人公がなぜ東国へ下ったのかについては諸説あるが、「男」は、愛する藤原高子《たかいこ》を奪われた失恋（P123の「Q&A」参照）の痛手や、当時の貴族社会では昇進できないため、出世をあきらめて失意のうちに東国へ下っていったとされている。「唐衣……」の歌の主情や、それを聞く一行の人々の感動もこうした背景事情からきている。

みな人…一行の人は皆。「みな人」は「ある範囲の人全員」の意。

ほとびにけり…「ほとぶ」は、「ふやける」の意。**「〜にけり」**はよく用いられる言い方で、完了の助動詞「ぬ」の連用形「に」に、伝聞過去の助動詞「けり」がついたもの。

業平が出世をあきらめたのはなぜ？

■ **可能性Ⅰ……〝謀反に加わった者〟の息子**

業平の父阿保親王《あぼしんのう》は、第五十一代平城天皇《へいぜいてんのう》の皇子だった。それなら業平も皇族として重んじられるはずなのだが、平城天皇が譲位された後、後継の嵯峨天皇を廃して平城上皇の重祚《ちょうそ》を企てる薬子《くすこ》の変が起こった。この企ては未然に鎮められたが、阿保親王はその企てに加わったとして大宰権帥《だざいのごんのそち》に左遷、後に許されたが、息子の業平たちは皇族から臣下に降下させられて「在原」という姓を賜った。つまり、業平は謀反に加わった者の血筋ということになるわけだ。

■**可能性2……大事な漢学の力が未熟**

当時の貴族は、いわば身分制の下《もと》にある官僚政治家。このころ、法律（律令《りつりょう》）も、朝廷・各官庁から下《くだ》される命令も、すべて漢文で書かれ、その素養は不可欠なものだった。ところが、業平は当時の記録によれば、「ゆったりとした風貌で、歌にはすぐれているが、漢学の才には乏しい」とある。これは貴族として昇進するには（よほどの名家の息子でない限り）大いに不利となる条件であろう。

■**可能性3……二条后《にじょうのきさき》（高子《たかいこ》）との恋**

業平は、時の帝清和天皇の女御二条后が入内する前に、恋仲であったという（『伊勢物語』のいくつかの章段にはその事情が記されている）。それが当時の貴族界で、ある程度（か、それ以上に）知られていたとすれば、その男性を高いランクに昇進させるなどということはできないだろう。

これらの可能性の、一つ、または複数が理由となって、業平としては自分の出世はとうてい無理と思ったことが考えられるのだ。

修辞

和歌の技巧を凝縮した「唐衣……」の歌

「唐衣きつつなれにしつましあれば
　はるばるきぬる旅をしぞ思ふ」

という歌には、実に五種類もの和歌の技巧が用いられている。その五つの技巧とは——。

1 折句《おりく》／五・七・五・七・七の各句の、それぞれ最初の一音をつなぎ合わせると、「かきつばた」となる。

か　から衣
き　きつつなれにし
つ　つましあれば
ば　はるばるきぬる
た　たびをしぞ思ふ

折句➡五・七・五・七・七の各句の最初の一音に、題として与えられた言葉を分解して置く技巧。

2 枕詞《まくらことば》／「唐衣」が「着る」にかかる枕詞になっている。

枕詞↓ある言葉を言い出すために、その言葉のすぐ前に置く言葉。慣用的に用いられるのがふつうなので訳さない。五音。

3 序詞《じょことば》／「唐衣きつつ」が「なれ」の序詞。

序詞↓ある言葉を引き出すための前置きの言葉。枕詞と似ているが七音以上であることと、どの言葉を引き出すか決まっていない点が違う。歌に意味・内容を添えたり、雰囲気を出す効果がある。

「きつつなれにし↓唐衣を着なれたように」

「風吹けば沖つ白波たつた山⇩風が吹くと沖に白波が立つ、その『たつ』に縁のある竜田山《たつたやま》」など。

4 掛詞《かけことば》／「なれ」は「慣る」（なれる）と「褻《な》る」（衣服の糊気《のりけ》がなくなり、よれよれになる）の二通りの意味で用いられている。そのほかの掛詞は、

つま｛**妻**／**褄《つま》**（着物のへり）

はるばる｛**遥々《はるばる》**（遠い様子）／**張る張る**（着物を洗い張りする）

掛詞（懸詞）↓一つの語句が、音の共通する二つの言葉を兼ねているもの。

5 縁語／「唐衣」「着」「なれ」「つま（褄）」「張る」はどれも衣服に関係する言葉で、縁語である。

縁語↓「糸」と「結ぶ」のように、意味の上で関係のある言葉を用い、連想によって歌におもしろみを出す技巧。

文法

完了の助動詞「ぬ」の見分け

完了の助動詞「ぬ」の活用形（な・に・ぬ・ぬる・ぬれ・ね）のうち、未然形「な」、連用形「に」、終止形「ぬ」は見分けにくい。特に、連用形の「に」は、形容動詞の連用形語尾（静かに）や、断定の助動詞の連用形（狐の化かすにて）と混同しやすい。完了の「ぬ」は連用形に続くので、**上の動詞が連用形である場合の「に」が完了「ぬ」**である。「ほとびに」の「に」は、「び・び・ぶ・ぶる・ぶれ・びよ」とバ行上二段に活用する「ほとぶ」の連用形に続いている。この「に」の下には、「き」「けり」「けむ」がきて「にき」「にけり」「にけむ」となることが多く、ことに**「～にけり」**

という形は頻繁に出てくるので覚えておこう。

また、「ぬ」の下に「べし」「めり」「らむ」がきて**「ぬべし」「ぬめり」「ぬらむ」**となっている場合の「ぬ」は強意（確述）である。

▲在原業平

Q 業平の失恋の相手とは？

A 主人公の男が「東下り」をした理由の一つとして、清和天皇の女御《にょうご》となった藤原高子に対する失恋があるとされています。「二条《にじょうの》后《きさき》」とよばれた高子《たかいこ》は、藤原冬嗣《ふゆつぐ》の孫にあたり、最初の関白藤原基経《もとつね》の同母妹で、業平とは、東宮惟仁親王（後の清和天皇）の后として入内《じゅだい》する以前に恋人関係であったとされています。この二条后高子は、『伊勢物語』全体を通してのヒロインとして、特に知っておきたい女性です。

POINT

★連用形に接続する「に」は、完了の助動詞

例 涙落としてほとびにけり。

➡「ほとび」はバ行上二段動詞「ほとぶ」の連用形。

東下り②

旅行く心の表現

初めて東国に旅したと思われる旅人の心情が、木暗《こぐら》くて心細い、不安な気持ちから、知人に会いほっとして都が恋しくなり、最後には、富士山のすばらしさに対する新鮮な驚きと感動へと変化していく。

…文法重要事項
…重要語句
…訳が出やすい箇所

行き行きて、駿河《するが》の国に至りぬ。宇津《うつ》の山に至りて、わが入ら《い》むとする道は、いと暗う細きに、つた、かへ《エ》では茂り、もの心細く、すずろなるめを見ることと思ふ《ウ》に、修行者《すぎやうざ》《ギョウ》逢《あ》ひ《イ》たり。「かかる道は、いかでかいまする」と言ふ《ウ》を見れば、見し人なりけり。京に、その人の御《おほん》《オオン》もとにとて文《ふみ》書きてつく。

さらに旅を続けて行って、駿河の国に着いた。宇津の山にさしかかって、自分たちが分け入ろうとする道は、とても暗くて細いうえに、つたや、かえでが茂っていて、何となく心細く、思いもかけないつらいめにあうことだなあと思っていると、修行者とばったり出会った。「このような（さびしい）山道に、どうしていらっしゃるのですか」と言うのを見ると、なんと都で会った人であった。都に、（想っている）あの人の所にといって、手紙を書いてことづける。

行き：カ四・用　至り：ラ四・用　ぬ：完・止　至り：ラ四・用　入ら：ラ四・未
む：意・止　する：サ変・体　暗う：ク・用　細き：ク・体　茂り：ラ四・用　心細く：ク・用
すずろなる：ナリ・体　見る：マ上一・体　思ふ：ハ四・体　逢ひ：ハ四・用　たり：完・止　かかる：ラ変・体
いまする：サ変・体　言ふ：ハ四・体　見れ：マ上一・已　ば：接助　見：マ上一・用　し：過・体　なり：断・用　けり：詠・止
書き：カ四・用　つく：カ下二・止

語釈・文法解説

宇津の山…静岡県志太郡と静岡市との境にある宇津《うつ》の谷峠《や》。歌枕として有名。

すずろなる…思いがけなく。

修行者逢ひたり…主語は「修行者」。思わぬ出会いの場合は、相手を主語とする。

いまする…サ変動詞（下二段説も）「います」の連体形で、「あり」の尊敬語。

なりけり…断定の助動詞「なり」の連用形に、**詠嘆（気づき）の助動詞「けり」**がついたもので、ここでは「修行者」が都で会ったことのある人だったことに気づいたことを表している。

その人…「男」の想っている恋人。

ふみ…**手紙。ほかに「書物。漢詩。漢籍。」**

駿河なる宇津の山べのうつつにも夢にも人に逢《ワ》はぬなりけり

所在・体　ハ四・未　打・体　断・用　詠・止

(私は今)駿河にある宇津の山のあたりに来ていますが、その名のようなうつつ(現実)にはもちろん、夢の中でさえあなたに会わないことですよ(もうあなたは私のことを想ってくださらないのですね)。

富士の山を見れば、五月《さつき》のつごもりに、雪いと白う降れり。

マ上一・已　接助　ク・用　ラ四・已　存・止

富士の山を見ると、(陰暦)五月の末だというのに、雪がたいそう白く降り積もっている。

時知らぬ山は富士の嶺《ね》いつとてか鹿《か》の子まだらに雪の降る

ラ四・未　打・体　ラ四・止

時節をわきまえない山は富士の山である。いったい今をいつだと思ってか、鹿の子まだらに雪が降っているのだろう。

らむ《ン》

原推・体

その山は、ここにたとへ《エ》ば、比叡《ひえ》の山を二十《はたち》ばかり重ねあげ

ハ下二・未　接助　ガ下二・用

その山は、都の山にたとえると、(あの大きな)比叡山を二十くらい重ね上げたかのような大きさで、

たらむ《ン》ほどして、なりは塩尻のやう《ヨウ》になむ《ン》ありける。

完・未　仮定・体　係　ラ変・用　伝過・体

(山の)姿は塩をとるための砂山のようであった。

漢学」などの意がある。

つく…ことづける。託す。下二段動詞。

駿河なる宇津の山べの…地名を表すとともに、同音を利用し「うつつ」を導く序詞。「なる」は断定の助動詞の連体形で「〜にある」と所在を表す用法。

うつつ…**現実。**

夢にも人に逢はぬ…**当時、夢にある人が出てくるのは、その人が自分を想ってくれているからだと考えられていた。**

つごもり…**月末。**

時知らぬ…季節がわかっていない。

いつとてか…いつだと思って〜か。

ここ…都。作者は都の人を対象として書いているので、このような表現になる。

たらむ…**完了の助動詞「たり」の未然形に、仮定の助動詞「む」がついたもの。この言い方となる場合の「む」はほとんどが仮定用法となる。**

なり…姿。形。

塩尻…塩田で砂を円錐形に積み上げ、海水をかけてかわかし、塩分を固着させた砂山。

解釈

未知の土地を旅する者の不安と孤独な心情

『伊勢物語』の中で唯一の紀行文である「東下り」の段には、今から見れば考えられないほど交通の便の整っていない時代に、未知の国を旅していく者の不安な心情と感動がよく表れている。この部分でも、「**道は、いと暗う細きに、つた、かへでは茂り、もの心細く**」(2〜3行め)に、宇津の山の暗く気味の悪い様子と、初めての道中を旅する者の心細さが表れている。また、都にいる恋人のもとに手紙をことづけるという行為には、都への恋しさが込められている。さらに、富士山を初めて見たときの感動や驚きが、「**五月のつごもりに、雪いと白う降れり**」(7行め)や、「**比叡の山を二十ばかり重ねあげたらむほど**」(10〜11行め)にうかがえる。特に、あの大きな比叡山の二十倍もある、という印象的な表現には、どれほど驚いたかがよく表れている。

当時の旅は難行《なんぎょう》苦行《くぎょう》

業平たち一行が〝東下り〟をしていた時代(平安前期。八〇〇年代後半)の旅を、東海道・中山道などの街道が整備され、いくつもの宿場町があるようなものとしてイメージしてはいけない。それは江戸時代の状態である。平安前期ともなると、京周辺や各地の国府とその周辺を除けば、「道知れる人もなくて、惑ひ行きけり」(「東下り①」3〜4行め)、「道は〜もの心細く」(2〜3行め)などの表現から、その「道」は整備された街道とは程遠いことがわかる。そして〝旅行者〟など、まずいないわけで、そんな状況で知り合いと出会うなど、まさに奇蹟的なことだったのである。

表現

主語の変化に注意

古文では、頭の中で主語を補いながら読む必要があるが、本文では「修行者逢ひたり」（3行め）に注意しよう。直前の「思ふに」の主語が主人公であるため、前から続けて〈主人公が修行者に会った〉と考えてしまいやすい。しかし、古文では主語や目的語を示す助詞「が」や「を」などの省略は多いが、動作（この場合は「逢ふ」）の対象を示す「に」が省略されることはない。**相手（対象）を主語にする表現は、偶然の出会いの場合によく用いられる**ので、「ばったり出会った」と訳すのが適切である。

修辞

序詞のとらえ方

「駿河なる〜」の歌をそのまま現代語訳すると〈駿河にある宇津の山の現実にも夢にもあなたに会わないのだなあ〉となるが、〈駿河にある宇津の山の現実〉では何のことかわからない。実は、この歌でほんとうにいいたいことは「うつつにも」以下で、上二句は**序詞**《じょことば》といわれ、**「うつつ」を導き出す**ための装飾的部分である。「駿河なるうつ〜→うつつ」と**同音のくり返し**でリズムをもたせて次の語を導き出すのである。

このほか**掛詞によって導き出す序詞**もある。枕詞《まくらことば》も同じく下の語を導き出すものだが、序詞と違うのは、枕詞が五音（まれに四音）で、下にくる語が決まっている（例 あしひきの↓山）のに対し、序詞はふつう七音以上で、そのつど自由に創作され、下にくる語も自由だという点である。ところで、ただでさえ短い和歌の中に、なぜ長い序詞が入れられているのだろうか。これは、ある語を導き出すという役目以外に、**歌全体の調子を整え、その歌の背景・雰囲気をつくる**効果があるからである。「駿河なる〜」の歌でも、現実にも夢でも恋人に会えない心細い状態を、当時世に名高い、うす暗く恐ろしい旅の難所であった宇津の山を序詞として上二句に詠み込むことによって強調しているのである。

＋アルファ

序詞の主な種類ととらえ方

(ア)同音利用の序詞

——同音類似の音がくり返されていないか

駿河なる宇津の山べのうつつにも〜

↓「駿河なる宇津の山べの」は地名を表すとともに、「うつ」という同音を利用して「うつつ」を導く序詞になっている。

(イ)掛詞利用の序詞

——同音異義語とかぶさっていないか

風吹けば沖つ白波たつた山〜

↓「波が立つ」と「立田山」の「たつ」を掛詞として、第二句までが「たつ」を導く序詞となっている。

(ウ)比喩利用の序詞

——主題が二つに分かれていないか

由良《ゆら》の戸を渡る舟人かぢを絶え行くへも知らぬ恋の道かな

↓「行くへも知らぬ」を導くために難所として知られる「由良の戸」を出し、「由良の戸を渡る舟人かぢを絶え」という情景を比喩として利用している。

POINT

歌の真意は？——実は相手を恨む思い

「駿河なる〜」の歌は上二句が序詞だから、三句め以降の〈現実にも夢にもあなたに会わない〉というのが歌の意味である。だが、この歌はただ単に恋人に会えないさびしさを歌っているだけではなく、**「夢」でも会えない**さびしさを詠んでいるのである。当時は、**ある人を夢に見るのは、その人が自分のことを想ってくれているからだ**、と考えられていた。つまり、この歌には、夢に恋人が出てこないことに対して、「もう私のことを想っていてくださらないのですか」と相手を恨む気持ちが込められているのである。

東下り③

都への限りない慕情

東国に下った男は、東国の鳥の名が都鳥であると聞き、都への郷愁と都にいるいとしい人への思いがいっそう高まるのであった。

な ほ《オ》行きて、武蔵《むさし》の国と下総《しもつふさ》の国との中に、いと大きなる
（カ四・用／ナリ・体）
さらに旅を続けて行くと、武蔵の国と下総の国との間に、たいそう大きな川がある。

川あり。それをすみだ川とい ふ《ウ》。その川のほとりに群れ ゐ《イ》て思 ひ《イ》
（ラ変・止／ハ四・止／ワ上一・用／ラ四・已）
その川をすみだ川という。その川のほとりに一行の者が集まって腰をおろして遠い都に

やれば、限りなく遠くも来《き》にけるかなとわびあ へ《エ》るに、渡しもり、
（接助／ク・用／ク・用／カ変・用／完・用／詠・体／ハ四・已／存・体）
思いをはせると、とんでもなく遠くに来てしまったものだなあと嘆きあっていると、渡し守が、

「はや舟に乗れ。日も暮れぬ」と言 ふ《ウ》に、乗りて渡ら む《ン》とするに、
（ラ四・命／ラ下二・用／強・止／ハ四・体／ラ四・用／ラ四・未／意・止／サ変・体）
「早く舟に乗れよ。日が暮れてしまう」と言うので、舟に乗って（向こう岸に）渡ろうとするのだが、

みな人ものわびしくて、京に思 ふ《ウ》人なきにしもあらず。さる を《オ》り
（シク・用／ハ四・体／ク・用／断・用／副助／ラ変・未／打・止）
一行の皆はもの悲しくて、都に恋しく思う人がいないというわけではない。ちょうどそんな折、

…文法重要事項
…重要語句
…訳が出やすい箇所

語釈・文法解説

武蔵の国…今の東京都を中心に埼玉県と神奈川県の一部を含む国。

下総《しもつふさ》の国…今の茨城県と千葉県にまたがる国。

すみだ川…当時の隅田《すみだ》川は、武蔵・下総の境を流れていた。

群れゐて…群がって座って。**「ゐる」**は、**「座る」**。

思ひやれば…(都に)思いをはせると。**「思ひやる」は、離れた場所やそこにいる人のことを思うという意味。**

わびあへる…**「侘ぶ（上二段活用）」**は、**「つらく思う。嘆く」**の意。「～あふ」は「互いに～。一緒に～」の意。「る」

しも、白き鳥の嘴《はし》と脚と朱《あか》き、鴫《しぎ》の大きさなる、水の上に遊び

白い鳥で口ばしと脚とが朱い、鴫ぐらいの大きさの鳥が、水の上で泳ぎながら

つつ魚《いを》を食ふ《ウ》。

魚をとっては食べている。

京には見えぬ鳥なれば、みな人見知らず。渡しもりに問ひ《イ》けれ

都では見かけない鳥なので、一行の人は誰も知らない。渡し守に尋ねたところ、

ば、「これなむ《ン》都鳥」と言ふ《ウ》を聞きて、

「これこそ都鳥だよ」と言うのを聞いて、

名にし負は《ワ》ばいざこと問はむ《ワン》都鳥わが思ふ《ウ》人はありやなしや

都という名をもっているならば、さあ尋ねてみよう都鳥よ、私の愛するあの人は無事でいるのかどうかと。

と

は存続の助動詞「り」の連体形。

なきにしも…「しも」は強意の副助詞。打消が下にあると「必ずしも…ではない。…というわけでもない」の意。

白き鳥の…白い鳥で。**「の」は同格用法で、「で」と訳す。**多く「体言（名詞句）＋の…連体形」の形をとる（P156参照）。

遊ぶ…ここでは水鳥がのんびりと泳いでいることをいう。

つつ…反復・継続（同じことがくり返されて続く）を表す接続助詞。

これなむ都鳥…これこそあの有名な都鳥だよ。「なむ」の結びは省略されており、「なる」などを補う。ここは体言止めによって強調した表現。

名にし負はば…**そういう言葉を名前にもっているならば。「名に負ふ」は、「そういう名をもっている」の意。「し」は強意の副助詞。**

こと問はむ…「尋ねてみよう」の意。

わが思ふ人…私の愛するあの人。

ありやなしや…無事でいるか、いないか。

とよめりければ、舟こぞりて泣きにけり。

（よめ：マ四・已／り：完・用／けれ：伝過・已／ば：接助／泣き：カ四・用／に：完・用／けり：伝過・止）

と詠んだので、舟に乗っている人は皆泣いてしまったということだ。

12 **舟こぞりて**…舟に乗っている人は一人残らず。

鑑賞

対比的な人物描写

東国の大河隅田《すみだ》川に着いた一行は、**「限りなく遠くも来にけるかな」「ものわびしくて、京に思ふ人なきにしもあらず」**と、そのわびしさを嘆く。一方、この土地の人である渡し守は一行の嘆きには無関心で、**「はや舟に乗れ。日も暮れぬ」**とせかす。この両者の対比が、一行のわびしさをさらにきわだたせている。主人公であるこの「男」は、「都」という言葉が鳥の名に入っているだけでも、都への恋しさが募る。その恋しさの中心にいる「わが思ふ人」への限りない慕情を歌い上げ、同行の人々もそれに共感して涙するのである。

文法

接続助詞「ば」の用法

(ア) **未然形＋ば＝順接仮定条件を表す。**

例 10行め「名にし負はば」

(イ) **已然形＋ば＝順接確定条件を表す。**

①**原因・理由**を表す。

例 12行め「よめりければ」〈…ので・…だから〉

②その事柄に続いて、次の事柄が起こったことを表す。（偶時条件）

例 2〜3行め「思ひやれば」〈…したところ・…すると〉

③ある事柄が起こると必ず同じ結果になることを表

す。（恒常条件）

例 宝あれば恐れ多く、貧しければ恨み切なり。

〈…するといつも〉

Q 「これなむ都鳥」はどう解釈すればいい？

A 本文9行めの、東国の渡し守のセリフですね。ここの「なむ」は強意の係助詞で、本来は「これなむ都鳥なる」とあるべきところですが、体言止めになっていて「なむ」を受ける結びがありません。この発言は、東国の渡し守が、「都鳥」という以上、都にもいるはずだと思っていたのに、都人からその名を聞かれたので意外に思った気持ちが出ていると考えられます。

＋アルファ 旅の最果て

当時の人にとって、「東国」とは都の文化のほとんど及んでいない地であり、武蔵国の果てはまさに最《さい》果《は》てであった。

この時代からおよそ百年後、『更級日記』の作者は、父の任地である上総国《かずさのくに》（今の千葉県）を「あづま路の道の果てよりも、なほ奥つ方」といっている。

POINT

存続・完了の助動詞「り」はサ《さ》未《み》四《し》已《い》（サ変未然形、四段已然形）に接続

例 遠くも来《き》にけるかなとわびあへるに。

➡「る」は、四段動詞「わびあふ」の已然形についているので存続・完了。

例 とよめりければ、舟こぞりて泣きにけり。

➡「り」は、四段動詞「よむ」の已然形についているので存続・完了。

定期テスト対策問題　東下り

解答・解説はP284〜285

問一 次の語句の意味を答えなさい。

①要《えう》なし　②あづま　③もとより　④おもしろし　⑤みな人
⑥文《ふみ》　⑦うつつ　⑧つごもり　⑨思ひやる　⑩名に負ふ

問二 ①〜⑧の傍線部の助動詞について、その文法的意味と終止形とを〔例〕にならって答えなさい。

〔例〕蜘蛛手なれば→（答）断定「なり」

①京にはあらじ　②住むべき国求めに
③道知れる人　④きつつなれにしつましあれば
⑤見し人なりけり　⑥時知らぬ山
⑦重ねあげたらむほどして　⑧来にけるかな

問三 次の①〜⑪を現代語訳しなさい。

①京にはあらじ　②橋を八つ渡せるによりて
③いとおもしろく咲きたり　④すずろなるめを見ること
⑤修行者逢ひたり　⑥かかる道は、いかでかいまする

ヒント

問二
① 「じ」は「む」の反対の意味を表す。
③ 「る」がエ段の音（「れ」）についていることに着目。
⑤ 「なりけり」という言い方の場合、「けり」は過去とは限らない。
⑦ 「たらむ」という言い方の「む」は推量や意志ではないことが多い。
⑧ この言葉が自分たちのことを言っていることに注意（〝伝え聞いた〟ことではない）。

問三
② 「る」がエ段の音（「せ」）についていることに着目。
③ 「おもしろく」は、現代語とは意味が違う。
⑤ 「修行者」が主語となっていることに注意。
⑥ 「いまする」は尊敬語。

⑦ここにたとへば、比叡の山を二十ばかり重ねあげたらむほどして
⑧限りなく遠くも来にけるかなとわびあへるに
⑨京に思ふ人なきにしもあらず
⑩名にし負はばいざこと問はむ
⑪わが思ふ人はありやなしやと

問四 『伊勢物語』の主人公的存在（「男」）とされる人物の名を漢字四字で答えなさい。

問五 P118の「東下り①」1行めの「身を要なきものに思ひなして」とはどんな心情をいっているのか。「〜という心情」に続くように、二十字以内で説明しなさい。

〔　　　　〕という心情。

問六 P119の「東下り①」8〜9行めに、「ある人」の求めに応じて「かきつばたといふ五文字を句の上にすゑて」歌を詠んだとあるが、具体的にどのような詠み方をしたのか。四十字以内で説明しなさい。

問七 問六で答えたような詠み方の歌を何というか。漢字二字で答えなさい。

問八 P119の「東下り①」10行めの「唐衣……」の歌に用いられている技巧の名称について、次の①〜④の空欄を漢字二字で補いなさい。

①「唐衣」は「着る」の（　　）である。

⑦「ここ」とはどこのことか。また、「〜たらむ」に注意。

⑧「かな」は詠嘆の終助詞。ここの「る」もエ段の音（「へ」）についている。

⑨「なきにしもあらず」という言い方は、現代語にも残っている。

問五 「要なし」は「必要のない。何にもならない」の意。

問六 「かきつばた」についての説明（P121下段）を思い出そう。

②「きつつ」の「き」は、「着《き》」と「来《き》」との（　　）になっている。
③「唐衣きつつ」は「なれ」を導き出す（　　）である。
④「着」「褻《な》れ」「褄《つま》」「張る」は、「唐衣」の（　　）である。

問九 P125の「東下り②」6行めの「駿河なる……」の歌について、次の①・②の問いに答えなさい。
①「駿河なる宇津の山べの」はどんな技巧となっているか。十五字以内で答えなさい。
②「夢にも人に逢はぬなりけり」にはどんな心情が込められているか。「〜という心情」に続くように、二十五字以内で答えなさい。

［　　　　　　　　　　　　　］という心情。

問十 P129の「東下り③」5行めの「さるをり」とは、どんな折だといっているのか。二十五字以内で説明しなさい。

問九
①「宇津」で「うつつ」を引き出している。
②夢にその人が出て来ないということが何を意味していると考えられていたか。

問十 直前に書かれている心情と状況を考えよう。

▲『平家物語絵巻』

平家物語

作者と成立年代

鎌倉前期成立。作者は未詳だが、兼好法師の『徒然草』（第二二六段）に、「この行長入道、平家物語を作りて、生《しやう》仏《ぶつ》といひける盲目に教へて語らせけり」と記されていることから、信濃《しなのの》前《ぜん》司《じ》行長《ゆきなが》がつくったという説が有力である。ただし、それは現存する『平家物語』のもとになるものを書いたということで、現在伝えられている『平家物語』は琵琶《びわ》法師によって語り伝えられていくうちにしだいに増大し、全十二巻という膨大なものになったと考えられる。いわば、原型『平家物語』に、無名の大勢の作者の手による部分が加わって完成された作品なのである。

▼『平家物語』巻一「祇園精舎」

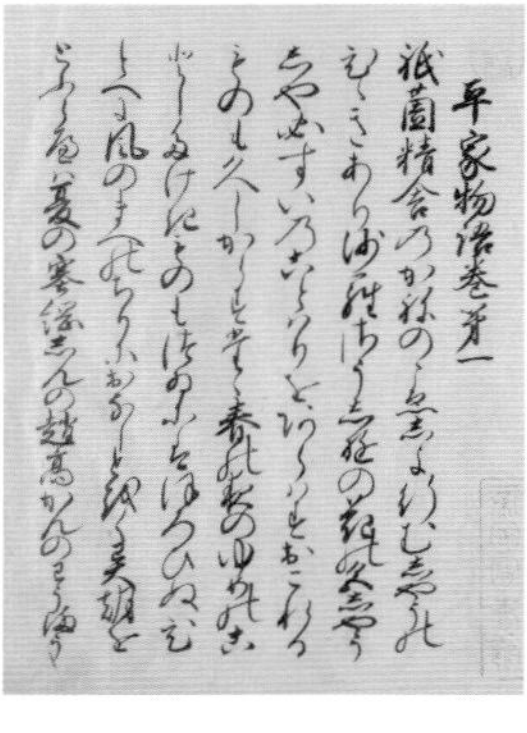

作品解説

栄枯盛衰《えいこせいすい》は人の世の定め

『平家物語』は、平家一門の興亡の歴史を描いた、哀切、また勇壮きわまりない軍記物語である。

全十二巻は大きく三部に分けられる。巻一～五は平家の栄華を描き、中心人物は太政大臣平清盛《たいらのきよもり》で、脇役として清盛の長男重盛がいる。第二部は巻六～八で、清盛の死を契機として衰勢に向かう平家一門の命運、富士川の合戦や倶利伽羅峠《くりからとうげ》の合戦、篠原の合戦などの敗北を続けたあとの都落ちと、木曾義仲の入京《にゅうきょう》を中心とする。第三部は巻九～十二で、一の谷の合戦、屋島の合戦、そして壇ノ浦の合戦などの源平の合戦と平家の滅亡とが語られる。続く「灌頂巻《かんじょうのまき》」は後日譚で、建礼門院（清盛の娘徳子。高倉天皇の后）の哀話となっている。

『平家物語』は琵琶法師による「語り物」

『平家物語』の文章は流麗な和漢混交文で、漢語・仏語・雅語・俗語・武家語を縦横に駆使し、対句・七五調など、文章表現上の技巧も援用して、場面に応じ変化の妙をきわめている。

また、『平家物語』は、元来、作品を文章として読むというよりも、平曲（平家琵琶ともいう）といって、盲目の法師が琵琶に合わせて語るのを聞くという、語り物としての性格が強かった軍記物語で（小泉八雲の『怪談』に収められている「耳なし芳一」の中では、琵琶法師の芳一が平曲を語る場面が描かれている）、成立の当初から近世に至るまで、国民の各階層に広く愛された。

『平家物語』冒頭の一節

祇園精舎《ぎをんしやうじや》《オンショウジャ》の鐘の声、諸行《しよぎやう》《ショギョウ》無《む》常《じやう》《ジョウ》の響きあり。沙《しや》《シャ》羅《ら》双《さう》《ソウ》樹《じゆ》《ジュ》の花の色、盛者必衰《じやうしやひつすい》《ジョウシャヒッ》の理《ことわり》をあらは《ワ》す。おごれる人も久しからず、ただ春の夜《よ》の夢のごとし。たけき者もつひ《イ》には滅びぬ、ひとへ《エ》に風の前の塵《ちり》に同じ。

冒頭のこの一節は、当時の人々に愛誦されていた今様《いまよう》の韻律、七五調を主体にした和漢混交文の典型的な名文である。

また、ここに用いられている**「諸行無常」「盛者必衰」という二つの言葉こそ、『平家物語』に底流する中心思想の核になるもの**である。まず、「諸行無常」は「涅槃経聖行品《ねはんぎょうしょうぎょうぼん》」に見える「諸行《ハ》無常《ニシテ》、是《こレ》生滅《ノ》法《ナリ》、生滅滅《シ》已《をはリテ》、寂滅《ナルヲ》為レ楽《スト》」という偈《げ》(仏徳や教理を讃美した四句の詩)の第一句。鐘の音を「寂滅為楽」の悟りの声とせず「諸行無常」の声として受け取っているところに『平家物語』の作者の人生観が込められていると考えられる。

また、「盛者必衰」も「仁王経護国品《におうきょうごこくぼん》」に見える言葉。仏教的無常観からすれば、「盛者必滅《ひつめつ》」が穏当であろうが、それを「盛者必衰」と改めたところに**人間世界の栄《えい》枯盛衰《こせいすい》に焦点を置く、歴史語りの序章としての意図**がうかがえる。

「万物はみな移り変わるもので、同じ状態でとどまることはない。今勢いの盛んな者も必ず衰えるというのが世の中の道理である。中国でも日本でも、権勢・横暴をきわめた者は皆その運命をたどったが、平清盛はその甚だしい例であり、いかに権勢をもち、勇猛な者でも、必ずいつかは滅びる時がくる」というこの世の無常を語っている。

巧みな対句構成

┌祇園精舎の鐘の声、諸行無常〜。
└沙羅双樹の花の色、盛者必衰〜。
┌おごれる人も久しからず、
└たけき者もつひには滅びぬ、
┌ただ春の夜の夢のごとし。
└ひとへに風の前の塵に同じ。

木曾の最期①

義仲と兼平の主従愛
絶望的な敗走の中で、愛する巴《ともえ》と別れ、主従二人になった義仲・兼平（今井四郎）。兼平は、弱気になる義仲に武将として立派な最期を遂げさせようと励ますのであった。

…文法重要事項
…重要語句
…訳が出やすい箇所

今井四郎、木曾殿、主従二騎になつ《ッ》てのたまひ《イ》けるは、「日ご
（ラ四・用　尊・用　伝過・体）
今井四郎と、木曾殿と、（残るは）主従二騎になって、（木曾殿が）おっしゃったことには、「ふだん

ろは何ともおぼえぬ鎧が今日は重うなつ《ッ》たるぞや」
（ヤ下二・未　打・体　ク・用　ラ四・用　完・体　終助　間）
は何とも感じない鎧が、今日は重くなったぞ」

今井四郎申しけるは、「御身もいまだ疲れさせ給は《ワ》ず。御馬も
（謙・用　伝過・体　ラ下二・未　尊・用　尊・補　未　打・止）
今井四郎が申したことには、「お体もまだお疲れになっていらっしゃいません。御馬も

弱り候は《ワ》ず。何によつ《ッ》てか一領の御着背長《せなが》を重うはおぼしめし候
（ラ四・用　丁・補　未　打・止　ラ四・用　ク・用　尊・用　丁・補・止）
弱ってはおりません。どうして（わずか）一着の御鎧を重くお思いになるはずがありましょうか。

ふ《ウ》べき。それは御方に御勢が候は《ワ》ねば、臆病でこそさはおぼしめせ
（当・体　丁・未　已　打　接助　係　尊・用）
それはお味方に従う御軍勢がおりませんので、気おくれされてそのようにお思いになるのです。

語釈・文法解説

のたまひけるは…**「のたまふ」（四段）は「言ふ」の尊敬語。**

日ごろは〜重うなつたるぞや…最も信頼する兼平と二騎になって、義仲がつい弱音を漏らしてしまった言葉。

おぼえぬ…**感じない。「おぼゆ」（下二段）は、「自然にそう思われる」の意。**

疲れさせ給はず…お疲れになっていらっしゃらない。**「させ」は尊敬の助動詞「さす」で、「させ給ふ」は二重尊敬。**

何によつてか…**「か」は反語の係助詞。「どうして〜はずがありましょうか」という強い表現になっている。**

一領…一着。「領」は鎧を数える単位。

し候へ《エ》。兼平一人候ふ《ウ》とも、余の武者千騎《せんぎ》とおぼしめせ。矢七つ

（候へ：丁・補・已／候ふ：謙・止／とも：接助／おぼしめせ：尊・命）

兼平一人が従っている（にすぎない）としましても、ほかの武者千騎とお思いください。矢が七、

八つ候へ《エ》ば、しばらく防ぎ矢つかまつらん。あれに見え候ふ《ウ》、粟

（候へ：丁・已／ば：接助／つかまつら：謙・未／ん：意・止／見え：ヤ下二・用／候ふ：丁・補・体）

八本残っておりますので、しばらく防戦いたしましょう。あれに見えます（松原を）、

津の松原と申す、あの松原の中で御《おん》自害候へ《エ》」とて、打つ《ッ》て行く

（申す：謙・止／候へ：丁・命／打つ：タ四・用／行く：カ四・体）

粟津の松原と申します、あの松原の中でご自害なさいませ」と言って、馬を走らせて行く

ほどに、また新手《あらて》の武者五十騎ばかりいで来たり。

（ばかり：副助／来：カ変・用／たり：完・止）

うちに、また、新手の武者五十騎ばかりが現れた。

「君はあの松原へ入らせ給へ《エ》。兼平はこのかたき防ぎ候はん《ワ》」

（入ら：ラ四・未／せ：尊・用／給へ：尊・補・命／防ぎ：ガ四・用／候は：丁・補・未／ん：意・止）

「ご主君はあの松原へお入りなさいませ。この兼平はこの敵を防ぎましょう」

と申しければ、木曾殿のたまひ《イ》けるは、「義仲、都にていかにも

（申し：謙・用／けれ：伝過・已／ば：接助／のたまひ：尊・用／ける：伝過・体）

と申したところ、木曾殿がおっしゃったことには、「この義仲は、都で討ち死にをするべきであったが、

着背長…大将の着用する鎧を特にこう称した。

おぼしめし候ふべき…お思いになるはずがありましょうか。「おぼしめす」は「思ふ」の尊敬語で、「おぼす」より尊敬度が高い。「候ふ」は補助動詞で「です。ます」の意の丁寧語。「べき」は上の係助詞「か」の結び。

御勢…御軍勢。

候はねば…おりませんので。「候ふ」は「あり」の丁寧語。「ね」は打消の助動詞「ず」の已然形。「ば」は順接確定条件の接続助詞で「〜ので」の意。

臆病でこそ…「で」は「にて」の縮まった形。

さは…**そのように**。義仲の「日ごろは何ともおぼえぬ鎧が今日は重うなつたるぞや」という言葉を受けている。副詞の「さ」を「は」で強めている。

兼平…自分の名をよび捨てにするのは謙譲表現。

余の…ほかの。

つかまつらん…いたしましょう。「つかまつる」は、ここでは「す」の謙譲語。

なるべかりつるが、これまで逃れ来たるはなんぢ《ジ》と一所《いっしょ》《イッショ》で死なん

ここまで落ちのびてきたのはお前と同じ所で死のうと思うためである。

と思ふ《ウ》ためなり。ところどころで討たれんよりも、ひとところで

別々の場所で討たれるよりも、同じ所で

こそ討ち死《じに》をもせめ」とて、馬の鼻を並べて駆けんとしたまへ《エ》

討ち死にをもしよう」と言って、馬の鼻を並べて(ともに)走り出そうとなさるので、

ば、今井四郎、馬より飛びおり、主の馬の口にとりついて申し

今井四郎は、馬から飛びおり、主君の馬の口に取りすがって申したことには、

けるは、「弓矢取りは、年ごろ日ごろいかなる高名候へ《エ》ども、最《さい》

「武士たる者は、長い間どんなに高い名声がございましても、

期《ご》の時不覚しつれば、長き疵《きず》にて候ふ《ウ》なり。御《おん》身は疲れさせ給ひ《イ》

最期の時に思いがけない失敗をしてしまうと、永久に残る不名誉となるのでございます。お体はお疲れになっています。

粟津の松原…大津市粟津町付近にあった松原。

打つて行く…馬を走らせて行く。

かたき…敵。

いかにもなるべかりつるが…**討ち死にをするべきであったが。「いかにもなる」は「どのようにもなる」という意で「死ぬ」の婉曲表現となっている。「べかり」は当然・適当の助動詞で、「〜するべきだ」の意。**

一所…同じ場所で。「イッショ」と音読する。

ところどころ…別々の場所。

せめ…サ変動詞「す」の未然形「せ」に、意志の助動詞「む」の已然形(上の「こそ」の結び)がついた形。

馬の鼻を並べて…義仲が自分の馬を兼平の馬に並べて。

高名候へども…**高い名声がございましても。**

不覚しつれば…**思いがけない失敗をしてしまうと。**

長き疵…永久に残る不名誉。

て候ふ《ウ》。続く勢《せい》は候は《ワ》ず。かたきに押し隔てられ、いふ《ウ》かひ《イ》なき
後続の味方の軍勢はおりません。敵に間を押し隔てられ、取るに足りない者の家来に

人の郎等に組み落とされさせ給ひ《イ》て、討たれさせ給ひ《イ》なば、『さ
（馬から）組み落とされなさって、お討たれになられたならば、『あれ

ばかり日本国に聞こえさせ給ひ《イ》つる木曾殿をば、それがしが郎等
ほど日本全国に名の響いていらっしゃった木曾殿を、だれそれの家来が

の討ちたてまつ《ッ》たる』なんど申さんことこそ口惜しう《シュウ》候へ《エ》。ただ
お討ち申し上げた』などと申すようなことこそ残念でございます。とにかく

あの松原へ入らせ給へ《エ》」と申しければ、木曾殿さらばとて、粟津
あの松原へお入りなさいませ」と申したので、木曾殿はそれならばと（おっしゃって）、粟津

の松原へぞ駆け給ふ《ウ》。
の松原へ（馬を）走らせなさる。

続く勢…後続の味方の軍勢。

いふかひなき人の郎等…取るに足りない者の家来。「いふかひなき」は「お話にならない。言うほどの価値もない」の意。

さばかり…あれほど。副詞「さ」に、程度を表す副助詞「ばかり」がついた形。

木曾殿をば…木曾殿を。「ば」は係助詞「は」の濁音化したもの。

それがし…だれそれ。不定称の代名詞であって、一人称の代名詞ではない。

ただ(副)…**とにかく。**ひたすら。

さらば…ラ変動詞「さり」の未然形に、順接仮定条件の接続助詞「ば」がついた形。**兼平の強い勧めを受け、「それなら。それでは」の意で、「これで今生《こんじょう》の別れだ」という強い思いを込めた表現となっている**（別れの挨拶となったのは後世のことである）。

鑑賞

主君義仲を思う兼平の真情

戦局きわまって、主従（義仲と兼平）二騎では落ちのびるのも不可能という状況になった。兼平に残された使命はただ一つ、主君義仲に、大将にふさわしい立派な最期を遂げさせること。ところが義仲は「日ごろは何ともおぼえぬ鎧が今日は重うなつたるぞや」と弱気な発言をする。このままでは義仲の最期がどうなるかおぼつかない。そこで「御身もいまだ疲れさせ給はず。～兼平一人候ふとも、余の武者千騎とおぼしめせ」と義仲を発憤させようとし、「臆病」という言葉を使ってまで自害を勧める。

　ところが義仲は一人で自害するよりも、兼平と二人で同じ場所で討ち死にをしようと、ともに敵の中に駆け入ろうとする。この事態に、名もない雑兵に主君が討たれてしまう恐れが兼平の脳裡に浮かぶ。そうなったらこれまで築いてきた主君の名声に大きな傷がつく。とっさに兼平は馬から飛びおり義仲の馬の口に取りすがって、「弓矢取りは、年ごろ日ごろいかなる高名候へども、最期の時不覚しつれば、長き疵にて候ふなり。御身は疲れさせ給ひて候ふ。～」と、**先刻の言葉と正反対のこと**を言う。これは**何としてでも主君義仲に大将らしい立派な死を遂げさせようとする兼平の真情**からほとばしり出た言葉であり、平家琵琶を聞いたり『平家物語』を読んだりした多くの人々の心を打った真情である。

文法

丁寧語「候ふ」の用法

丁寧語の「候ふ」は、主として会話文に用いられ、**話し手から聞き手に対する敬意**を表す。本文では兼平の会話文の中で用いられている。

(ア)動詞…5行め「御勢が候はねば」、6～7行め「矢七つ八つ候へば」、8行め「御自害候へ」、16行め「高名候へども」、17行め「疵にて候ふなり」、18行め「勢は候はず」

(イ)補助動詞…4行め「弱り候はず」、4〜5行め「おぼしめし候ふべき」、5〜6行め「おぼしめし候へ」、7行め「見え候ふ」、10行め「防ぎ候はん」、17〜18行め「疲れさせ給ひて候ふ」、21行め「口惜しう候へ」

以上は、すべて話し手の兼平が、聞き手の義仲に敬意を払ったもの。『平家物語』では、男性語として「さうらふ」、女性語として「さぶらふ」と読み分けている。

なお、「候ふ」には、「お仕えする」という意の**謙譲の動詞としての用法もある**から注意すること。

「む(ん)」の連体形の仮定・婉曲の用法

助動詞「む」には、❶推量、❷意志、❸婉曲、❹仮定、❺勧誘・適当の意味があるが、文中の連体形の「む(ん)」は婉曲と仮定の用法である。

本文13行めの「討たれんよりも」の「ん」は、意志や推量の意味で解してはしっくりこない。これは「討たれるかもしれない。もしそうなったら、それよりも」という仮定の意味と考えるのがよい。一般に「ん」の下に助詞がきているときは仮定の意といわれるが、「ん」のあとに「こと」(名詞)を補うこともできるので、婉曲にとって「〜ようなこと」と考えてもよい。21行めの「申さんこと」の「ん」も同様である。〈**「む(ん)」+助詞 or 体言→**「む」は婉曲 or 仮定〉とおさえておこう。

POINT

武将にふさわしい最期

兼平は、「弓矢取りは〜」(16行め)と、武将は、どんなに立派な功績があっても、最期の時に失敗をすれば、それまでの功績が無駄になるだけでなく、その不名誉だけが永久に残ってしまう、と**武将の最期がいかに重要か**を説き、義仲の名声がすたれることがないように強く自害を勧めるのであった。二人のこまやかな主従愛と兼平の必死の真情とが描かれている。

今井四郎、必死の奮闘

今井四郎ただ一騎、五十騎ばかりが中へ駆け入り、鐙《あぶみ》ふんばり立ち上がり、大音声《だいおんじやう》あげて名のりけるは、

「日ごろは音にも聞きつらん、今は目にも見たまへ。木曾殿の御《おん》めのと子《ご》、今井四郎兼平、生年《しやうねん》三十三にまかりなる。さる者ありとは、鎌倉殿までも知ろしめされたるらんぞ。兼平討つて、見参《げんざん》に入れよ。」

とて、射残したる八筋《やすぢ》の矢を、差しつめ引きつめ、さんざんに射る。死生《ししやう》は知らず、やにはに敵《かたき》八騎射落とす。その後《のち》、打ち物抜いて、あれに馳《は》せ合ひ、これに馳せ合ひ、切つて回るに、面《おもて》を合はする者ぞなき。分捕《ぶんど》りあまたしたりけり。ただ、

「射取れや。」

とて、中に取りこめ、雨の降るやうに射けれども、鎧よければ裏かかず、あき間《ま》を射ねば手も負はず。

現代語訳

今井四郎はたった一騎で、五十騎ほどの（敵の）中に駆け入り、鐙《あぶみ》を踏んばって立ち上がり、大声をあげて名乗ったことには、

「日ごろは話にも聞いていただろう、今はその目で見られるがよい。木曾殿の御乳母子《おんめのとご》、今井の四郎兼平、生年三十三歳になり申す。そういう者がいるとは鎌倉殿までもきっとご存じであろう。この兼平を討って、鎌倉殿にご覧にいれろ」

と言って、射残した八本の矢をつがえては引き、たて続けにさんざんに射る。（矢に当たった相手の）生死は不明だが、あっという間に敵を八騎射落とす。その後、刀を抜いてあちらこちらに馳《は》せ合い、斬って回るが、まともに相手をする者がない。分捕りをたくさんした。

「とにかく矢で射取れ」

と言って、中に取り囲み、雨の降るように射たが、鎧がよいので裏まで通らない。鎧の隙間《すきま》に当たらないので、傷も負わない。

木曾の最期②

義仲と兼平の最期
兼平への気づかいが義仲の悲劇的な最期の引き金となり、義仲の最期を見届けた兼平も壮絶な死を遂げる。

木曾殿はただ一騎、粟津の松原へ駆け給ふ《ウ》が、正月《むつき》二十一日、
（カ下二・用｜尊補・体｜接助）
木曾殿はただ一騎で、粟津の松原へ馬を走らせて行かれたが、（折しも）正月二十一日の、

入相《いりあひ》《アイ》ばかりのことなるに、薄氷《うすごほり》《ゴオリ》は張つ《ッ》たりけり、深田ありとも知
（副助｜断・体｜接助｜ラ四・用｜存・用｜伝過・止｜ラ変・止）
夕暮れごろのことであるので、（田の面には）薄氷が張っていた、（それで氷の下に）深い泥田があ

らずして、馬をざつ《ッ》とうち入れたれば、馬の頭も見えざりけり。
（ラ四・未｜打・用｜接助｜ラ下二・用｜完・已｜接助｜ヤ下二・未｜打・用｜伝過・止）
るとも知らずに、馬をさっと乗り入れたので、（深くはまり込んで）馬の頭も見えなくなってしまった。

あふ《オ》れどもあふ《オ》れども、打てども打てども働かず。今井が行方の
（ラ四・已｜接助｜ラ四・已｜接助｜タ四・已｜接助｜タ四・已｜接助｜カ四・未｜打・止）
（鐙で）馬の腹をどんなに蹴っても、鞭でどんなに打っても馬は動かない。今井がどうなったのかが

おぼつかなさに、振り仰ぎ給へ《エ》る内甲《うちかぶと》を、三浦の石田の次郎為久《ためひさ》
（ガ四・用｜尊補・已｜完・体）
気がかりなので、振り仰ぎなさったその甲の内側を、三浦の石田の次郎為久が追い迫って、

…文法重要事項
…重要語句
…訳が出やすい箇所

語釈・文法解説

入相…夕暮れ。たそがれ。日の没するころ。

張つたりけり…終止形で文が中止する例。たたみかける口調で、緊迫感を出している。

あふれども…鐙《あぶみ》で馬の腹を蹴ってあおりたてても。同じ表現をくり返し、何度もその動作を行ったことを表す。

打てども…鞭《むち》で馬の尻を打っても。

働かず…動かない。「働く」は動く・動きを示す。

今井が行方…「今井の安否」「今井がどうなったのか」という意味。

おぼつかなさに…気がかりなので。「お

追つ《ツ》かつ《ツ》てよつ《ツ》ぴいてひやう《ヒヨウ》ふつ《ツ》と射る。痛手なれば、真向《まつかう》《マッコウ》を

（ラ四・用　カ四・用　ヤ上一・止　断・已　接助）

弓を十分に引きしぼってひゅうっと射る。重傷なので、甲の正面を

馬の頭に当ててうつぶし給へ《エ》るところに、石田が郎等二人落ち合

（タ下二・用　サ四・用　尊・補・已　存・体　ハ四・用）

馬の頭に押しあててうつ伏せになっていらっしゃるところに、石田の家来二人がその場にかけつけて、

うて、つひ《イ》に木曾殿の首をば取つ《ツ》てんげり。太刀の先に貫き高く

（ラ四・用　完・用　伝過・止　カ四・用　ク・用）

ついに木曾殿の首を討ち取ってしまった。（その首を）太刀の先に刺し貫いて高く

さし上げ、大音《だいおん》声《じやう》《ジョウ》をあげて、「この日ごろ日本国に聞こえさせ給ひ《イ》

（ガ下二・用　ガ下二・用　ヤ下二・未　尊・用　尊・補・用）

さし上げ、大声をあげて、「近ごろ日本国に名の知れわたっていらっしゃった木曾殿を、

つる木曾殿をば、三浦の石田の次郎為久が討ち奉つ《ツ》たるぞや」と

（完・体　タ四・用　謙・補・用　完・体　終助　間）

三浦の石田の次郎為久がお討ち申したぞ」と名乗ったので、

名のりければ、今井四郎いくさしけるが、これを聞き、「今はた

（ラ四・用　伝過・已　接助　サ変・用　伝過・体　接助　カ四・用）

今井四郎は（敵と）戦っていたが、これを聞いて、

ぼつかなさ」は「おぼつかなし」（形容詞）の名詞形。「に」は原因・理由を表す格助詞。

内甲…かぶとの正面の内側にあたるところ。

三浦の石田の次郎為久…三浦為継の子孫。石田は相模《さがみの》国大住郡の郷名。坂東平氏の一族。

追つかつて…「追ひかかりて」の促音便。

よつぴいて…「よく引きて」の音便。

痛手…重傷。深手。致命傷。

真向…かぶとの、頭をおおう鉢形の部分の正面。

落ち合うて…その場にかけつけて。

取つてんげり…**「取りてけり」を強調した形。完了の助動詞「つ」の連用形「て」に伝聞過去の助動詞「けり」の終止形「けり」がついた「てけり」に、強調の撥音「ん」を挿入した強調表現。「～してしまった。～したことであった」などと訳す。特に中世の説話、軍記物語で用いられた。**

れをかばは《ワ》んとてかいくさをもすべき。これを見給へ《エ》、東国の殿

ハ四・未　意・止　係　サ変・止　意・体　マ上一・用　尊・補・命

「今となっては誰をかばおうとして戦いをすることがあろうか。これをご覧なさい、東国の方々、

ばら、日本一の剛《かう》《コウ》の者の自害する手本」とて、太刀の先を口に含

サ変・体　マ四・用

日本一の剛勇の者が自害する手本よ」と言って、太刀の先を口に含み、

み、馬より逆さまに飛び落ち、貫かって《ツ》ぞうせにける。さてこそ

タ上二・用　ラ四・用　係　サ下二・用　完・用　伝過・体　係

馬からまっさかさまに飛び落ち、太刀に突き刺さって死んでしまった。こうして

粟津のいくさはなかりけれ。

ク・用　伝過・已

粟津の合戦は終わったのである。

討ち奉つたるぞや…「奉つたる」は「奉りたる」の促音便化したもの。

かばはんとてか…かばおうとして（戦おう）か。**「か」は反語の係助詞。**結びは下の「べき」。

殿ばら…方々。大勢の人々によびかける敬語。

貫かって…自分の太刀に突き刺さって。

うせにける…「うせ」は下二段動詞「うす」の連用形で「死ぬ」の意。

さてこそ粟津のいくさはなかりけれ…こうして粟津の合戦は終わったのであった。戦争の終結をいう慣用表現。直訳としては「合戦（というほどのはなばなしいもの）はなかったのである」となる。

鑑賞

義仲の死の悲劇性

やっと自害を決意した義仲は、泥田に馬を乗り入れて立ち往生する。その泥田には薄氷が張っており、不運にも冬の夕暮れのことでその氷が白く光り、下が泥田であるとわからなかったのである。何度鞭打っても馬は動けない。そのときふと兼平の安否が気にかかり、振り仰いだ義仲の顔を直撃した矢。義仲は、たまらず甲《かぶと》の正面を

馬の頭に押しあてうつ伏せになっているところを敵に首を取られてしまう。振り向かなかったら矢は強靭な鎧《よろい》甲《かぶと》で防げたかもしれない。乳兄弟で、これまでの人生と数々の戦《いくさ》をともにしてきた兼平を気づかう気持ちが義仲の命を奪ったともいえる。思えば頼朝に応じて挙兵し、京都から平氏を追い出し、朝日将軍といわれたほどの武将が名もない兵に首を取られるとは、あまりにも**無残な痛ましい最期**であった。

しかし、作者はこれを不名誉な死というよりも、わが身に差し迫った危険の中で兼平の身を案じた人間的な思いゆえとして表現しているのである。

兼平の覚悟

主人に名誉ある自害をしてもらうため、文字どおり孤軍奮闘していた兼平は、義仲が討ち取られたと聞いた瞬間、その鬼神のような戦いを停止する。「今はたれをかばはんとてかいくさをもすべき」という言葉には、「自分のこれまでの人生と数々の戦いは、ただ主人義仲のためのものだったのだ」という確固たる信念が表明されている。**その義仲が討ち死にした以上、自分が戦う意味は全くないし、自分の人生も当然終わるのだという、一点の迷いもない決断である。**その壮烈な死に、関東武者たちも心を打たれ、後々まで語り継いだのであろう。

文法　接続助詞「が」の用法

11行め「今井四郎いくさしけるが、これを聞き」の「が」は、「今井四郎は戦っていた」という文と「これを聞く」という文とをつないでおり、「が」の前で句点にし、「が」を除いても意味が通じるので、「〜が。〜のだが」と訳す**単純接続の接続助詞**とみるのが妥当。「が」は、平安時代では格助詞にとるのがふつうだが、院政期(一〇八六年〜)以降になると、接続助詞の用法も見られるようになるので注意。ほかに逆接の用法がある。

定期テスト対策問題　木曾の最期

解答・解説はP285～287

問一 次の語句の意味を答えなさい。

①おぼしめす　②かたき　③弓矢取り　④不覚
⑤いふかひなし　⑥さばかり　⑦それがし　⑧ただ
⑨さらば　⑩行方　⑪おぼつかなさ　⑫痛手

問二 P139の「木曾の最期①」3行めの「疲れさせ給はず」の「させ給は」は、敬語法のうえからはどんな表現になっているか。三十字以内で説明しなさい。

問三 次の①・②の（　）内を漢字二字で補って、それぞれの敬語表現の説明を完成させなさい。

①P139の「木曾の最期①」5行めの「御勢が候はねば」の「候は」は、主語が義仲でも兼平でもないので、「あり」の（　）表現である。

②P140の「木曾の最期①」7行めの「防ぎ矢つかまつらん」の「つかまつら」は、主語が話し手の兼平自身なので、「す」の（　）表現である。

ヒント

問二 「させ」は尊敬の助動詞「さす」の連用形。

問四 ①〜④の傍線部について、〔例〕にならって各語を文法的に説明しなさい。

〔例〕いで来たり→（答）いで来＝カ変「いで来《く》」の連用形、たり＝完了「たり」の終止形

①何ともおぼえぬ鎧

②いかにもなるべかりつるが

③討たれんよりも

④馬の頭も見えざりけり

問五 「取つてんげり」に用いられている「てんげり」について、次の説明文の（　）内に適切な語を補いなさい。

「て」は（①）の助動詞（②）の連用形で、そのあとに（③）の助動詞（④）がついたものだが、「て」のあとに（⑤）の（⑥）「ん」が挿入されたため、その次の「け」が連濁によって「げ」となった形。

問四

①「ぬ」は、下に「鎧」という名詞があるので連体形。

③「れん」は二つの助動詞。

問六　次の①〜⑤を現代語訳しなさい。
①何によつてか――重うはおぼしめし候ふべき。
②ところどころで討たれんよりも
③いかなる高名候へども
④さばかり日本国に聞こえさせ給ひつる木曾殿
⑤今はたれをかばはんとてかいくさをもすべき

問七　P139の「木曾の最期①」1〜2行めの木曾殿の「日ごろは何ともおぼえぬ鎧が今日は重うなつたるぞや」という言葉には、どんな思いが込められているか。「〜という思い」に続くように二十五字以内で説明しなさい。

〔　　　　　　〕という思い。

問八　P140の「木曾の最期①」11〜12行めに「義仲、都にていかにもなるべかりつるが」とあるが、――線部は具体的にはどういうことをいっているのか。「〜ということ」に続くように十字以内で説明しなさい。

〔　　　　　　〕ということ。

問六
①「か」は反語の係助詞で、結びの語は「べき」。
②「ところどころ」は、現代語とは意味が異なる。
④「さばかり」は、副詞「さ」に、助詞「ばかり」がついて一語化したもの。
⑤「か」は①と同じ。

問七　ただ「疲れた」「鎧が重い」という思いではない。

問八　「いかにもなる」は、直訳すれば「どのようにもなる」の意。

問九 P139の「木曾の最期①」3〜6行めの今井四郎の「御身も〜千騎とおぼしめせ」という言葉と、P141の「木曾の最期①」17〜18行めの「御身は〜候はず」という言葉とは、その内容が逆になっている。その違いが生じた理由を説明した次の文の二つの［　］を補って説明を完成させなさい（①・②ともに二十字以内）。

初めの言葉は、［　①　］ため、次の言葉は、［　②　］ために言われたものだから。

問十 P142の「木曾の最期①」22行めの木曾殿の「さらば」にはどんな思いが込められているか。「〜という思い」に続くように三十字以内で説明しなさい。

［　　　　］という思い。

問十一 P147の「木曾の最期②」11〜12行めの兼平の、「今は〜すべき」という言葉にはどんな思いが込められているか。「〜という思い」に続くように三十五字以内で説明しなさい。

［　　　　］という思い。

問十 「さらば」は、直訳すれば「それなら。それでは」となる。

6 文法基本事項③

1 副詞

自立語で活用せず、連用修飾語となる。主な副詞の意味を覚えておこう。

❶**状態を表す副詞**

〈おのづから、なかなか、かねて、つひに、まづ、さ、かく、しか〉など。

❷**程度を表す副詞**

〈いと、げに、いとど、うたて、そぞろ、ただ、なべて、なほ、やや、やうやく、よに〉など。

❸**呼応の副詞**……下に一定の言い方をともなう副詞。

〈さらに・つゆ・よに・をさをさ・いまだ・え――**打消**、よも――**じ**、いさ――知らず、ゆめ――**禁止**、いつしか――**希望**、たとひ・もし――**仮定**〉など。

2 連体詞

自立語で活用せず、すぐ下にある体言を修飾する。主な連体詞の意味を覚えておこう。

〈あらゆる／ありし／ありつる／いはゆる／去《い》んじ／去《さ》んぬる／なでふ／させる〉など。

3 接続詞

自立語で活用せず、語と語、文節と文節、文と文などを結びつける。主な接続詞を覚えておこう。

❶**順接**

〈かくて、されば、さらば、しかれば、しからば、かかれば、して〉など。

❷**逆接**
〈されど、さりながら、かかれど、しかるに、しかれども〉など。
❸**並列**
〈また、および、ならびに〉など。
❹**添加**
〈かつ、しかも〉など。
❺**選択・対比**
〈はた、または、もしは、あるは、あるいは〉など。
❻**転換**
〈さて、さるほどに、かかるに〉など。
❼**補足**
〈ただし、すなはち〉など。

4 助詞

活用のない付属語で、種々の品詞について文節を構成し、文節とほかの文節との意味的関係を示したり（格助詞・接続助詞）、ある一定の意味を添えたり（係助詞・副助詞・終助詞・間投助詞）する。

格助詞……の・が・を・に・へ・と・より・から・にて・して（とて）

「の」「が」 接続＝体言や活用語の連体形につく。

❶**連体修飾格**「～の」
❷**主格**「～が」
❸**同格**「～で」
❹**準体格**「～のもの」

＊**現代語の格助詞「が」は、その大半が主格用法だが、古語の「が」は連体修飾格が多いので気をつけよう。**

＊**同格用法の「の」は、次のような構文となっている。**

（修飾語＋）名詞＋の　**説明部分（連体形）**＋{が／に／を}

例　いと清げなる僧の、黄なる地の袈裟着たるが来て
〈とてもきれいな僧侶で、黄色い生地の袈裟を着ている人が来て〉（更級日記）

■**平安時代の「が」は、「格助詞」とする。**

接続助詞の「が」は、平安末期から鎌倉時代に用いられ始めた。したがって、『源氏物語』や『枕草子』『更級日記』などの**平安中期の作品では、接続助詞の「が」は、ない**とみてよい。

「を」　接続＝体言や活用語の連体形につく。

基本的には現代語の「を」と同じ。

❶**動作の対象**「〜を」
❷**通過点**「〜を通って」

「に」　接続＝体言や活用語の連体形につく。

基本的には現代語の「に」と同じ。

❶**場所**
❷**時間**
❸**帰着点**
❹**方向**
❺**原因・理由**「〜のために」「〜によって」
❻強調
同じ動詞に挟まれる形になっている。
❼主語（尊敬表現）「〜におかせられては」
場所を表す語で間接的に主語を示し、敬意を表す。「御前には」などのように、あとに「は」「も」をともなうことが多い。

※ほかに、動作の対象、動作の目的、変化の結果などを表す用法もある。

「へ」 接続＝体言につく。

基本的には現代語の「へ」と同じ。

● **方向** 「〜へ」「〜に向かって」

「と」 接続＝体言や活用語の連体形、引用は終止形につく。

基本的には現代語の「と」と同じ。

❶ **動作をともにする相手**
❷ **並列** 「〜と、〜と」
❸ **引用**
❹ たとえ 「〜のように」

「より」 接続＝体言や活用語の連体形につく。

❶ **起点** 「〜から」
❷ **通過点** 「〜から」「〜を通って」
❸ **比較の基準** 「〜よりも」「〜に比べて」
❹ **手段・方法** 「〜で」「〜によって」
❺ **即時** 「〜するやいなや」「〜するとすぐに」
動詞の連体形について、すぐに続いて起こる意を表す。

「から」 接続＝体言や活用語の連体形につく。

❶ **起点**
❷ **通過点** 「〜を通って」
❸ **原因・理由** 「〜のために」「〜によって」「〜から」

「にて」 接続＝体言や活用語の連体形につく。

基本的には現代語の「で」と同じ。

❶ **場所** 「〜で」「〜において」
❷ **手段・方法** 「〜で」「〜によって」
❸ **材料** 「〜で」「〜によって」
❹ **原因・理由** 「〜で」「〜によって」
※格助詞「にて」は、院政時代ごろから音の変化によって、現代語と同じ「で」という形になる。

「して」 接続＝体言につく。

サ変動詞「す」の連用形に、接続助詞「て」がついてできたもの。

❶**手段・方法**「〜で」「〜を用いて」
❷使役の対象「〜を使って」「〜に命じて」
❸動作をともにする相手「〜と（ともに）」

「とて」について

格助詞「と」に、接続助詞「て」がついてできたもの（「と言ひて」「として」「と思ひて」の省略形）。

接続助詞……ば・で・ど・ども・とも・を・に・が・ながら・つつ・て・して・ものの・ものを・ものから・ものゆゑ

「ば」

❶**順接仮定条件**「もし〜ならば」「〜としたら」

未然形について、順接仮定条件を表す。

例 一事を必ずなさんと思はば、他の事の破るるをもいたむべからず〈一つのことを必ず成就しようと思うならば、ほかのことが失敗するのを悲しんではならない〉（徒然草）

❷**順接確定条件**

已然形について、順接確定条件を表す。

(ア)**原因・理由**を示し、「〜ので」「〜から」と訳す。

例 京には見えぬ鳥なれば、みな人見知らず〈京では見かけない鳥なので、（一行の人は）誰も知らない〉（伊勢物語）

(イ)偶時条件（その事柄に続いて、次の事柄が起こる）を表し、「〜したところ」「〜すると」と訳す。

(ウ)恒常条件（その事柄があると、いつも決まってある事柄が起こる）を表し、「〜すると必ず」「〜するといつも」と訳す。

■**逆接を示す「ねば」**

打消の助動詞「ず」の已然形「ね」に、接続助詞「ば」がつくと、通常は「〜ないので」の意になるが、時には逆接の確定条件を表し、「〜のに」の意になることがある。

例 渡り果てねば明けぞしにける〈渡り切ってしまわな

いのに、夜がすっかり明けてしまったことよ〉（万葉集）

「で」 接続＝活用語の未然形につく。

●打消「〜ないで」「〜ずに」

例 扇のにはあらで、海月《くらげ》のななり〈扇の骨ではなくて、くらげの骨のようだ〉（枕草子）

「ど」「ども」 接続＝活用語の已然形につく。

❶逆接確定条件「〜けれども」「〜が」「〜のに」

例 翁、嫗《おうな》、血の涙を流してまどへど、かひなし〈翁と嫗とは、血の涙を流して思い乱れるけれども、無駄だ〉（竹取物語）

例 秋来ぬと目にはさやかに見えねども風の音にぞ驚かれぬる〈秋が来たと目にははっきりと見えないけれども風の音ではっと気づいたことだ〉（古今和歌集）

❷逆接恒常条件「〜ても（やはり）」

ある条件下では必ず予想に反することが起こることを表す。

例 二人行けど行き過ぎがたき秋山〈二人で行っても通り過ぎにくい秋の山〉（万葉集）

例 いかなる大事あれども〈どのような大切なことがあってもいつも〉（徒然草）

「とも」 接続＝活用語の終止形（形容詞型活用語、助動詞「ず」には連用形）につく。

●逆接仮定条件「〜ても」「たとえ〜であっても」

例 唐《から》の物は薬のほかはなくとも事欠くまじ〈中国の物は薬以外の物はたとえなくても不自由しないだろう〉（徒然草）

＊終止形（形容詞型活用用語、助動詞「ず」には連用形）につき、確定の事実を仮定の形で表すことによって意味を強める用法もある。

例 花の色は霞にこめて見せずとも香をだに盗め春の山風〈花の色は春霞に閉じ込めて見せてはくれないが仮にそうだとしてもせめて香なりとも盗んでくれ春

の山風よ〉（古今和歌集）

「を」「に」　接続＝活用語の連体形につく。

❶逆接確定条件　「～が」「～けれども」「～のに」

例　うぐひすはしば鳴きにしを雪は降りつつ〈鶯はしきりに鳴いたのに、雪はまだ降っているよ〉（万葉集）

例　涙落つともおぼえぬに、枕浮くばかりになりにけり〈涙が落ちたとも思われないのに、涙で枕が浮くばかりになってしまった〉（源氏物語）

❷順接確定条件　「～ので」「～から」

例　風に吹かれて鳴りけるを、かしかましとて捨ててつ〈風に吹かれて鳴ったので、うるさいと言って捨ててしまった〉（徒然草）

例　犬のふるひわななきて、涙をただおとしにおとすに、いとあさまし〈犬がぶるぶるふるえ、涙をただもうしきりに流すので、大変驚いた〉（枕草子）

❸単純接続　「～が」「～と」「～ところ」

例　藁《わら》一束ありけるを、夕にはこれに臥《ふ》し、朝には収めけり〈わらが一束あったところ、夜はこれに寝て、朝になると、取りかたづけたということだ〉（徒然草）

例　あやしがりて寄りて見るに、筒の中光りたり〈変に思い近寄ってみると、筒の中が光っていた〉（竹取物語）

＊「に」には添加（「～のうえに」）の用法もある。

例　ものふりたる森の気色《けしき》もただならぬに、玉垣しわたして〈古めかしくなっている森の様子も、世の常でないうえに、玉垣をつくりめぐらして〉（徒然草）

「が」　接続＝活用語の連体形につく。

接続助詞「が」は、平安末期から用いられ始めた。それより前の「が」は、すべて格助詞。

❶逆接確定条件　「～が」「～けれども」「～のに」

例　三日と定められたりしが、いま一日ひきあげて、二日になりにけり〈三日と決められていたのに、もう一日ひきあげて二日になってしまった〉（平家物語）

❷単純接続　「～が」「～と」「～ところ」

例 女二人ありけるが、姉は人の妻にてありける〈娘が二人いたが、姉は人妻であった〉（宇治拾遺物語）

■格助詞「を」「に」「が」との識別

①体言接続なら、格助詞。

②連体形接続で、助詞の上に、「事」「時」「所」「物」「人」などを補って、意味が通じれば格助詞。

③平安中期までの作品に用いられている「が」は、格助詞。

「ながら」

❶継続「〜まま」「〜ままで」

動詞の連用形について、動作や状態がそのまま続いている意を表す。

例 とりつきながら、いたう睡《ねぶ》りて、落ちぬべき時に目をさます事、たびたびなり〈（木に）取りついたままで、すっかり眠り込んで、落ちそうになるときに目をさますことが、たびたびあった〉（徒然草）

❷動きの並行「〜ながら」「〜つつ」

動詞の連用形について、二つの動作・作用が同時に並行して行われる意を表す。

例 膝もとに置きつつ、食ひながら文をも読みけり〈（芋《いも》頭《がしら》を）膝もとに置いては、（それを）食べながら書物をも読んだ〉（徒然草）

❸逆接確定条件「〜けれども」「〜のに」

㈠動詞の連用形につく。

例 日は照りながら、雪の頭に降りかかるを〈日は照っているのに、雪が頭に降りかかるのを〉（古今和歌集）

㈡体言や形容詞・形容動詞の語幹、打消の助動詞「ず」の連用形につく。

例 身はいやしながら、母なむ宮なりける〈（男の）身分は低いけれども母親は皇女なのだった〉（伊勢物語）

＊体言や副詞につく「ながら」は接尾語。次のような用法をもつ。

❶状態「〜の本質として」「〜のままに」「〜のとおりに」「〜なりに」

❷全部「〜全部」

「つつ」 接続＝動詞の連用形につく。

❶反復「〜し、また〜する」「〜てはまた〜する」

例 野山にまじりて、竹を取りつつ、よろづのことに使ひけり〈野山に分け入って竹を取り竹を取りしてはいろいろなことに使った〉(竹取物語)

❷継続「〜し続けて」「ずっと〜していて」

例 鄙《ひな》に五年住まひつつ都の手振り忘らえにけり〈田舎に五年間住み続けていて、都の風習も忘れてしまったよ〉(万葉集)

「て」「して」 接続＝活用語の連用形につく。

●単純接続「〜て」

ある動作・状態が終わってから、次の動作・状態が行われる意を表す。

＊**「て」の下に助動詞「む」「まし」「き」「けり」や、接続助詞「ば」などがつく場合は完了の助動詞「つ」、それ以外は接続助詞「て」と考える。**

＊「して」は、サ変動詞の連用形「し」に接続助詞「て」がついてできた語。体言に接続する「して」は格助詞、活用語の連用形につくのが接続助詞。

「ものの」「ものを」 接続＝活用語の連体形につく。

●逆接確定条件「〜けれども」「〜ものの」

例 君来むといひし夜ごとに過ぎぬれば頼まぬものの恋ひつつぞふる〈あなたが来るとおっしゃった夜のたびごとに（おいでにならないまま）過ぎてしまったから、もうあてにはしていないものの、やはり恋しく思い続けて毎日を過ごしております〉(伊勢物語)

例 都出でて君に逢はむと来しものを来しかひもなく別れぬるかな〈都を出てあなたに逢おうと思ってやって来たのに、来たかいもなくもうお別れしてしまうことですね〉(土佐日記)

「ものから」「ものゆゑ」

接続＝活用語の連体形につく。

❶逆接確定条件「〜のに」「〜ものの」

例　いたましうするものから、下戸ならぬこそ男はよけれ〈(酒をすすめられては)迷惑そうにするものの、まったくの酒嫌いでないのが男としてはよいのである〉(徒然草)

例　誰《た》が秋にあらぬものゆゑ女郎花《をみなへし》なぞ色にいでてまだきうつろふ〈秋は誰のものでもない、世間すべてに一様にくるものなのに、女郎花よ、なぜお前ひとり目に見えてはやばやと色あせるのか〉(古今和歌集)

❷順接確定条件「〜だから」「〜ので」

例　さすがに辺土の遺風忘れざるものから、殊勝に覚えらる〈そうはいってもやはり片田舎らしく伝統を忘れないので、奇特なことよと思われる〉(奥の細道)

例　事ゆかぬものゆゑ、大納言をそしり合ひたり〈納得できないから、大納言を非難しあっている〉(竹取物語)

＊「ものの」「ものを」「ものから」「ものゆゑ」は、**平安時代には主に逆接確定条件として用いられた。**

係助詞……ぞ・なむ・こそ・や(やは)・か(かは)・は

接続＝種々の語につく。活用語には連体形につく。

「ぞ」

●強意

係り結び(末尾を**連体形で結ぶ**)

例　もとのすみかに帰りてぞ、更に悲しき事は多かるべき〈もとの住みかに帰ってからこそ、いっそう悲しいことが多いに違いない〉(徒然草)

＊**「――もぞ〜連体形」は、あやぶみ・心配を表す。**

例　雨もぞ降る〈雨が降るといけない。雨が降ったら困る〉(徒然草)

「なむ」

●強意

係り結び（末尾を**連体形で結ぶ**）

例　花の名は人めきて、かうあやしき垣根になむ咲きはべりける〈花の名は人間なみで、このようにみすぼらしい垣根に特に咲くものでございます〉（源氏物語）

「こそ」

●強意

係り結び（末尾を**已然形で結ぶ**）

例　七夕まつるこそなまめかしけれ〈七夕をまつるのはとりわけ優雅なことである〉（徒然草）

※「なまめかしけれ」はシク活用形容詞「なまめかし」の已然形。

＊**「――もこそ～已然形」は、あやぶみ・心配を表す。**

例　人もこそ聞け〈人が聞いたら大変だ〉（曾我物語）

「や」（やは）「か」（かは）

係り結び（末尾を**連体形で結ぶ**）

❶疑問

例　うち出でむこと難くやありけむ〈口に出すことが難しかったのだろうか〉（伊勢物語）

例　いづこをはかりとか我もたづねむ〈私もどこを目あてとしてその人を探しましょうか〉（源氏物語）

❷反語　「～か、いや～でない」「～ものか」

例　近き火などに逃ぐる人は、「しばし」とや言ふ〈近所の火事などで逃げる人は、「しばらく待とう」と言うか、いや言わない〉（徒然草）

例　たれか一人ふるさとに残りをらむ〈誰が昔の都に一人で残っているだろうか、いやいない〉（方丈記）

■係り結び

強意　こそ　→　已然形で結ぶ
　　　ぞ
　　　なむ
疑問・　や　→　連体形で結ぶ
反語　か

ほかの「や」と「か」は詠嘆の助詞

例 伊豆の海や〈が見える、その〉沖の（金槐《かい》和歌集）

例 面さへ赤みてぞ思ひ乱るるや〈よ〉（枕草子）

例 心弱くも落つる涙か〈よ〉（古今和歌集）

「は」

接続＝種々の語につく。活用語には連体形・連用形につく。

結びの変化はない。**現代語と同じように訳す。**

❶主題「〜は」「〜については」

❷対比「〜は」「〜の方は」

❸強調「〜は」

叙述の内容を取り立てて強調・明示する。

例 えならざりける水の、深くはあらねど〈何ともいえないほど美しい水が、深くはないけれど〉（枕草子）

❹仮定「〜ならば」「〜たら」

形容詞および形容詞型活用の助動詞の連用形、打消の助動詞「ず」の連用形について仮定条件を示す。

例 鶯の谷より出づる声なくは〈うぐいすが谷間から出てさえずる声がなかったならば〉（古今和歌集）

——**形容詞連用形**の例

例 今日来ずは明日は雪とぞ降りなまし〈私が今日来なかったら、明日は雪となって消えていたろう〉（古今和歌集）

——**打消の助動詞連用形**の例

副助詞……だに・すら・さへ・ばかり・のみ・まで・など・し

「だに」

接続＝種々の語につく。活用語には連体形につく。

❶類推「〜さえ」

程度の軽いものを例として示し、程度の重いものはもちろんだと類推させる。

例 光やあると見るに蛍ばかりの光だになし〈光はあるかしらと見たが蛍の火ほどの光さえない〉（竹取物語）

＊類推の用法の「だに」のついた語句を受ける述語は打消表現であるのがふつうである。

例 わが子どもの影だに踏むべくあらぬこそ口惜しけれ〈わが子たちが（公任殿の）影法師さえ踏めそうもないのは残念なことだ〉（大鏡）

＊類推の用法は、「Aだに〜、ましてB」の形をとることが多い。

例 父親王のおはしける時にだに、古りにたるあたりとて、訪《おと》なひ聞こゆる人もなかりけるを、まして今は浅茅《あさぢ》分くる人も、あと絶えたるに〈父親王が生きておいでの時でさえ、古めかしくて、時勢に取り残された所というので、お訪ね申し上げる人もなかったが、まして（親王が亡くなった）今は雑草が生い茂っている所を分けてやって来る人もなくなったが〉（源氏物語）

❷最小限の限定「せめて〜だけでも」

例 散りぬとも香をだに残せ〈たとえ散ってしまうとしても、せめて香りだけでも残してくれ〉（古今和歌集）

＊限定の用法は、命令・意志・希望・仮定が下にくる。

例 かくまかるに、昇らむをだに見送り給へ（命令）〈このように行ってしまうのですから、せめて昇天する様子をだけでも見送ってください〉（竹取物語）

「すら（そら）」

接続＝種々の語につく。活用語には連体形につく。

●類推「〜さえ」「〜さえも」「〜でも」

ある事物を程度の軽いものや特殊なものとして挙げて、より程度の重いものや一般的なものを、なおさらだと類推させる。

「さへ」

接続＝種々の語につく。活用語には連体形・連用形につく。

❶**添加**「（そのうえ）〜までも」

例 物悲しと思ふに時雨さへうちそそぐ〈もの悲しいと思ううえに時雨までも降りそそぐ〉（十六夜日記）

❷**類推**（中世以降）「〜さえ」

程度の軽いものや特殊なものを示し、程度の重いものや一般的なものを、なおさらだと類推させる（現代語の「さえ」と同じ用法）。

「ばかり」

接続＝種々の語につく。活用語には連体形・終止形につく。

❶**限定**「〜だけ」「〜ばかり」

❷**程度**「〜ほど」「〜くらい」「〜ころ」

「のみ」

接続＝種々の語につく。活用語には連体形につく。

❶**限定**「〜だけ」

副詞の「ただ」と呼応して用いられることが多い。

例 ただ波の白きのみぞ見ゆる〈ただ波の白いのだけが見える〉（土佐日記）

❷**強意**「ひどく〜」「特に〜」「全く〜」「ただ〜」

例 御心をのみまどはして去りなむことの、悲しく堪へがたく侍るなり〈御心をひどくまどわして去ってしまうことが、悲しく我慢できないのです〉（竹取物語）

「まで」

接続＝種々の語につく。活用語には連体形につく。

基本的には現代語の「まで」と同じ。

❶**範囲**「〜まで」

❷**程度**「〜まで」「〜ほど」

「など」 接続＝種々の語（連体形・連用形）につく。

基本的には現代語の「など」と同じ。

❶例示

例 風の音、虫の音《ね》など、はた言うべきにあらず〈秋風の音や虫の音《ね》などが聞こえてくるのは、また何とも言えないほどいいなあと思われる〉（枕草子）

❷婉曲

❸引用

「し」 接続＝体言その他種々の語（連体形・連用形）につく。

●強調

＊強調の「し」をさらに強調するのが「しも」である。

例 わがためにくる秋にしもあらなくに〈私のためにめぐってくる秋ではないのに〉（古今和歌集）

＊表現によっては、「よりによって」「〜に限って」の意ともなる。

例 今日しも端におはしましけるかな〈今日に限って端においでになったのですね〉（源氏物語）

＊下に否定表現がある場合は部分否定

例 国に必ずしも言ひ使ふ者にもあらざなり〈国司の官庁で必ずしも召し使っている者でもないようだ〉（土佐日記）

終助詞……なむ・ばや・てしかな・にしかな・もが（もがも・もがな）・な・そ・かな・かも・か・な・よ・かし・は

「なむ」 接続＝活用語の未然形につく。

●他に対する希望「〜てほしい」

例 飽かなくにまだきも月の隠るるか山の端《は》逃げて入れずもあらなむ〈まだ見飽きないのに、定刻よりも早く月が隠れるのだろうか。山の稜《りょう》線が逃げて月を入れずにいてほしいものだ〉（伊勢物語）

「なむ」は、相手に直接よびかけるのではなく、心中で「〜てほしい」と願う気持ちを表すときに用いられる。

三種類の「なむ」

❶他に対する希望の終助詞「なむ」――未然形接続

例 惟光《これみつ》とく参らなむと思す〈惟光が早く参上してほしいとお思いなさる〉（源氏物語）

❷完了の助動詞「ぬ」の未然形＋推量・意志の助動詞「む」の終止形＝連語の「なむ」――連用形接続

例 暁にはとくおりなむといそがる〈明け方には早く退出してしまおうと気がせかれた〉（枕草子）

❸係助詞「なむ」――体言・連体形・助詞接続

例 かの白く咲けるをなむ夕顔と申し侍る〈あの白く咲いている花を夕顔と申します〉（源氏物語）

■「なむ」の識別

①未然形接続は、他に対する希望の終助詞。

②連用形接続は、完了の助動詞＋推量・意志の助動詞で連語。

③それ以外は係助詞。

※未然形と連用形が同形の活用語に接続する場合は、前後の文脈から判断する。

例 十一日の月も隠れ（下二段）なむとすれば〈十一日の月も今にも隠れようとするので〉（伊勢物語）

↓「な」＋「む」

例 寄する波うちも寄せ（下二段）なむ〈寄せる波よ、（忘れ貝を）打ち寄せてほしい〉（土佐日記）

↓他に対する希望の終助詞

「ばや」

接続＝活用語の未然形につく。

●希望（願望）「～たい」

自己の希望（願望）を表す。

例 ほととぎすの声たづねに行かばや〈ほととぎすの声をたずねに行きたい〉（枕草子）

二種類の「ばや」

❶希望（願望）の終助詞

例 かかる所に、思ふやうならむ人をすゑて住まばや〈このような所に理想的な女性をおいて住みたい〉

（源氏物語）

❷接続助詞「ば」＋係助詞「や」

例 八千夜《やちよ》し寝ばや飽く時あらむ〈八千夜もともに寝たならば仮に満足する時があるだろうか〉（伊勢物語）

■「ばや」の識別

①未然形接続の「ばや」は文末なら、終助詞。文中で結びがあれば、接続助詞「ば」（仮定）＋係助詞「や」。

②已然形接続の「ばや」は、接続助詞「ば」（確定）＋係助詞「や」。「～から――か」。

「てしかな」「にしかな」

接続＝活用語の連用形につく。

●願望「～たいものだなあ」

例 鳥の声もせざらむ山にこもりにしかな〈鳥の声もしないような山にこもりたいなあ〉（宇津保物語）

※平安時代以降、主として「てしが」「てしがな」「にしが」「にしがな」と濁音化して用いられた。

例 かぐや姫を得てしがな〈かぐや姫を自分のものにしたいなあ〉（竹取物語）

「もが」

接続＝体言や形容詞・助動詞の連用形につく。

●願望「～がほしいなあ」「～であってほしいものだ」

例 わが妻も絵にかきとらむ暇《いとま》もが〈私の妻を絵に描き写すような暇がほしい〉（万葉集）

■「もが」の類語

奈良時代には、感動の終助詞「も」のついた「もがも」、平安時代には、感動の終助詞「な」のついた「**もがな**」が多く用いられた。また、これらを一語とする見方もある。

例 焼き亡ぼさむ天の火もがも〈焼き滅ぼしてしまうような天の火があったらいいなあ〉（万葉集）

例 世の中に避らぬ別れのなくもがな〈世の中に避けられない別れ（死別）がなかったらいいなあ〉（伊勢物語）

「な」

接続＝動詞の終止形につく。ラ変型活用語には連体形につく。

●禁止「～するな」「～な」

例 あやまちすな、心して降りよ〈失敗するな、注意し

て〈木を〉降りなさい〉（徒然草）

「そ」

接続＝動詞の連用形につく。カ変・サ変動詞には未然形につく。

●**禁止**「（どうか）～しないでくれ」「（どうか）～してくれるな」「（どうか）～しないでほしい」

禁止の意の副詞「な」と呼応して禁止の意を表す。

例 君があたり見つつを居らむ生駒山雲な隠しそ雨は降るとも〈あなたのいらっしゃるあたりを望み見ていましょう。雲よ、大和との間の生駒山を隠さないでおくれ、たとえ雨は降っても〉（伊勢物語）

＊禁止の助詞「な」に比べると、**「な～そ」の禁止の方が穏やか**で、もの柔らかに相手に頼み込むような感じである。

＊「な」との呼応なしで、禁止を表す場合もある。

例 今はかく馴れぬれば、何事なりとも隠しそ〈今はこのように深い関係になってしまったので、どんなことでも隠してくれるな〉（今昔物語集）

「かな」

接続＝体言や活用語の連体形につく。

●**詠嘆**「～だなあ」「～ものだなあ」

例 限りなく遠くも来にけるかなとわびあへるに〈とんでもなく遠くに来てしまったものだなあと、互いに嘆きあっていると〉（伊勢物語）

「かも」

接続＝体言や活用語の連体形につく。

❶**詠嘆**「～ことよ」「～だなあ」

例 木末《こぬれ》にはここだも騒く鳥の声かも〈梢にはいっぱい鳴き騒ぐ鳥の声（が聞こえること）だなあ〉（万葉集）

❷**疑問**「～かなあ」「～のかなあ」

❸**反語**「～ことがあろうか、いやありはしない」「～ものか」

「めかも」「ものかも」の形で、反語の意を表す。

例 今を恋ひざらめかも〈今の世を恋しがらないことがあろうか、いや必ず恋しがる〉（古今和歌集）

※❷・❸を係助詞とする見方もある。

「か」 接続＝体言や活用語の連体形につく。

●詠嘆 「～だなあ」「～ことよ」

「な」 接続＝文を終止する文節につく。

●詠嘆 「～なあ」「～たことだなあ」

＊「もがな」「しがな」の形でほかの助詞と併用されることが多い。

「よ」 接続＝種々の語につく。

●詠嘆のよびかけ

「かし」 接続＝言い切りになった文末につく。

●念押し 「～よ」「～ねえ」

強く念を押したり、確認したりする意を表す。

例 国王の仰せごとをそむかば、はや殺し給ひてよかし〈国王の仰せごとに対してそむくというのであるならば、早く殺しなさいませよ〉（竹取物語）

「は」 接続＝文を終止する文節につく。

●詠嘆 「～よ」「～（である）なあ」

間投助詞……を・や・よ

文中・文末に用いられ、終助詞とする見方もある。

「を」

●詠嘆 「～ねえ」「～なあ」

＊下に形容詞の語幹に接尾語「み」がついた語をともなって「～を…み」という形で、原因・理由を表し、「～が…ので」という意味になる。

例 若の浦に潮満ち来れば潟を無み葦辺《あしべ》をさして鶴《たづ》鳴き渡る〈和歌の浦に潮が満ちて来て干潟がなくなるので

で、葦辺を目指して鶴が鳴きながら飛んでいくよ〉
（万葉集）

「や」「よ」

❶**語調を整える**
多く和歌に用いて、軽い感動の意を添える。

❷**詠嘆**「〜よ」
文中・文末に用いられ、終助詞とする見方もある。

❸**よびかけ**「〜や」「〜よ」

5 感動詞

自立語で活用がなく、感動・よびかけ、応答などを表す。

〈あな、いで、あはれ、いざ、すはや〉など

6 敬語法の基本(2)

身分・立場がより上の人や神仏などに敬意を示すために用いる特別な言葉。

敬語の種類

■**尊敬**——動作主に対する敬意
■**謙譲**——動作を受ける相手に対する敬意
■**丁寧**——聞き手・読み手に対する敬意

なお、「謙譲語」は、「給ふ（下二段）・まかる・まかり（接頭語的用法）」の自己卑下を表す三語を除き、残りの語は、へりくだる、動作主を低めるのではなく、**受け手を高める敬語**として理解する。

敬意の主体

敬意の主体は、文の種類による。

まず地の文では、筆者（作者・書き手）、会話文や手紙文では、話し手や手紙の書き手、心の中で思った事柄を記した文（心内文）では、思っている人が、敬意の主体となる。

敬意の対象

敬意の対象は、敬語の種類による。

尊敬語では動作主、謙譲語では動作を受ける相手、丁寧語では、通常の文では読み手、会話文では聞き手となる。

以上の事柄を表にまとめてみると、次のようになる。

	地の文	会話文	心内文
尊敬語	書き手→動作主	話し手→動作主	思い手→動作主
謙譲語	書き手→受け手	話し手→受け手	思い手→受け手
丁寧語	書き手→読み手	話し手→聞き手	思い手→思われ手

謙譲語の場合は、その動作が誰に対してなされているかを明らかにする必要がある。つまり、「を」「に」「へ」のつく相手が、敬意の対象となる。

例　かぐや姫を養ひたてまつる〈かぐや姫をお育て申し上げる〉（竹取物語）

謙譲語の「給ふ」

謙譲語の「給ふ」は尊敬語の「給ふ」と誤りやすいので、その特徴をつかんでおくことが大切である。主なものは次のとおり。

①**活用は下二段活用**で、命令形はなく、終止形は稀《まれ》。

②**会話文や手紙文だけ**に使われる。

③**すべて補助動詞**の用法で、**「思ふ」「見る」「聞く」**、稀に「知る」「覚ゆ」の五語だけにつく。

④自分の動作や自分の身内の動作について、卑下する。

⑤複合動詞には、中へ割って入る形をとる。たとえば、「思ひ知る」は、「思ひ給へ知る」となる。これに対して、尊敬の「給ふ」（四段活用）は、複合動詞の下につくのがふつうである。ただし、なかには割って入る場合もある。

例　え見給ひはてず〈終わりまでご覧になれない〉（源氏物語）

尊敬語の「奉る」

「奉る」は、ふつう謙譲の動詞（「さしあげる」）、または補助動詞（「～申し上げる」）だが、**「着る」「食べる」「飲む」「用いる」などの意の代動詞として用いられるときは尊敬動詞**となる。

二方面への敬意

■ **謙譲語＋尊敬語の形で、同時に異なる二人の人物を高める。**

例 大納言殿の参り給へるなりけり〈大納言殿が参上なさったのであったよ〉（枕草子）

謙譲語「参り」は、中宮のもとへ参上する意だから、筆者が受け手の中宮を高めており、尊敬語「給ふ」は、筆者が動作主にあたる大納言殿を高めている。

■ **「聞こえさせ給ふ」の形**

使役・尊敬の助動詞「さす」は、謙譲語について謙譲の意を強める用法がある。「聞こゆ」に対して、「聞こえさす」という形がある。また、「給ふ」のついた、「させ給ふ」（「させ」は尊敬）という形がある。つまり、「聞こえさせ給ふ」は、㋐「聞こえさせ＋給ふ」と㋑「聞こえ＋させ給ふ」の二つの場合が考えられる。この識別は、動作主と受け手との身分を考える。動作主が受け手より身分が高い場合は㋑で、逆に受け手が動作主より身分が高い場合は㋐と考える。

例 （女御は帝に）つひに負け聞こえさせ給はずなりにけり〈女御は帝にとうとうお負け申し上げなさらないで終わったそうです〉（枕草子）

動作主が女御、受け手が帝で、受け手の方が身分が高いから、㋐の例で、「聞こえさせ」で帝を、「給は」で女御を高めている。

例 （帝が女御に）強ひ聞こえさせ給ひけむ〈帝が女御にむり強い申し上げなさったという〉（枕草子）

動作主が帝、受け手が女御で、動作主の方が身分が高いから、㋑の例で、「聞こえ」で女御を、「させ給ひ」で帝を高めている。

「せ給ふ」「させ給ふ」の形

■識別法

「せ給ふ」「させ給ふ」の「せ」「させ」は、尊敬と使役の場合がある。ほとんどは尊敬で、「せ給ふ」「させ給ふ」は二重尊敬となる。識別法は、

①「せ」「させ」を取り除いても、意味が通る場合には、尊敬。

②「～にさせる」という使役の対象がはっきりしていれば、使役。

例 殿ありかせ[a]給ひて、御随身召して、遣水《やりみづ》はらはせ[b]給ふ〈殿は庭を歩き回りなさっては、御随身をおよびになって、遣水のごみをお除かせになる〉（紫式部日記）

aは「せ」を除いて、「ありき給ひて」としても文意は変わらないから、「せ」は尊敬。bは「御随身」という使役の対象が必要で、「せ」を除くと、「遣水はらひ給ふ」となって、「殿」自ら遣水のごみを除くことになり、不適切な表現になるから、「せ」は使役と判断する。また、次の例は、使役・尊敬両様にとれる。

例 （村上帝が）「何者の家ぞ」とたづねさせ給ひければ〈村上帝が「何者の家であるか」とお調べになりましたところ〉（大鏡）

「させ」を使役ととって、「（人に）調べさせなさったところ」とも解釈できる。

■最高敬語「せ給ふ」「させ給ふ」

「せ給ふ」「させ給ふ」において、「せ」「させ」が尊敬の意を表すときは最高敬語といって、地の文においては特定の人物にしか用いられない。『枕草子』では、天皇・中宮・皇族・道隆・道長だけに用いている。ただし、

例 （忠隆が筆者に）「さのみもえかくさせ給はじ」〈忠隆は「そう、いつまでもお隠しにはなれませんでしょうよ」〉（枕草子）

というように、**会話文においては高貴な人以外にも広く「せ給ふ」を用いている。**『大鏡』では、地の文でも「せ給ふ」を広く用いているが、これは、老人が人々に昔のことを語るという構成になっているためである。

自敬表現

自敬表現とは、話し手が自分自身を高める表現で、最高位にある人だけが用いる。これには二種類ある。

❶尊敬語使用の例

例 今更御覧じ忘れける〈今となっては見忘れなさっていたぞ〉（平家物語）

法皇が阿波の内侍に向かっての発言で、法皇が自分の動作に尊敬語「御覧ず」を用いて、自分を高めている用法である。

❷謙譲語使用の例

例 (ア)「なほもて参れ」〈もっとこちらへ持ってまいれ〉（源氏物語）

例 (イ)大将こそ。まろ抱き奉りて、あなたへゐておはせ」〈「大将よ、私をお抱き申して、あちらへ連れていらっしゃい」〉（源氏物語）

(ア)の例は、源氏が、滝口に向かって命じているところで、「もて参れ」の受け手は自分だから、自分を高めていることになる。

(イ)の例は、幼い匂宮が夕霧大将に自分を抱いて連れて行くことを命じている場面で、「抱き」の受け手は自分だから、自敬表現になる。

7 係り結びの注意点

文末以外の用法

① 逆接の意をともなって下へ続く。**（こそ～已然形）**

例 さこそいへ、まだ追ひやらず〈そうは言っても、まだ（女を）追い出してはいない〉（伊勢物語）

② 挿入句となって、上下の語句の説明になる。

（や・か～む・けむ）

例 そこなる女、京の人はめづらかにやおぼえけむ、せちに思へる心なむありける〈そこに住む女が、京の人を珍しく思ったのであろうか、ひたすら思いを寄せる心を抱いた〉（伊勢物語）

③ **「も」をともなって危惧感を表す。（もぞ・もこそ）**（P163・

P164参照)

例 思ひもぞつくとて〈女に執着しては困ると思って〉(伊勢物語)

結びの省略

結びの活用語が自明な場合に、省略されることがある。解釈するときは、省略された語を補って訳す。

例 ひとり歩かむ身は、心すべきことにこそ(あれ)〈一人歩きをする身は、注意すべきことである〉(徒然草)

結びの流れ

結びとなるべき活用語が語をともなってさらに下に続くときは、係り結びの法則は成立しない。これを「結びの流れ(消滅・消去)」という。

例 たとひ耳鼻こそ切れ失すとも、命ばかりはなどか生きざらむ〈たとえ耳や鼻が切れてなくなっても、命だけは、どうして助からないことがあろうか、いや、必ず助かるに違いない〉(徒然草)

本来「耳鼻こそ切れ失すれ。たとひさりとも、命ばかりはなどか生きざらむ」のような形であったのだが、下に文を続けたために「切れ失すとも」の部分で結びが流れた。

8 音便

発音の便宜から、ある語の一部分に起こった音の変化を「音便」といい、四つの種類がある。

イ音便

「キ」「ギ」「シ」「テ」などが「い」となる。**「キ」→「イ」は動詞の連用形、形容詞の連体形の活用語尾に多い。**

例 (キ)聞きて→聞いて　高き山→高い山
(ギ)つぎて→ついで
(シ)渡して→渡いて
(テ)たてまつる→たいまつる

ウ音便

「ク」「グ」「ヒ」「ビ」「ミ」が「う」となる。**「ク」→「ウ」は形容詞の連用形の活用語尾に多い。**

例
（ク）楽しく→楽しう
（グ）かぐはし→かうばし
（ヒ）歌ひて→歌うて
（ビ）まらびと→まらうど
（ミ）かみべ〈頭〉→かうべ

撥音便

「ニ」「ビ」「ミ」「リ」「ル」が撥音「ん」となる。**動詞の連用形の活用語尾に多い。**

例
（ニ）死にて→死んで
（ビ）むせびて→むせんで
（ミ）飲みて→飲んで
（リ）成りぬ→成んぬ
（ル）あるなり→あんなり

促音便

「チ」「ヒ」「リ」などが促音「つ」となる。**動詞の連用形の活用語尾に多い。**

例
（チ）発ちて→発つて
（ヒ）をひと〈夫〉→をつと
（リ）散りて→散つて

7 日記

POINT

重要単語の意味をおさえる。
文章中の表現のおもしろさを読み取る。
場面ごとの作者の心情を理解する。

平安文学隆盛の先駆け

平安時代中ごろには、清少納言・紫式部をはじめとする女性たちによって著された仮名文学のすぐれた作品が隆盛となるが、その先駆けとして道を開いたのは仮名書き日記であった。承平《じょうへい》五（九三五）年ごろに成立した『土佐日記』は、わが国最初の勅撰和歌集『古今和歌集』の撰者の一人として高い名声を得ていた人物の作品として広く読まれたことが推察できるが、女性に仮託した仮名書きの日記という異色の作品であったことは、当時の女性たちに、自己の内面を観照して繊細な文章表現によって作品とするという道を示した。

その約四十年後、時の権力者藤原兼家の妻であった右《う》大将道綱母《だいしょうみちつなのはは》（藤原倫寧女《ともやすのむすめ》）の著した『蜻蛉日記《かげろうにっき》』は、権力者の妻という一見華やかな立場とははるかに違う、満たされることのない苦悩、嫉妬、不安、そして憤りという赤裸々な心情を率直に描いて、当時の女性たちに衝撃的な影響を与えた。これによって、女性たちによるすぐれた散文の作品が次々と世に出される時代が幕を開けたのである。天才的な歌人で奔放な恋においても世に知られた和泉式部《いずみしきぶ》の『和泉式部日記』、『源氏物語』の作者としてあまりにも名高い紫式部の『紫式部日記』がそれに続いた（ともに、一〇一〇年ごろの成立とされる）。

康平《こうへい》三（一〇六〇）年ごろの成立とされる『更級日記』は、作者の少女時代から筆を起こし、上総国から上京する旅路の見聞・記録、宮仕えと結婚、諸方の寺々への物詣で、夫の死後の孤独な生活など、約四十年間の人生をつづった内省的な作品である。

このほか、『讃岐典侍《さぬきのすけ》日記』（一一〇九年ごろ成立）を経て、『建礼門院右京大夫集《けんれいもんいんうきょうのだいぶしゅう》』（一二三二年ごろ成立）、『十六《いざ》夜《よい》日記』（一二八〇年ごろ成立）、『海道記』（一二二三年ごろ成立）などの日記文学に連なっていく。

土佐日記

作者と成立年代

作者は『古今和歌集』の撰者（紀貫之《きのつらゆき》・紀友則《きのとものり》・凡河内躬《おおしこうちのみ》恒《つね》・壬生忠岑《みぶのただみね》）の一人、紀貫之。承平五（九三五）年ごろの成立。

『古今和歌集』には、巻頭に貫之の書いた「仮名序」が収められている。撰者の一人、紀友則は貫之のいとこであり、『古今和歌集』の真名序《まなじょ》（漢文体の序）を書いた紀淑《よし》望《もち》も、貫之の遠縁にあたる。

貫之は延長八（九三〇）年に土佐守となり、承平四（九三四）年、その任を終えて、十二月二十一日に土佐の国府を出発し、翌五（九三五）年二月十六日に帰京する。その五十五日間の出来事を記した日記が『土佐日記』である。

作品解説

『土佐日記』は、冒頭の文にあるように、女性に仮託した形で、仮名文で書かれている。これは、私人の立場で自由に記そうという意図とともに、漢詩文に対して和《やまと》歌《うた》という〝かな文字〟の文芸を愛する者として、あえて平仮名書きの散文としたのであろう。

『土佐日記』は、人間に対する冷静で理知的な観察、簡潔で的確な描写がなされており、文学性豊かな作品である。具体的には次のような特色が挙げられる。

(1)旅の見聞を、歴史的事実や故事と関連させて記述。
(2)知的ユーモアがあり、機知や笑い、皮肉に富む。その一方で、亡くなった女の子への切ない思いの描写は非常にこまやかである。
(3)日付を追う、記録としての日記を文学的日記に高め、後の『蜻蛉日記』をはじめとする平安仮名文学の先駆けとなったという点で、文学史的価値が高い。
(4)和歌興隆の意図により、歌が散文の中に巧みに織り込まれている。

門出

「女の私も日記を書いてみよう」

紀貫之は、女性が書いているという形をとって、男の漢文日記にならい、和文で日記を書く旨を述べ、土佐から京へ帰るときの、旅立ちの様子を描いている。

男もすなる日記《にき》といふ《ウ》ものを、女もしてみむとて、するなり。

（係　サ変・止　伝・体　ハ四・体　係　サ変・用　接助　マ上一・未　意・止　格　サ変・体　断・止）

男も書くという日記というものを、女（である私）も書いてみようと思って、書くのである。

それの年の、師走《しはす》《シワス》の、二十日《はつか》あまり一日《ひとひ》の日の、戌《いぬ》の時に門出す。

（サ変・止）

ある年の、（陰暦）十二月の、二十一日の、午後八時ごろに門出をする。

そのよし、いささかにものに書きつく。

（カ下二・止）

そのいきさつを、少しばかりものに書きつける。

ある人、県《あがた》の四年五年《よとせいつとせ》果てて、例のことどもみなし終《エ》へて、解《げ》由《ゆ》など取りて、住む館《たち》よりいでて、船に乗るべき所へ渡る。

（タ下二・用　接助　サ変・用　ハ下二・用　接助　副助　ラ四・用　接助　マ四・体　格　ダ下二・用　接助　ラ四・止　予・体　ラ四・止）

ある人が、（国司としての）任国での四、五年（の任期）が終わって、決まっている引き継ぎ事項を皆すませて、解由状（証明書）などを（新任の国司から）受け取って、住んでいる官舎から出て、船に乗ることになっている所へ行く。

かれ

■…文法重要事項
■…重要語句
□…訳が出やすい箇所

語釈・文法解説

男もすなる…「す」はここでは「書く」の代動詞。「なる」は終止形「す」に接続しているから、伝聞の助動詞。

するなり…「する」はサ変「す」の連体形なので、「なり」は断定の助動詞。

それの年…某年。ある年。「それの」は漢文訓読に用いる語。

戌の時…**今の午後八時ごろ。**

門出す…門出の日時や方角が不都合な場合は吉日を選んで近所に移り、別の日にそこから旅に出る習慣があった（これを「**方違《かたたが》へ**」という）。

よし…事情・いきさつ。

いささかに…少し。漢文訓読に用いる語。

ラ四・体　ラ四・未　打・体　サ変・止　バ下二・用　完・体　係

これ、知る知らぬ、送りす。年ごろ、よくくらべつる人々なむ《ン》、

あの人この人、知っている人知らない人々が、見送りをする。ここ数年来親しくつきあった人々が、

ク・用　ハ四・用　接助　サ変・用　接助　ラ四・体

別れがたく思ひ《イ》て、日しきりに、とかくしつつ、ののしるうちに、

別れをつらく思って、一日中、あれやこれやしては騒ぎたてているうちに、

カ下二・用　完・止

夜ふけぬ。

夜がふけてしまった。

副助　ナリ・用　タ下二・止

二十二日に、和泉《いづみ》《イズミ》の国までと、平らかに願《ぐわん》《ガン》立つ。藤原のときざ

二十二日に、和泉の国まで（無事であるように）と、心静かに（神仏に）願をかける。藤原のときざねが、

断・已　接助　サ変・止　ハ四・用　カ四・用　接助　シク・用

ね、船路なれど馬のはなむけす。上中下《かみなかしも》、酔《ゑ》《エ》ひ《イ》飽きて、いとあや

船旅なのだけれども「馬のはなむけ」をしてくれる。身分の高い人も中ぐらいの人も低い人も、すっかり酔っ払って、

格　ラ下二・用　ハ四・已　存・止

しく、塩海《しほうみ》《シオ》のほとりにてあざれあへ《エ》り。

たいそう不思議なことに、（塩がきいてくさらないはずの）海のそばでとても見苦しく、大勢でふざけあって（くさりあって）いる。

書きつく…四段活用ではなく、下二段活用の終止形であることに注意。後出の「（願）立つ」も同様。

ある人…**紀貫之自身のこと。**女性に仮託して書いているので、自分のことを他人のように記している。

例のことども…定まった引き継ぎ事務。

解由…事務引き継ぎの際、新任者が前任者に渡す前任者の無過失を証する公文書（解由状）。

かれこれ…**あの人この人。**

年ごろ…**ここ数年来。**

くらべつる…親しくつきあってきた。

人々なむ…**「なむ」は係助詞。結びは流れている（文末の「ぬ」が結びではないことに注意。解説参照）。**

日しきりに…一日中。

とかく…**あれやこれや。**

ののしる…**大声をあげ騒ぐ**（解説参照）。

馬のはなむけ…餞別（解説参照）。

上中下…身分の上中下のそれぞれの人。

あざれあへり…「あざる」は「ふざける。くさる」の意。

古典常識

当時の日記

「男もすなる日記といふもの」とあるように、当時は日記といえば男性が漢文で書く、公務・行事などの記録であった。だから、「女もしてみむ」には、女性が日記を書くということは異例なことだが、その異例なことをあえて、それも仮名書きで試みてみよう、という気持ちが込められていると考えられる。

「日記」という語は、中国伝来のもので、〈日次の記録〉という意味のほかに〈事実の記録〉という要素をもつ。それは古く奈良朝より行われたが、官僚が公務上記録した公的な日記と、天皇や貴族が執筆した私的な日記とがあり、どちらも**男性が漢字・漢文体を用いて書くのが通例**であった。「男もすなる日記」は私的な日記を指したものと思われるが、たとえ私的なものであったとしても、男性の書くものは**公的な政務や行事などに関連した日常の事実**を記すことを中心としたものであった。したがって、のちのいわゆる平安日記文学のように、個人的、人間的感情を率直に記すものではなかった。そうした状況の中で書かれた『土佐日記』は、仮名書きの自照《じしょう》文学として、まったく異色の存在であった。

文法

助動詞「なり」の用法

助動詞「なり」は、その接続の違いによって断定（所在）、推定・伝聞の二種類に分けられる。

❶ **体言・連体形・助詞・副詞＋なり**

断定〈…である〉

「女もしてみむとて、するなり」（1行め）の「なり」は、サ変動詞「す」の連体形についているので断定。訳は〈…するのである〉となる。

なお「地名・場所・方角＋なる＋体言」の形の「なる」は、文法上は断定であるが、**訳は所在**。〈…にある・にいる〉と訳す。

例　駿河なる富士の高嶺《たかね》

❷ **終止形（ラ変型活用の語の場合、連体形）＋なり**

音声にもとづく推定〈…らしい・ようだ・の音（声）がする〉

伝聞〈…ということだ〉

なお、この二つの用法を区別する際、前後に音声についての記述がある場合は推定と考えてよい。

たとえば「秋の野に人まつ虫の声すなり」という場合、「す」はサ変動詞の終止形であるうえに、「声」は音声の記述だから、「なり」は推定と判断する。したがって、訳は〈秋の野に人を待つ松虫の声がするようだ〉となる。

「男もすなる日記」（1行め）の「なる」は、サ変動詞の終止形に接続しているので推定・伝聞の「なり」であり、前後に音声についての記述がないので伝聞とわかる。〈男も書くという日記〉と訳すのが妥当。

※「なり」が四段・上一段・下一段の各動詞に接続する場合、これらの動詞は連体形・終止形が同形となる。またラ変型活用の語に接続する場合は、❶・❷いずれも連体形に接続するため、文法上区別できないので、文脈から判断することとなる。

解釈

「ののしる」と結びの流れ

「ののしる」は古今異義語で、現代ではほかのことを悪く言う意味に使われているが、古文では「**大声で騒ぐ**」意味を表すことに注意。誰が騒いでいるのかは、「年ごろ～夜ふけぬ」までが一続きの文であることに注意して、順に文脈をたどってみれば、この文の冒頭にある「**年ごろ、よくくらべつる人々**」（6行め）とわかる。この「人々」のあとにある「なむ」は係助詞だが、その結びになると思われるのは、「人々」という主語を受ける述語の「ののしる」であるが、「ののしるうちに」と、文がここで切れずに下に続いているため、結びが流れてしまっている（結びの流れについては、P178参照）。

鑑賞

ユーモアあふれる表現

『土佐日記』にはしばしば**言葉のしゃれ**を用いたユーモラスな表現が出てくる。「門出」では、藤原のときざねが「はなむけ」（送別の宴）をしてくれたのを「**船路なれど馬のはなむけす**」（10行め）と述べている。馬に乗って陸路を行く旅なら、馬の鼻を目的地の方向に向けて行路の安全を祈る「馬の鼻向け」ということも生きてくるが、私たちの旅は船の旅であるから「馬のはなむけ」とはおかしい、といった気持ちでの表現である。もちろん、ときざねの行為を非難しているのではなく、感謝の念をもちながらも、わざと「はなむけ」の語源にさかのぼって、矛盾した言葉のおかしみをついた表現上の遊びである。

また、「**塩海のほとりにてあざれあへり**」（11行め）も、言葉のうえでの矛盾のおかしみを狙ったものである。語句を追って読むと、淡水の「あはうみ」ではなく、塩水の「しほうみ」のほとりなのだから、その塩分のために魚はあざれない（くさらない）はずであるのに、皆あざれ（乱れ騒ぎ）あっている、という意味になる。ふつう「うみのほとり」というところをあえて「しほうみのほとり」といったのは、「はなむけ」を「馬のはなむけ」としたのと同じ技巧であるが、さらに「あざる」という動詞が〈くさる・ふざける〉の意味に用いられ、「塩海」「あざる」が縁語《えんご》関係になっている。

POINT

「終止形＋なり」は推定・伝聞
「体言・連体形＋なり」は断定

例 男もす**なる**日記といふものを、女もしてみむとてする**なり**。

➡「す（終止形）＋**なる**」だから伝聞、
「する（連体形）＋**なり**」だから断定。

Q 最後の「いとあやしく、塩海のほとりにてあざれあへり」の「あやし」は、どう訳せばいい？

A 「あやし」は、〈身分が低い〉という意味や、〈不思議だ〉といぶかしく思う気持ちを表し、転じて〈ふつうでない・見苦しい・貧しい・いやしい〉などの意味を表します。ここの「あやしく」は、「塩海のほとりにてあざれあへり」全体を修飾しています。そして「あざる」を〈乱れ騒ぐ〉という意味と〈くさる〉という意味に掛けているのに応じて、〈不思議に〉の意味と〈みっともなく〉の意味をかけた用法になっています。したがって、「あやし」を現代語訳するときは、二つの意味を掛けていることがよくわかるように訳す必要があります。「たいそう不思議なことに、（塩がきいてくさらないはずの）塩海のそばでとても見苦しく、大勢でふざけあっている」のように訳すのが望ましいでしょう。

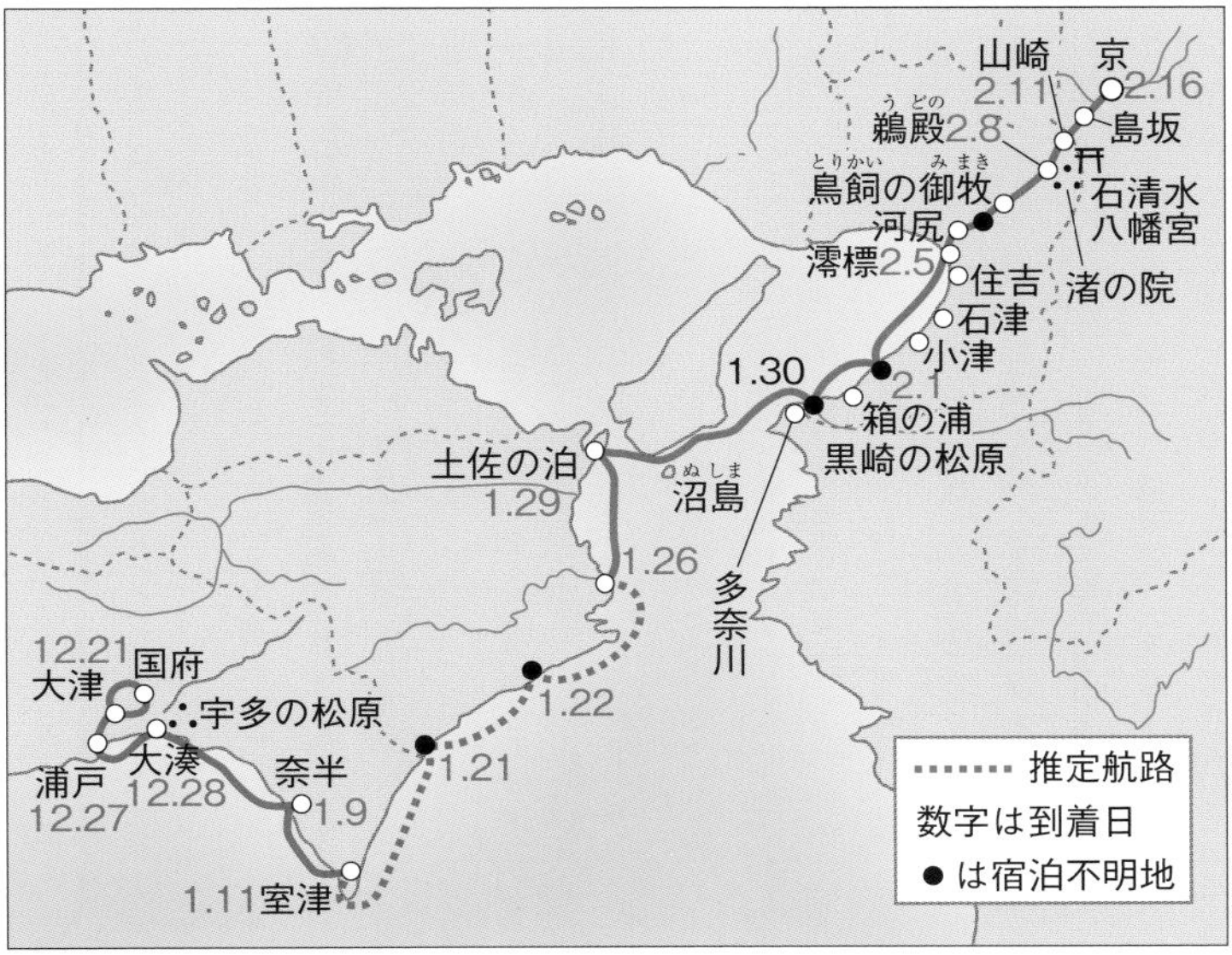

▲『土佐日記』旅程図

帰京

荒廃したわが家と亡き娘への哀惜の念

土佐からの長い船旅を経て、ようやく都へと帰り着いた貫之一行は、知人に預かってもらっていた屋敷の荒廃ぶりを見て不満に思うのであったが、荒廃のただ中に新生の小松を見出し、亡くなった娘への哀惜の歌を詠むのであった。

…文法重要事項
…重要語句
…訳が出やすい箇所

さて、池めいてくぼまり、水つける所あり。ほとりに松もあり

接尾・カ四・用　接助　ラ四・用　カ四・已　存・体　ラ変・止　係　ラ変・用

さて、(庭には)池のようにくぼんで、水がたまっている所がある。(以前は)そのほとりに松の木も

き。五年六年《いつとせむとせ》のうちに千年《ちとせ》や過ぎにけむ《ン》、かたへ《エ》はなくなりに

過・止　係　ガ上二・用　完・用　過推・体　係　ラ四・用　完・用

あった。五、六年の(不在の)うちに千年も過ぎてしまったのだろうか、一部分はなくなってしまっていた。

けり。今生《お》ひ《イ》たるぞまじれる。おほ《オ》かたの皆荒れにたれば、「あ

詠・止　ハ上二・用　完・体　係　ラ四・已　存・体　格　ラ下二・用　完用　存・已　接助

(そして)最近生えた小松も混じっている。全体的に皆荒れてしまっているので、

は《ワ》れ」とぞ人々言ふ《ウ》。思ひ《イ》いでぬことなく、思ひ《イ》恋しきがうち

格　係　ハ四・体　ダ下二・未　打・体　ク・用　ハ四・用　シク・体　格

「ああひどい」と人々が言う。思い出さないことはなく、いろいろと恋しく思われることの中で、

に、この家にて生まれしを《オ》んなごの、もろともに帰らねば、いか

格　ラ下二・用　過・体　格　ラ四・未　打・已　接助

この家で生まれた女の子が、一緒に帰らないので、どんなに

語釈・文法解説

水つける所…かつて立派な池だった所が、そんな状態になっていることを表す。

千年…松は千年の寿命をもつとされた。

かたへ…一部分。半分。

生ひたるぞまじれる…「生ひたる」のあとに「松」が省略されている。

おほかたの…全体的に。庭全体が荒れていることを表現している。

あはれ…感動詞。「ああ…!」。

をんなご…女の子。貫之夫妻の幼い娘で、土佐の国で死亡した。

もろともに帰らねば…「ねば」は打消の助動詞「ず」の已然形に、順接確定条件の接続助詞「ば」がついた形。

がは悲しき。船人も皆、子たかりてののしる。かかるうちに、な

係 シク・体 係 ラ四・用 接助 ラ四・止 ラ変・体

悲しいことか。同船して来た人は皆、子どもが寄り集まって大声をあげて騒ぐ。こうしているうちに、

ほ《オ》悲しきに堪へ《エ》ずして、ひそかに心知れる人と言へ《エ》りける歌、

シク・体 格 ハ下二・未 打・用 接助 連語・ラ四・已 存・体 ハ四・已 完・用 伝過・体

やはり悲しさに耐えられなくて、ひそかに気心がわかっている人(妻)と詠んだ歌、

生《む》まれしも帰らぬものを我が宿に小松のあるを見るが悲しさ

ラ下二・用 過・体 係 ラ四・未 打・体 接助 ラ変・体 マ上一・体

(この家で)生まれた幼い娘も一緒に帰って来ないのに、この私の家に小松が生えているのを見るのが、ほんとうに悲しいことだ。

とぞ言へ《エ》る。なほ《オ》飽かずやあらむ《ン》、またかくなむ《ン》、

格 係 ハ四・已 完・体 カ四・未 打・用 係 ラ変・未 推・体 係

と詠んだ。(それでも)やはり満足しないのだろうか、またこのように(詠んだ)、

見し人の松の千年に見ましかば遠く悲しき別れせましや

マ上一・用 過・体 マ上一・未 反仮・未 接助 ク・用 シク・体 サ変・未 反仮・止 係

かわいがって育てたあの子が松のように千年もの間世話できるものだったら、どうして遠い土佐の国で永遠の悲しい別れをすることがあったであろうか、そんなことはしなくてすんだであろうのに。

忘れがたく、口惜しきこと多かれど、え尽くさず。とまれか《コ》う《ウ》ま

ラ下二・用 接尾・ク・用 シク・体 ク・已 接助 副詞 サ四・未 打・止

(亡き子を)忘れ切れず、残念なことが多いけれど、とても述べ尽くすことはできない。ともかく、(こんなものは)

いかがは悲しき…どんなに悲しいことか。

船人…土佐から一緒に船旅をしてきた人たち。貫之家に仕える者たちで、**この人たちも五年ぶりに家族と再会している。**

ののしる…**大声をあげて騒ぐ。**

なほ…「(それでも)やはり」の意。

心知れる人…気心がわかっている人。ここでは貫之の妻のこと。

生まれし…この家で生まれた幼い娘。

帰らぬものを…「ぬ」は打消「ず」の連体形。**「ものを」は逆接の接続助詞。**

悲しさ…**体言止めの余情表現。**

飽かず…**①飽きない、②満足しない・不十分。ここでは②の意。**

かくなむ…「なむ」は係助詞。結びは「詠める」が省略されている。

ましかば〜まし…反実仮想。「(もし)——ば〜だろうに」と訳す。P190解説参照。

え——ず…**不可能を表す。「え」は陳述の副詞。**

とまれかうまれ…ともかく。「ともあれかくもあれ」が変化した形。**「あれ」**

れ、とく破《や》りてむ。

（とく：ク・用／破り：ラ四・用／て：強・未／む：意・止）

早く破ってしまおう。

鑑賞

貫之の〝亡き児を偲ぶ歌〟

南国土佐からの旅とはいえ、厳寒の船旅、しかも、海賊の襲来という情報におびえながら、やっとたどり着いたわが家は、すっかり荒れ果てていた――そんなひどい結末を迎え、隣人の不誠実を憤りつつも、作者の思いは、土佐で亡くした幼い娘への追憶に移っていく。そのきっかけとなっているのが、最近生えたばかりと見える「**小松**」だったことに注目してほしい。

最初の歌は、この家で生まれたのに、土佐で死んでしまって、**もう帰っては来ない娘**と、**あのときにはなかったのに、今は生まれている新しい命（小松）との対比**に、

12

は命令形（放任用法）。

とく破りてむ…「とく」は「早く」。「て」は、強意(確述)の助動詞「つ」の未然形、「む」は意志の助動詞の終止形。

やり切れない悲しみが表現されている。

次の歌は、「千年の寿命といわれる松のような長寿を、あの娘《こ》に与えてやれるものだったら……」という嘆き。ここで用いられている「見る」は「世話をする」の意である。**僻遠《へきえん》の地で幼い娘を亡くし、そこに葬ったまま置いてくるしかなかった**、親としてのたまらない悲しみが歌われている。

表現

反実仮想（事実に反する仮定）

10行めの歌の「…見ましかば遠く悲しき別れせましや」の「――ましかば～まし」は反実仮想の表現である。

反実仮想には、次の四つの型がある。

(ア)――ましか(反実仮想の助動詞「まし」の未然形)ば～まし

(イ)――せ(過去の助動詞「き」の未然形)ば～まし

(ウ)――ませ(反実仮想の助動詞「まし」の未然形)ば～まし

(エ)――(未然形)ば～まし

訳はいずれも「もし――(たなら)ば(事実に反する仮定)～ただろうに」。これらのうち、最も多いのは(ア)「――ましかば～まし」である。

これをふまえて、歌を詳しく見てみよう。

「見し人」は、「常に身近な存在として世話していた人」という意味で、ここでは、死んだ幼い娘を指す。「遠く悲しき別れ」は、遠い土佐の国での、永遠の悲しい死別と、遺体を土佐に葬ったまま残して来なくてはならなかった別れのこと。「まし」は、**実際の状態に反した仮想のもとに行われる推量**を表し、そういう仮定条件(現在の事実と反対の仮想条件＝反実仮想)とともに用いられるのがふつうである。「松の千年《ちとせ》に見ましかば」とは、「今は亡き子を、千年の寿命を保つという松のように千年もの間子としてかわいがることができたなら」という反実仮想で、その条件のもとなら「(悲しい)永遠の別れをすることがあったろうか、しなかったろうに」という意味である。

POINT

土佐で亡くした娘への哀惜の念

『土佐日記』は、出発時の別れの様子から、自然の景観、船中での人々の言動や、海賊への恐怖、帰京の喜びなど、その内容は多岐にわたり、ユーモアに富んだ表現で満たされているが、作品全体を通して、土佐で亡くした娘への哀惜の念が垣間見え、折に触れて、愛する娘を思う気持ちを和歌に託して表現している。

＋アルファ　陰暦十二か月の異称と時刻・方位

P87の「神無月《かん(み)なづき》」やP93の「九月《ながつき》」、P182の「師走《しはす》」など、今まで学んできた古文に出てきた月の名前は、現在の太陽暦ではなく、太陰暦（陰暦）に基づいている。陰暦十二か月の異称は必ず覚えておこう。

四季	月	異称	主な年中行事（詳細はP36を参照）
春	一月	**睦月《むつき》**	七草《ななくさ》（7日）
	二月	**如月《きさらぎ》**	祈年祭《としごひのまつり》（4日）
	三月	**弥生《やよひ》**	上巳《じやうし》（3日）
夏	四月	**卯月《うづき》**	賀茂祭《かものまつり》（中または下の酉《とり》の日）
	五月	**皐月《さつき》**	端午《たんご》（5日）
	六月	**水無月《みなづき》**	六月祓《みなづきばらへ》（晦日）
秋	七月	**文月《ふづき》**	七夕《たなばた》（7日）
	八月	**葉月《はづき》**	月見（15日）
	九月	**長月《ながつき》**	重陽《ちやうやう》（9日）
冬	十月	**神無月《かん(み)なづき》**	更衣《ころもがへ》（1日）
	十一月	**霜月《しもつき》**	新嘗会《しんじやうゑ》（中の卯の日）
	十二月	**師走《しはす》**	大祓《おほはらへ》（大晦日《おほみそか》）

また、当時の時刻と方位は、P182の「戌《いぬ》の時」（午後八時ごろ）のように、十二支（子《ね》・丑《うし》・寅《とら》・卯《う》・辰《たつ》・巳《み》・午《うま》・未《ひつじ》・申《さる》・酉《とり》・戌《いぬ》・亥《ゐ》）によって表していた。これも古文読解に欠かせない知識なので、必ず覚えておこう。

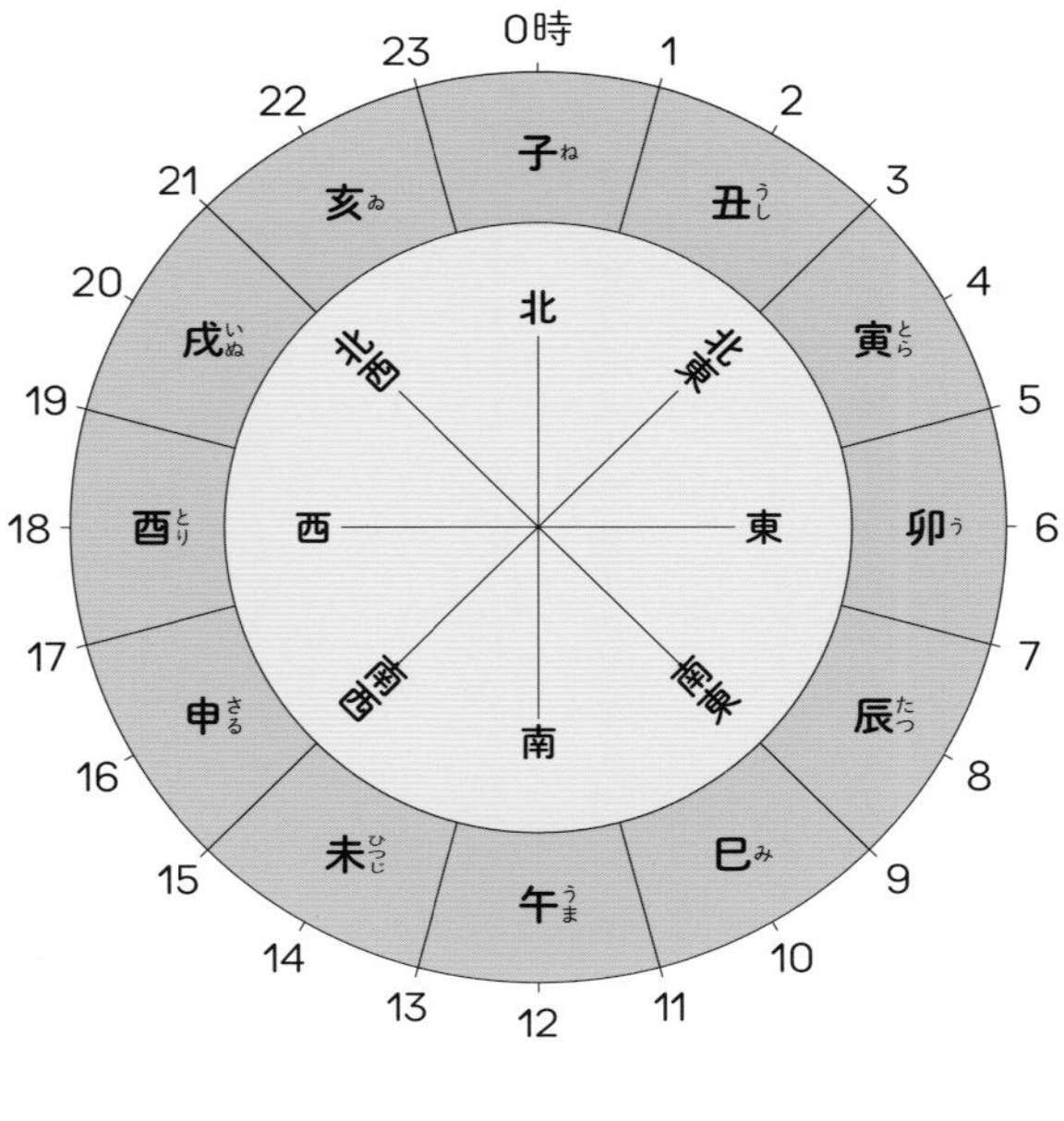

定期テスト対策問題　土佐日記

解答・解説はP287～288

問一　次の語句の意味を答えなさい。

①師走　②戌の時　③かれこれ

④年ごろ　⑤とかく　⑥ののしる

⑦あやし　⑧おほかた　⑨とまれかうまれ

問二　冒頭の一文に用いられている「(男もす)なる」と、「(する)なり」との文法的な違いを説明しなさい。

問三　P183の「門出」6行めの「年ごろ、よくくらべつる人々なむ」に用いられている係助詞「なむ」の結びについて、十字以内で説明しなさい。

問四　次の①～⑪を現代語訳しなさい。

①男もすなる日記

②とかくしつつ、ののしる

③千年や過ぎにけむ

④今生ひたるぞまじれる

ヒント

問二　ともにサ変動詞「す」についているが、語形(＝活用形)の違いに着目しよう。

問三　「人々」がかかっていくはずの述語は何かと考えよう。

問四

①問二で考えたことを応用しよう。

②「つつ」は、反復・継続を表す助詞。

④「ぞ」の結びは存続「り」の連体形。

⑤おほかたの皆荒れにたれば
⑥もろともに帰らねば、いかがは悲しき
⑦かかるうちに
⑧なほ飽かずやあらむ
⑨見し人の松の千年に見ましかば
⑩え尽くさず
⑪とく破りてむ

問五 P189の「帰京」9行めの「またかくなむ」の下に省略されている表現を、三字で答えなさい。

問六 P188の「帰京」2行めに「五年六年のうちに千年や過ぎにけむ」とあるが、「五年六年」と「千年」の対比で作者はどんなことを表現しているのか。五十字以内で説明しなさい。

問七 P189の「帰京」8行めの「生まれしも」の歌に詠まれている「小松」は、どんな存在と対比されているのか。二十字以内で説明しなさい。

⑤「已然形＋ば」の訳出に注意。
⑥「ねば」も「已然形＋ば」。
⑧「飽かず」の訳出に注意。「や」は疑問の係助詞。
⑨「――ましかば」は反実仮想の言い方。
⑩「え――ず」の訳出に注意。

問五「かく」は「このように」の意の副詞。「このように」どうしたのか、と考える。

問六 松は千年の寿命をもつとされていた（現在もそのなごりはある）ことを思い出そう。

問七「生まれしも帰らぬもの」との対比が「小松」である。

更級日記

▲『石山寺縁起絵巻』

作者と成立年代

菅原孝標女《すがわらのたかすえのむすめ》による、自伝的作品で、成立は康平三（一〇六〇）年ごろといわれている。少女のころから物語にあこがれていた作者が、上総介《かずさのすけ》だった父の任期が終了して、十三歳のときに上京するところから、五十三歳ころまでの人生の体験を回想する形で書かれている。作品全体は、おおまかに上京の旅、京での少女時代、宮仕え・結婚と心に残るある男性との出会い、物詣での記録、晩年の孤独な生活という五部に分けられる。

作者は寛弘五（一〇〇八）年生まれで、本名は不明。菅原家は清原家（清少納言の生家）と同様、漢学にすぐれた家系で、菅原道真の子孫にあたる。『浜松中納言物語』や『夜の寝覚』の作者も孝標女ではないかといわれている。父は学問の道に進まず地方官にとどまったが、母は藤原家の出身で、『蜻蛉日記』の作者藤原道綱母《ふじわらのみちつなのはは》は、作者にとっておばにあたる。

作品解説

作者の少女期から晩年までの自伝

少女時代の作者は物語にあこがれ続け、上京後やっと手に入れた『源氏物語』に夢中になって、その世界にあこがれる姿が書かれている。しかし、京での生活は、乳母や姉の死など、身近な人との別れといった悲しいこともあった。成人してからも、物語への愛着は冷めなかったが、三十歳を過ぎ、祐子内親王家《ゆうしないしんのうけ》に宮仕えするようになり、三十三歳のころ、橘俊通《たちばなのとしみち》と結婚をしたころには、物語へのあこがれも冷めて、現実的な生活を送ろうと思うようになる。その後は、家の繁栄や子どもの将来を願うため、物詣でをくり返し、家庭を中心とした生活を送ったことがうかがえる。夫とは、作者が五十一歳のころに死別し、以後は孤独な生活を送っていた。

夢に満ちた少女時代に始まるこの日記は、『源氏物語』の夕顔や浮舟《うきふね》のようになりたいというあこがれが実現することもなく、現実の厳しさに追われる中年期を経て、孤独な晩年の日々を送る記述で結ばれている。

『更級日記』は代表的な「日記文学」の一つ

「日記」とは、そもそも漢文で書かれた公的な記録のことを指していた。しかし『土佐日記』以降、『蜻蛉日記』を経て、個人的な体験を仮名でつづった日記が女性の手で書かれるようになり、それらは文学的作品として扱われる。それまでの日記とは異なり、何の制約もなく作者の内面を表現する描写にすぐれているという特徴をもつ「日記文学」というジャンルが成立したのである。『更級日記』は、先行する『土佐日記』『蜻蛉日記』『和泉式部日記』などが、すでに成人となった作者の、ある特定の時期（『蜻蛉日記』のみは二十一年にわたる）について書かれているのに対して、少女時代からの約四十年という長期間にわたる人生を描いている点が特徴的である。

門出

物語にあこがれ続けていた作者の上京

作者がおよそ四十年前の、十三歳ころのことを回顧して書いている。物語を読みたい気持ちが募っていたことが強調されている。

あづ《ズ》ま路《ぢ》の果てよりも、なほ《オ》奥つ方に生ひ《イ》出でたる人、いかば
（係／ダ下二・用／完・体／連語）
東国への道の終わりより、もっと奥の方で成長した人（私）は、どれほど

かりかはあやしかりけむ《ン》を、いかに思ひ《イ》始めけることにか、世の
（シク・用／過推・体／接助／マ下二・用／伝過・体／断・用／係）
田舎びていたことだろうに、どう思い始めたことだったろうか、世の中に

中に物語といふ《ウ》もののあんなるを、いかで見ばやと思ひ《イ》つつ、つ
（ハ四・体／ラ変・体／伝・体／接助／マ上一・未／終助／ハ四・用／接助）
物語というものがあるそうだが、何とかして読みたいものだと思い続けて、

れづれなる昼間、宵居《よひゐ》《ヨイ》などに、姉、継母《ままはは》などやう《ヨウ》の人々の、その
（ナリ・体／副助／副助）
することのない昼間や、夕食後の憩いのときなどに、姉や継母などの人たちが、あれこ

物語、かの物語、光源氏《ひかるげんじ》のあるやう《ヨウ》など、ところどころ語るを聞く
（ラ変・体／副助／ラ四・体／格／カ四・体）
れの物語や、光源氏のありさまなど、ところどころ語るのを聞くと、

■…文法重要事項
■…重要語句
□…訳が出やすい箇所

語釈・文法解説

あづま路の果て…都から東国へ行く道の終わりである常陸国《ひたち》（現在の茨城県）。

なほ奥つ方…もっと奥の方。ここでは、上総国（現在の千葉県中部）を指す。作者の父・菅原孝標の任地だった。

いかばかり…どれほど。どんなにか。

あやしかりけむ…**「あやしかり」（シク活用「あやし」の連用形）は「風変わりな様子」を表す。ここでは「田舎びていただろう」の意。**

あんなる…「あん」は、ラ変動詞「あり」の連体形が撥音便化したもの。「なる」は伝聞の助動詞「なり」の連体形。

いかで（副）…**下の「ばや」と呼応して、「何**

に、いとゆかしさまされど、我が思ふ《ウ》ままに、そらにいかでか

（接助／ラ四・已／接助／ハ四・体／係）

ますます（物語を）読みたい思いが募るけれど、私の思うように、どうして（大人たちが物語を）

おぼえ語らむ《ン》。いみじく心もとなきままに、等身に薬師仏《やくしぼとけ》を造り

（ヤ下二・用／ラ四・未／推・体／シク・用／ク・体／ラ四・用）

そらに暗誦して語ってくれるだろうか。とてもじれったい思いなので、等身大の薬師仏をつくって、

て、手洗ひ《イ》などして、人まにみそかに入りつつ、「京にとく上げ

（接助／副助／サ変・用／接助／ラ四・用／接助／ク・用／ガ下二・用）

手を洗い清めるなどして、人のいないときにこっそり（仏を安置した部屋に）入っては、「京に早く上らせて

給ひ《イ》て、物語の多く候ふ《ウ》なる、あるかぎり見せ給へ《エ》」と、身を捨

（尊・補・用／接助／ク・用／丁・止／伝・体／ラ変・体／サ下二・用／尊・補・命／タ下二・用）

くださり、物語が多くあると聞いております、その物語を、ある限り見せてください」と、

てて額《ぬか》をつき祈り申すほどに、十三になる年、上らむ《ン》とて、九月《ながつき》

（接助／カ四・用／ラ四・用／謙・補・体／格／ラ四・体／ラ四・未／意・止／格）

身を投げ出して額を（床に）つけてお祈り申し上げるうちに、十三になる年、上京しようということで、（陰暦）九月

三日門出して、いまたちといふ《ウ》所にうつる。

（サ変・用／接助／ハ四・体／ラ四・止）

三日に門出をして、いまたちという所に移る。

とかして〜たいものだ」の意。

思ひつつ…**「つつ」は反復・継続を表す接続助詞。**「ずっと思い続けて」の意。

光源氏…『源氏物語』の主人公。

いとど（副）…**ますます。いっそう。**

ゆかしさ…**形容詞「ゆかし」の名詞形。「ゆかし」は、「心がひかれる。見たい。聞きたい。知りたい」などの意。**

そらに…記憶して。何も見ないで。

いかでか…**反語を表す。「いかでか〜む」で、「どうして〜しようか。どうして〜できようか」の意。**

人まに…人のいないときに。

みそかに…**こっそり。ひそかに。**

入りつつ…ここでは「何度も（薬師仏を安置した部屋に）入っては」の意。

とく…**形容詞「とし」（ク活用）の連用形。早く。**

上げ給ひて…自分の願いを叶えて上京させて下さいと祈っている。仏に対する祈りの言葉なので、尊敬の補助動詞「給ふ」をつけている。

年ごろ遊び馴《な》れつる所を、あらは《ワ》にこほ《オ》ち散らして、たち騒ぎ

バ四・用 ラ下二・用 完・体 ナリ・用 サ四・用 接助 ガ四・用

長年、遊び慣れた所を、中が丸見えになるほどに取り払って、大騒ぎして、

て、日の入り際《ぎは》《ギワ》のいとすごく霧《き》りわたりたるに、車に乗るとてう

接助 同格・格助 ク・用 ラ四・用 存・体 ラ四・止 格

日の沈みぎわで、とてもさびしげな風情で一面に霧がかっているころに、車に乗ろうとして(家の方に)

ち見やりたれば、人まには参りつつ額をつきし薬師仏の立ち給へ《エ》

ラ四・用 完・已 接助 係 謙・用 接助 カ四・用 過・体 タ四・用 尊・補 已

ふと目を向けると、人の見ていないときに参上しては、額を(床に)つけて拝んでいた薬師仏が立っていらっしゃ

るを、見捨てたてまつる悲しくて、人知れずうち泣かれぬ。

存・体 タ下二・用 謙・補・体 シク・用 接助 ラ下二・未 打・用 カ四・未 自・用 完・止

るのを、お見捨て申し上げるのが悲しくて、人知れずつい泣いてしまった。

候ふ…「あり」の丁寧語。

祈り申す…仏に対する自分の祈りなので、謙譲の補助動詞「申す」をつけている。

上らむ…「上る」は、父の任期が終わって、都に帰ることをいっている。

いまたち…地名と思われる。

あらはにこほち散らして…家具や調度品をすべて取り払って、中が丸見えになっている様子をいう。

すごく霧りわたりたる…「すごく」はいかにも荒涼とした感じや寒々とした感じを表現する形容詞。「〜わたる」は、「一帯に(あたり一面に)〜する」の意。

見捨てたてまつる…「見捨て」は、ここに置いて去ってしまうことをいう。「たてまつる」は謙譲の補助動詞。

人知れず…人に知られないように。

うち泣かれぬ…**「れ」は自発の助動詞「る」の連用形。**(人に見られぬよう)つい涙を流してしまったという作者のさびしい思いを表している。

読解

少女時代の回想

冒頭の「あづま路《ぢ》の果てよりも、なほ奥つ方に生ひ出でたる人、いかばかりかはあやしかりけむ」という記述は、自分のことを「人」と表現し、さらに過去推量の助動詞「けむ」を使っている。少女時代の自分を客観的に見ている言い方で、当時の日記文学によく見られる表現である。また、「あやし」という語を使い、自身を「田舎びている」と表現している。日記を書いている今は、もう長年京に住み慣れているが、かつてそこから遠く離れた東国で育ったころの自分は、さぞ田舎びていたことだろうという気持ちが込められているのである（当時の「あづま」は、『伊勢物語』の「東下り」からも読み取れるように、都の文化がほとんど及んでいない辺境の地というイメージでとらえられていた）。

物語へのあこがれ

都から遠く離れた東国にはその文化の恩恵が届かず、物語を目にしたり手に入れたりする手段もない環境であった。その状況にあって物語にあこがれる心情が次のように表されている。

■いかで見ばや（3行め）→物語の存在を知り、それを何とかして読みたいと思っている。

■いとどゆかしさまされど（6行め）→姉や継母が物語の断片を語っているのを聞き、よりいっそう読みたい思いが募る。

■いみじく心もとなきままに（7行め）→誰も自分が望むように、物語をすっかり暗記して語ってはくれることができないことに、強いもどかしさを感じている。

■京にとく上げ給ひて～あるかぎり見せ給へ（8～9行め）→薬師仏をつくり、物語を読めるようにと祈るほど、物語に強くあこがれる気持ちが表されている。

文法

いかで

「いかで」は、疑問・反語や、手段を願い求める思いを表す副詞。

・「いかで見ばやと思ひつつ」（3行め）

下に願望の終助詞「ばや」があるので、「何とかして読みたいものだと思い続けて」という意味になる。

・反語…「いかでかおぼえ語らむ」（6〜7行め）

推量の助動詞「む」があり、「どうしてすっかり暗記して語ってくれ（ることができ）ようか、いや語ってくれ（ることはでき）ない」という反語を表す（「む」を可能推量と考えて、「どうして〜できようか」と訳してもよい）。

＋アルファ　すでにベストセラーだった『源氏物語』

『源氏物語』は紫式部が一〇〇一年ごろに執筆を開始したとされる。『更級日記』には、作者十三、四歳のころの記述に「源氏の五十余巻」とあり（P204の「物語へのあこがれ」12行めを参照）、これが、『源氏物語』の巻数を示す最古の記録となっている。これにより、紫式部の死後、まもないころに、現存の五十四帖とほぼ同じ形で世に出回っていたと考えられる。

物語へのあこがれ

物語を贈られる

物語が多くあるという京に着いたが、なかなか望みを果たせずにいる。そんなとき、久々に会ったおばからあこがれの『源氏物語』全巻と、ほかのいくつかの物語をもらう。物語を読めないもどかしさや、ついにそれを手に入れた喜びがつづられている。

…文法重要事項
…重要語句
…訳が出やすい箇所

かくのみ思ひ《イ》くんじたるを、心もなぐさめむ《ン》と心苦しがりて、

副助　サ変・用　存・体　接助　係　マ下二・未　意・止　格　ラ四・用　接助

このようにふさぎ込んでばかりいるので、（私の）心を慰めようと心配して、

母、物語などもとめて見せ給ふ《ウ》に、げにおのづ《ズ》からなぐさみゆく。

副助　マ下二・用　接助　サ下二・用　尊・補・体　接助　副詞　マ四・用　カ四・補・止

母が物語などを探して見せてくださると、ほんとうに自然と心が慰められていく。

紫のゆかりを見て、つづきの見まほしくおぼゆれど、人かた

マ上一・用　接助　マ上一・未　希・用　ヤ下二・已　接助

（『源氏物語』の）若紫の巻あたりを読んで、続きを見たく思うけれど、

らひ《イ》などもえせず、誰《たれ》もいまだ都なれぬほどにてえ見つけず。い

副助　係　副詞　サ変・未　打・用　係　ラ下二・未　打・体　断・用　接助　副詞　カ下二・未　打・止

人に言うこともできず、（家族の）誰もまだ都に慣れていないころなので、見つけることもできない。

みじく心もとなく、ゆかしくおぼゆるままに、「この源氏の物

シク・用　ク・用　シク・用　ヤ下二・体　格

とてももじれったく、読みたいと思われるのにまかせて、「この『源氏物語』を、

語釈・文法解説

かくのみ…**「かく」は「このように」の意の副詞。**「のみ」は強意の副助詞。

思ひくんじ…**「思ひ屈《くん》ず」（サ変）の連用形。「ふさぎ込む。しょげる」の意。**

げに…**なるほど。ほんとうに。**

おのづから…**自然に。**

紫のゆかり…『源氏物語』の、紫の上について書かれた若紫の巻などのこと。

え見つけず…**見つけることができない。副詞「え」と「ず」が呼応し、不可能を表している。上の「えせず」も同じ。**

いみじく心もとなく…**「いみじく」は「ひどく。非常に」、「心もとなく」は「じれったく」の意。**

語、一の巻よりしてみな見せ給へ《エ》」と、心のうちに祈る。親の太《うづ》《ウズ》
（副助／サ下二・用／尊・補・命／ラ四・止）
一の巻から始めてすべてお見せください」と、心の中で祈る。親が太秦

秦《まさ》にこもり給へ《エ》るにも、ことごとなくこのことを申して、出でむ《ン》
（ラ四・用／尊・補・已／完・体／格／係／ク・用／謙・用／接助／ダ下二・未／仮・体）
(広隆寺)に参籠なさったときにも、ほかのことは願わず、このことだけを申して、(この寺を)出たら

ままにこの物語見はてむ《ン》と思へ《エ》ど見えず。いとくちを《オ》しく思ひ《イ》嘆
（タ下二・未／意・止／ハ四・已／接助／ヤ下二・未／打・止／シク・用／カ四・未）
すぐに　この物語を読み終えようと思うけれど、読めない。とても残念に思い、つい嘆いていると、

かるに、を《オ》ばなる人の田舎《ゐなか》《イナカ》より上りたる所にわたいたれば、
（自・体／接助／断・体／ラ四・用／存・体／ラ四・用（イ音便）／完・已／接助）
おばにあたる人が地方から上京してきている所に行ったところ、

「いとうつくしう《シュウ》生ひ《イ》なりにけり」など、あはれ《ワ》がりめづ《ズ》らしが
（シク・用／ラ四・用／完・用／詠・止／副助／ラ四・用／ラ四・用）
「とてもかわいらしく成長したこと」など、しみじみ懐かしがったり、久しぶりの対面で感動したりして、

りて、帰るに、「何をか奉らむ《ン》。まめまめしき物は、まさなかりな
（接助／ラ四・体／接助／係／謙・未／意・体／シク・体／係／ク・用／強・未）
帰るときに、「何をさしあげましょうか。　実用的なものはきっとつまらないでしょう。

太秦…京都の太秦にある広隆寺のこと。

ことごと…ほかのこと。

ままに…**連語で、接続助詞的な働きをする。ここでは「〜とすぐに」の意だが、「〜のとおりに。〜にまかせて。〜ので」など、様々な意味をもつ**（P198の「門出」6行め、7行め、P202の「物語へのあこがれ」5行めなどを参照）。

をばなる人…作者のおばにあたる人。ただし、『蜻蛉日記』の作者藤原道綱母ではない。

わたいたれば…「わたい」は「わたり」のイ音便。

うつくしう…**「うつくし」（シク活用形容詞）は、「かわいい。いとしい」の意。**また「生ひなりにけり」の「けり」は、詠嘆（気づき）を表す助動詞。

まめまめしき物…実用的なもの。

まさなかりなむ…**「きっとつまらないでしょう」の意。「な」は強意の助動詞「ぬ」の未然形。「む」は推量の助動詞。**

奉らむ…**謙譲の動詞「奉る」の未然形に意志の助動詞「む」がついた形。相手**

む《ン》。「ゆかしくし給ふ《ウ》なる物を奉らむ《ン》」とて、源氏の五十余巻、櫃《ひつ》に

推・止　シク・用　サ変・用　尊・補・止　伝・体　謙・未　意・止　格

読みたいと思っていらっしゃると聞いているものをさしあげましょう」と言って、『源氏物語』の五十余巻を、櫃に

入りながら、在中将《ざいちゆうじやう》《チュウジョウ》、とほ《オ》ぎみ、せりかは《ワ》、しらら、あさうづ《ズ》

ラ四・用　接助

入ったまま、『在中将』『とほぎみ』『せりかわ』『しらら』『あさうづ』

などいふ《ウ》物語ども、一ふくろとり入れて、得て帰る心地のうれし

副助　ハ四・体　ラ下二・用　接助　ア下二・用　接助　ラ四・体

などという物語などを、一袋に入れてくれて、（それを）手に入れて帰る気持ちのうれしさ

さぞいみじきや。

係　シク・体　間

といったら、大変なものでしたよ。

が目下の作者（姪にあたる）でも、貴族としての敬意を払った表現をしている。

櫃…上ぶたのついた木箱。

入りながら…**「入っているままで」の意。**

在中将…**『伊勢物語』**のことと思われる。「在中将」は在原業平のこと。

とほぎみ、せりかは、しらら、あさうづ…当時あった物語の書名と思われるが、現存していない。

うれしさぞいみじきや…「うれしさといったら大変なものでしたよ」というニュアンス。通常なら「いみじくうれし」というところを強調した表現である。

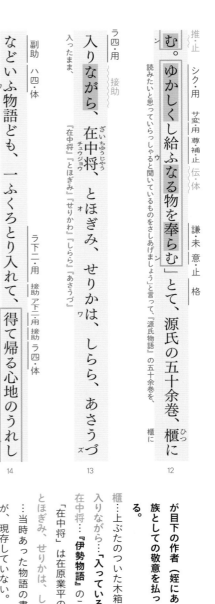

表現

程度の甚だしさを表す「いみじ」

物語を求め続けていた作者は、ついに『源氏物語』を手に入れることができ、「うれしさぞいみじきや」（14〜15行め）と喜ぶ。

「いみじ」は、「程度が並々ではない。甚だしい」という様子を意味する言葉で、うれしい気持ちが並々ではないほどだったということを表している。さらに、**ふつうなら「いみじくうれし」という表現になる**ところを、強意の係助詞「ぞ」や、感動を表す間投助詞「や」を用いて、「うれしさぞいみじきや」と表現している点にも注目したい。

ここ以外にも「いみじ」は、「いみじく心もとなく」（4〜5行め）にあり、物語を読みたいけれど読めないもどかしさも「並々ではない」と表現されている。物語を求める気持ちも、やっとの思いで手に入れたときの喜びも、作者にとって大変大きいものだったことがわかる。

語釈

心がひかれることを表す「ゆかし」

「ゆかし」は、動詞「行く」が形容詞化したもので、興味や関心がそちらに向くということから、「見たい。聞きたい。知りたい」などの意味になる。気持ちが向いている対象により、様々な訳を工夫する必要がある。

5行め「ゆかしくおぼゆるままに」の「ゆかし」の対象は「物語」。したがって、「読みたい」という訳が合う。12行め「ゆかしくし給ふなる物を奉らむ」の「ゆかし」の対象は、抽象的な「物」という言葉がそれにあたる。「興味のある」「読みたいと思っている」などと訳すとよい。

POINT

「いみじ」は「並々ではない」

程度を表す「いみじ」は、望ましい場合にも、そうではない場合にも用いられ、心情や状態が並々ではないということを示す。

定期テスト対策問題　更級日記

解答・解説はP289〜290

問一　次の語句の意味を答えなさい。

①つれづれなり　②いとど　③ゆかし　④人まに
⑤みそかに　⑥とく　⑦年ごろ　⑧すごし
⑨思ひくんず　⑩げに　⑪おのづから　⑫くちをし
⑬まめまめし　⑭まさなし

問二　①〜④の傍線部について、どのような語から成っているのかを、〔例〕にならって文法的に答えなさい。

〔例〕あやしかりけむ→（答）シク活用形容詞「あやし」の連用形＋過去推量の助動詞「けむ」の連体形

①あんなるを　②立ち給へるを
③うち泣かれぬ　④見まほしくおぼゆれど

問三　P199の「門出」13行めの「日の入り際のいとすごく霧りわたりたるに」の傍線部「の」の用法について、次の（　）内に適切な語を補って説明を完成させなさい。なお、①は漢字二字、②は漢字三字で答えなさい。

この「の」は（　①　）用法の（　②　）である。

ヒント

問二
①「あるなる」の変化した形。
②エ段の音についている「る」に注意。
③「れぬ」は二つの助動詞。

問四 次の①～⑨を現代語訳しなさい。

①いかばかりかはあやしかりけむ
②いかで見ばやと思ひつつ
③そらにいかでかおぼえ語らむ
④物語の多く候ふなる
⑤いみじく心もとなく、ゆかしくおぼゆるままに
⑥いとうつくしう生ひなりにけり
⑦何をか奉らむ
⑧まめまめしき物は、まさなかりなむ
⑨ゆかしくし給ふなる物を奉らむ

問五 P203の「物語へのあこがれ」8～9行めに「いとくちをしく思ひ嘆かるるに」とあるが、作者がこのような気持ちになったのはなぜか。五十字以内で説明しなさい。

問六 「をばなる人」の、P204の「物語へのあこがれ」12行めの「ゆかしくし給ふなる物を奉らむ」という言葉から、作者の訪問前にどんなことがあったと推察できるか。五十字以内で説明しなさい。

問四
①「いかばかり」は「どれほど」という疑問の語。
②「いかで～ばや」の呼応に注意。
③「いかでか～む」は係り結び。
④「なる」は伝聞の助動詞。
⑥この「けり」は伝聞過去ではない。
⑦「奉ら」は謙譲の動詞。
⑧この「なむ」は二つの助動詞。
⑨「なる」の用法に注意。

問五 前の文に表現されている作者の思いをしっかり読み取ろう。

問六 「なる」は助動詞「なり」。その用法について考えることが手がかりとなる。

8 物語②

POINT

物語文学を味わい、人物や情景をとらえる。
敬語と身分制度について理解を深める。
まぎらわしい助詞の用法を身につける。

平安文学の集大成『源氏物語』とその後

平安中期、寛弘五（一〇〇八）年ごろ、平安物語文学を代表する大作、『源氏物語』が成立した。紫式部（藤原為時女《ふじわらのためときのむすめ》）によって書かれたこの物語は、それまでの二つの物語の流れ、つまり、『竹取物語』に代表される「作り物語」（伝奇物語）と、『伊勢物語』に代表される「歌物語」との特質をあわせもつうえに、さらに、『蜻蛉日記《かげろうにっき》』などの仮名日記の流れの、繊細な自己観照に裏打ちされた心理描写と巧みな文章表現という特質も備えており、まさにそれまでの仮名書きによる散文学の集大成ともいうべき作品である。『更級日記』には、作者が少女のころからこの作品にどれほど惹きつけられて愛読したかが熱の込もった文章で書かれている。

このように、まさに一世を風靡した『源氏物語』であったが、そのためにかえってそれを受け継ぐべき物語の傑作があまり世に広まらないという結果も生んだ。相当多くの物語が書かれていた形跡はあるが、それらの中では、『源氏物語』にヒントを得たと思われる『狭衣物語《さごろもものがたり》』や、『更級日記』の作者の手に成るかと推定される『浜松中納言物語』『夜の寝覚《ねざめ》』、また、『堤中納言物語』などが広く愛読されて後世に残った作品である。その後は『松浦宮物語』『住吉物語』などの中世擬古物語とよばれる作品が書かれた。

こうした王朝ロマンの作品とは別に、平安後期には『栄花物語』『大鏡』などの歴史物語と、『将門記《しょうもんき》』『陸奥話記《むつわき》』に始まり、中世の『保元物語』『平治物語』、そして大作『平家物語』に続く軍記物語とが物語文学の中心となっていった。貴族による支配体制がしだいに弱体化し、武士の力が増大していくという社会情勢のもとで生まれた新しいジャンルである。

源氏物語

作者と成立年代

作者は紫式部で、一〇〇八年ごろ成立。全五十四帖から成る。紫式部は、権勢をきわめていた藤原道長の娘中宮彰子《しょうし》の後宮に女房として出仕していた。中宮彰子の後宮と勢力を争っていたのが中宮定子（彰子の入内《じゅだい》直前に皇后となった）の後宮で、そこに出仕していたのが清少納言である。後宮文芸・女性による文芸の時代を築いた彼女たちの多くは、受領《ずりょう》階級の娘であった。

作品解説

日本古典文学の最高傑作

『源氏物語』の五十四帖は大きく次の三部に分けてとらえるのがふつうである。

第一部（「桐壺《きりつぼ》」から「藤裏葉《ふじのうらば》」までの三十三帖）は光源氏の四十歳までの恋と栄華に包まれた人生経験であり、第二部（「若菜」から「幻」までの八帖）は光源氏の五十三歳までの宿命的な苦悩の人生、最愛の妻紫の上が没し、光源氏が出家の準備を始めるところまでが描かれる。第三部（「匂宮《におうのみや》」から「夢浮橋《ゆめのうきはし》」までの十三帖）は源氏の次の世代、薫の君を中心に、今上帝の皇子匂宮（源氏の孫）も交えた悲恋と苦悩の物語となっている（第三部中の「橋姫」から「夢浮橋」までの十帖を**「宇治十帖」**という）。なお、「幻」と「匂宮」の間には、巻名だけで本文のない「雲隠《くもがくれ》」の巻があり、光源氏の死を暗示していると考えられる。

『源氏物語』の本質は、「もののあはれ」

近世の『源氏物語』の注釈、研究書としては、北村季吟の『湖月抄』、本居宣長の『源氏物語玉の小櫛《おぐし》』が有名である。

本居宣長は『源氏物語』に対する当時の道徳的な文学観を排し、**その本質は「もののあはれ」にある**と見抜いて「もののあはれ」論を説いた。

桐壺

帝の寵愛を一身に受けた桐壺の更衣

ある天皇の御代、帝の寵愛を一身に受けている更衣がいた。ほかのお妃たちの憎悪や嫉妬を受け、病気がちになるが、帝の愛情はいっそう深まり、上達部《かんだちめ》や殿上人《てんじょうびと》も眉《まゆ》をひそめるほどの愛され方であった。

いづ《ズ》れの御時《おほんとき》《オオン》にか、女御《にようご》《ニョウ》・更衣《かうい》《コウイ》あまた候ひ《イ》給ひ《イ》ける中に、いと

（格／断・用／係／謙・用／尊・補・用／伝過・体／格）

どの（天皇の）御代であっただろうか、女御や更衣が大勢お仕え申し上げていらっしゃった中に、（后とし

やむ《ン》ごとなききは《ワ》にはあらぬが、すぐれて時めき給ふ《ウ》ありけり。

（ク・体／断・用／係／ラ変・未／打・体／格／ラ下二・用／接助／カ四・用／尊・補・体／ラ変・用／伝過・止）

ては）それほど尊い身分ではないお方で、格別に帝のご寵愛を受けていらっしゃる方があった。

初めより我は思ひ《イ》あがり給へ《エ》る御方々《おほんかたがた》《オオン》、めざましきものにおと

（格／係／格／ラ四・用／尊・補・已／存・体／シク・体／格／マ下二・用）

（宮仕えの）初めから「自分こそは」と自負していらっしゃった女御方は、（この方を）目ざわりな人として

しめそねみ給ふ《ウ》。同じほど、それより下臈《げらふ》《ロウ》の更衣たちはましてや

（マ四・用／尊・補・止／格／格／係／副詞）

さげすみ嫉妬なさる。（この方と）同じ身分（の更衣）や、それより低い身分の更衣たちはなおさら（心が）穏やか

すからず。朝夕の宮仕へ《エ》につけても、人の心をのみ動かし、恨み

（ク・未／打・止／格／格／カ下二・用／接助／係／格／格／副助／サ四・用）

でない。朝夕の宮仕えにつけても、ほかの女御や更衣たちの心を動揺させてばかりいて、

（濃い網掛け）…文法重要事項
（薄い網掛け）…重要語句
（白枠）…訳が出やすい箇所

語釈・文法解説

いづれの御時にか…「御時」は「天皇の治世。御代」。下に「ありけむ」が省略されている。

女御・更衣…女御は皇后・中宮に次ぐ后で、皇族・大臣クラスの貴族の子女。更衣は女御に次ぐ后で、大納言以下の殿上人の子女。

あまた…**数多く。**

候ひ給ひける…「候ひ」は、「**高貴な人の側近くにお仕えする**」の意の謙譲語「候ふ」の連用形。作者から帝への敬意。「給ふ」は尊敬の補助動詞で、作者から女御・更衣への敬意。二方面敬語となっている。

格 ハ四・体 断・用 係 ラ変・用 過推・体 シク・用 カ四・用 ナリ・用

を負ふ《ウ》積もりにやありけむ《ン》、いとあつしくなりゆき、もの心細げ

(人の)恨みを受けることが重なったのであったろうか、ひどく病弱になっていって、何となく心細そうな

ナリ・体 格 カ四・未 打・用 ナリ・体 格 サ四・尊・用 接助

に里がちなるを、いよいよ飽かずあは《ワ》れなるものに思ほ《オ》して、人

様子で実家に帰ることが多いのを、ますます(帝は)いくら愛しても足りないほど身にしみていとしい者とお思いになって、

格 格 係 副詞 ラ四・未 尊・用 尊補・未 打・用 格 格 係 ラ四・用 強 止 推・体

のそしりをもえはばからせ給は《ワ》ず、世のためしにもなりぬべき御

人の非難をも配慮することがおできにならず、世間の悪い前例になってしまいそうなおふるまいである。

断・止 副助 係 ク・用 格 マ下二・用 接助

もてなしなり。上達部《かんだちめ》・上人《うへびと》《ウエ》などもあいなく目をそばめつつ、い

上達部や殿上人などもわけもなく目をそむけることが度々で、

ク・体 格 断・止 格 係 ラ変・体 格 格

とまばゆき人の御おぼえなり。唐土《もろこし》にも、かかる事の起こりに

たいそう見るにたえないほどのこの方(更衣)のご寵愛の受け方である。中国でも、こうしたことが原因で、

係 係 ラ下二・用 シク・用 伝過・已 格 格 格 係 ク・用

こそ、世も乱れ、あしかりけれと、やうやう《ヨウヨウ》、天《あめ》の下にも、あぢ《ジ》

世も乱れ、ひどいことになったのだと、しだいに、世間でも広く、苦々しい

いとやむごとなききはにはあらぬが…「やむごとなし」は「並々ではない。尊い」、「きは」は「身分」の意。「いと――打消」で「それほど――ない」の意。

時めき給ふ…「時めく」は、女性の場合、主君や尊い方の寵愛を受けること。

我はと思ひあがり給へる…自分こそは帝のご寵愛を受けるだろうと強い自信をもっていた方々。女御たちを指す。

めざましきもの…目をみはるほど不快な者。

同じほど…桐壺の更衣と同じ身分の更衣。

下﨟…「上﨟」の反対で、身分の低い者をいう。ここでは、桐壺の更衣よりは身分が低い后たちのこと。

恨みを負ふ積もり…ほかの女御や更衣たちの恨みを受けることが重なったことを示す。

里がちなるを…「里」は宮仕えする者の実家をいう。健康をそこねて実家に下がることが多かったことを表す。

飽かず〜思ほして…「飽く」は「十分に満足する」の意。「ず」は打消の助動詞。

きなう《ノウ》、人のもて悩みぐさになりて、楊《やう》《ヨウ》貴《き》妃《ひ》のためしもひき出で

格　格　ラ四・用　接助　格　係　ダ下二・用

こととして、人の悩みの種となって、楊貴妃の例までも引きあいに出しそうになっていく

つべくなりゆくに、いとはしたなきこと多かれど、かたじけなき

強・止　推・用　カ四・体　接助　ク・体　ク(カリ)・已　接助　ク・体

ので、(更衣は)ひどくいたたまれない思いをすることが多くあるけれど、もったいない(帝の)

御《み》心ばへ《エ》のたぐひ《イ》なきを頼みにて交じらひ《イ》給ふ《ウ》。

格　ク・体　格　格　ハ四・用　尊・補・止

ご愛顧が類のないほどであることを頼みにして(ほかの后に)交じって(宮仕えを)お続けになっていらっしゃる。

「飽かず」で、**「まだ満足し切れない。いくら愛してもまだ満ち足りない」**の意。「思ほす」は「思ふ」の尊敬語で「お思いになる」の意。

えはばからせ給はず…「え――ず」は不可能を表す。「せ給ふ」は二重尊敬で、作者から帝への敬意を表す。

人の御おぼえなり…「人」は桐壺の更衣。「御」は帝に対する敬意。

かかる事の起こりにこそ…「かかる」は「このような」。ここでの「かかる事」とは、帝が女性に溺《おぼ》れ、国政を顧みなくなること。「に」は原因を表す格助詞。

楊貴妃のためし…当時の貴族たちは唐の玄宗皇帝と楊貴妃との恋を描いた白居易の「長恨歌」を愛読し、その内容を熟知していた。「ひき出でつべく」の「つ」は強意の助動詞「つ」の終止形。「べく」は推量・当然の助動詞「べし」の連用形。帝の心をまどわし、世の乱れの原因となる女性という形で噂されそうになっていったことを表す。

鑑賞

大作の幕開け

「桐壺《きりつぼ》」に登場する桐壺の更衣は、『源氏物語』全体の主人公となる**光源氏の母親**である。桐壺の更衣は**帝の寵愛を一身に集めていた**が、女御よりも一格下の更衣であり、父の大納言《だいなごん》もすでに亡くなっている。身分、出身の家柄や有力な後見人の有無が女性の権勢を決めるうえで大きな比重を占めたこの時代では、更衣レベルの女性が帝の寵愛を独占することは許されないことだった。彼女は格が上の女御たちの憎しみを買ったばかりでなく、同じ更衣たちの嫉妬をも受け、周囲の冷たい視線を浴び続けて、やがて心労のあまり病気がちになる。さらに上達部や殿上人などからの非難も加わり、ついには「天の下」の人々までが憂える、というように事の波紋が広がっていく。この後、彼女の死につながる**悲劇の始まり**である。

表現

呼応表現「いと——打消語」

副詞「いと」は、代表的な「程度の副詞」。ふつうは「たいそう。とても。非常に。まったく」という意味だが、下に「ず」「じ」「まじ」「で」などの**打消語を伴うと、「それほど。あまり。たいして（——ない）」と訳す**ことになる（こうした表現を部分否定という）。1～2行めの「いとやむごとなききはにはあらぬ」は「それほど尊い身分ではない」と訳す（形容詞「いたし」の連用形「いたく」も、「いと」と同じように用いられるので、一緒に覚えておくとよい）。

強意の「つ」「ぬ」

完了の助動詞「つ」「ぬ」が推量の助動詞とともに用いられ、「つべし・ぬべし」「つらむ・ぬらむ」「てむ・なむ」などの形で現れるが、そのときの「つ」「ぬ」は強意の意味で、「きっと。必ず。今にも」などと訳す。

文法

「候ひ給ふ」は二方面への敬意

1行めの**「候ひ給ひ」は二方面敬語**で、「候ふ」と「給ふ」の敬意の方向が異なる。「候ふ」は謙譲で、「給ふ」は尊敬である。**地の文では敬意の出どころ（「誰から」）は必ず「作者」。**敬意の対象（「誰へ」）は敬語の性質の問題である。「候ふ」は作者から動作の受け手である「帝」を高めた謙譲語。「給ひ」は動作の主体である「女御・更衣」を高めた尊敬語（補助動詞）。**「お仕え申し上げていらっしゃる」**のように訳す。

Q 「上達部」と「上人《うえびと》」の違いはなに？

A 「上達部」は三位《さんみ》以上の貴族（四位《しい》の参議も含む）で、摂政《せっしょう》・関白《かんぱく》・太政大臣《だいじょうだいじん》・左《さ》大臣・右《う》大臣・大納言・中納言・参議の官職にある人のことを指し、「公卿《くぎょう》」ともいいます。

「上人」は「殿上人《てんじょうびと》」のことで、四位・五位（および六位の蔵人《くろうど》）で、清涼殿の殿上《てんじょう》の間《ま》に昇ることを許された人々を指します。

また、昇殿を許されない位（六位以下）やその家柄の人を「地下《じげ》」といいますが、宮中に仕える者に対して一般の庶民を指して用いられることもあります。

POINT

「候ひ給ふ」は二方面敬語（謙譲＋尊敬）

➡謙譲語は動作の受け手に対する、尊敬語は動作の主体への敬意を表す。

若紫

源氏、若紫を垣間見《かいまみ》る

源氏は、小柴垣をめぐらした僧坊を訪ね、尼君とその娘ではないかと思われる美しい少女とを垣間見た。

…文法重要事項
…重要語句
…訳が出やすい箇所

日もいと長きに、つれづれなれば、夕暮れのいたう《トウ》霞みたるに紛れて、かの小柴垣のもとに立ち出でたまふ《モウ》。人々は帰したまひ《イ》て、惟光朝臣《これみつのあそん》とのぞきたまへ《エ》ば、ただこの西面にしも、持仏すゑ《エ》たてまつりて行ふ《ウ》、尼なりけり。簾《すだれ》少し上げて、花奉るめり。中の柱に寄りゐ《イ》て、脇息《けふそく》《キョウソク》の上に経を置きて、いとなやましげに読み

春の日もたいそう長いため、することもなく手持ちぶさたなので、（源氏は）夕暮れの深く霞がかかっているのにまぎれて、あの小柴垣のもとにお出ましになられる。（源氏は）お供の人々をお帰しなさって、惟光朝臣とおのぞきになると、ちょうどそこの西に面した部屋に、持仏を安置し申し上げて勤行する尼なのであった。（尼は）簾を少し引き上げて、花をお供えするようである。中の柱の近くに寄って座り、脇息の上に経を置いて、たいそうつらそうに経を読んで座っている

語釈・文法解説

日もいと長きに…源氏が鞍馬山を訪れたのは晩春（山では桜のころ）で、「春の日長」という風情である。

かの小柴垣…この場面の少し前、源氏は、岩屋にこもる聖《ひじり》に病気治癒の祈禱をしてもらったあと、高台から見下ろしていて、僧侶の住居とは思えない小柴垣の家に興味をひかれていた。

ただこの西面にしも…「西面」は西に面した部屋。「しも」は強意の副助詞。**源氏は惟光とともに、家の西側から中の様子を見ていた。そこで、「ちょうどこの西面に」としている。**

持仏…常に身近に安置して信仰する仏

ゐ《イ》たる尼君、ただ人と見えず。四十余《よそぢょ》《ヨソジ》ばかりにて、いと白うあて

存・体　ヤ下二・未　打・止　副助　断・用　接助　ク・用　ナリ・用

尼君は、身分の低い人とは見えない。四十過ぎぐらいで、たいそう色白で上品で、

に、痩せたれど、つらつきふくらかに、まみのほど、髪のうつく

サ下二・用　存・已　接助　ナリ・用　ナリ・用

やせているけれど、頬のあたりはふっくらとして、目もとのあたりと、髪がかわいらしくきれいな感じで

しげにそがれたる末も、なかなか長きよりもこよな《ノ》う《ウ》今めかしき

ガ四・未　受・用　存・体　係　ク・体　格　係　ク・用　シク・体

切りそろえられている髪の先も、かえって長いよりもこの上なく今風でしゃれた感じのものだなあと、

ものかな、とあは《ワ》れに見たま《モ》ふ《ウ》。

終助　ナリ・用　マ上一・用　尊・補・止

(源氏は)しみじみと感慨深くご覧になる。

清げなる大人二人ばかり、さては童《わらは》《ワラワ》べぞ出で入り遊ぶ。中に、

ナリ・体　副助　係　ラ四・用　バ四・体

美しい女房が二人ほど、ほかに童女たちが出たり入ったりして遊んでいる。

十ばかりにやあらむ《ン》と見えて、白き衣、山吹などのなれたる着

副助　断・用　係　ラ変・未　推　格　ヤ下二・用　接助　ク・体　副助　ラ下二・用　存・体　カ上一・用

(その童女たちの)中に、十歳ぐらいだろうかと見えて、白い下着に山吹がさねなどで柔らかく着こなした着物を着て、

像。

行ふ…**勤行《ごんぎょう》する。仏道修行する。**

尼なりけり…**「なり」は断定の助動詞「なり」の連用形。「けり」は詠嘆(気づき)の助動詞。**高台から見ていたときは、どういう家なのかと疑問だったが、尼のこもる家だったのかと気づいたことを表現している。

脇息…座ったときに肘《ひじ》を置いてもたれるための道具。

なやましげに…(病気で)つらそうな様子で。

ただ人…貴族でない人。身分の低い人。

あてに…**形容動詞「あてなり」の連用形。**「上品で」。

つらつき…頬のあたり(の様子)。

まみのほど…目もとのあたり。

うつくしげに…**形容動詞「うつくしげなり」の連用形。「かわいらしくきれいな様子で」。**

そがれたる末…切りそろえられている髪の先(末)。

なかなか(副)…**かえって。**

て、走り来たる女子、あまた見えつる子どもに似るべうもあらず、いみじく生ひ《イ》先見えて、うつくしげなる容貌《かたち》なり。髪は扇を広げたるやう《ヨウ》にゆらゆらとして、顔はいと赤くすりなして立てり。

走って来た女の子は、大勢見えていた子どもたちとは似ても似つかないほどで、たいそう成長後の美しさが予想されて、かわいらしい感じの顔立ちである。髪は扇を広げているようにゆらゆらとして（つややかで）、顔は手でこすってたいそう真っ赤にして立っている。

「何事ぞや。童べと腹立ちたまへ《エ》るか」とて、尼君の見上げたるに、少しおぼえたるところあれば、子なめり《ナン》と見たまふ《モウ》。

「何事なの。子どもたちとけんかなされたのですか」と言って、尼君が見上げている顔に、（その女の子の顔が）少し似ている点があるので、（源氏は女の子は尼の）子であるようだとご覧になる。

今めかしき…現代風で、しゃれた感じだ。

あはれに…**形容動詞「あはれなり」の連用形。「しみじみいいなあ」の意。**

清げなる…**形容動詞「清げなり」の連体形。「美しい」の意。**

白き衣、山吹などのなれたる着て…白い下着に山吹がさね（表は薄朽葉《うすくちば》色、裏は黄色）の汗衫《かざみ》（童女の上着）などでなえた（糊気《のりけ》が落ちて柔らかく身体になじんだ状態）のを着て。**「の」は同格。**

子ども…**「子」の複数形。「子どもたち」。**

似るべうもあらず…**「べう」は当然の助動詞「べし」の連用形「べく」のウ音便形。「とうてい似ているとはいえない。似ても似つかない」。**

生ひ先見えて…**「成長したらすばらしく美しくなるであろうことが予想される」の意。**

赤くすりなして…手でこすって真っ赤に泣きはらして。泣いたあと、（特に）手でこすって赤くして。「動詞＋なす」は「わざと（特に）～する」の意。

おぼえ…下二段動詞「おぼゆ」の連用形

「雀《すずめ》の子を犬君《いぬき》が逃がしつる。伏籠《ふせご》のうちにこめたりつるもの

サ四・用　完・体　マ下二・用　存・用　完・体　終助

（その女の子は）「雀の子を犬君が逃がしてしまったの。伏籠の中に閉じ込めておいたのになあ」

を」とて、いと口惜しと思へ《エ》り。このゐ《イ》たる大人、「例の、心な

格　シク・止　ハ四・已　存・止　ワ上一・用　存・体

と言って、たいそう残念なことと思っている（様子だ）。この（尼君のそばに）座っている女房が、「いつものあの、

しの、かかるわざをしてさいなまるるこそ、いと心づきなけれ。

格　ラ変・体　サ変・用　接助　マ四・未　受・体　係　ク・已

不注意な犬君が、このようなことをしてお叱りを受けるのは、とても嫌なことですね。

いづ《ズ》方へかまかりぬる。いとを《オ》かしう《シュウ》やうやう《ヨウヨウ》なりつるものを。

係　謙・用　完・体　シク・用　ラ四・用　完・体　終助

（雀は）どちらへ参ったのでしょうか。とてもかわいくしだいになっていたのに。

烏などもこそ見つくれ」とて立ちて行く。髪ゆるるかにいと長

副助　係　係　カ下二・已　格　タ四・用　接助　カ四・止　ナリ・用　ク・用

（雀を）烏などが見つけたら大変だわ」と言って座を立って行く。（その女房の）髪はゆったりとしてたいそう

く、めやすき人なめ《ナン》り。少納言の乳母《めのと》とぞ人言ふ《ウ》めるは、この子

ク・体　断・体　推・止　格　係　ハ四・止　推・体　係

長く、見ていて感じのよい女のようだ。少納言の乳母と（まわりの）人がよんでいるようだが、それは、（この女房が）

で、ここでは「似ている」の意。

なめり…**「なるめり」の「る」（断定の助動詞「なり」の連体形「なる」の一部）が脱落。「めり」は推定の助動詞。「見たところ〜ようだ」の意となる。**

犬君…少女のお付きの童女の名。

つる…**完了の助動詞「つ」の連体形で、連体形止めの余情表現となっている。**

伏籠…竹の籠。鳥籠の代用。

ものを…**文末に置いて「〜のになあ。〜のにねえ」の意を表す。**

心なしの…不注意な者が。犬君のこと。

さいなまるる…「さいなま（さいなむ）」は「責める」。「るる」は受身の助動詞「る」の連体形。「さいなむ」のは女の子。「さいなまるる」のは犬君。

心づきなけれ…上の「こそ」の結び。「心づきなし」は「気に入らない。気にくわない」の意。

やうやう…**しだいに。少しずつ。**

もこそ…**あやぶみ・心配を表す言い方。「〜したら大変だ。〜すると困る」の意。**

めやすき…「めやすし」は「見苦しくない。

の後見なるべし。
断・体 推・止
この子のお守り役なのであろう。

尼君、「いで、あな幼や。言ふ《ウ》かひ《イ》な《ノ》う《ウ》ものしたま《モ》ふ《ウ》かな。お
ク・語幹 間 / ク・用 / サ変・用 / 尊・補・体 / 終助
尼君が、「まあまあ、(あなたは)何とも幼稚なこと……。お話にならない様子でいらっしゃるのねえ。

のがかく今日《けふ》《キョウ》明日《あす》におぼゆる命をば、何ともおぼしたらで、雀慕
ヤ下二・体 / 格 係 / 格 係 / 尊・用 / 存・未 / 接助 / ハ四・用
私がこのように今日明日にも(尽きる)と思われる命のことを、(あなたは)何ともお思いになっていないで、雀を追い

ひ《イ》たま《モ》ふ《ウ》ほどよ。罪得ることぞと常に聞こゆるを、心憂く」
尊・補・体 間 / ア下二・体 / 終助 格 / 謙・体 接助 / ク・用
かけていらっしゃることとよ。(それは)仏様に罪をつくることだよといつも申し上げているのに、情けないこと」

とて、「こちや」と言へ《エ》ば、ついゐ《イ》たり。
格 / 間 / ハ四・已 接助 / ワ上一・用 完・止
と言って、「こちらへ(いらっしゃい)」と言うと、(女の子は)ひざをついて座った。

見ていて感じがいい」の意。

なめり…**断定の助動詞「なり」の連体形「なる」に、推定の助動詞「めり」がつき、「なる」の「る」が脱落した形。**

後見…後ろだてになって世話をする人。

あな幼や…**「あな」は感動詞。「幼《をさな》」は形容詞「幼し」の語幹。感動表現となっている。**

言ふかひなうものしたまふかな…**「言ふかひなう」は、「言ふかひなく」の「く」がウ音便となった形。「お話にならない。言うだけの価値もない」の意。「ものし」はサ変動詞「ものす」の連用形で、ここでは「いる。ある」の意。「かな」は詠嘆の終助詞。**

罪得る…雀を飼ったりすることは、仏教では罪となる。

聞こゆる…**謙譲の動詞「聞こゆ」(下二段)の連体形。「申し上げる」の意。孫に対しても、貴族どうしであれば敬語表現を用いていることに注意しよう。**

鑑賞

物語の色調を変える少女

『源氏物語』は、全体として人間の悩み・苦しみ・悲しみを描くことが多い。この巻でも、この場面に至るまでの源氏の心の中は、実はまことに暗いものだった。また、ここに登場する尼君は若紫の祖母なのだが、その心の中も暗い（夫と娘に先立たれ、孫娘の将来を案じ、自身は病身である）。そうしたなか、突然「白き衣、山吹などのなれたる」のを着た**美しくかわいらしい女の子が登場**する。さんざん体を動かして遊んだらしく、糊気がとれて柔らかく体になじんだ着物にも、女の子の元気のよさ、無邪気さが表れているが、女主人公《ヒロイン》ともなる女の子が走って登場するのは、当時としては斬新な驚きである。

この少女は実にのびのびと、また生き生きと描かれており、これによって若紫の巻の**暗い色調は、しばしば明るく染めあげられる。**

文法

詠嘆の「けり」

「けり」には、伝聞過去のほかに詠嘆（気づき）の用法もある。特に「**〜なりけり**」という形は詠嘆（気づき）の意になりやすく、**今まで気がつかなかったことにはっと気づいて驚く気持ち**を表す。「尼なりけり」（4行め）も、僧都の家に、先刻女性の姿は認めていたのだが、それがどんな事情であるのかはよくわからなかった。どんな人がいるのかと見てみると、なんと意外にも、それは尼であったよ、という感じを表している。なお、**和歌の「けり」はほとんどが詠嘆（気づき）**である。

「奉る」の用法

「奉る」は本来は「与ふ」の謙譲語で、「さしあげる」と訳す。「花奉るめり（4行め）」のほうは「仏様に花をさしあげる」意であるが、「すゑたてまつり（3〜4行め）」のように補助動詞として用いられると、上の語に「**～し申し上げる。～してさしあげる**」と謙譲の意をそえるだけであり、本来の意味はなくなる。「安置し申し上げる」と訳す（なお「奉る」には、時として尊敬の用法もある）。

あやぶみ・心配を表す「もこそ」

22行めの「鳥などもこそ見つくれ」のように、「こそ」は上に係助詞の「も」をともなって**「もこそ」になると、あやぶみ・心配の気持ち**を表す。「鳥などが見つけたら大変だ（困る・いけない）」のように訳す。

同じ表現に「**もぞ**」がある。たとえば「雨もぞ降る」（徒然草）は「雨が降ったら困る」などの意。「あるまじき恥もこそ」（源氏物語）「とんでもない恥を受けるといけない」のように結び（あれ）が省略される例もある。

＋アルファ 「例の」には副詞として連用修飾となる用法もある

「例の」は現代語では連体詞であるが、古文では**副詞の用法もある。**連用修飾語になる場合は**「いつものように。例によって」**のように訳す。

19行めの「例の」は、「心なし」にかかる連体修飾語ととれば「いつもの不注意者」となり、「わざをして」にかかる連用修飾語ととれば「いつものように（こんなことを）しでかして」となる。どちらにでも訳せる例である。

POINT

源氏最愛の女性との出会い

源氏最愛の女性（若紫。後の紫上）との出会いでは、幼い女の子特有のかわいらしさと可憐さ、一方では、**思いを寄せる藤壺女御にそっくりな優雅で美しい容姿**が、まさに一瞬で源氏の心を奪ってしまった様子を描いている。

定期テスト対策問題　源氏物語（桐壺）

解答・解説はP290～291

問一　次の語句の意味を答えなさい。

①あまた　②時めく　③めざまし　④やすからず　⑤里がちなり
⑥あいなく　⑦やうやう　⑧あぢきなく　⑨ためし　⑩はしたなし

問二　次の①～⑧を現代語訳しなさい。

①いづれの御時にか
②いとやむごとなききはにはあらぬが
③恨みを負ふ積もりにやありけむ
④いよいよ飽かずあはれなるものに思ほして、
⑤えはばからせ給はず
⑥世のためしにもなりぬべき御もてなしなり
⑦いとまばゆき人の御おぼえなり
⑧かたじけなき御心ばへのたぐひなきを頼みにて

問三　P210の「桐壺」3行めの「初めより我はと思ひあがり給へる御方々」とは、どのような人たちのことか。十字以内で答えなさい。

ヒント

問二
①「にか」の下に「ありけむ」を補って訳す。
②「いと――打消（ぬ）」の訳出に注意。
③「積もり」は現代語の「つもり」とは違う意味。
④「飽かずあはれなる」の訳には注意と工夫が必要。
⑤「え――ず」は不可能を表す。
⑥「ぬべき」は強意の助動詞に、推量・当然の助動詞がついた形。
⑦「人」は桐壺の更衣のこと。
⑧「御心ばへ」は天皇のご寵愛。

問三　「我は」とはどんなことを思っていたのかを考えてみよう。

問四 問三の「御方々」は、なぜ「すぐれて時めき給ふ」方を「おとしめそねみ給ふ」心情になったのか。三十字以内で説明しなさい。

問五 P211の「桐壺」7～8行めの「人のそしりをもえはばからせ給はず」とは、誰の、どのような行動を評しているのか。三十字以内で説明しなさい。

問六 P212の「桐壺」12～13行めに「楊貴妃のためしもひき出でつべくなりゆくに」とあるが、絶世の美女とされる楊貴妃にたとえられることが、なぜ「いとはしたなきこと」に結びつくのか。三十五字以内で説明しなさい。

問四 この方が「いとやむごとなききはにはあらぬ」と書かれていることに着目しよう。

問五 「せ給は」と、二重尊敬表現を使っていることに着目しよう。

問六 玄宗皇帝が楊貴妃を寵愛しすぎたことが安史の乱の原因となったことを思い出そう。

定期テスト対策問題　源氏物語（若紫）

解答・解説はP292〜293

問一 次の語句の意味を答えなさい。

①つれづれなり　②ただ人　③あてなり　④うつくしげなり
⑤なかなか　⑥清げなり　⑦かたち　⑧心づきなし
⑨後見　⑩聞こゆ

問二 次の①〜⑧を現代語訳しなさい。

①持仏するゑたてまつりて行ふ、尼なりけり
②こめたりつるものを
③いづ方へかまかりぬる
④いとをかしうやうやうなりつるものを
⑤烏などもこそ見つくれ
⑥あな幼や
⑦言ふかひなうものしたまふかな
⑧罪得ることぞと常に聞こゆるを

ヒント

問二
①「行ふ」は「持仏」と関係のある行為（勤行する。仏道修行する）をいう。
②文末の「ものを」は感情の込もった表現。
③「まかる」は謙譲の動詞。
④「をかし」「やうやう」「ものを」の訳出に注意。
⑤「――もこそ〜已然形」「――もぞ〜連体形」は、危ぶみ・心配を表す。
⑥「あな＋形容詞の語幹」は、強い感動表現。
⑦「言ふかひなし」という状態で「ものしたまふ」ことを嘆いている表現。
⑧「罪」は「仏から受ける罪」、「聞こゆ」は謙譲の動詞。

問三 P216の「若紫」11行め以降の「女子」の登場のしかたは、表現上、どんな効果があるか。四十字以内で説明しなさい。

問四 P219の「若紫」25〜27行めの「尼君」の言葉は、「女子」についてどのように評し、嘆いているのか。四十字以内で説明しなさい。

問三 その場にいて、すぐに光源氏の目にとまるというのではない登場のしかたと、この子の容貌や全体の様子に着目して考えよう。

問四 尼君が「いとなやましげに」(P215の「若紫」5行め)経を読んでいたことと、「おのがかく今日明日におぼゆる命」と言っていることに着目して考えよう。

大鏡

▲藤原道長『前賢故実』より

作者と成立年代

作者未詳。藤原《ふじわら》家、ことに藤原道長《みちなが》一門や、摂関政治の内情に通じた人物（男性）と考えられる。成立年代も明らかではないが、白河天皇から崇徳《すとく》天皇までの間（一〇七二〜一一四一）とされる。文徳《もんとく》天皇即位の嘉祥《かしょう》三（八五〇）年から後一条天皇の万寿《まんじゅ》二（一〇二五）年までの十四代百七十六年間の歴史を、雲林院《うりんいん》の菩提講《ぼだいこう》において、説教の始まる前に、大宅世継《おおやけのよつぎ》と夏山繁樹《なつやまのしげき》の二人の老翁が長年の間自分たちの見聞きしたこととして人々に語り、「若侍」がそれに質問したり、藤原氏に批判的な真相を暴露したりするという形式をとっている。

内容は藤原道長の栄華が中心ではあるが、藤原摂関家に対しての鋭い批判を加え、史実の裏面を暴露している。その点、『大鏡』に先行する歴史物語『栄花物語』と対照的である。『増鏡《ますかがみ》』など、「鏡物《かがみもの》」と称される歴史物語の最初の作品で、『世継物語』ともいう。

作品解説

歴史を映し出す鏡

物語は、紫野《むらさきの》の雲林院の菩提講に詣でた作者が、百九十歳の大宅《おおやけの》世継《よつぎ》、百八十歳の夏山《なつやまの》繁樹《しげき》と若侍の対話を聞き、それを記録するという形式をとる。世継が主として語り、繁樹と若侍とは主として話の聞き役だが、繁樹が世継の話を補足したり、若侍が歴史の裏面を暴露したりして物語が進んでいく。**ほとんどが対話形式で**、地の文が少ない点も大きな特徴である。

　歴史物語の記述には、編年体と紀伝体とがある。歴史の教科書のように史実を年代順に追って記述するのが編年体、帝王と臣下の伝記を年代順に記述するのが**紀伝体**で、『大鏡』は紀伝体をとっており、前漢の**司馬遷《しばせん》による『史記』**にならったと思われる。文徳天皇から後一条天皇までの十四代にわたる天皇について記した帝紀、藤原冬《ふゆ》嗣《つぐ》から道長までの摂関・大臣の列伝、鎌足《かまたり》以後の藤原氏繁栄の総括、最後は昔物語が置かれるという構成である。

　また、紀伝体の影響もあって、豊富な説話的手法がとられており、そのために作者の想像力や創意が発揮されて、人間像が巧みに描かれ、文学性を高めている。

『栄花物語』と『大鏡』の比較

	『栄花物語』	『大鏡』
①文体	和文	和漢混交文
②構成	編年体	紀伝体
③作者	女性（正編は赤染衛門かという説もある）	男性（仏典・漢籍に造詣が深い）
④内容の特徴	藤原家（ことに道長）の栄華を礼賛	表面は藤原家（ことに道長）を礼賛、実はその権力欲等を批判

歴史を伝える鏡物「四鏡」

『大鏡』『今鏡』（以上、平安時代成立）『水鏡』（鎌倉初期成立）『増鏡』（建武中興後まもなく成立）をまとめて「**四鏡**」という。

『今鏡』は紀伝体で書かれ、『大鏡』のあとの歴史を述べており、『水鏡』は『大鏡』以前の歴史を述べ、編年体で書かれている。両者ともに作者未詳であるが、『大鏡』に比べて文学性は劣る。『増鏡』は承久・元弘の乱を中心に、後醍醐《ごだいご》天皇の隠岐《おき》配流《はいる》から還幸までの歴史を述べ、編年体で書かれている。

競《くら》べ弓

権力を狙う道長の豪胆

道長が伊周との競射で、勝つ場面。たくましい「心魂」をもつ道長が自ら最高の運命を開拓していく姿を見せている。二人の政争の前兆でもあった。

…文法重要事項
…重要語句
…訳が出やすい箇所

帥殿《そちどの》の、南の院にて、人々集めて弓あそばししに、この殿わた

（格　格　マ下二・用　接助　尊・用　過・体　格　ラ四・未）

帥殿(伊周公)が、南の院で、人々を集めて弓の競射をなさったときに、この道長公が

らせたまへれば、思ひかけず怪しと、中の関白殿おぼし驚きて、

（尊・用　尊・補・已　完・已　接助　カ下二・未　打・用　シク・止　尊・用　接助）

おいでになられましたので、(これは)思いがけずいぶかしいと、中の関白殿(道隆公)は驚きなされて、(道長公を)

いみじう饗応《きやうおう》し申させたまひて、下臈《げらふ》におはしませど、前に立て

（シク・用　サ変・用　謙・補・未　尊・用　尊・補・用　接助　断・用　尊・已　接助　タ下二・用）

たいそうおもてなし申し上げなさって、(当時道長公は伊周公より)身分が低くていらっしゃったけれど、(競射の順番を)先にお立て

たてまつりて、まづ射させたてまつらせたまひけるに、帥殿の矢

（謙・補・用　接助　ヤ上一・未　使・用　謙・補・未　尊・用　尊・補・用　伝過・体　接助）

申し上げて、最初に(道長公に)射させ申し上げなさったところ、(勝負の結果)帥殿の

数いま二つ劣りたまひぬ。中の関白殿、また御前《おまへ》にさぶらふ人々

（ラ四・用　尊・補・用　完・止　謙・体）

当たり矢の数が、もう二本(道長公に)お負けになった。中の関白殿も、またお側にひかえている人々も、

語釈・文法解説

帥殿…藤原伊周《これちか》。時の関白道隆の長男。道隆は伊周を次の関白にしようとしていた。

この殿…藤原道長《みちなが》。

あそばし…「あそばす」の連用形で、「す」の尊敬語「なさる」。

思ひかけず怪し…長男の伊周（「帥殿」）を次の関白にしようとしている道隆（「中の関白殿」）にとって、それを快く思っていないはずの道長が伊周の勢力拡大につながる集まりにやって来るのはおかしいと警戒したことを表す。

中の関白殿…藤原道隆《みちたか》。伊周の父で時の関白。

係　バ下二・未　尊・用　尊・補・命　謙・用　接助　バ下二・未　尊・用　尊・補・用

も、「いま二たび延《の》べさせたまへ《エ》」と申して、延べさせたまひ《イ》

「もう二度延長なさいませ」と申して、延長なされたことを、

伝過・体　接助　ク・未　打・用　尊・用　接助　ラ変・未　バ下二・未　尊・用　尊・補・命

けるを、安からずおぼしなりて、「さらば、延べさせたまへ《エ》」と

(道長公は)不愉快にお思いになって、「それでは、延長なさいませ」とおっしゃられて、

尊・未　尊・用　接助　ヤ上一・未　尊・用　尊・補・止　格　尊・未　尊・体　格

仰せられて、また射させたまふ《モウ》とて、仰せらるるやう《ヨウ》、「道長が

再び射なさるにあたって、おっしゃられることには、「この道長の

格　タ四・用　尊・補・止　当・体　断・未　接助　ラ四・命　尊・未

家より帝《みかど》・后《きさき》立ちたまふ《モウ》べきものならば、この矢当たれ」と仰せ

家から天皇・后がお立ちになるはずのものであるならば、この矢よ、当たれ」とおっしゃられ(て矢を

尊・体　接助　シク・体　格　格　係　ラ四・体　終助

らるるに、同じものを中中心《なか》には当たるものかは。

放ちなさ)ると、同じ(当たる)とはいっても、何と真ん中に当たったではないか。

ヤ上一・用　尊・補・体　接助　シク・用　サ変・用　尊・補・用　接助　係　カ四・体

次に帥殿射たまふ《モウ》に、いみじう《ジュウ》臆《おく》したまひ《イ》て、御手もわななく

次に帥殿が射なさったところ、大変気おくれなされて、お手もふるえるためで

饗応し…きげんをとり。もてなし。

下臈…**身分の低い方。**

前に立てたてまつりて…位階の上下からいえば、伊周の方が道長より先に射るべきところを、叔父であることを尊重して先に射させたということ。

射させたてまつらせたまひ…「させ」は、使役の助動詞「さす」の連用形。「たてまつら」は謙譲の補助動詞「奉《たてまつ》る」。

矢数…当たった矢の数。

いま二たび…「いま」は「あと。もう」の意。「二たび」は「二度」。

安からず…**心穏やかではなく。不愉快に。**

おぼしなりて…(そのように)お思いになられて。(そういう)気持ちになられて。

さらば…**「さあらば」がつまった形。そういうことなら。そのようであるならば。**

道長が家…この私(道長)の家。

帝・后立ちたまふべき…この時点では、道隆の娘定子が一条天皇の中宮として時めいていた。

立ちたまふべきもの…「べき」は当然用法(ここでは、運命)。

けにや、的のあたりにだに近く寄らず、無辺世界《むへんせかい》を射たまへ《エ》るに、

断・用　係　格　副助　ク・用　ラ四・未　打・用　ヤ上一・用　尊・補・已　完・体　接助

あろうか、（その矢は）的のあたり近くにさえ行かず、とんでもない的はずれのところを射られたので、

関白殿色青くなりぬ。また入道殿射たまふ《ウ》とて、「摂政《せつしやう》《セッショウ》・関白す

ク・用　ラ四・用　完・止　ヤ上一・用　尊・補・止　格　サ変・止

関白殿は顔色も真っ青になってしまった。また道長公が射なさるのにあたって、「（この自分が）摂政・関白にな

べきものならば、この矢当たれ」と仰せらるるに、初めの同じや《ヨ》

当・体　断・未　接助　ラ四・命　尊・未　尊・体　接助　格　シク・体

るはずのものであるならば、この矢よ、当たれ」とおっしゃられ（て矢を放たれ）たところ、先ほどと同じように、

う《ウ》に、的の破るばかり、同じ所に射させたまひ《イ》つ。饗応しもては

比・用　格　ラ下二・止　副助　ヤ上一・未　尊・用　尊・補・用　完・止　サ変・用　サ四・用

的が割れるほど、同じ所に射当てなされました。（こうなっては、中の関白殿

やしきこえさせたまひ《イ》つる興もさめて、ことにがう《ゴ》なりぬ。父

謙・補・未　尊・用　尊・補・用　完・体　係　マ下二・用　接助　ク・用　ラ四・用　完・止

も道長公の）ごきげんをとりもてなし申し上げなされた興もさめて、その場の雰囲気が気まずくなってしまった。父の

大臣《おとど》、帥殿に、「何か射る。な射そ。な射そ」と制せさせたまひ《イ》

係　ヤ上一・体　副詞　ヤ上一・用　終助　副詞　ヤ上一・用　終助　サ変・未　尊・用　尊・補・用

大臣（中の関白道隆公）は、帥殿に、「どうして射ることがあるか。射るな、射るな」とお止めになって、

同じものを…同じとはいっても。

当たるものかは…「ものかは」は「何と～ではないか。～とは何ということだ」と驚きあきれる意味を表す。

臆したまひて…**「臆す」(サ変動詞)は、「気おくれする。弱気になる」。**

けにや…**「～ためだろうか。～せいだろうか」。「け」は理由を表す形式名詞で、「せい。ゆえ。ため」。「にや」の下には「あらむ」が省略。**

だに…**程度の軽いものを挙げて、より重い場合を推測させる用法。「～さえ。～でさえ」。**

無辺世界…仏教語。ここでは「とんでもない的はずれのところ」の意。

関白殿色青くなりぬ…道長が傍若無人な発言をしたうえに、その矢を当ててしまったのに対し、伊周がすっかり威圧されている様子が大勢の貴族たちの目にさらされてしまったことに激しく動揺している。

摂政・関白すべきものならば…この時点での関白は道隆であり、中宮定子が男

接助 / マ下二・用 完用 伝過・止 / サ四・用 接助 / ダ下二・未 尊・用 尊・補・用

て、ことさめにけり。入道殿矢もどして、やがて出でさせたまひ《イ》

（すっかり座が）白けてしまった。道長公は（矢を）戻して、すぐにお出になられた。

完・止 / 係 / 格 係 謙・用 過・体 / シク・用 / ヤ上一・未 尊・用 尊・補・用

ぬ。そのをり《オ》は左京の大夫《だいぶ》とぞ申しし。弓をいみじう《ジュウ》射させたま

（道長公は）その当時左京の大夫と申し上げた。（道長公は）弓をたいそう上手にお引きになられた

過・体 断・止 / シク・用 マ四・未 尊・用 尊・補・用 過・体 断・止 / ナリ・用 ヤ下二・止 当・体

ひ《イ》しなり。またいみじう《ジュウ》好ませたまひ《イ》しなり。希有《けう》に見ゆべきこ

のだ。またたいそうお好きでもいらっしゃったのだ。（伊周公の失敗は）めったに見られる

断・未 打・已 接助 / 格 / ダ下二・用 尊・補・体 / 格

とならねど、人の御さまの、言ひ《イ》出でたまふ《モウ》ことのおもむきより、

はずもないことだが、道長公のご様子とおっしゃったことの内容から、

係 サ変・未 自・用 尊・補・体 断・体 推・止

かたへ《エ》は臆せられたまふ《モウ》なむめり。

一つにはつい気おくれなさったようだ。

▲『年中行事絵巻』より武官たち

児を出産すれば、摂政・関白となるべき立場にいるのは伊周であった。そうした政治状況においては、きわめて挑戦的な発言である。

にがく…気まずく。

何か…反語表現。「どうして〜か」。

な射そ…「な――そ」は柔らかい禁止を表す。「射るな。射ないでくれ」。

ことさめにけり…その場の雰囲気が興ざめになって（白けて）しまった。

やがて…①すぐに、②そのまま。ここは①の意。

左京の大夫…左京職《しき》の長官。

希有…稀なこと。めったにないこと。

ならねど…「ね」は打消の助動詞の已然形。「〜ではないけれど」。

かたへは…一つには。半面では。理由や原因の一端を述べる。

なむめり…「なるめり」の「る」（断定の助動詞「なり」の連体形の一部）が「む」に変化した形。「めり」は推定「〜であるようだ」。

表現

禁止の「な――そ」

「な――そ」の形は柔らかい禁止・制止の意を表し、「――してはいけない。――しないでおくれ」と訳す。

17行め「な射そ」は「射ることはない」の意。

「射」はヤ行上一段動詞「射る」の連用形。「な」「そ」の間に挿入される語は連用形だが、カ変・サ変の場合は「なこそ」「なせそ」のように、未然形が入る。

また、禁止の終助詞「な」は、「な――そ」よりも意味が強い。終止形（ラ変型には連体形）に接続する。

文法

「せたまふ」「させたまふ」の形

「せ」「させ」は使役・尊敬の助動詞「す」「さす」の連用形。「せたまふ」「させたまふ」となっている場合は、❶**「尊敬＋尊敬〈お〜なさる〉（最高敬語）」**と❷**「使役＋尊敬〈〜させなさる〉」**との二つがあるが、❶の場合が圧倒的に多い。

文中の用例で「わたらせたまへれば」「饗応し申させたまひて」「射させたてまつらせたまひける」「延べさせたまへ」「射させたまふ」「射させたまひつ」「もてはやしきこえさせたまひつる」「制せさせたまひて」「出でさせたまひぬ」「射させたまひしなり」「好ませたまひしなり」などは、すべて❶の例である。

使役の「す」「さす」「しむ」

助動詞「す」「さす」「しむ」は、下に「給ふ」「おはします」などの尊敬語をともなうときには、ふつう、尊敬の意になる。**下に尊敬語をともなわず単独で用いられている「す」「さす」「しむ」は使役**であると覚えておこう。

4行めの「射させたてまつらせたまひ」の「させ」は下が謙譲語「たてまつる」だから使役。8行めの「射させたまふ」の「させ」は下が尊敬語「たまふ」で、「射る」道長に対する敬意だから尊敬である。

なお、「す」「さす」が和文の中で使われるのに対し、「しむ」は、元来、漢文訓読に用いられた語で、上代には使役としてだけ用いられ、平安時代では漢文訓読的な文体の中で、主に「しめ給ふ」という形で使われた。

＋アルファ　道長の野望と自信が表れた競射

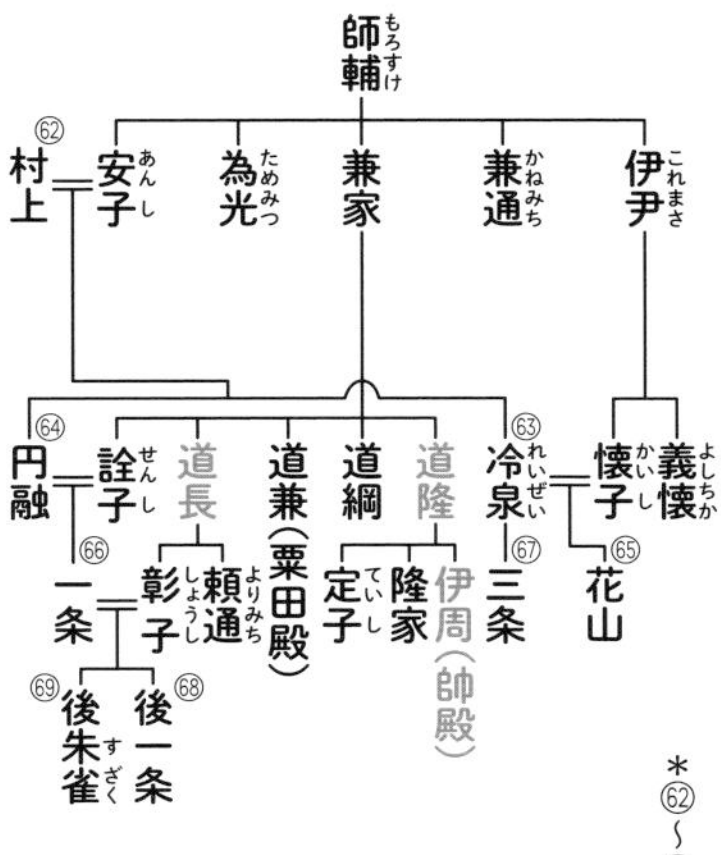

＊62〜69は歴代の天皇。

このとき、関白として権力の座にあったのは道隆である。道長は、道隆の弟。帥殿（伊周）は道隆の長男で、叔父道長より昇進が早く、関白の後継者と目されていた。二人は次期政権を狙うライバルである。

道隆の死後、本文で言い放った言葉どおり、道長は関白となって**娘の彰子《しょうし》を一条天皇の妃として入内《じゅだい》させ、外戚として権力を手中におさめる。その一方で、伊周はしだいに没落の道をたどることになる。**

POINT

「道長が家より帝・后立ちたまふべきものならば、この矢当たれ」

関白道隆は、弟の道長よりも長男伊周《これちか》を早く昇進させたため、道長は強い不満を抱いていた。ある日、伊周の主催する弓の競射に突然道長が参加し、道長は、この言葉を言い放ってみごとに矢を的に命中させた。そして、その言葉どおり、道長は三代にわたって天皇の外戚として権力を握った。

定期テスト対策問題　大鏡

解答・解説はP293〜294

問一　次の語句の意味を答えなさい。

①あそばす　②饗応す　③下﨟《げらふ》　④安からず
⑤さらば　⑥臆す　⑦やがて

問二　次の①〜③はどのような語から成っているか。〔例〕にならって文法的に説明しなさい。

〔例〕あそばしし→（答）四段活用の尊敬動詞「あそばす」の連用形＋過去の助動詞「き」の連体形

①射させたてまつらせたまひける　②制せさせたまひ
③臆せられたまふなむめり

問三　次の①〜⑦を現代語訳しなさい。

①いみじう饗応し申させたまひて　②安からずおぼしなりて
③同じものを中心《なから》には当たるものかは　④御手もわななくけにや
⑤何か射る。な射そ　⑥希有に見ゆべきことならねど
⑦臆せられたまふなむめり

ヒント

問三
①二方面敬語の訳出に注意。
②「おぼしなる」は「思ひなる」の尊敬語。
⑤「何か」は反語を表す。
⑥「べき」「ねど」の訳出に注意。
⑦「られたまふ」は二重尊敬ではない。

問四 帥殿（道隆の長男伊周）の競射の会に道長がやって来たことを、「中の関白殿」が「思ひかけず怪し」と思ったのはなぜか。五十字以内で説明しなさい。

問五 道長が延長戦となって矢を射る際に言った「道長が家より……」「摂政・関白すべきものならば……」という言葉は、「中の関白殿」「帥殿」に対してどのような意味をもつのか。三十字以内で説明しなさい。

問六 P230の「競べ弓」13行めに「関白殿色青くなりぬ」とあるが、道隆が青ざめてしまったのはなぜか。その理由を七十字以内で説明しなさい。

問七 『大鏡』に始まる四つの歴史物語を総称して何とよぶか。漢字二字で答えなさい。

問八 歴史物語としての『大鏡』の編纂《へんさん》のしかたを何というか。漢字三字で答えなさい。また、そのモデルとなった古代中国の史書の名を漢字二字で答えなさい。

問四 帥殿と道長とがどんな関係にあったかを思い出そう。

問五 道隆が当時どのような地位にあり、どのような目論見をもっていたかを思い出そう。

問六 道隆が青ざめたのは道長の言葉や、道長が矢を命中させた直後ではないことに注意。

9 和歌

POINT

- 三大歌集のそれぞれの特徴をつかむ。
- 和歌の表現を味わう。
- 修辞法や技巧をとらえ、理解する。

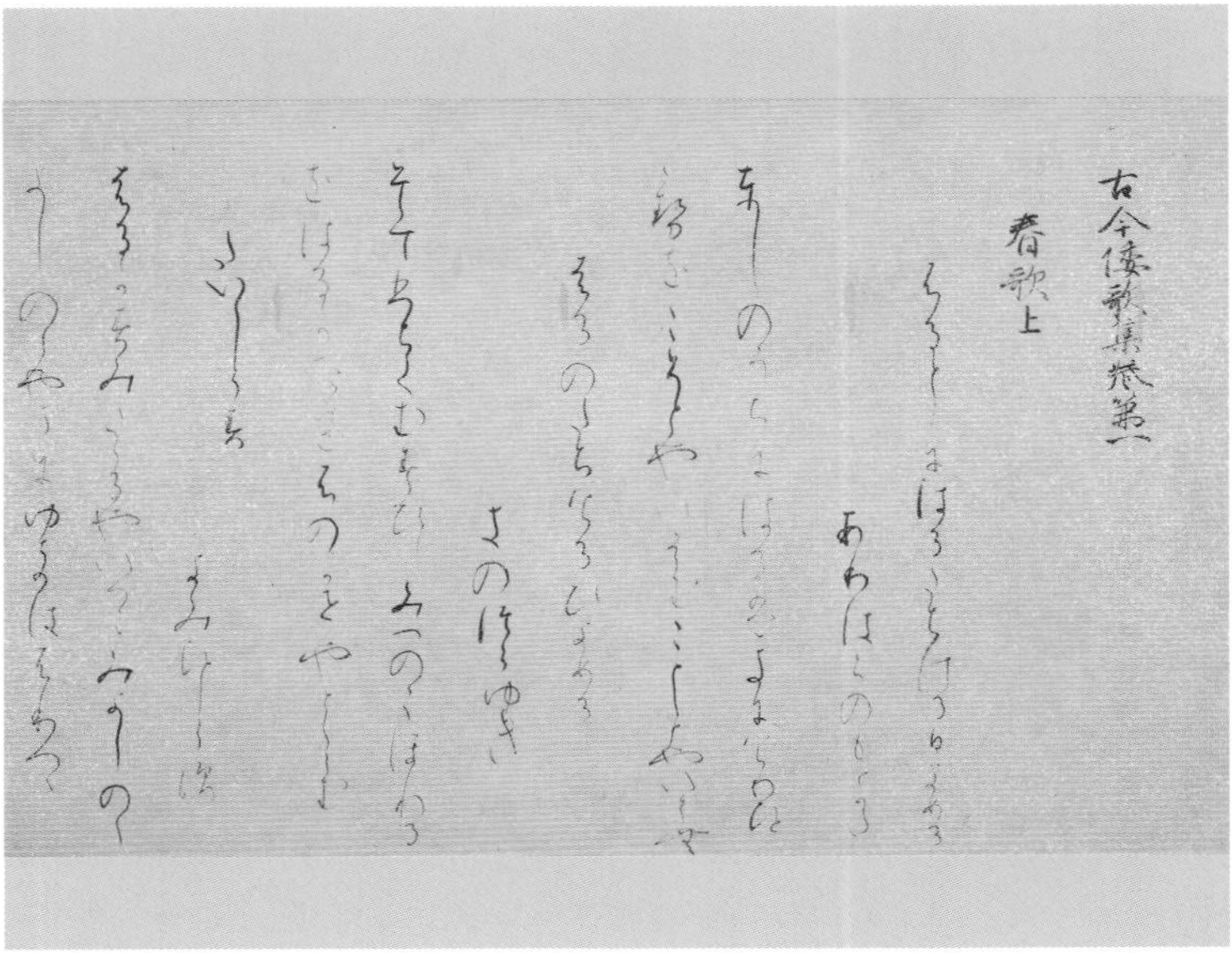

▲『古今和歌集』巻第一　春歌上

和歌史の流れ

和歌とは「やまとうた」（日本の歌）を漢字表記した語で、中国の詩歌「からうた」（漢詩）との対比において用いられたもの。したがって、『万葉集《まんようしゅう》』の時代には、長歌も短歌も旋頭《せどう》歌も、みな「やまとうた」（和歌）であった。しかし、中古以降、短歌以外の和歌は衰退し、やがて和歌といえば短歌のことを指すようになった。

古代から中世の和歌史の流れは、『万葉集』『古今集』『新古今集』の三大歌集を中心とし、それらの歌風の移り変わりが注目すべき点である。「万葉調」は、生活に密着した上代人の真率な魂の詠嘆で、「ますらをぶり」と称される。「古今《こきん》調」は、唐風文化を摂取した理知的・技巧的で繊細優美な叙情を確立し、「たをやめぶり」と称される。「新古今調」は、幻想的な妖艶美に中世的な幽玄の静寂美を融合させ、独特の象徴美の世界を創造している。

三大歌集

万葉集

『万葉集』は、現存する日本最古の歌集で、**成立は八世紀末（七七〇年ごろ）**と推定される。その編纂には長い年月にわたり多くの人がかかわったと推定されるが、現存の形が成立するには、大伴家持《おおとものやかもち》の存在が大きかったと考えられている。収録歌数は約四五〇〇首。短歌が中心だが、長歌も多く、また旋頭歌・仏足石歌などもある。上流階級の歌が多いが、防人歌《さきもりのうた》・東歌《あずまうた》など庶民の歌も収められているのも特徴の一つである。歌風は時代によって変化しているが、全般的に**素直な感動が率直に詠まれ、素朴・雄大・まことなどを特色としている。**

代表歌人は、額田王《ぬかたのおおきみ》・天智《てんじ》天皇・柿本人麻呂《かきのもとのひとまろ》・山上憶良《やまのうえのおくら》・大伴旅人《おおとものたびと》・山部赤《やまべのあか》人《ひと》・大伴坂上郎女《おおとものさかのうえのいらつめ》・大伴家持ら。漢字の音訓を、字義を離れて仮名のように用いる**万葉仮名**が使われている。二句切れ・四句切れで、五七調の歌が中心。

古今和歌集

醍醐天皇の勅命により編纂《へんさん》された**わが国最初の勅撰《ちょくせん》和歌集。成立は延喜《えんぎ》五（九〇五）年。**二〇巻、約一一〇〇首。四季の歌と恋の歌が多く、両者で全体の三分の二以上。撰者は**紀貫之《きのつらゆき》・紀友則《とものり》・凡河内躬恒《おおしこうちのみつね》・壬生忠岑《みぶのただみね》**。巻頭に**紀貫之の書いた「仮名序」**を収める。**歌風は理知的・技巧的で、繊細な傾向。掛詞・縁語《えんご》などの技巧が多用され、優美・典雅・「あはれ」の世界を現出させている。**

代表歌人は、四名の撰者のほか、**六歌仙**の時代を築いた在原業平《ありわらのなりひら》・小野《おのの》小町《こまち》・僧正遍昭《そうじょうへんじょう》・文屋康秀《ふんやのやすひで》・喜撰法師《きせんほうし》・大伴黒主《おおとものくろぬし》ら。三句切れ・七五調の歌が中心。

新古今和歌集

第八番めの勅撰和歌集。後鳥羽《ごとば》院の勅命で編纂。成立は元久《げんきゅう》二（一二〇五）年。二〇巻、約二〇〇〇首。撰者は、藤原定家《さだいえ》・源通具《みちとも》・藤原有家《ありいえ》・藤原家隆《いえたか》・藤原雅経《まさつね》・寂蓮《じゃくれん》らだが、後鳥羽院自身も撰集に大きくかかわっている。貴族文学最後の花といえる歌集。**藤原俊成《としなり》の唱えた幽玄の理念に基づく、言外の余情を重んじる歌風が主流となっており、象徴的・耽美《たんび》的な傾向にあり、本歌取りという技巧を特色としている。**万葉調・古今調と並んで和歌史上の三大歌風の一つを形成する。

代表歌人は右記編者のほか、西行《さいぎょう》・慈円《じえん》・藤原俊成・式子《しょくし》内親王・後鳥羽院など。初句切れ・三句切れ・体言止めで、七五調。和歌のみではなく、茶道や能など、ほかの芸術への影響も大きい。

万葉集

心情を率直に歌ったのびのびとした表現
くり返しの表現の効果や多用される枕詞を理解する。

…文法重要事項
…重要語句

① あかねさす紫野《むらさきの》行き標野《しめの》行き野守《のもり》は見ずや君が袖振る
（額田王《ぬかたのおほきみ》《オオキミ》　巻一）

紫草の生えている野を行き、御料地としての印のある野を行くと、まあ、野の番人が見たのではありませんか、あなたがそんなに袖を振って合図をなさっているのを……。

② 紫草《むらさき》のにほへ《オエ》る妹《いも》を憎くあらば人妻ゆゑ《エ》にわれ恋ひ《イ》めやも
（大《おほ》《オオ》海人皇子《あまのみこ（わうじ）》《オウジ》　巻一）

紫草のようにつややかで美しいあなたを（兄の后となって）憎く思うのであったら、すでにあなたは他人の妻であるのに、何で私が恋したりしようか。

③ 春すぎて夏来たるらし白妙《しろたへ》《タエ》の衣《ころも》ほしたり天《あめ》の香具山《かぐやま》
（持統天皇　巻一）

もう春が過ぎて夏が来ているらしい。白く美しい夏衣が干してあるよ、あの天の香具山に。

語釈・文法解説

① あかねさす＝「紫」にかかる枕詞。紫野＝紫草を栽培している野。紫草は染料として尊重され、古くは諸国で栽培された。標野＝一般の人が立ち入るのを禁じた野。御料地。野守＝紫草を植えた標野の番人。見ずや＝**見はしないだろうか**。「や」は疑問。君＝大海人皇子(後の天武天皇)を指す。袖振る＝愛情の表現として着衣の袖を振る。大海人皇子が額田王に愛のジェスチャーをしている。

② にほへる妹＝つややかで美しいあなた。「る」は存続「り」の連体形。「妹」は男性が女性に対し親しんでよぶ言い方。憎くあらば＝憎いと思うならば。「ば」は仮定条件。人妻＝他人の妻。このとき額田王は天智天皇の後宮にあった。恋ひめやも＝恋しようか、い

④近江《あふみ》《オウ》の海《み》夕波千鳥汝《な》が鳴けば心もしのにいにしへ《エ》思ほ《オ》ゆ（柿本人麻呂《かきのもとのひとまろ》 巻三）

近江の海（琵琶湖）の夕べの波間を鳴きながら飛ぶ千鳥よ。お前の鳴き声を聞くと心もうちひしがれて、天智天皇の都のあった近江朝の昔がしのばれるよ。

⑤瓜《うり》食《は》めば 子ども思ほ《オ》ゆ 栗《くり》食めば まして偲《しぬ》は《ワ》ゆ いづ《ズ》く
より 来《きた》りしものそ まなかひ《イ》に もとなかかりて 安眠《やすい》し
寝《な》さぬ（山上憶良《やまのうへのおくら》《ヤマノウエノ》 巻五）

瓜を食べると子どもらのことが思い出される。栗を食べるとなおさら子どもらのことがしのばれる。子どもというものはいったいどこから自分のもとにやって来たのか。その姿が目の前にむやみにちらついて、私を安眠させてくれない。

⑥銀《しろかね》も金《くがね》も玉も何せむにまされる宝子にしかめやも（⑤の反歌 山上憶良 巻五）

銀も金も宝玉も何になろうか。どんなにすぐれた宝も、子どもという宝にかなうだろうか、いやかないはしない。

⑦ぬばたまの夜の更《ふ》けゆけば久木《ひさき》生《お》ふ《ウ》る清き川原に千鳥しば鳴く（山部赤人《やまべのあかひと》 巻六）

夜がふけてゆくと、久木の生えている清らかな川原に千鳥がしきりに鳴いているよ。

や恋したりはしない。**文末の「めや(も)」は反語表現。**

③ 来たるらし＝「たる」は存続・完了の助動詞。「らし」は、根拠のある推量の助動詞。白妙の＝白く美しい。真っ白な。「衣」にかかる枕詞。天の香具山＝**大和三山(香具山・畝傍《うねび》山・耳成《みみなし》山)の一つ。大和の人々に愛され、よく歌に詠まれた。**

④ 近江の海＝琵琶《びわ》湖。夕波千鳥＝夕べの波間を鳴きながら飛ぶ千鳥よ。心もしのに＝「しのに」はぐったりして力の抜けたような感じをいう。いにしへ＝天智天皇の都のあった近江朝のこと。思ほゆ＝**思われる。しのばれる。**

⑤ 瓜＝まくわ瓜か。栗同様、都の人には貴重な珍果。偲はゆ＝「ゆ」は自発の助動詞。いづくより＝いったいどこから。まなかひ＝「目《ま》な(の)交《か》ひ」で、目の前・目と目の間。もとな＝「本無し」で、根拠なく・理由もなく。安眠し寝さぬ＝「し」は強意の副助詞。「寝す」は、寝させる。「ぬ」は打消の助動詞「ず」の連体形(終止形説もある)。

⑥ 何せむに＝反語を表す副詞。しかめやも＝**「しか」は「如《し》く」(匹敵する。及ぶ)の未然形。「め」は推量の助動詞「む」の已然形。「やも」は係助詞「や＋も」で、詠嘆**

⑧多摩川にさらす手作りさらさらに何そこの児《こ》のここだ愛《かな》しき
（東歌《あづまうた》《アズマ》　巻十四）

多摩川にさらす手織りの布のように、さらにさらにどうしてこの子がこんなにもいとしいのだろう。

⑨うらうらに照れる春日《はるひ》にひばりあがり心悲しもひとりし思へ《エ》ば
（大伴家持《おほとものやかもち》《オオ》　巻十九）

うららかに照っているこの春の日にひばりがさえずりながら空高く舞い上がっていく。もの悲しくなることだ、一人もの思いにふけっていると……。

⑩父母《ちちはは》が頭《かしら》掻《か》き撫《な》で幸《さ》くあれて言ひ《イ》し言葉《けとば》ぜ忘れかねつる

父母が私の頭を掻き抱いて撫で、「幸せでいろよ……！」と言った、あの言葉がどうしても忘れられないよ。

⑪韓衣《からころむ》裾《すそ》に取り付き泣く子らを置きてそ来《き》ぬや母《おも》なしにして
（⑩・⑪は防人歌《さきもりのうた》　巻二十）

私の兵服の裾にしがみついて、「行かないで！」と泣く子どもたちを置いて来てしまったんだよ……母親もいないままで……。

＊**防人と防人歌について**…白村江《はくすきのえ》の戦い（六六三年）に敗れたあと、唐・新羅《しらぎ》の連合軍が侵攻してくる場合に備えて、北九州沿岸や壱岐《いき》・対馬《つしま》の防備態勢をしいた。そこに配備された兵士たち（防人《さきもり》）の詠んだ歌が防人歌である。**主として東国の若者が徴兵されたが**、任期の三年は当時の人生においては非常に長期間で、家族や恋人との離別を嘆き、故郷を想う歌が多い。

の意を含む反語。

⑦ ぬばたまの＝**「夜」にかかる枕詞。** 久木＝アカメガシワのことか。 しば＝しきりに。

⑧ 多摩川＝東京都西多摩郡の奥に発し、東京都と神奈川県の境をなして東京湾に注ぐ川。 さらす手作り＝水にさらして仕上げた手織りの布。以上二句は、「さら」の音を導く序詞。同時に手織りの布とサラサラした感触を感じさせる。 さらさらに＝いまさらながら。 ここだ＝**大変。たいそう。** 愛しき＝**いとしい。かわいい。**

⑨ うらうらに＝のどかに。うららかに。 心悲しも＝「も」は詠嘆の終助詞。特別な事情による悲しみではない。 ひとりし＝「し」は副助詞。語調を整え、強調の意を表す。

⑩ 幸《さ》くあれて＝「幸《さ》く」は「幸せで。幸運で」の意。「あれ」はラ変動詞「あり」の命令形。「て」は、本来「と」というべきところを、東国方言で訛《なま》っている。次の「言葉《けとば》」も同じ。 忘れかねつる＝「〜かぬ」(下二段活用の補助動詞)は「〜できない」の意。

⑪ 韓衣＝「裾」にかかる枕詞とする説と、防人の中国風の兵服とする説とがある。「からころむ」は「からころも」の東国訛り。 母なしにして＝**この子どもたちの母親はもう死んでしまっていることを表している。**

表現

くり返しの技巧

『万葉集』は、素朴で写実的な表現が多いが、和歌である以上、やはり各種の修辞技巧が用いられている。その中で、

①あかねさす紫野行き標野行き～

⑧多摩川にさらす手作りさらさらに～

などに見る**同音の反復や、句のくり返しの技巧**にすぐ気づくことだろう。特に各句の頭のくり返しを頭韻という。これらの**くり返しや頭韻は、和歌に軽快なリズムや力強い感じを与える**という効果がある。

『万葉集』に多い枕詞・序詞

枕詞・序詞はともに、後続するある語句を導き出す飾りのような役割をする修辞技巧で、**枕詞は五音以内（三～五音。ことに五音が多い）で慣用的**に用いられ、**序詞は七音以上で特定的**に用いられるという違いはあるが、『万葉集』ではこの二つの修辞技巧が好んで用いられた。

枕詞は、①あかねさす――紫　⑦ぬばたまの――夜のように、ある特定の語を導くために用いられている。枕詞は、**初句か第三句**にだけあり、全体としてはあまり意味のない飾りの句である点を手がかりに探る。

序詞は、⑧多摩川にさらす手作り――さらさらに　のように用いられている。長歌などでは非常に長い序詞もある。⑧の序詞は「さらす」と「さらさら」の音の類似から導き出したものである。

POINT

素朴な愛と素直な感動

『万葉集』には、天皇から庶民まで、幅広い階層の人々の恋愛や家族愛、また自然に対する素直な感動を率直に詠んだ和歌が多数収められている。

古今和歌集

古今調の理知的・技巧的な歌風と七五調の優美さを味わう。

…文法重要事項
…重要語句

①春霞たつを見すててゆく雁《かり》は花なき里に住みやならへ《エ》る（伊勢《いせ》　巻一／春）

春霞が立ち桜も咲く春なのに、それを見捨てて北国に帰ってゆく雁は、桜のない里に住み慣れているのだろうか。

②袖ひちてむすびし水のこほ《オ》れるを春立つ今日《けふ》《キョウ》の風やとくらむ（紀貫之《きのつらゆき》　巻一／春）

（夏のころ）袖が濡れるのもかまわずに手ですくった清水が、（冬になって）凍っていたのを、立春の今日の風が融《と》かしているのだろうか。

③世の中にたえて桜のなかりせば春の心はのどけからまし（在原業平《ありはらのなりひら》《アリワラノ》　巻一／春）

この世の中に桜というものが全くなかったなら、春を過ごす人の気持ちは（桜の散るのに心を痛めることもなく）どんなにかのどかなものだったろうに。

語釈・文法解説

① 住みやならへる＝以前から住み慣れているのだろうか。「や」は疑問の係助詞で、存続・完了の助動詞「り」の連体形「る」が結び。「ならふ」は「慣れる」。

② ひちて＝「ひち」は、「濡れる。水につかる」の意の動詞「ひつ」の連用形。むすびし＝**「むすび」は、「（水を）手で掬《すく》う」の意の動詞「むすぶ」**の連用形（「結び」との掛詞ともなっている）。「し」は、直接体験の過去を表す助動詞「き」の連体形。立つ・とく＝**「立つ」は「裁《た》つ」、「とく」は「融《と》かす」の意の「とく」と、「解く」との掛詞となっており、「袖」「結ぶ」「張る」（春との掛詞）「裁つ」「解く」はすべて縁語である。**

③ たえて＝「なかり」（「なし」の連用形）と

④ひさかたの光のどけき春の日にしづ心《ズ》なく花の散るらむ《ン》
（紀友則《きのとものり》　巻二／春）

日の光がのどかに照っている春の日だというのに、どうして桜の花はあわただしく散っていくのだろう。

⑤五月《さつき》待つ花たちばなの香をかげば昔の人の袖の香ぞする
（よみ人知らず　巻三／夏）

五月を待って咲く橘の花の香をかぐと、昔の恋人の懐かしい袖の香がして、そのころのことがしみじみと思い出されることだ。

⑥秋来《き》ぬと目にはさやかに見えねども風の音にぞ驚かれぬる
（藤原敏行《としゆき》　巻四／秋）

秋が来たと目にははっきり見えないけれど、さわやかな風の音で（秋が来たのだなあと）気づいたことだ。

⑦月見ればちぢ《ジ》に物こそ悲しけれわが身ひとつの秋にはあらねど
（大江《おほえの》《オオエノ》千《ち》里《さと》　巻四／秋）

月を見ていると、心が様々に乱れて、もの悲しい気持ちになることだなあ……。自分一人だけにやってきた秋というわけではないのだけれども。

呼応し、「全く〜ない」の意。せば＝**過去の助動詞「き」の未然形＋接続助詞「ば」。「せば〜まし」で反実仮想。**春の心＝春の季節を味わう人の気持ち。のどけからまし＝桜の散るのに心を痛めることもなく、どんなにかのどかなものだったろうに……。

④ひさかたの＝**枕詞。「光」「空」などにかかる。**しづ心＝落ち着いた心。らむ＝**「どうして〜だろうか」という原因推量の助動詞。**ただし、ここの用法については古来議論が多い。

⑤花たちばな＝花の咲いた橘。橘の花をほめていう言葉。昔の人＝**かつての恋人。**

⑥さやかに＝**はっきりと。**見えねども＝「ね」は打消の助動詞「ず」の已然形。驚かれぬる＝**「驚く」は、はっと気づく。「れ」は自発の助動詞「る」の連用形。「ぬる」は完了の助動詞「ぬ」の連体形で、上の「ぞ」の結びとなっている。**

⑦ちぢに＝あれこれと。様々に。悲しけれ＝形容詞「悲し」の已然形で、「こそ」の結び。わが身ひとつの秋＝自分一人だけにやってきた秋。

⑧山里は冬ぞ寂しさまさりける人目《ひとめ》も草も**かれぬ**と思へ《エ》ば
（源宗于《むねゆき》　巻六／冬）

山里は（いつも寂しいが）冬になると一段と寂しさがますことだなあ。人の訪れも絶え、草も枯れてしまったと思うと。

⑨天《あま》の原ふりさけ見れば春日《かすが》なる三笠《みかさ》の山に出《い》でし月かも
（安倍仲麻呂《あべのなかまろ》　巻九／羇旅《きりょ》）

大空をはるかに仰ぎ見ると、かつて（平城京の）春日の三笠山に昇っていたのと同じ、あの月が輝いているなあ。

⑩春日野《かすがの》の雪間を分けて生ひ《イ》いでくる草の**はつか**に見えし君はも
（壬生忠岑《みぶのただみね》　巻十一／恋）

春日野の残雪の間を押し分けて萌え出てくる若草がかすかに見えるように、ほんの少し姿の見えたあなたが、何とも恋しいことよ。

⑪思ひつつ寝《ぬ》れ**ばや**人の見えつ**らむ**《ン》夢と知り**せば**さめざら**まし**を
（小野《をのの》《オノ》小町《こまち》　巻十二／恋）

あの人を思いながら寝たから、あの人が夢に現れたのでしょうか。もし夢だとわかっていたならば、目ざめないでいたのに。

⑧ 人目＝人の出入り。人の訪れ。かれぬ＝**「離《か》れ」（遠ざかる。間をおく）と「枯れ」の掛詞。「ぬ」は完了の助動詞の終止形。**

⑨ 天の原＝**広々とした大空。**ふりさけ見れば＝**ふり仰いで遠く望むと。**春日なる＝「春日」は奈良市東部にある春日山の一帯。「なる」は所在を表す助動詞「なり」の連体形。出でし月かも＝（かつて）昇っていた（のと同じ）月なのだなあ……。

＊この歌は、唐に仕えていた仲麻呂が帰国の途につこうとしたときに詠んだものである。

⑩ 春日野の～草の＝**「はつかに見えし」を導く序詞。**「春日野」は奈良の春日神社付近の野。「雪間」は残雪の消えた間。はつかに＝わずか。ほんの少し。君はも＝あのあなたよ……（どうしているのだろう。恋しい）。「も」は詠嘆の終助詞。

⑪ 寝ればや＝**「ば」は已然形接続の接続助詞で、順接確定条件を表し、原因・理由の意。「や」は疑問の係助詞。結びは原因推量の助動詞「らむ」。**人の見えつらむ＝**恋しい人が夢に現れたのであろう。「つ」は完了（強意）の助動詞。**せば～まし＝**――ならば～であろうに。反実仮想。**

⑫天つ風雲の通ひ《イ》路《ぢ》《ジ》吹きとぢ《ジ》よ乙女の姿しばしとどめむ《ン》（良岑宗貞《よしみねのむねさだ》〈遍昭《へんぜうジョウ》〉　巻十七／雑）

空を吹く風よ。（天女が天上に帰っていく）雲の中の路を、雲を吹き寄せて閉じておくれ。この天女のように美しい乙女の舞姿を、もう少しの間この地上にとどめておきたいから。

⑫ **天つ風**＝空を吹く風。「つ」は「の」と同じ。**雲の通ひ路**＝雲の中にある天上へ通じる道。**乙女**＝ここでは舞姫をいう。豊明《とよのあかりの》節会《せちえ》で舞う舞姫を天女にたとえたもの。

表現

理知的・技巧的な古今調

『万葉集』に比べると、『古今集』では、実感やみずみずしい人間感情をあらわに表出することを避けて婉曲に表現し、**歌末を断定語で結ばず、疑問・反語表現や推量を表す語で結ぶ**など、技巧を用いてそれとなく暗示する方法がとられ、**理知的・技巧的な古今調**が確立した。

たとえば、③の歌では、作者は、ほんとうは桜の花が散ってしまうのを惜しんでいるのだが、それを「桜がなかったら人の心はのんびりできるだろうに」と歌って、自分の本心を裏に隠してしまう。このように、『古今集』を読むときは、その表現の裏に隠された作者の本心を掘り下げて考えるようにする必要がある。

また、『古今集』に多い七五調には、落ち着いた響きとなる五七調に比べて、繊細優美な格調をかもし出す効果がある。

なお、『古今集』では、**一語に二つ以上の意味を掛ける掛詞や、歌の中のある語と関係の深い語を用いる縁語が多用**されており、そこに曲折した意味や重層した内容をつくりあげ、象徴的な効果をあげるのに役立っている。この掛詞・縁語の使用は『古今集』の婉曲的な傾向を強めたといえる。

解釈

句読点のない和歌の解釈

和歌の場合、句読点がないので、解釈の際の判断に迷うことがしばしばある。その場合、〈五・七・五・七・七〉という韻律に着目し、その切れ目に「／」を入れて考えてみよう。『古今集』以降は、〈五・七・五〉（上《かみ》の句。「本《もと》」ともいう）＋〈七・七〉（下《しも》の句。「末《すえ》」ともいう）という構成になっていることが多いが、P248の⑦のように初句切れとなっているものや、P238の③のように二句切れとなっているものもある（『万葉集』の、ことに時代の古い作品には二句切れが多い）。

また、⑦や⑧のように、「こそ」「ぞ」などの係助詞が使われているものの場合は、その結びの語がどこにあるかを探して句切れの位置を知ろう。

「不可能の希望を表す」反実仮想

③・⑪の歌には、「――せば〜まし」という形で反実仮想が使われている。「――であったなら〜だったのになあ」という意味を表すことを覚えておこう。

POINT

優美な歌風と修辞技法

『古今集』では縁語や掛詞などの修辞技法を多用して作品に深みを与え、優美で繊細な世界を表現している。

新古今和歌集

有心体《うしんてい》と中世の美
本歌取りの技法と深み（幻想的な幽玄の世界）を味わう。

▮…文法重要事項
▮…重要語句

①見わたせば山もと霞む水無瀬川《みなせ》ゆふ《ウ》べは秋となに思ひ《イ》けむ《ン》
（後鳥羽院　巻一／春）

はるかに見渡すと、山のふもとのあたりは霞がかかり、水無瀬川がのどかに流れている。夕暮れの趣は秋こそ一番と、今までどうして思っていたのだろう。（この春の夕暮れの情趣は何ともすばらしいではないか……。）

②薄く濃き野辺のみどりの若草に跡まで見ゆる雪のむらぎえ
（宮内《くない》卿《きやう》《キョウ》　巻一／春）

ある所は薄くある所は濃くなっている野辺の若草の緑の様子で、どこの雪が早くあるいは遅く消えていったかという、雪のまだらに消えたあとまではっきりわかることだ。

③風かよふ《ウ》寝覚めの袖の花の香にかを《オ》る枕の春の夜の夢
（俊成女《としなりのむすめ》　巻二／春）

庭から吹きかよってくる柔らかい風でふと目ざめると、私の袖は花の香にかおっている。そんな花の香にかおる枕の上で見ていた、春の夜の甘美ではかない夢よ。

語釈・文法解説

① 水無瀬川＝大阪府三島郡を流れる川。川の南に後鳥羽院の離宮があった。ゆふべは秋＝**夕べの情趣は秋がすばらしい。『枕草子』の「秋は夕暮れ」以来の伝統的美意識。**なに＝疑問の副詞。どうして。けむ＝過去推量の助動詞「けむ」の連体形（上に疑問の副詞「なに」があるため、連体形となっている）。

② 雪のむらぎえ＝雪がまだらに消えること。

③ 風かよふ＝風が庭から吹きかよってくる。春の夜の夢＝甘美ではかない夢。体言止めで、詠嘆が込められている。

④昔思ふ《ウ》草の庵《いほり》《イオリ》の夜《よ》の雨に涙な添へ《エ》そ山ほととぎす
（藤原俊成《としなり》　巻三／夏）

夜、五月雨の降り注ぐ草の庵の中で、私は昔のことを思い出して涙にくれている。悲しい声で鳴いて、これ以上涙を加えないでおくれ、山ほととぎすよ。

⑤さびしさはその色としもなかりけり真木《まき》立つ山の秋の夕暮
（寂蓮《じやくれん》《ジャク》法師　巻四／秋）

この寂しさは、特にこれといった景物のためということもできない（で、どことなく寂しさが感じられることよ）、杉や檜《ひのき》の群立っている山の秋の夕暮れは。

⑥心なき身にもあはれ《ワ》は知られけり鴫《しぎ》立つ沢の秋の夕暮
（西行法師　巻四／秋）

世をのがれ世俗の感情を断ち切った身にも、このしみじみとした趣は深くしみ入ってくることよ。鴫の飛び立つ沢の秋の夕暮れ時は。

⑦志賀の浦や遠ざかりゆく波間よりこほり《オ》て出づ《ズ》る有明の月
（藤原家隆《いへたか》《イエ》　巻六／冬）

志賀の浦の冬の夜がふけるにつれて、岸から氷が張りながら寄せる波も岸から遠ざかっていく。その波間から凍《い》てついた光を放ちながら昇ってきた有明の月よ。

④　草の庵＝粗末な住まい。涙な添へそ＝これ以上涙を加えないでおくれ。**「な――そ」は柔らかい禁止の意を表す。**

⑤　その色としもなかりけり＝特にこれといった景物のためということもできない。「色」は色彩の意と、目に見える様子などの意をもつ。「しも」は強意の副助詞。真木＝杉や檜などの常緑樹。

⑥　心なき身＝**世をのがれ、世俗の感情を断ち切った身。**知られけり＝**「れ」は自発の助動詞「る」の連用形。「けり」は詠嘆（気づき）の助動詞。**鴫＝飛び立つときの羽音が高い。

⑦　志賀の浦＝現在の大津市の西あたりの琵琶湖畔。や＝詠嘆の間投助詞。遠ざかりゆく波間＝氷が岸辺から張るので、波が岸辺から遠ざかっていくのである。こほりて出づる＝凍《い》てついた光を放ちながら昇る。

⑧駒《こま》とめて袖うちはらふ《ウ》かげもなし佐野のわたりの雪の夕暮

（藤原定家《さだいへ》《イエ》　巻六／冬）

乗っている馬をとめて、袖に降り積もった雪をふり払う物陰すらもない。佐野の渡し場の雪の夕暮れのわびしさよ。

⑨玉の緒《を》《オ》よ絶えなば絶えねながらへ《エ》ば忍ぶることの弱りもぞする

（式《しょく》《ショク》子《し》内《ない》親王《しんわう》《シンノウ》　巻十一／恋）

私の命よ、絶えるのなら絶えてしまえ。こうして生きながらえていると、この恋を忍ぶ力が弱くなるといけないから……。

⑩人住まぬ不《ふ》破《は》《ワ》の関屋の板びさし荒れにしのちはただ秋の風

（藤原良経《よしつね》　巻十七／雑）

関守《せきもり》が住まなくなった不破の関所の小屋は荒れはてて、その板びさしも朽ちてしまった。今はただ秋風が寂しく吹くばかりだ。

⑧ **かげ**＝物陰。家陰、木陰など。**佐野のわたり**＝佐野は、和歌山県新宮市佐野。「わたり」は渡し場、川などを渡る所。「あたり」ととる説もある。

⑨ **玉の緒**＝命。**絶えなば絶えね**＝**「な」は強意の助動詞「ぬ」の未然形。「ね」は、その命令形。** **忍ぶる**＝**上二段動詞「忍ぶ」の連体形。** **もぞ**＝**あやぶみ・心配を表す。**

⑩ **不破の関**＝岐阜県関ケ原にあった関所。七八九年に廃止。**関屋**＝関所の番人の住む建物。**荒れにし**＝**「荒れ」は下二段動詞「荒る」の連用形。「に」は完了の助動詞「ぬ」の連用形。「し」は過去の助動詞「き」の連体形。**

鑑賞

中世の美「有心体」

『新古今集』の歌風は、**有心体**《うしんてい》といわれる。これは、**藤原定家が歌論『毎月抄《まいげつしょう》』の中で「有心体を尊重すべきこと」**と説いて以後、**"中世の美"の理想**となった。この"有心体"とは、「妖艶《ようえん》」という余情の美を、すぐれた言葉の技巧で表現したもの。たとえば、③の俊成女の歌は、『新古今集』中の「有心・妖艶」の代表歌とされている。美しい女性の一人寝の枕に桜の花が散り敷き、昨夜の夢のなごりと花の香とがともに漂うという、あでやかで美しい歌である。

また、『新古今集』の歌には**三句切れ**で、さらに末尾を体言で止める**体言止め**になっている歌が多い。**三句切れのリズムで優美さ、流麗な調べ**を、そして**体言止めで奥深い余韻**を感じさせるのが『新古今集』の特徴ともいえる。

『新古今和歌集』独特の表現技法

(1)「本歌取り」の技法

「本歌取り」とは、著名な古歌の表現や趣向を取り入れ、鑑賞の際にその古歌を連想させて自作の歌に重ね合わせるもの。表現や情調に新しい美的世界をつくり出し、**象徴美と余韻・余情を表すのに効果的な技法**だ。藤原俊成が提唱し、その子・定家が確立させたとされる。次に本歌取りの例を挙げておこう。

⑦志賀の浦や〜 ⇩（本歌） **さ夜ふくるままにみぎはや凍るらむ遠ざかりゆく志賀の浦波**

（『後拾遺《ごしゅうい》和歌集』　快覚《かいかく》の歌）

快覚の歌は、おそらく月のない夜、波の音を耳にしながら、その聴覚を通して、夜ふけとともに汀《みぎわ》が遠ざかっていく景を写したものだが、家隆はそれを視覚でとらえ直し、現実にはありえない、琵琶湖の湖面からのぼる有明の月を仮構したのである。

⑧駒とめて〜⇩（本歌）苦しくも降りくる雨か神《みわ》が崎佐野のわたりに家もあらなくに

（『万葉集』長意吉麻呂《ながのおきまろ》の歌）

本歌は旅の困苦を主題にした、『万葉集』らしい率直な詠みぶりだが、定家はその詞《ことば》を取り入れながら、全く別の、いわば「雪の夕暮れ」そのものを主題とする歌に仕立て直している。さらに、その本歌を媒介にして『源氏物語』（東屋）の、薫《かおる》大将が弁尼《べんのあま》を訪問した雨の場面で、「佐野のわたりに家もあらなくに」と口ずさみ、降りかかる雨を「うち払ひ給へる」とあるあたりをも連想させ、何やら物語的な雰囲気を漂わせてもいる。『新古今集』らしい余情あふれる歌になっており、本歌取りの技法の極致ともいうべき作品である。

(2) 七五調・「体言止め」の技法

⑤・⑥は、藤原定家の「見渡せば花も紅葉《もみぢ》もなかりけり浦の苫屋《とまや》の秋の夕暮れ」とともに「三夕《さんせき》」と称せられ、秋の夕暮れの寂しさを詠んだ代表的な歌だが、いずれも三句切れで七五調の典型的な歌でもある。七五調は、『万葉集』の五七調に比べ、**なだらかで優美な調べとなるのが特徴**である。

さらにこの三首は、最後が名詞で終わる「体言止め」の歌でもある。体言止めは、**最後まで言い終わらないことでしみじみとした余情を生じさせ、作者の深い感動・詠嘆の心を感じさせる効果的な技法**である。ちなみに「三夕」の歌は、上の句に主観的要素を含み、下の句に眼前の景を詠んで、秋の夕暮れの寂寥《せきりょう》感を歌っており、「**幽玄**」として尊ばれた詠みぶりとなっている。

(3) 題詠について

⑨の歌は「忍《ブル》恋」という題で詠まれたものだが、このように詞書《ことばがき》にその題が示されている歌が『新古今集』には多い。**あらかじめ設定された題によって歌を詠むこと**を「**題詠**」という。題詠歌は、題のもつ本意に基づき構想を立てて表現するので、一首で独立した詩的世界を形成しうるという効果がある。

Q ⑨の歌の「もぞ」の用法について、もっと詳しく知りたい！

A ⑨の「弱りもぞする」は、「弱くなるといけない」と訳しますが、この「もぞ」は、悪い事態を予測し、そうなっては困るというあやぶみ・心配を表します。

また、「もぞ」のほか、「もこそ」も同じ用法をもちます。

例 （逃げた雀の子を）烏《からす》などもこそ見つくれ　（『源氏物語』）
（＝烏などが見つけたら大変だ）

このように、「もぞ」「もこそ」が和歌や文章に出てきたら、「〜したら大変だ」「〜するといけない」と訳すとよいでしょう。

―＋アルファ―　**句末「ね」の三態**

句末にくる「ね」には、⑨の「絶えね」のように、**完了・強意の助動詞「ぬ」の命令形**のほかに、

Ａ　人こそ見えね秋は来にけり
Ｂ　小松が下の草を刈らさね

の二つがある。Ａは**打消の助動詞「ず」の已然形**で、この「ね」は必ず「こそ――ね」の形か、「ねば」「ねど」の形だから句末は容易に見分けられる。Ｂは**上代の特殊用法**で、他者への願望。

POINT

『新古今集』の特色は、本歌取り、体言止め、七五調
⬇これらはすべて余韻・余情・優美さを生む技法

定期テスト対策問題　和歌

解答・解説はP295〜296

問一 次の語句の意味を答えなさい。

①いにしへ　②思ほゆ　③何せむに　④ここだ　⑤かなし
⑥住みならふ　⑦ひつ　⑧むすぶ　⑨はつかに　⑩心なき身

問二 次の①〜⑨を現代語訳しなさい。

①紫草《むらさき》のにほへる妹　②子にしかめやも
③たえて桜のなかりせば　④驚かれぬる
⑤思ひつつ寝ればや人の見えつらむ　⑥夢と知りせばさめざらましを
⑦涙な添へそ　⑧絶えなば絶えね
⑨弱りもぞする

問三 次の①〜④の枕詞がかかっている語を答えなさい。

①あかねさす　②ぬばたまの　③韓衣　④ひさかたの

ヒント

問二
①「にほふ」の訳出に注意。
②「めやも」は反語を表す。
③「たえて」は下の「なかり」と呼応している。
④「れ」は自発用法。
⑤「ばや」は一語ではない。
⑥「せば〜まし」の呼応に注意。
⑦「な――そ」に着目しよう。
⑧「な」「ね」は同じ助動詞。
⑨「もぞ〜」の訳出に注意。

問四

『古今和歌集』⑧の「人目も草もかれぬと思へば」の「かれ」には二つの意味が重ね合わせてある。その二つの意味（①・②）を漢字で表記し、その技巧の名称（③）を漢字二字で答えなさい。

「かれ」は、「（　①　）れ」と「（　②　）れ」との二つの意味が重ね合わせてある。この技巧の名称は（　③　）という。

問五

『新古今和歌集』⑧の「駒とめて……」の歌（藤原定家）は、『万葉集』の「苦しくも降りくる雨か神《みわ》が崎佐野のわたりに家もあらなくに」をもととして、別な趣きの歌としてある。このような技巧の名称を四字で答えなさい。

問六

『万葉集』の成立に大きな役割を果たしたと推定される人物の名を、漢字四字で答えなさい。

問七

大海人皇子（後の天武天皇）と、『万葉集』①「あかねさす紫野行き……」および②「紫草のにほへる妹を……」という歌の贈答をした女性の名を、漢字三字で答えなさい。

問八

『万葉集』④の「近江の海……」をつくった歌人で、天武・持統・文武の三帝に仕えた宮廷歌人の名を、漢字四字、または五字で答えなさい。

問九　『万葉集』⑤の「瓜食めば……」というわが子をいつくしむ長歌や、「貧窮問答歌」をつくった人物の名を、漢字四字で答えなさい。

問十　北九州の沿岸防備のために、主に東国地方から派遣された兵士たちのつくった和歌を何というか。漢字三字で答えなさい。

問十一　わが国最初の勅撰和歌集の名称を、漢字五字（または三字）で答えなさい。また、その撰集の勅命を下した天皇の名を、漢字四字で答えなさい。

問十二　問十一の和歌集の撰者四人のうち、この和歌集の「仮名序」を書いた人物の名を、漢字三字で答えなさい。

問十二　『土佐日記』の作者でもある。

問十三　八代集最後の勅撰和歌集の名称を、漢字六字（または四字）で答えなさい。また、その撰集の命令を下した上皇の名を、漢字五字（または四字）で答えなさい。

問十四　問十三の和歌集の撰者六人のうち、有心体《うしんてい》を理想として家集『拾遺愚草』、歌論『毎月抄《まいげつしょう》』『詠歌之大概《えいがのたいがい》』、日記『明月記』などを著した人物の名を漢字四字で答えなさい。

10 修辞法

言葉を効果的に用いたり、修飾的な言葉を巧みに用いたりして、表現を豊かなものとするための表現技巧。特に和歌において発達し、散文にも利用された。

枕詞

もともとは意味をもっていたものが、やがて意味を添えるよりも、飾りとして、または歌の調子を整えるために、定まった語の上に置く働きをするようになったもの。五音のものが多く、三音・四音のものもある。和歌を解釈するときには訳さなくてよい。

例 さざなみや志賀の都は荒れにしを昔ながらの山桜かな〈志賀の都はすっかり荒れ果ててしまったが、昔のままに美しく咲いている長等山の山桜よ〉（千載和歌集）→「さざなみや」が、地名の「志賀」にかかっている。

・地名にかかる枕詞

あきつしま→大和	**あをによし→奈良**
しきしまの→大和	**しらぬひの→筑紫《つくし》**
そら（に）みつ→大和	**とぶとりの→飛鳥《あすか》**
とりがなく→東	**みすずかる→信濃**
やくもたつ→出雲	

例 あをによし奈良の都にたなびける天の白雲見れど飽かぬかも〈奈良の都にたなびいている天の白雲は、（いつ、何度）見ても飽きることがないものだなあ〉（万葉集）→「あをによし」が、「奈良」にかかっている。

・地名以外にかかる枕詞

あしひきの→山・峰・尾上・個有の山の名
あまざかる→鄙《ひな》・日・向かふ
あらたまの→年・月・日・来経《きふ》・春
いはばしる→滝・垂水《たるみ》・近江《あふみ》
うつせみの→世・命・人・代・身
からころも→着る・裁つ・裾《すそ》・袖・紐《ひも》・つま・慣る
くさまくら→旅・度・ゆふ・結ぶ・露
くれたけの→世・節《よ》・夜
しろたへの→衣・袖・袂《たもと》・雪・雲
たまきはる→命・世・うち・吾《わ》
たまくしげ→ふた・箱・あく・おほふ・身《み》・奥
たまほこの→道・里
たらちねの→母・親
ちはやぶる→神・氏《うぢ》・社
なよたけの→世・節・夜・ふし・とをよる
ぬばたまの→夜・黒・夢・夕・闇・髪・月・寝《い》
ひさかたの→天・日・光・月・雨・雲・夜《よ》・都・空・星・鏡
ふゆごもり→春・張る
もののふの→八十《やそ》・五十《いそ》
ももしきの→大宮・うち・宮

序詞

ある特定の語句を導くために、その前に置かれる七音以上の飾りの語句で、和歌の解釈のときは、おおむね訳さないが、比喩表現や導き出される語句の場面説明になっているときは訳した方がよい。

例 駿河なる宇津の山べのうつつにも夢にも人に逢はぬなりけり〈駿河にある宇津の山のあたりに来ていますが、その名のようなうつつ（現実）にはもちろん、夢の中でさえあなたに会わないことですよ〉（伊勢物語→P125参照）

■下の語句に直接かかる

❶意味上似ているところがあって、比喩的に導くもの

例 あしひきの山鳥の尾のしだり尾の長々し夜を独りかも寝む〈山鳥の垂れさがって長い尾のように、長い長いこの夜を、私は一人わびしく寝るのだろうか〉（拾遺和歌集）→「山鳥の垂れさがった尾のように長い夜」という関係で導く。

❷同音または類似する音の関係で導くもの

例 住の江の岸に寄る波夜さへや夢の通ひ路人目よく

らむ〈夜までも、夢の中の通い路で、あの人は人目をさけるのであろうか。昼間はともかく、夜の夢の中でも思うように会えないことだ〉（古今和歌集）→「住の江の岸に寄る波」の「寄る」と同音の「夜」を引き出す。

❸掛詞の関係で導くもの

例 立ち別れいなばの山の峰に生ふるまつとし聞かば今帰り来む〈あなた方と別れて、任国の因幡《いなば》の国へ行きますが、そこの稲羽の山の峰に生えている松の、その名のように、こちらであなた方が私を待っていると聞いたなら、すぐにも帰ってきましょう〉（古今和歌集）→「いなばの山の峰に生ふる松」から「（私を）待つ」を引き出す。

掛詞（懸詞）

一つの語に二通りの意味をもたせる技巧。掛詞は、二通りの意味に訳すのが原則である。

例 山里は冬ぞ寂しさまさりける人目も草もかれぬと思へば〈山里は（いつも寂しいが）冬になると一段と寂しさがますことだなあ。人の訪れも絶え、草も枯れてしまったと思うと〉（古今和歌集）

→「かれ」を「人目も離れ、草も枯れ」というように二重に訳す。

■主な掛詞

あき＝秋・飽き	あふ＝逢ふ・逢坂
あめ＝天・雨	いく＝生く野・行く
いふ＝言ふ・夕	いる＝射る・入る
おく＝置く・起く	すみ＝住み・澄み
ながめ＝長雨・眺め	
なき＝無き・渚	なみだ＝涙・無み
ひ＝思ひ・火	ふみ＝文・踏み
ふる＝旧る・降る	まつ＝待つ・松

縁語

互いに関係深い語を特に用いて、おもしろみを添える。

例 ここに六十の露消え方に及びて、さらに末葉の宿りを結べることあり〈さて六十歳の露が消えそうにはかない老年に至って、さらに余生の住まいをかまえることになった〉（方丈記）

→「露」に対して、「消ゆ」「葉」「結ぶ」が縁語。

物名《もののな》 事物の名をほかにわからないように詠み込む。隠題ともいう。

例 秋(あき)近(ちか)う野はなりにけり白露の置ける草葉も色かはりゆく〈野原には秋が近づいてきたなあ。草葉には白露が置き、色も変わってゆくことよ〉(古今和歌集)→「きちかう(桔梗)の花」を詠み込んである。

折句《おりく》 各句の初めに、五音の語句の一音ずつを置いて詠む(P121「唐衣……」の歌参照)。

例 をぐら山みね立ちならしなく鹿のへにけむ秋をしる人ぞなき〈小倉山、その峰を幾度となく踏みしめて鳴く鹿が過ごしてきた春秋を本当に知る人はいないよ〉(古今和歌集)→「女郎花」を各句の初めに詠み込んでいる。

沓冠《くつかむり》 折句の一種。十音の語句を各句の上下に置いて詠む。

例 夜も涼しねざめのかりほた枕もま袖も秋にへだて無きかぜ〈夜も涼しい。寝覚めしたこの仮の庵では手枕も袖も隔てなく風が吹いてゆく〉(続草庵集)→冠(各句の初め)に「米給《よねたま》へ」、沓(終わり)に「銭《ぜに》も欲《ほ》し」と詠み込んでいる。

本歌取り 本歌の語句・発想・趣向を借り、別趣の歌に仕立てる。

例 **本歌** 久方の天の香具山この夕べ霞たなびく春立つらしも〈天の香具山にこの夕べ初めて霞がたなびいている。春になったらしい〉(万葉集)

本歌取り ほのぼのと春こそ空に来にけらし天の香具山霞たなびく〈ほんのりと春が空に来ているらしい。今、天の香具山には、あのように霞がたなびいている〉(新古今和歌集)

→本歌の春の夕の景を、春の朝の景に転じている。

11 紀行文

POINT
- 筆者の人生観について理解する。
- 修辞法を駆使した文章の美しさを味わう。
- 俳諧紀行文の表現・構成をとらえる。

後発の紀行文学作品

「紀行文」といえる作品は、平安時代には少ない。平安前期の『伊勢物語』中の「東下り」の章段は紀行であり、『土佐日記』も土佐国から京へ上る旅日記で、最初の紀行文ではあるが、その行程の大半が船路であったため、船からの港・浜辺などの眺めについての記述は少ない。平安中期の『更級日記』には、作者の少女時代、上総国から上京した旅路が詳しく書かれている。当時は個人的な理由で旅をする人も少なく、道路状況や宿泊場所といった条件もまだまだ整備されていなかったことにもよるだろう。

後年、鎌倉時代になってからは、京と鎌倉との間の交通が盛んになり、『海道記』『十六夜《いざよい》日記』『東関紀行』などの紀行文が書かれて世に出るようになった。

その後は、公用の旅のほかに、流通経済の範囲がしだいに拡大していくにつれ、旅をするという機会が増えてきた。江戸時代ともなると、五街道をはじめとした様々な街道が整備され、それぞれに必要に応じて宿場町もできて賑わうようにもなった（各国からの物資の輸送のほか、参勤交代による大名とその供廻りの者たちの往来が始まったことも大きな原因と考えられる）。

江戸前期の俳人松尾芭蕉《まつおばしょう》（主に元禄期）は、言語芸術としての俳諧において独自の境地を開くための求道の旅をくり返し、『野ざらし紀行』（別名『甲子吟行《かっしぎんこう》』）、『笈《おい》の小《こ》文《ぶみ》』『更科《さらしな》紀行』などを著し、蕉風《しょうふう》確立の後、俳諧紀行の名作『奥の細道』を世に出した。

奥の細道

▲松尾芭蕉

作者と成立年代

作者は江戸時代の俳人、松尾芭蕉。刊行は芭蕉の死後の、元禄十五（一七〇二）年。門人の河合曾良《かわいそら》をともない、奥羽・北陸を経て大垣に至る約七か月の旅行記で、蕉風の完成を示す紀行文学の傑作。芭蕉がこの作品の決定稿をいつつくりあげたのかは不明だが、常に所持したという本の奥書に、元禄七年初夏の筆写ということが記されており、この前後に成ったものであろうと考えられる。ただし、芭蕉の自筆原本は現存しない。

松尾芭蕉は、寛永二十一（一六四四）年、伊賀上野の地《じ》侍《ざむらい》の子に生まれ、北村季吟《きぎん》に俳諧を学んだのち江戸に移って俳諧の道に励んだ。貞門、談林を経て独自の道を歩み、三十七、八歳で師匠として独立した。人生を旅に見立て、旅の中で詩精神を磨いた。芭蕉が確立した俳風を「蕉風」という。『奥の細道』の旅の後、元禄七（一六九四）年、九州への旅を志して出発し、途中大坂で病没した。

作品解説

風雅の旅を記した紀行文

『奥の細道』は元禄二（一六八九）年三月二十七日早朝、弟子の河合曾良をともなって江戸を出発し、日光・白河の関・松島・平泉・立石寺《りゅうしゃくじ》・象潟《きさがた》・越後・金沢・永平寺・福井を歴訪し、九月六日美濃（現在の岐阜県）の大垣から舟で伊勢の遷宮を拝みに出かけるまで、日数百五十日、旅程六百里（約二三五〇キロメートル）におよぶ大旅行を記した紀行文である。全体の構成は、①「旅立ち」から「遊行柳」まで、②「白河の関」から「塩釜の浦」まで、③「松島」から「象潟」まで、④「越後路」から「大垣」までの四段構成が考えられ、これは連句の歌仙形式（三六句構成の連句）における四段構成をふまえたものといわれる。東北・北陸地方の歌枕を歴訪するという目的の中でも、特に「松島」「平泉」「象潟」は三大目的地であり、その記述は、それぞれの風土にふさわしい文体を駆使した筆づかいになっている。

本文中の記載には、随行した曾良の日記に記すところの事実としばしば相違しているところがあり、『奥の細道』の虚構といわれるが、それはこの作品の、単なる記録文学とは異なる文学性の豊かさを意味するものでもある。

旅の中で磨かれた芸術精神の結晶

『奥の細道』は、芭蕉の紀行文中では形式・内容ともに最も整い、芭蕉の老熟した精神を示すところが多く、文章も爛熟した筆致を示している。芭蕉の作風はいくつかの旅を転機として変化があるといわれるが、『奥の細道』の旅が終わって後、晩年の作風である「軽み」が現れ始めたことからしても、この旅の意義は大いなるものがあったといえる。この旅を通して、芭蕉は人間の営みのはかなさと、それに対する自然の悠久不変の姿を再認識するが、自然の悠久さを認めつつも、人間の営みの中にある不変なものを信じようとしている。これが後の不易《ふえき》流行《りゅうこう》説に引き継がれている。

▲『奥の細道』旅程図
『奥の細道』の旅は、全長約2350km、約150日間にもおよぶ、一大行脚だった。

『奥の細道』は「紀行文」の最高峰

芭蕉はこれ以前にも『野ざらし紀行』（別名『甲子《かっし》吟行』。芭蕉初めての紀行文）『笈《おい》の小文《こぶみ》』『更科《さらしな》紀行』などの紀行文を書いているが、多くの名句と、簡潔で味わいのある名文とが互いに独立した価値を示しつつ、しかも互いに響きあって調和し、最も成功したのが『奥の細道』である。

Q 不易流行説ってなに？

A 芭蕉が晩年に提起した理念です。「不易」とは時代を超えて人々を感動させるもの、「流行」とは、その時々によって変化し、その時代の最先端をいくものを意味します。この二つは、まるで正反対のものに感じられますが、「流行」しつつ永遠の価値をもつものが「不易」となるので、本質的には同一であるというのが、不易流行説の考え方です。

旅立ち

風雅の旅への出発
自分の切り開いてきた風雅の道（蕉風《しょうふう》）をさらに高め、深めるための大旅行（日数百五十日、旅程六百里）への旅立ちの思いを記した名文。

■…文法重要事項
■…重要語句
□…訳が出やすい箇所

月日は百代《はくたい》の過客《くわかく》《カ》にして〔断・用〕、行きかふ《コウ》年もまた旅人なり〔断・止〕。舟の上に生涯を浮かべ、馬の口とらへ《エ》て老いを迎ふる《ウ》者は、日々旅にして旅をすみかとす。古人も多く旅に死せる〔サ変・未完・体〕あり。予《よ》もいづれ《ズ》の年よりか、片雲《へんうん》の風に誘はれ《ワ》〔受・用〕て、漂泊《へうはく》《ヒョウ》の思ひ《イ》やまず、海浜にさすらへ《エ》、去年《こぞ》の秋、江上《かうしやう》《コウショウ》の破屋《はをく》《オク》に蜘蛛《くも》の古巣を払ひ《イ》て、やや年も暮れ、

月日は永遠の旅人で、やって来ては去ってゆく年もまた旅人である。（船頭として）舟の上で一生を浮かべ（て暮らし）、（馬子《まご》として）馬のくつわをとって老年を迎える者は、毎日が旅であり、旅を（自分の）住まいとしている。昔の人も大勢旅路で死んだ人がいる。私もいつの年からか、一片の浮雲が風に誘われて（流れ行くように旅心をそそられて）、さすらい歩くことへの願いがやまず、（先年も）海べをさすらい歩き、去年の秋、川（隅田川）のほとりのあばら屋に（久しぶりに）戻り、（留守中にはった）蜘蛛の古巣を払って（ひとまず落ち着いたが）、しだいに年も暮れ、

語釈・文法解説

月日は百代の過客にして…月日（時の流れ）は永遠の旅人であって。唐の李白《りはく》の「夫《そ》れ天地は万物の逆旅《げきりよ》にして、光陰は百代の過客なり」（「春夜桃李《とうり》園に宴する序」）による。

古人…ここでは、李白・杜甫《とほ》・西行・宗祇《そうぎ》らを指す。

海浜にさすらへ…この前年に、須磨《すま》・明石《あかし》などをめぐった旅を指す。『笈の小文』という紀行文を著している。

江上の破屋…隅田《すみだ》川のほとりのあばら家。芭蕉庵《あん》を指す。

やや（副）…しだいに。

春立てる霞《かすみ》の空に、白河《しらかは》《カワ》の関越えんと、そぞろ神のものにつきて

春になって霞の立ちこめている空を見ると、（今度の旅は）白河の関を越えようと思い、そぞろ神がとりついて心を乱し、

心を狂は《ワ》せ、道祖神《だうそじん》《ドウ》の招きにあひ《イ》て取るもの手につかず、股引《ももひき》の

道祖神の招きにあっ（たような気がし）て取るものも手につかず、股引の

破れをつづり笠《かさ》の緒《を》《オ》つけかへ《エ》て、三里に灸《きう》《キュウ》すうるより、松島の月

破れをつくろい、笠のひもを付け替えて、三里に灸をすえるとすぐに、松島の月が

まづ《ズ》心にかかりて、住める方《かた》は人に譲り、杉風《さんぷう》が別墅《べつしよ》《ベッショ》に移るに、

（どんなに美しいか）何よりもまず気にかかって、住んでいる家は人に譲り、杉風の別宅に移るにあたって（詠んだ句）、

草の戸も住み替は《ワ》る代《よ》ぞひなの家

（このようにわびしい）草庵も（住人が）住み替わる時節になったなあ。（折からひな祭りのころとて）ひな人形も飾られて何となくはなやいだ気分であるよ。

表《おもて》八句を庵《いほり》《イオリ》の柱に掛け置く。

（この句を発句《ほっく》として）連句の最初の八句を庵の柱に掛けて置く。

春立てる霞の空に…能因法師の和歌、「都をば霞とともに立ちしかど秋風ぞ吹く白河の関」（『後拾遺和歌集』）をふまえている。

白河の関…**現在の福島県白河市にあった古代の関所。「みちのく」への玄関口として多くの和歌に詠まれた歌枕。**

そぞろ神…人を落ち着かない気持ちにさせる神のことをいう。

道祖神…旅の安全を守ってくれる神。

三里…ひざ頭《がしら》の下、外側のくぼみ。鍼灸《しんきゅう》の〝つぼ〟の一つで、ここに灸《きゅう》をすえると健脚になるとされる。

松島…現在の宮城県宮城郡松島町の景勝地。〝日本三景〟の一つに数えられる名所で、歌枕。

杉風…杉山《すぎやま》杉風のこと。芭蕉の門人。

別墅…別宅。

表八句…**百韻連句の最初の八句。懐紙の一枚目の表に書く。**

弥生《やよひ》《ヤヨイ》も末の七日《なぬか》、あけぼのの空朧々《ろうろう》として、月は有明《ありあけ》にて光を《オ》さまれるものから、富士の峰《みね》かすかに見えて、上野、谷中《やなか》の花の梢《こずゑ》《コズエ》またいつかはと心細し。むつまじきかぎりは宵よりつどひ《イ》て、舟に乗りて送る。千住《せんぢゆ》《ジュ》といふ《ウ》所にて舟を上がれば、前途《せんど》三千里の思ひ《イ》胸にふさがりて、幻のちまたに離別の涙をそそく。

行く春や鳥啼《な》き魚の目は涙

（さまれる：ラ四・已　存・体　ものから：接助）

(陰暦)三月も下旬になっての二十七日、あけぼのの空はおぼろに霞み、月は有明月で、光は薄らいでいるものの、富士の峰がかすかに見え、上野・谷中の桜の梢をまたいつの日に見られるのだろうかと、心細い思いがする。親しい人々は皆、前の晩から集まって、隅田川を一緒に舟に乗って送ってくれる。千住という所で舟から上がると、(いよいよこれから)三千里もの長旅に出るのだなあという感慨が胸にいっぱいになって、この世は夢まぼろしと観ずるものの、離別の涙を流すのであった。

去りゆく春を惜しむ愁いで、鳥は悲しげに鳴き、魚の目は涙にうるんでいるようだ。

月は有明にて…『源氏物語』帚木《ははきぎ》の巻中の文章をふまえた表現。

ものから…逆接確定条件を表す接続助詞。

上野、谷中…ともに現在の東京都台東区内の地名。桜の名所。

いつかは…下に「見ん」が省略されている。「かは」は強い調子の疑問を表す。あるいは「もう見られないのではないか」という思いも込めている。

むつまじきかぎり…**親しい人々。芭蕉の旅立ちを見送りに来ている。**

千住…現在の東京都足立《あだち》区内の地名。奥州街道の最初の宿場。

前途三千里の思ひ…これからの旅路がはるかに遠いことを思っての感慨。

行く春…当時は、睦月《むつき》（陰暦一月）から弥生《やよい》（陰暦三月）までが春とされた。去りゆく春の美しさを惜しむ思いは「**惜春**《せきしゅん》」とよばれ、詩歌によく歌われる季題であった。

18 これを矢立ての初めとして、行く道なほ《オ》進まず。人々は途中に

これを旅の句の書き初めとして(行脚の第一歩を踏み出したが)、まだ(後ろ髪をひかれる思いで)歩みが進まない。人々は道端に

19 立ち並びて、後ろ影の見ゆるまではと見送るなるべし。

断・体 推・止

立ち並んで、我々の後ろ姿の見える限りはと思って見送っているらしい。

矢立ての初め…旅先での最初の句の意味。「矢立て」は携帯用の筆記用具。

途中…道端《みちばた》。

後ろ影…芭蕉と曾良の、去っていく後ろ姿。

解釈

万物は流転し、人生は旅そのものである

この冒頭文には、万物(の存在)は刻々流転して止まらぬ旅のようなものであり、人生の本質もまた旅であるとする芭蕉の考え方が明確に表されている。このような基本的認識をもっているからこそ、前年、『笈《おい》の小文《こぶみ》』の旅をして帰ったばかりなのに、早くも奥羽・北陸への旅にしきりと心が動くのである。

芭蕉は、旅の中にこそ人生の本質があり、旅をすることによって自分のこの信念を確立していけると考えている。芭蕉が敬慕する「古人」も、旅に死んだ詩人たちである。中国の李白《りはく》と杜甫《とほ》は、芭蕉がきわめて大きい影響を受けた詩人であり、わが国の名歌人西行、連歌の大成者宗祇《そうぎ》もまた、好んで旅をし、旅の途中で死んだ人たちであった。

平泉

悠久の自然とはかない人間の営み

藤原三代の栄華と悲劇の名将源義経ゆかりの地、奥州平泉に来た芭蕉は、人間の営みのはかなさを、悠久の自然との対比で感慨深くとらえた。

三代の栄耀《えいえう》《ヨウ》一睡《いつすゐ》《イッスイ》のうちにして、大門《だいもん》の跡は一里こなたにあり。

（に：断・用　して：接助　あり：ラ変・止）

藤原三代の栄華もはかない夢と消え去り、（その邸の）大門の跡は一里も手前にある。

秀衡《ひでひら》が跡は田野《でんや》になりて、金鶏山《きんけいざん》のみ形を残す。まづ《ズ》高館《たかだち》に登れば、北上川南部より流るる大河なり。衣川《ころもがは》《ガワ》は和泉が城《じやう》《ジョウ》をめぐりて、高館の下にて大河に落ち入る。泰衡《やすひら》らが旧跡は、衣《ころも》が関《せき》を隔てて南部口をさし固め、夷《えぞ》を防ぐと見えたり。さても義臣《ぎしん》すぐつ《ッ》て

（が：格助　のみ：副助　登れ：ラ四・已　ば：接助　なり：断・止　隔て：タ下二・用　固め：マ下二・用　防ぐ：ガ四・止　見え：ヤ下二・用　たり：存・止　すぐつ：ラ四・用）

（往時の巨構をしのばせる）秀衡の邸跡は田や野原となって、金鶏山だけが（昔の）姿を残している。まず（義経の遺跡の）高館に登ると、（北上川が見えるが、この）北上川は南部地方から流れる大河である。衣川は（かの義勇の士忠衡の居城）和泉が城をめぐって、この高館の下で大河に流れ込んでいる。泰衡らの旧跡は、衣が関を間において彼方にあって北の関門南部口を堅く守り、えぞの侵入を防ぐ形に見えた。それにしても（義経は）忠義の臣を

…文法重要事項
…重要語句
…訳が出やすい箇所

語釈・文法解説

三代の栄耀…奥州藤原氏三代（清衡《きよひら》・基衡《もとひら》・秀衡《ひでひら》）の栄華。十一世紀末から約百年、平泉に京風文化を移し栄えた。

一睡のうち…はかないことのたとえ。中国の盧生《ろせい》が邯鄲《かんたん》の地で、黄粱《こうりょう》の煮えるわずかな間に一生の栄華を夢に見たという故事による。「一炊の夢」が本来の表記。

大門…毛越寺《もうつうじ》の南大門との見誤りかといわれている。

秀衡が跡…秀衡が造営した伽羅《きゃら》御所の跡。

金鶏山…秀衡が平泉鎮護のために、その頂に黄金の鶏を埋めたという、富士の

てこの城にこもり、**功名一時の草むらとなる。**「国破れて山河あ

ラ下二・用　ラ変・止

えりすぐってこの高館の城にこもり、数々の功名も一時のことで、今は草むらとなっている。「国は破れたが山河はそのまま

り。城《しろ》春にして草青みたり」と、笠うち敷きて、時の移るまで涙

断・用　接助　存・止　副助

残っている。町は春で草が青々と茂っている」と、笠をしいて腰をおろし、時刻の移るまで（懐旧の）

を落としはべりぬ。

丁・補・用　完・止

涙を落としました。

夏草やつは《ワ》ものどもが夢の跡

間

かつて義経主従が功名を夢みて奮戦した古戦場……そこは今夏草が一面に茂り、人生のはかなさと悠久の夢とを象徴しているようだ……。

卯《う》の花に兼房《かねふさ》見ゆる白毛《しらが》かな　　曾良《そら》

ヤ下二・体　終助

折から一面に白く咲いている卯の花を眺めていると、その昔、ここで白髪を振り乱して奮戦した兼房の姿が目に浮かんでくることだよ。

かねて耳驚かしたる二堂開帳す。経堂は三将の像を残し、光堂《ひかりだう》《ドウ》

連語・サ四・用　完・体　サ変・止

以前からすばらしいものと評判を聞いていた二堂が開帳していた。経堂には三将の像をとどめ、光堂は

形に築いた山。

高館…頼朝に追われた義経が、秀衡の庇護を受けて住み、秀衡没後泰衡に攻められて討ち死にした所。

和泉が城…秀衡の三男和泉三郎忠衡《ただひら》の居城。忠衡は父の遺志を守り、義経らと運命をともにした。

泰衡…秀衡の次男で、忠衡の兄。父の遺志に反し頼朝に従って義経を討ったが、のち頼朝に滅ぼされた。

衣が関…高館の北東にあった関所。

夷…当時奥州に勢力を張っていた部族。

義臣…忠義な家臣。弁慶・増尾《ましお》十郎兼房・伊勢三郎らを指す。

国破れて〜草青みたり…杜甫の五言律詩「春望」の最初の二句だが、「草青みたり」は「草木深シ」を変えたもの。

兼房…増尾十郎兼房。衣川の合戦で、白髪をふり乱して奮戦し、義経の最期を見届けて討ち死にした。

二堂…中尊寺の経堂と光堂の二堂。

開帳…中の仏を人に見せること。曾良の『奥の細道随行日記』によると、当日は経堂の開帳はなかった。

は三代の棺《ひつぎ》を納め、三尊《さんぞん》の仏を安置す。七宝《しちほう》散り失せて、珠《たま》の扉《とびら》風に破れ、金《こがね》の柱霜雪《さうせつ》に朽ちて、すでに頽廃《たいはい》空虚の草むらとなるべきを、四面新たに囲みて、甍《いらか》をおほひて風雨をしのぐ。しばらく千歳《せんざい》の記念《かたみ》とはなれり。

さみだれの降りのこしてや光堂

三代の棺を納め、三尊の仏像を安置してある。装飾の七宝も散り失せ、珠をちりばめた扉も風にさらされ破損し、金色の柱も霜や雪で朽ちて、もう少しのところでくずれすたれた草むらとなるはずだったのだが、四方を新たに囲み、上から屋根をおおって風雨を防いでいる。こうしてしばらくの間とはいいながら千年の昔をしのぶよすがとはなっていることだ。

長い年月降り注いだ梅雨も、この光堂だけは降り残したのであろうか。今、梅雨の中、光堂は昔のまま輝き、かつての栄華をしのばせていることだ。

安置す：サ変・止
破れ：ラ下二・用
朽ち：タ上二・用
べき：当・体
を：接助
と：格
は：係
なれ：ラ四・已
り：存・止
の：格
や：係

三将…清衡・基衡・秀衡。ただし、実際には三将の像はなく、文殊《もんじゅ》菩薩・優闐《うでん》大王・善哉《ぜんざい》童子の像がある。

光堂…中尊寺の阿弥陀《あみだ》堂。金色《こんじき》堂ともよばれる。

三代の棺…前記三将の棺。この三人はミイラとして保存されていることで有名。

頽廃空虚…朽ち果てて廃墟のようになった状態。

四面新たに囲みて、甍をおほひて…堂全体を別の堂で覆い(鞘堂《さやどう》という)、風雨による老朽を防ぐ。正応元(一二八八)年、鎌倉将軍惟康《これやす》親王が鞘堂を建てたことを指す。

千歳の記念《かたみ》…**千年の昔をしのぶよすが。**

さみだれ…**陰暦五月のころに降る長雨。今の梅雨《つゆ》にあたる。**

鑑賞

永遠なる自然とはかない人為との対比

芭蕉は、**自然を永遠なるもの**としてとらえ、その中に生活している**人間の営々たる営みを、流転《るてん》変化するはかないものとして対比**した。そしてそれを自分自身の生き方の根底に置き、人間の真実のあり方をひたすらさぐった。この文章でも「三代の栄耀一睡のうち」とか、「秀衡が跡は田野になりて」「功名一時」「つはものどもが夢の跡」など、**はかない人間の営み**の果てが、「金鶏山のみ形を残す」「草むらとなる」「夏草や～」などの**自然と対比**して描かれ、**人生の刹那《せつな》の興亡を大自然の生命力の中でのはかなさ**という形でとらえている。古来の諸行無常という諦念とも通底する認識である。

表現

俳文特有の表現上の特色

(1) 漢語の多様

「三代の栄耀一睡」以下「田野・大河・旧跡・義臣・功名一時」などの漢語が「登れば・めぐりて・落ち入る・草むら」などの和語に混じってみごとな和漢混交文体を成しており、力強さと優美さとが一体化して、人間の営みのはかなさへの詠嘆が伝わってくるものとなっている。

(2) 多用される対句表現

「国破れて…城春にして」「経堂は…残し、光堂は…納め」「珠の扉…破れ、金の柱…朽ちて」などの対句を多用して、歯切れのよい軽快なテンポの美文調に仕上げている。

(3) 数詞の多様

「一睡・一里・一時・二堂・三将・三尊・七宝・四面・千歳」など数詞が頻出《ひんしゅつ》するが、これも芭蕉の意図的な表現であり、荘重《そうちょう》な調べと流麗な筆の運びを感じさせる効果がある。

(4)多い省略表現

芭蕉の文章には省略表現が多く目につくが、これはやはり俳諧の表現手法によるところが大きい。文法的にはたとえ破格な表現になっても、必要な語句を省略し、簡潔な表現にすることによって、より深い余韻・詠嘆をかもし出すことができ、そこに「俳文らしさ」が出てくるのである。

たとえば本文6行めの「功名一時の草むらとなる」は「功名は一時の草むらとなる」というだけでは文意が不明であり、はなばなしい「功名」もほんの「一時」的なものであり、その古戦場の跡は現在ではすっかり「草むらとな」ってしまっている、と補うことによって文意が鮮明になるわけである。

2~3行め「まづ高館に登れば~」もまた同様で、この文は「まづ高館に登れば、(北上川の流れが眼下に見えるが、この)北上川(は、)南部より流るる大河なり」と、( )内を補って読まなければ、意味がスムーズにつながらない。

芭蕉は**簡潔・リズミカルで躍動的な調子の文章を心がけた**ようだ。一読すればおのずと感じられるように、文脈のつながりを多少犠牲にしても、簡潔でテンポの良い表現ゆえに迫ってくるものがあるはず。省略された語句を補ってしまうと躍動感は失われてしまうが、意味を正しくつかむためには省かれている語句を適宜補って理解することが必要である。

鑑賞

「平泉」の章は全体でわずかに三百十余字にしかすぎない短い章だが、**俳文特有の省略表現の積み重ねで、実に含蓄《がんちく》の深い内容となっている。**そこでまず全体のクライマックスともいえる「夏草やつはものどもが夢の跡」の句を中心に据《す》えて、内容整理をしつつ、芭蕉の感慨がどのようなものであるかにアプローチしてみよう。

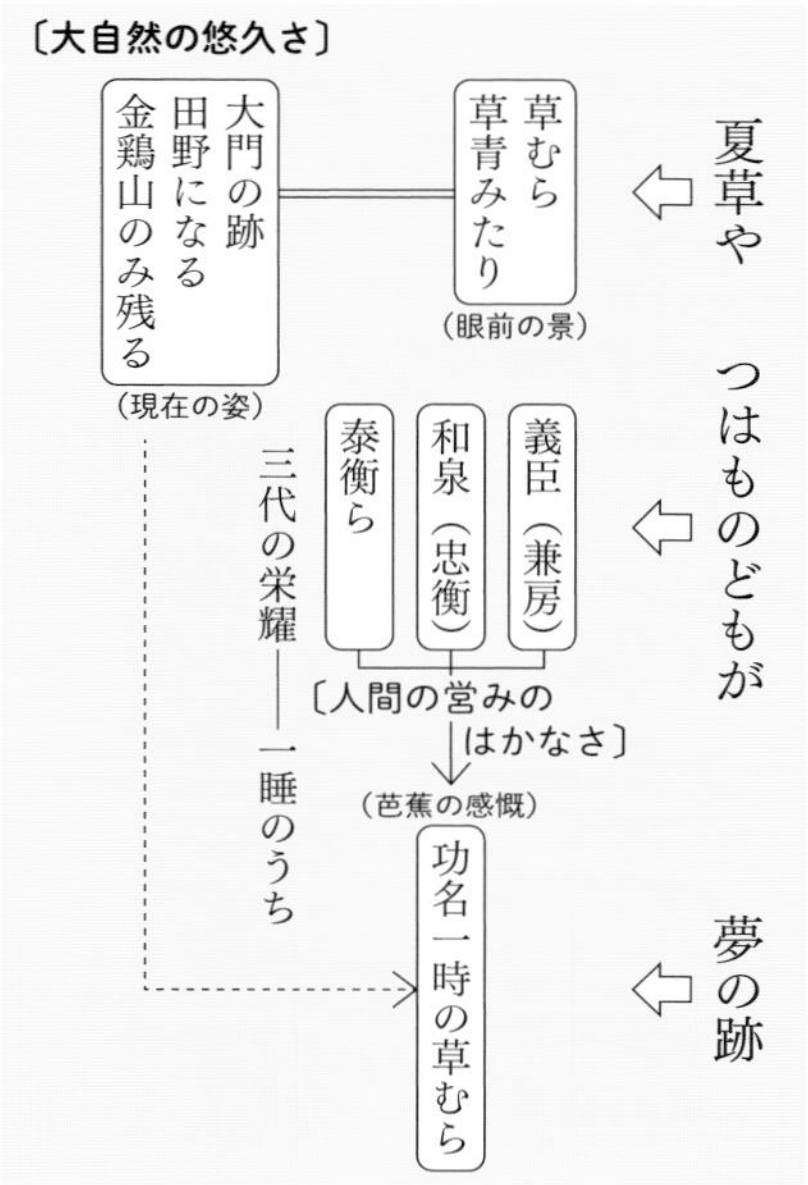

右のように、芭蕉は高館に登って平泉を眺望し、そこに展開する大自然の中に、かつてここで栄華を誇り、はかなく滅亡していった藤原氏三代に思いを馳《は》せた。そして、恒久不変、悠久なる大自然に対して、その中に生活している人間の営みのいかにはかなくもろいものであるかを痛感し、感きわまって涙を流した。

一方で、そのはかない人間の営みの中で、五百年の歳月を経て変わらない光堂があることに感動し、「さみだれの」の句に結晶していく。これが芭蕉の「不易流行《ふえきりゅうこう》」の思想の萌芽《ほうが》ともなっているのである。

＋アルファ　杜甫の詩句の引用

本文6〜7行めに杜甫の有名な「春望」からの詩句が引用されているが、引用された部分の原詩は次の通り。

国破レテ　山河在リ　城春ニシテ　草木深シ

「草木深し」を「草青みたり」と眼前の景に一致させるとともに国文調に転換し、地の文に溶け込ませている。もともと「春望」は、安禄山の乱による国家の荒廃を嘆き、乱世を恨む、いわば憂国の情を詠じたものだが、芭蕉はそれを懐旧の情に変えて引用している。

「旅立ち」の冒頭で、李白《りはく》の文をふまえながらも自分なりの表現に変えていたように、芭蕉の漢詩文引用の特徴は、形・意味を変えて、脱俗風雅な点のみを利用することが多い点にある。

POINT

芭蕉は省略を多用する！

省略の多い俳諧文では、省かれている語句を補って理解することがポイント。

俳諧の基本用語と主な季語

■俳諧の基本用語

式目《しきもく》……きまりごと。特に、俳諧をつくる際のきまり。

付合《つけあい》……長句（五・七・五）と短句（七・七）とを別の人が詠み、それを付け合わせること。

連句《れんく》……長句と短句を交互に連ねていく形式の詩文芸。

発句《ほっく》……連句の始めとなる、最初の長句。

切れ字……発句の句中や句末に用いて、句を切ったり、句に曲折をもたせたりする語。活用語の終止形・命令形や、終助詞などが用いられる（「や」「かな」「けり」など）。

挙句《あげく》……最後の一句。連句の挙句は短句である。現代でも「挙句の果て（最後の最後には。結局）」という語が残っている。

季語《きご》……俳諧に詠み込まれて、その句の季節感を表す語。

俳諧では、発句に季語を詠み込むという約束があった。なお、季語は陰暦に基づいているので、解釈する際には注意が必要である（陰暦についてはＰ192を参照）。

■主な季語

春（陰暦一～三月） ※新年、立春、雛祭に関係する語は春

初春・初日・年立つ・松の内・去年今年《こぞことし》・鏡開き・初霞《はつがすみ》・若《わか》水《みず》・初鶯《はつうぐいす》・若菜摘《わかなつみ》・福寿草《ふくじゅそう》・薺《なずな》・橙《だいだい》・彼岸《ひがん》・朧月《おぼろづき》（夜《よ》）・東《こ》風《ち》・花曇《はなぐも》り・菜種梅雨《なたねづゆ》・霞《かすみ》・陽炎《かげろう》・鶯《うぐいす》・雲雀《ひばり》・蝶《ちょう》・桜・桃・梅《うめ》・椿《つばき》・藤・山吹《やまぶき》・菜《な》の花・土筆《つくし》・蒲公英《たんぽぽ》・蓬《よもぎ》

夏（陰暦四～六月） ※梅雨《つゆ》、田植えに関係する語は夏

五月雨《さみだれ》・風薫《かぜかお》る・麦秋《ばくしゅう》・梅雨冷《つゆび》え・祇園会《ぎおんえ》・更衣《ころもがえ》・団扇《うちわ》・打《うち》水《みず》・初鰹《はつがつお》・鮎・青蛙《あおがえる》・蝸牛《かたつむり》・時鳥《ほととぎす》・卯《う》の花・花橘《はなたちばな》・早苗《さなえ》

秋（陰暦七～九月） ※七夕《たなばた》、十五夜、台風に関係する語は秋

天の川・鰯雲《いわしぐも》・名月・盆《ぼん》の月・野分《のわき》・盂蘭盆《うらぼん》・鹿・（初《はつ》）雁《かり》・渡《わたり》鳥《どり》・赤蜻蛉《あかとんぼ》・鈴虫・松虫・紅葉《もみじ》（狩《がり》）・薄《すすき》・柿・栗《くり》・萩《はぎ》・刈田《かりた》

冬（陰暦十～十二月） ※歳末、雪に関係する語は冬

小春・年の瀬（暮《くれ》）・年越し・寒《かん》の入《いり》・酉《とり》の市《いち》・除夜・寒《かん》・凩《こがらし》・時雨《しぐれ》・霰《あられ》・霙《みぞれ》・氷柱《つらら》・霜《しも》（夜《よ》）・鰤《ぶり》・鴨《かも》・寒雀《かんすずめ》・落葉《おちば》・山茶花《さざんか》・水仙《すいせん》・残菊《ざんぎく》・寒椿《かんつばき》・早梅《そうばい》・雪折《ゆきおれ》・枯木《かれき》

定期テスト対策問題　奥の細道

解答・解説はP296〜297

問一 次の語句の意味を答えなさい。

①いづれの　②こそ　③やや　④さても
⑤すぐつて　⑥千歳のかたみ　⑦さみだれ

ヒント

問二 次の①〜④を現代語訳しなさい。

①月日は百代の過客にして
②古人も多く旅に死せるあり
③三代の栄耀一睡のうちにして
④功名一時の草むらとなる

問三 次の三つの句の、季語と季節とを答えなさい。

①草の戸も住み替はる代ぞひなの家
②卯の花に兼房見ゆる白毛かな
③さみだれの降りのこしてや光堂

問四 芭蕉の確立した俳風を何というか。漢字二字で答えなさい。

問五 「月日は百代の過客にして」は、何という詩文に基づく表現か。その詩文の題名（十二字以内）と作者の名（漢字二字）を答えなさい。

問六 「国破れて山河あり。城春にして草青みたり」は、何という漢詩に基づく表現か。その詩の題名と作者の名を、それぞれ漢字二字で答えなさい。

問五 題名は漢文（白文）のままでも、書き下し文にした形でもよい。

問六 問五の作者と並び称される名詩人の作である。

MY BEST

For Everyday Studies and Exam Prep
for High School Students

古文

定期テスト対策問題

解答・解説

説話

定期テスト対策問題　児のそら寝

解答

問一 ①よい　②かいもちい　③いいける　④まちいたる　⑤さぶらわん　⑥いらえん　⑦おさなき　⑧こえ

問二 ①退屈（手持ちぶさた）　②さあ　③そうかといって　④目ざめる　⑤返事をする　⑥我慢する　⑦どうしようもない　⑧このうえもない

問三 ①さあ、ぼたもちをつくろう　②きっとよくないだろう　③できあがるのを待っていた　④きっと起こすだろう　⑤もしもし　⑥待っていたのかと思うと困る　⑦もう一声よばれて返事をしよう　⑧お起こししてはいけない　⑨ああ、困ったなあ

問四 すぐに返事をすると待っていたのかと思われると心配したから。（29字）

問五 児が実は目ざめていて、見栄を張って返事をしなかったのだと気づいたから。（35字）

問一 語頭以外のハ行はワ行の音で読む。

問二 解答どおりでなくても、同じ意味の語句で答えられていれば可とする**（これ以後の同種の設問も同様とする）**。

問三 ①「いざ」は、人を誘う言葉。「む」は意志の助動詞。

②「なむ」は、強意の助動詞「ぬ」の未然形に、推量の助動詞「む」がついた形。

③「出《い》で来《く》」（カ変動詞）は、「できる。出て来る」の意。

④「さだめて」は「きっと」の意の副詞。「むずらむ」は、全体で推量として訳せばよい。

⑤人に話しかけるときの慣用句である。

⑥「——もぞ～（連体形）」は、危《あや》ぶみ、心配を表す言い方で、「——が～と困る（たいへんだ）。」と訳す。

⑦「れ」は受身、「む」は意志を表す助動詞。

⑧「な——そ」は柔らかい禁止・制止を表す。

⑨「あな」は感動詞で、「あな＋形容詞の語幹」は、「ああ、——なあ」という強い感動表現となる。

問四 児としてはすぐに返事をしたかったのだが、「ただ一度に～もぞ思ふ」と心配して我慢してしまったのである。

問五 僧が「もの申し～」と声をかけて「無期ののちに」返事をしたので、「さっきは起きていたのか」と知られてしまったのだ。

定期テスト対策問題　絵仏師良秀

解答

問一 ①おしおおいて　②おわしけり　③おおかた　④うなずきて　⑤わらいけり　⑥あわれ　⑦しょうとく　⑧なんじょう　⑨こう　⑩わとう

問二 ①いらっしゃる　②すべて　③脇（側）　④ほとんど（だいたい）　⑤驚きあきれる　⑥訪れる（見舞う）　⑦よくない（下手だ・まずい）　⑧悪い（ひどい）　⑨わかる（納得する）　⑩ほめる（賞賛する）

問三 ①人々がやって来て見舞ったが　②ああ、大変なもうけものだなあ　③長年、下手に描いていたものだなあ　④これはどうしたことか　⑤どうして物怪《もののけ》のとりつくはずがあろうか　⑥このように燃えるのだったのか　⑦世間で生きていく以上は　⑧たいした才能もおありでないから　⑨そのあとのことであったろうか　⑩皆が賞賛している

問四 仏を尊ぶ心や妻子を思う情のない、利己的な人柄。（23字）

問五 すぐれた能力をもたない人を見下し、絵師としての自分に強い自信をもつ人柄。（36字）

問一 語頭以外のハ行はワ行の音で読む。「アウ→オー、エウ→ヨー」という変化に注意。

問二 ①「おはす」は尊敬の動詞。

②副詞「さ」に、「〜のまま。〜すべて」の意の「ながら」がついてできた語。

⑤・⑥現代語に同じ語形が残っているが、意味が異なることに注意。

問三 ②「あはれ」は感動詞。「かな」は詠嘆の終助詞。

③「ける」は詠嘆（気づき）の助動詞。「かな」は②と同じ。

④意外なことに驚くときの慣用句。

⑤「なんでふ——べき」で反語表現となっている。

⑥「けれ」は、③と同じく詠嘆（気づき）を表す。

⑦「世にあり」は、「この世で生きていく」の意。

⑧「させる——打消」は、「それほどの——ない。たいした——ない」の意。

⑨「にや」は「にか」と同様、基本的に下に「あらむ」を補って訳す。ここは、過去のことを書いているので、「ありけむ」を補う。

問四 家の中に残したままでいるのは、「仏」（つまり、仏画）と家族。ともに、尊崇すべきものと大切にすべきものである。

問五 他人に対して「させる能もおはせねば」という言葉を吐くことから、相手への侮蔑と強烈な自負とが読み取れる。

定期テスト対策問題　行く河の流れ

解答

問一 ①水の泡　②例　③去年　④昔　⑤習慣（世の常）　⑥ちょうど（ひたすら）　⑦どこ（どちら）　⑧まだ

問二 ①このようなものだ（これと同じだ）　②棟瓦の高さを競っている　③どこへ（どちらへ）去って行くのか　④誰のために　⑤残るとはいっても（残っていても）

問三 ①流れて行く川の流れは絶えることなく、それでいて、もとの水ではない　②一方で消えたかと思うと、また一方で新しくできて、長く（この世に）とどまっている例はない　③何世代を経て尽きないものだが　④朝に夕に、死んだり生まれたりする世の常　⑤何によって目を楽しませるのか　⑥消えないとはいっても夕方まで保たれることはない

問四 ①比喩　②対句　③互文　④倒置

問五 はかないもの

問六 無常（観）

問一 ④「往《い》にし方《へ》」が語源。
⑤「世の習ひ」という語句もある。
⑥直線的に結びつく状態一般を表す語。
⑦「いづ――」は疑問の語（例 いづこ・いづれ）。

問二 ①「かく」は副詞、「ごとし」は比況の助動詞。
②「る」は存続の助動詞「り」の連体形。
③「か」は疑問の係助詞。
④「が」は連体修飾格の格助詞。
⑤「〜といへども」は逆接確定条件の接続助詞。

問三 ①「〜ずして」は「〜ないで」の意。
②「かつ〜、かつ――」は、「一方で〜と、また一方（他方）で――」という言い方。
④「朝に、夕べに、死に、生まるる」という表現の順を入れかえてある。
⑤「か」は疑問の係助詞、結びの語は使役の助動詞「しむ」の連体形「しむる」。

問四 ②二つの文節が同じ構造になっていることに着目する。
③問三④の解説参照。
④「いづかたより〜去る」は、「知らず」の対象（目的語部分）である。

問五 「久しくとどまりたるためしなし」というものの象徴となっ

ている。

問六 「すべては変転し、消えてゆく」という認識である。

定期テスト対策問題　神無月のころ

解答

問一 ①（陰暦）十月　②閑寂な風情で（ものさびしい雰囲気で）　③～のほかには（～以外には）　④少しも～ない　⑤そうはいってもやはり　⑥しみじみ身にしみて　⑦興ざめして

問二 ①「はべり」＝ラ変「はべり」、「し」＝過去「き」　②「あれ」＝ラ変「あり」、「なる」＝断定「なり」、「べし」＝推量「べし」　③「あら」＝ラ変「あり」、「れ」＝可能（自発も可）「る」、「ける」＝詠嘆（気づき）「けり」　④「ましか」＝反実仮想「まし」、「覚え」＝下二段「覚ゆ」、「しか」＝過去「き」

問三 ①ありましたが（ときに、も可）　②少しも音を立てるものがない　③住む人があるからなのであろう　④こんなふうにして暮らしていくこともできるものなのだなあ　⑤この木がなかったら（よかったのに…）と思われた

問四 心ぼそく住みなしたる

問五 柑子の木の周りを囲ってあったのは、この住人の心に実を盗まれまいという物欲があるということだから。（48字）

問六 よからまし（5字）

問一 ②ここでは良い意味で用いられている。
③「で」は打消の接続助詞。
④「つゆ」は下の否定表現を強める副詞。
⑥「あはれなり」は、基本的には「しみじみ～。身にしみて～」の意。文脈に応じて適切な訳語を工夫しよう。

問二 ①過去の助動詞「き」は、連体形「し」の形で用いられることが最も多い。
③この「ける」は、自分の目で見、その場に身を置いている状態での思いを表しているので、伝聞過去ではない。
④「――ましかば～まし」は反実仮想の表現。

問三 ①・③・④・⑤は、問二の文法的考察をふまえて考える。

問四 兼好法師がこの草庵を訪れてどのような風情に感銘を受けたのか、よく考えてみよう。

問五 この庵の主人が柑子の木の周りを厳しく囲ったという行動をとったのはなぜか、と考えてみよう。

問六 **反実仮想表現「――ましかば～まし」の後半を補う**ことにな

る。「この木がなかったら」兼好は感慨深い思いでここを立ち去れたのである。

定期テスト対策問題　九月二十日のころ

解答

問一 **①（陰暦）九月　②ありました　③お思い出しになった所　④取り次ぎを申し入れさせて　⑤とくにそうしたわけではない　⑥優美に　⑦様子　⑧すぐに　⑨このような**

問二 **①イ　②ウ　③ア　④ア**

問三 **①ひっそりと暮らしている雰囲気が、とてもしみじみとした風情がある　②事のありさまが優美に思われて　③すぐに鍵をかけて閉じ込もってしまったとしたら、さぞ残念なことであったろうに……。　④どうして知っていようか（、知るはずがない）　⑤まもなく亡くなってしまった**

問四 **「ある人」に誘われたことに「奉り」という謙譲の補助動詞を用いているので、「ある人」の方が高い身分である。**

問五 **③・⑥**

問一 ③「思し」は「思ひ」の尊敬形。
④**他家を訪れた場合にまずすべきことを表す慣用表現。**「させ」は使役の助動詞。
⑤「ぬ」は打消の助動詞「ず」の連体形。
⑦**目に見える様子を「気色《けしき》」という。**「気配《けはひ》」との違いに注意。

問二 敬語法についてはP112～113を参照。

問三 ①**「けはひ」は、目には見えない、何となく感じ取れる様子。**
②「ことざま」は「事様」（「物事の様子。心の様子」の意）。
③「――ましかば～まし」（反実仮想表現）をしっかり訳出する。
④「いかでか」で反語表現となる。
⑤「にけり」はよく使われる言い方で、「～てしまった」。

問四 敬語の使い方に着目して考える。

問五 ①「ある人」は、「思し出づる所ありて」その家に立ち寄ったと書かれているのだから、急な訪れだったはず。
②「荒れたる庭の露しげき」「忍びたるけはひ」と書かれているのだから、外見を取り繕って「念入りに手入れ」などしていないことがわかる。
③「わざとならぬにほひ」とあることに着目しよう。
④これも「忍びたるけはひ」とあることから判断できる。
⑤・⑥「妻戸をいま少し押し開けて、月見る気色なり」という表現から判断できる。

定期テスト対策問題　春はあけぼの

解答

問一 ①しだいに　②いうまでもない　③やはり　④しみじみとした趣がある　⑤まして　⑥早朝　⑦よく似合っている　⑧よくない（見苦しい）

問二 ①たいそう趣深い　②また何とも言えないすばらしさだ

問三 普段は「あはれ」と感じることはない鳥の姿までが趣深い（26字）

問四 「月のころ」は連体修飾格、「夕日のさして」は主格、「雁などの連ねたるが」は同格。

問五 霜がとても白くおりているというほどでなくてもということ。（28字）

問一 ①「やうやう」「やうやく」「やや」は同じ意味。
②「言ふも（言へば）さらなり」の省略形。
④「あはれなり」の訳についてはP103の7行めを参照。
⑤「まして」の「し」がイ音便で「い」となった語形。
⑧「よし―よろし―わろし―あし」の関係を把握しよう。

問二 ①「をかし」は『枕草子』においてよく用いられる語。「あはれ」に対し、知的・審美的な感覚で賞賛する語。
②「はた」は「（これも）また」の意。「〜べきにあらず」は「〜のはふさわしくない。〜はずもない。〜できない」の意。

問三 鳥という鳥が、ふつうはどのようなイメージでとらえられていたかを考えてみよう。秋の夕暮れともなると、そのイメージまでも変わってしまうといっているのである。

問四 格助詞「の」の用法についてはP155参照。

問五 直訳すれば「そうでなくても」の意。

定期テスト対策問題　うつくしきもの

解答

問一 ①かわいい　②かわいらしい　③着飾る　④（上品で）かわいい

問二 ①首をちょっとかしげて、何かをじっと見ている
②ほんのちょっと抱いて遊ばせ、かわいがっているうちに

問三 何も何も、小さきものは、みなうつくし。

問二 ①「うちかたぶき」は、子どもが首をちょっと傾けている様子。
②「あからさまに」は、「ほんのちょっと。仮そめに。一時的に」

の意。

問三 それまでに挙げた様々な例をまとめている文を探す。

物語①

定期テスト対策問題　東下り

解答

問一 ①必要ない　②東国　③もともと（以前から）　④趣深い（美しい）　⑤一行の人皆　⑥手紙　⑦現実　⑧月末　⑨思いをはせる　⑩そういう名をもっている

問二 ①打消意志「じ」　②適当（可能）「べし」　③存続「り」　④に＝完了「ぬ」、し＝過去「き」　⑤し＝過去「き」、なり＝断定「なり」、けり＝詠嘆（気づき）「けり」　⑥打消「ず」　⑦たら＝完了（存続）「たり」、む＝仮定（婉曲）「む」　⑧に＝完了「ぬ」、ける＝詠嘆（気づき）「けり」

問三 ①京にはおるまい　②橋を八つ渡してあるのによって　③とても趣深く咲いている　④思いもかけないつらいめにあうことだなあ　⑤修行者とばったり出会った　⑥こんな道中にどうしていらっしゃるのですか　⑦都にたとえ

解答

ると、比叡山を二十くらい重ね上げたかのような大きさ（高さ）で　⑧とんでもなく遠くに来てしまったものだなあと嘆きあっていると　⑨都に恋しく思う人がいないというわけではない　⑩そういう名をもっているならば、さあ尋ねてみよう　⑪私の愛する人は無事でいるのかどうかと

問四 在原業平

問五 自分はもう必要のない人間だと悲観する（18字）

問六 五・七・五・七・七の各句の最初に、〈か・き・つ・は・た〉を置いて歌を詠む。（37字）

問七 折句

問八 ①枕詞　②掛詞（懸詞）　③序詞　④縁語

問九 ①「うつつ」を引き出す序詞。（13字）
②あなたはもう私のことを想ってくれないのですね（22字）

問十 一行の皆が京を思い出して嘆きあっている折。（21字）

問一 ②「あづまの国」「あづま人」という言い方もある。
④「あはれなり」「をかし」との区別をしっかりしよう。
⑤「人みな」（人間は皆。誰しも）と区別して覚えよう。
⑥「文」には、「手紙。書物。漢詩。漢籍。漢学」などの意味がある。
⑦「夢うつつ」という語があるので、「夢」のことだと思い込みやすい要注意語。

⑧「ついたち」(月立ち)に対して、「つごもり」(月籠り)という。

⑨今の「思いやる」とは違う。「――やる」は、「離れた所や人について(対して)――」の意。

⑩「名に負ふ」は、「⑴そういう名をもっている。⑵そのことで名高い」という二つの意味がある。

問二 ①「じ」と「む」は互いに反対の意味を表すと覚えておこう。

③「る」がエ段の音についていることに着目しよう。

④完了「ぬ」の連用形「に」の下には、助動詞「き」「けり」「けむ」のくることがほとんど。

⑤詠嘆(気づき)の「けり」は、「なりけり」という形で用いられることが多い。

⑦「たらむ」という言い方の場合、「む」は仮定(婉曲と見てもよい)となる。

問三 ①問二の①で考えたことを土台にしよう。

④「こと」という体言止めになっていることに注意。

⑤出会いを表現する場合、相手の方を主語にするのは予想外の出会いである。

⑦「ここ」とはどこかを考えて訳す。「たらむ」は問二の⑦で考えたことを生かして訳そう。

⑨・⑪「思ふ」の意味をしっかり訳出しよう。

問五 「――(動詞)なす」は、「わざわざ――。意図的に――。とくに――」という意味になる。

問六・**問七** 折句についてはP121参照。

問八 「唐衣……」の歌は、技巧のオン・パレードと言っても過言ではない。P121の解説をもう一度よく読んで学習しよう。

問九 ①「宇津」と「うつつ」の語音の共通性に着目する。

②当時、誰かの夢を見るということがどのようにとらえられていたか、P128の解説で確認しよう。

問十 「さる」は「そのような」の意。その前の部分の記述内容をよく読んで考えよう。

定期テスト対策問題　木曾の最期

解答

問一 **①お思いになる　②敵　③武士(武家)　④思いがけない失敗　⑤お話にならない(言うほどの価値もない)　⑥あれほど(それほど)　⑦某(だれそれ)　⑧とにかく(ひたすら)　⑨それなら(それでは)　⑩安否(どうなったか。消息)　⑪気がかり(心配。不安)　⑫重傷**

問二 **「させ」「給は」ともに尊敬語で、義仲に対する二重尊敬。(27字)**

問三 **①丁寧　②謙譲**

解答

問四 ①おぼえ＝下二段「おぼゆ」の未然形、ぬ＝打消「ず」の連体形　②なる＝四段「なる」の終止形、べかり＝当然（適当）「べし」の連用形、つる＝完了「つ」の連体形　③討た＝四段「討つ」の未然形、れ＝受身「る」の未然形、ん＝仮定（婉曲）「ん」の連体形　④見え＝下二段「見ゆ」の未然形、ざり＝打消「ず」の連用形、けり＝伝聞過去「けり」の終止形

問五 ①完了　②つ　③伝聞過去　④けり　⑤強調　⑥撥音

問六 ①どうして――重くお思いになるはずがありましょうか　②別々の場所で討たれるよりも　③どんなに高い名声がございましても　④あれほど日本全国に名の響いていらっしゃった木曾殿　⑤今となっては誰をかばおうとして戦いをすることがあろうか

問七 勇将として知られた自分が敗軍の将として死ぬのか（23字）

問八 戦死するべきだった（〜はずだった、も可）（9字）

問九 ①義仲を励まして発憤させる（12字）　②義仲を早く逃がして静かに自害させる（17字）

問十 幼いころからともに生き、戦ってきたが、これでお別れだ（26字）

問十一 自分は木曾殿のために戦ってきたのだから、もはやこれ以上戦う意味はない（34字）

解答

問一 ①「おぼしめす」は「思ふ」の重い尊敬語。

③当時、武芸は「弓馬の道」「弓箭《きゅうせん》の道」といわれ、弓矢が最も大切な武器とされていた。

⑤「かひ」は「甲斐」。今でも「〜（する）かいがない」という言い方があるはず。

⑥「さ」は副詞。「ばかり」は程度を表す。

⑦後には一人称の語ともなったが、この時代はまだ不定称。

⑨「さら」はラ変「さり」の未然形。「さらば」は、後に別れの言葉となったが、この時代はまだ「それなら」の意。

⑩「どこへ行ったか」という意味では文意が通らないはずである。

⑫今でもなごりのある語。

問二 「せ給ふ」「させ給ふ」「思し召す」「思さる」「のたまはす」などは二重尊敬表現。

問三 敬語についてはP112〜113の解説をもう一度学習しよう。

問四 ①「ぬ」は、下に名詞があるのだから連体形。

③「れ」は受身「る」。

問五 「〜てんげり」は軍記物語によく使われる言い方。「てけり」の変化した語形である。

問六 ①「か」は反語の係助詞で、結びの「べき」は当然（または推量）の助動詞「べし」の連体形。

②「ところどころ」は、「別々の場所。あちらとこちら」の意。

④「さばかり」は、「あれほど。それほど」の意。

⑤この「か――べき」も反語表現。

問七 単に「疲れた」というだけの思いではない。兼平と二騎だけになったからこそ口にできる嘆きである。

問八 「いかにもなる」は、「死ぬ」という言葉を避けた表現。

問九 初めの言葉では、義仲に対して「臆病」という挑戦的な言葉まで使って主人の気力をよみがえらせようとしている。次の言葉は、絶体絶命の危機が目前に迫っている状況で、主人に名誉ある死を遂げさせたいという必死の思いで述べたものである。

問十 「さらば」を直訳すれば「それなら。それでは」である。物心ついたときからともに育ち、ともに戦ってきた兼平の必死の思いを受けて、不本意ながら別れる決意をした言葉なのだ。

問十一 鬼神のような孤軍奮闘をくり広げてきた兼平が、突然戦いをやめるときの言葉である。「もう自分の戦いは終わった」という万感の思いが込もっている。

日記

定期テスト対策問題 土佐日記

解答

問一 ①（陰暦）十二月 ②午後八時（ごろ） ③あの人この人 ④ここ数年来 ⑤あれやこれや ⑥騒ぎたてる ⑦見苦しい ⑧全体的に ⑨ともかく（何にせよ）

問二 「なる」は伝聞の助動詞「なり」の連体形、「なり」は断定の助動詞「なり」の終止形。

問三 流れている（消去されている、も可）

問四 ①男も書くという日記 ②あれやこれやしては騒ぎたてる ③千年も過ぎてしまったのだろうか ④最近生えたものも混じっている ⑤全体的に皆荒れてしまっているので ⑥一緒に帰らないので、どんなに悲しいことか ⑦こうしているうちに ⑧それでもやはり満足しないのだろうか ⑨かわいがって育てた人が、松のように千年もの間世話できるものだったら ⑩述べ尽くすことはできない ⑪早く破ってしまおう

問五 詠める

解答

問六 **土佐に行っていたのは五年程度なのに、千年の寿命をもつはずの松がなくなっているということ。（44字）**

問七 **土佐で亡くなって帰って来ない娘（15字）**

問一 ①陰暦十二か月の異称は必ず覚えておこう（P192参照）。

②時刻と方位は十二支によって表す。これも必ず覚えておくべきことである（P192参照）。

③「かれ」と「これ」とを続けている。この場合は送別の挨拶にやってきた人々である。

④「年ごろ」「月ごろ」「日ごろ」は一緒に覚えておくとよい。

⑥現代語と同形異義になっている重要語。⑦も同様。

⑨「ともあれかくもあれ」の変化した形。「あれ」はラ変「あり」の命令形で、放任用法（P189参照）。

問二 上にあるサ変「す」が、一方は「す」、もう一方は「する」になっている点に着目して考えよう。

問三 「年ごろ～人々」がかかっている述語としては「思ひ」「し」「ののしる」であり、係り結びとなるのは「ののしる」が最も適当なのだが、そこで文が切れずに下に続いていき、その後は「夜ふけぬ」という、別の〈主語＋述語〉の部分になってしまう。

問四 ①問二で考えたことを応用しよう。

②問一⑤・⑥をふまえて訳す。

③「や」は疑問の係助詞。結びは過去推量「けむ」の連体形である。

④「今」は「たった今」の意ではない。「る」がエ段の音についていることに注意しよう。存続「り」の連体形である。

⑤已然形につく「ば」の訳に注意。

⑦「かかる」はラ変「かかり」（「かくあり」のつまった形）の連体形。

⑧「飽かず」は、「満足しない。不十分」の意。

⑨「見る」には「世話をする。大切に守り育てる」の意もある。「ましかば――まし」は反実仮想表現。

⑩「え――ず」は不可能表現。

⑪「てむ」は、強意「つ」の未然形に、意志「む」がついた形。

問五 「歌を詠んだ」という意味の表現が省略されている。

問六 松は千年の寿命をもつとされ、現在でもそのなごりはある(千歳飴の袋の絵を思い出そう。また、老人の介護施設の名には「松」が入っていることが多い)。

問七 かつてはなかった幼い松と対比されているのは、かつてこの屋敷で生まれたのに、もはやここには帰って来られない（亡くなってしまった）娘である。

定期テスト対策問題　更級日記

解答

問一 ①退屈だ（することもなく心さびしい） ②ますます ③心がひかれる（読みたい） ④人のいないときに ⑤こっそり ⑥早く ⑦何年もの間（長年） ⑧ものさびしい風情だ（荒涼としている） ⑨ふさぎ込む（しょげる） ⑩ほんとうに ⑪自然と ⑫残念だ ⑬まじめだ（実用的だ） ⑭つまらない（よくない）

問二 ①ラ変動詞「あり」の連体形「ある」の「る」が撥音便を起こした形＋伝聞の助動詞「なり」の連体形 ②尊敬の補助動詞「給ふ」の已然形＋存続の助動詞「り」の連体形 ③自発の助動詞「る」の連用形＋完了の助動詞「ぬ」の終止形 ④上一段活用動詞「見る」の未然形＋希望の助動詞「まほし」の連用形

問三 ①同格 ②格助詞

問四 ①どれほど田舎びていたことだろう ②何とかして見たいと思い続けて ③どうしてそらに暗誦して語ることができようか ④物語が多くあると聞いております ⑤とてもじれったく、読みたいと思われるのにまかせて ⑥とてもかわいらしく成長したこと ⑦何をさしあげましょうか ⑧まじめくさったもの（実用的なもの）はきっとつまらないでしょう ⑨読みたいと思っていらっしゃると聞いているものをさしあげましょう

問五 仏の功徳で、お籠りが終わればすぐ『源氏物語』を読めると思っていたのに、そうならなかったから。（46字）

問六 作者の母が「をばなる人」に、作者が『源氏物語』を読みたいと熱烈に願っていることを知らせた。（45字）

問一 ①『徒然草』の冒頭に使われている言葉。
②「いと」との区別をしっかりつけよう。
③「心が魅《ひ》かれる」が原義で、「見たい。聞きたい。知りたい」などの意味となる。
⑤「ひそかに」と同じ意味（「みそかに」は仮名書きの文章に用いる）。
⑥「疾《と》し」の連用形。
⑧今の「すごい」の語源だが、意味はまったく異なる。
⑨「くんず」は「屈す」ということ。
⑪「おのづと」ともいう。「おの」（己）は「自分自身」の意。

問二 ①ラ変型活用語の連体形語尾「――る」が撥音便となる場合があることを知っておこう。例 ――ざるなり→――ざんなり
②エ段の音についている「る」に注意。
③自発の「る」は気づきにくい。文意に気をつけて見破ろう。

問三 同格用法の「の」については、P156参照。

問四 ①「いかばかり」は「どれほど」の意。「かは」は強い疑問を表す係助詞だが、結びは流れている。

②「いかで――希望・意志」は、「何とかして――たい・よう」の意。

④「なる」は伝聞「なり」の連体形。

⑥この「けり」は詠嘆（気づき）の用法である。

⑦「か」は疑問の係助詞で、結びは意志「む」の連体形。「奉ら」は謙譲の動詞なので、訳出に注意が必要。

⑧「なむ」は、強意「ぬ」の未然形に、推量「む」がついた形。「きっと――だろう」の意。

⑨この「なる」も伝聞「なり」の連体形。

問五 母のお籠りに同行した作者が、仏様に「異事《ことごと》なく」『源氏物語』を読めますようにとお願いしていたことを思い出そう。

問六 伝聞「なり」が使われているのだから、「をばなる人」は、作者が『源氏物語』を読みたいと熱烈に願っていることを誰かから聞いていたはず。

物語②

定期テスト対策問題　源氏物語（桐壺）

解答

問一 ①たくさん（大勢）　②寵愛を受ける（権勢をふるう）　③目ざわりだ（見ていて不快だ）　④不愉快だ（心中穏やかでない）　⑤実家に帰ることが多い　⑥むやみに（わけもなく。筋が通らないことに）　⑦しだいに　⑧どうしようもなく（苦々しく）　⑨前例　⑩きまりが悪い（いたたまれない）

問二 ①どの天皇の御代であっただろうか　②それほど尊い身分ではないお方で　③恨みを受けることが重なったのであったろうか　④ますますいくら愛しても足りないほど身にしみていとしい者とお思いになって　⑤配慮することがおできにならず　⑥世間の前例になってしまいそうなふるまいである　⑦たいそう見るにたえないほどのこの方の、ご寵愛の受け方である　⑧もったいないご愛顧が類のないほどであることを頼みにして

問三 自負心の強い女御たち（10字）

解答

問四 **更衣のくせに女御たちをさしおいてご寵愛を独占しているから。（29字）**

問五 **天皇の、周囲からの批判を全く顧みようとしない行動。（25字）**

問六 **楊貴妃は、唐の大きな内乱を引き起こした原因となったとされていたから。（34字）**

問一 ②「今を時めく」という言い方が現代にも残っている。

③「ハッと目を見張りたくなるような様子」を表す語。

④「やすし」（安らかだ。穏やかだ。たやすい）の否定形。

⑤「里」は、「宮」に対して「実家」を表す。

⑦「やうやう」「やうやく」「やや」は同じ意味（しだいに。少しずつ）である。

⑨現代にも「世のためし」という言い方が残っている。

問二 ①「にか」「にや」は、基本的に下に「あらむ」を補って訳す。ここでは過去のことという文脈で使われているので、「ありけむ」を補う。

②「いと――打消」は「それほど――ない。あまり――ない」の意。この表現から、話題の女性が女御ではなく更衣だとわかる。

③「積もり」は、現代語の「つもり」（意図）とは違う。

④「飽かず」の訳には工夫が必要。「（あまりすばらしいので）もっと――たい。まだ満足できない」という意味である。

⑤「え――ず」は不可能を表す（「――できない」）。

⑥「ぬべき」は、強意「ぬ」の終止形に、推量・当然「べし」がついた形。

⑦「いとまばゆき」は「人」にかかるのではなく、「（人の）御おぼえ」にかかっている。

問三 「我は」とは「自分こそが天皇のご寵愛をいただこう」ということ。入内《じゅだい》の初めからそういう自負をもてる階級で、尊敬の補助動詞「給ふ」が使われているので、女御たちのこととわかる。

問四 「すぐれて時めき給ふ」方は「いとやむごとなききはにはあらぬ」と説明されていた。つまり、女御の一つ下のランク、更衣だったということである。

問五 「せ給ふ」は二重尊敬。ここまでの記述で、それほど重い敬語表現を使うべき対象は天皇である。

問六 楊貴妃は〝絶世の美女〟と賞賛されたというだけではなく、玄宗皇帝の絶大な寵愛を受けたことが、後に唐の国家的危機、〝安史の乱〟を引き起こしたとされる。つまり、国家大乱の原因となった女性という評価をも受けていたのである。

定期テスト対策問題　源氏物語（若紫）

解答

問一 ①退屈だ（することもなく手持ちぶさただ）　②身分の低い人（庶民）　③上品で美しい（高貴だ）　④かわいらしい感じだ　⑤かえって（むしろ）　⑥美しい　⑦顔立ち　⑧嫌だ（気に入らない）　⑨世話役（お守り役）　⑩申し上げる

問二 ①持仏を安置し申し上げて勤行する尼なのであった　②閉じ込めておいたのになあ　③どちらへ参ったのでしょうか　④とてもかわいくしだいになっていたのに　⑤烏などが見つけたら大変だ　⑥何とも幼稚なこと……　⑦お話にならない様子でいらっしゃるのねえ　⑧仏様に罪をつくることだよといつも申し上げているのに

問三 静止した状態での登場と違い、生き生きとした躍動感と無邪気な印象を与える効果。（38字）

問四 老い先もそう長くはない病気の身で、年齢より子どもっぽい少女の将来を心配している。（40字）

問一 ①『徒然草』という題名を思い出そう。

②天皇に対する「臣下」、貴族に対する「庶民」である。

③現代語の「あでやか」の語源。

④『枕草子』「うつくしきもの」を思い出そう。「――げ」は「――という感じだ」という形容動詞の語幹をつくる接尾語。

⑤現代語の「なかなか」とは意味が異なる。「かえって。むしろ。なまじっか（――ない方がよい）」などの意を表す。

⑥「清らか」とは違う。「すっきりとしてきれいだ」の意。

⑧「心付き」は、気に入ること、心にかなうことを表す。

⑩「言ふ」の謙譲語。

問二 ①「行ふ」は「勤行《ごんぎょう》する。仏道修行する」の意。

②文末が「ものを」で終わるのは、「～のになあ。～のにねえ」という表現。

③「まかる」は「退出する。（尊い所からよそへ）参る」の意。「尼君」の住む家からよそへ行ったことを謙譲表現で表している。

④「やうやう」は、「やうやく」「やや」と同様、「しだいに。少しずつ」の意。

⑤「――もこそ～（已然形）」は、「――が～したら大変だ（どうしよう）。――が～すると困る」の意を表す。

⑥感動詞「あな」の下に形容詞の語幹がつくと、「ああ、――なあ」「何とも――なこと」などという強い感動表現となる。

⑦「言ふかひなし」は「お話にならない。言うだけの価値もない」という意味。このような状態を表す語につく「ものす」（サ変動詞）

は、「(そういう状態・様子で)いる・ある」という意味となる。文末の「かな」は詠嘆の終助詞。

⑧「罪」とは、生き物をいじめたり殺したりしてはいけないという仏の教えにそむくことを意味する。

問三 この時代の貴族の姫君としては、その場に走り込んで来るという登場のしかたはまことに活発で躍動感がある。のびのびとした育ち方をして、生き生きとした魅力にあふれる美少女という、強い印象を与える場面である。

問四 この「尼君」は、病身でつらそうな様子で登場した。「女子」に対して、「おのがかく〜命」と言っていることから、自分の余命がもはやそう長くはないことを悟っていることがうかがえる(光源氏ははじめ母子かと思ったのだが、この後の「尼君」の言葉から、祖母と孫で、母はすでに亡くなっていることを知る)。「尼君」の言葉には、「自分の亡きあと、年齢の割には幼い孫がどうなるのか」と案ずる思いが表れているのである。

定期テスト対策問題　大鏡

解答

問一 ①なさる　②もてなす　③身分の低い方　④不愉快だ　⑤それでは　⑥気おくれする(おびえる。おじけづく)

解答

⑦すぐに(そのまま)

問二 ①上一段活用「射る」の未然形＋使役の助動詞「さす」の連用形＋謙譲の補助動詞「たてまつる」の未然形＋尊敬の助動詞「す」の連用形＋尊敬の補助動詞「たまふ」の連用形＋伝聞過去の助動詞「けり」の連体形　②サ変「制す」の未然形＋尊敬の助動詞「さす」の連用形＋尊敬の補助動詞「たまふ」の連用形　③サ変「臆す」の未然形＋自発の助動詞「らる」の連用形＋尊敬の補助動詞「たまふ」の連体形＋断定の助動詞「なり」の連体形(「なる」の「る」が撥音便で「む」となった形)＋推量の助動詞「めり」の終止形

問三 ①たいそうおもてなし申し上げなさって　②不愉快にお思いになって　③同じ当たるとはいっても、何と真ん中に当たったではないか　④お手もふるえるためであろうか　⑤どうして射ることがあるか。射るな　⑥めったに見られるはずもないことだが　⑦つい気おくれなさったようだ

問四 道隆は伊周を次の関白にするつもりで、それに反発している道長が伊周の主催する会に参加するのは変だから。(50字)

解答

問五 **現関白の道隆とその後継とされる伊周に正面から挑戦する意味。（29字）**

問六 **道長の挑戦的な言葉と矢がみごとに命中したことで伊周がすっかり動揺して矢を外し、道長より小人物であることが明白になったから。（61字）**

問七 **四鏡**

問八 **紀伝体・史記**

問一 ①・②現在にもなごりのある語。

③「﨟」は、貴族や僧侶のランク。「上﨟」「下﨟」を覚えておこう。

④「安し」（穏やかだ。たやすい）の否定形。

⑤「さら」はラ変動詞「さり」の未然形。P142の「木曾の最期①」22行めを参照。

⑦「やがて」は「すぐに。そのまま」の意の副詞。

問二 ①「させたてまつら」の「させ」と、「せたまひ」の「せ」の区別をしっかりしよう。

①の「せたまひ」、②の「させたまひ」は二重尊敬である。また、「たてまつらせたまひ」は二方面敬語となっている（P175参照）。

③「れたまふ」「られたまふ」の「れ」「られ」は尊敬ではなく、受身か自発。

問三 ①「申させたまひ」も二方面敬語で、「申さ」は道長に対する、「せたまひ」は道隆に対する敬意。

②「おぼしなる」は「思ひなる」の尊敬語。

③文末の「ものかは」は、強い感動表現（何と〜ではないか。〜とは何ということだ）。後世は反語表現が主となった。

④「け」は「せい。ゆえ。ため」。「にや」は下に「あらむ」か「ありけむ」を補って訳す。

⑤「何か」は反語、「な――そ」は柔らかい禁止を表す。

⑦問二の③で学習したことに基づいて訳す。「なめり」は「なる・めり」→「なむ・めり」と変化したもの。

問四 道長は、兄道隆が関白の地位を、弟たち（道兼・道長）をとび越えて息子伊周に継がせようとしていることに反発していた。

問五 関白道隆は、娘定子《ていし》を一条天皇の中宮として（ということは、定子が皇子を産めばその皇子が東宮、そして次の天皇になる）、長男伊周を次の関白にしようとしている。道長の言葉は、それに対する真正面からの挑戦になっているのだ。

問六 道隆が青ざめたのは道長の挑戦的な言動の直後ではなく、伊周が気おくれして手もふるえ、とんでもない方向に矢を射てしまったあとであることに着目しよう。自分の後継者に、と思っていた伊周が、大勢の貴族の前で、道長に完全に圧倒されている様子を見せてしまったことに衝撃を受けたのである。

問七・**問八** P227参照。

和歌

定期テスト対策問題　和歌

解答

問一 ①昔　②しのばれる（思われる）　③何になろうか　④こんなにも　⑤いとしい（かわいい）　⑥住み慣れる　⑦濡れる　⑧手で掬《すく》う　⑨わずかに（ほんの少し）　⑩世をのがれ世俗の感情を断ち切った身（出家して世俗の煩悩をもたない身）

問二 ①紫草のようにつややかで美しいあなた　②子にかなうだろうか、いやかないはしない　③桜というものが全くなかったなら　④はっと気づいたことだ　⑤あの人を思いながら寝たから、あの人が夢に現れたのだろうか　⑥もし夢だとわかっていたならば、目ざめないでいたのに……　⑦これ以上涙を加えないでくれ　⑧絶えるのなら絶えてしまえ　⑨弱くなるといけない（から……）

問三 ①紫（日・光）　②夜（黒・闇）　③裾《すそ》（着る・袖・裁つ）　④光（天・日・月・空）

問四 ①・②枯・離（順不同）　③掛詞（懸詞）

問五 本歌取り

問六 大伴家持

問七 額田王

問八 柿本人麻呂（「人麿」も可）

問九 山上憶良

問十 防人歌

問十一 古今和歌集（古今集）・醍醐天皇

問十二 紀貫之

問十三 新古今和歌集（新古今集）・後鳥羽上皇（後鳥羽院）

問十四 藤原定家

問一 ②「思はゆ」（四段動詞「思ふ」の未然形に、自発の助動詞「ゆ」のついた形）の「は」が母音変化によって「ほ」になった形。

③〈「何」＋「せ」（サ変動詞「す」の未然形）＋「む」（推量の助動詞「む」）＋助詞「に」〉という四語から成る。

⑤「かなし」は、「いとしい。かわいい」の意。「かなしうす」（サ変動詞。「かわいがる」）も覚えておこう。

⑥「ならふ」は「慣れる」の意。

⑩「心なき身」は、出家して世俗の感情や煩悩を心から断ち切った身、ということである。

問二 ①「の」は比喩用法の格助詞。「にほふ」は「つややかで美しい。美しい色あいだ」の意。「る」は存続「り」の連体形。「妹《いも》」はいとしい女性をよぶ語。

②「しか」は四段助詞「如《し》く」（及ぶ。かなう）の未然形。「めやも」は反語表現。

③「せば」は、過去「き」の未然形に、仮定条件の「ば」がついた形で、反実仮想表現（「――せば〜まし」）。

④「驚く」は「はっと気づく。目ざめる」の意。「れ」は自発「る」の連用形。

問三 枕詞については、P256〜257参照。

問四 掛詞については、P258参照。

問五 本歌取りについては、P250参照。

問六 『万葉集』は、持統天皇のころからいくつかの段階の編纂事業を経て、八世紀後半に成立したと考えられているが、その最終段階において大伴家持《おおとものやかもち》が中心的な役割を果たしたとされる。

問七 大海人皇子《おおあまのみこ》と額田王《ぬかたのおおきみ》の贈答歌については、P238参照。

問八 柿本人麻呂は飛鳥時代の宮廷歌人で、多くの長歌・短歌が『万葉集』に収められている。

問九 山上憶良《やまのうえのおくら》は『万葉集』に多くの長歌・短歌が収められている官人で、大伴家持の父旅人《たびと》と交流があった。儒教・仏教・漢詩文の素養が深く、『貧窮問答歌』のように社会的な問題や人々の悩み・窮状を取り上げた作品も多い。

問十 防人と防人歌については、P240参照。

問十一・**問十二** 『古今和歌集』については、P237参照。

問十三 『新古今和歌集』については、P237参照。

問十四 藤原定家については、P250参照。

紀行文

定期テスト対策問題　奥の細道

解答

問一 ①いつの（どの）　②去年　③しだいに　④それにしても　⑤えりすぐって　⑥千年の昔をしのぶよすが　⑦梅雨

問二 ①月日は永遠の旅人で　②昔の人も大勢旅路で死んだ人がいる　③藤原三代の栄華もはかない夢と消え去り　④功名も一時のことで、今は草むらとなっている

問三 ①ひな・春　②卯の花・夏　③さみだれ・夏

問四 蕉風

問五 春夜桃李園に宴する序（春夜宴桃李園序）・李白

問六 春望・杜甫

問一 ①「いづれ」は「どれ。どの。いつ。どちら」などの不定称代名詞。

③「やや」「やうやう」「やうやく」は、「しだいに。少しずつ」の意。

④「さても」は、副詞としては「それでも。やはり。そうであっても」の意、接続詞としては「それにしても。それはそうと」など、話を切り出したり、話題を転じたりするときに用いる。

⑤「すぐりて」の促音便形。「すぐれたものを選び出す」の意。

⑥「千歳」は「千年」。

問二 ①「百代」は「永遠」、「過客」は「旅人」である。

②「古人」については、P264参照。

③「三代」は、奥州藤原氏三代（清衡《きよひら》・基衡《もとひら》・秀衡《ひでひら》）のこと。「一睡のうち」は、P268参照。

問三 季語については、P274参照。

問四 蕉風については、P261参照。

問五 P264参照。

問六 P269参照。

MY BEST Classics

漢文

第1章 漢文の基礎知識編

1 漢字の成り立ちと性質

漢字の成立――記号としての図形から「文字」へ

漢字は、黄帝（太古の伝説上の天子）の記録官、倉頡《そうけつ》（蒼頡とも書く）がつくったと伝えられ、さらに、その前代の炎帝は、縄の結び目によって意味を表す方法を用いたといわれる。しかし、これらは、漢字の起源と成立とを象徴的に表した伝説であろう。現在のところ、紀元前四千年代と推定される遺跡（半坡《はんぱ》遺跡）から出土した彩陶《さいとう》に刻まれた記号の類が、後の漢字の源流ではないかと考えられている。

甲骨《こうこつ》文字と金石文《きんせきぶん》

現在用いられている漢字の、直接の祖先とされるのは、殷《いん》代後期の**甲骨文字**であり、今から三千年以上も前のものである。また、殷代末期から周《しゅう》代の青銅器に刻まれた文字（**金文**《きんぶん》）、周代から秦《しん》代に、石碑などに刻まれた文字（**石文**《せきぶん》）もある（あわせて**金石文**という）。

Q 甲骨文字ってなに？

A 亀の甲や、鹿・牛の肩甲骨に刻まれた文字のことを「甲骨文字」といいます。甲骨文字は、現在に知られている最古の漢字とされています。

殷の王は、亀の甲や鹿・牛の肩甲骨に亀裂を生じさせ、その亀裂の形から物事の吉凶を占い、政治を行っていました。甲骨文字は、その占いの結果を記録するときに用いられたものであると推定されています。

字体の統一

時代とともに、しだいに数も増え、使用される頻度《ひんど》・広がりも増加していった漢字の字体を、整理・統一しようとする動きが出てきた。秦の宰相、**李斯**《りし》（法家の代表的人物の一人）が、それまでに整理された字体（**大篆**《たいてん》）をもう少し簡略化した字体（**篆文**《てんぶん》、または**小篆**《しょうてん》）をつくり、さらに始《し》皇帝のとき、これをもっと簡略にした**隷書**《れいしょ》という字体がつくられた。

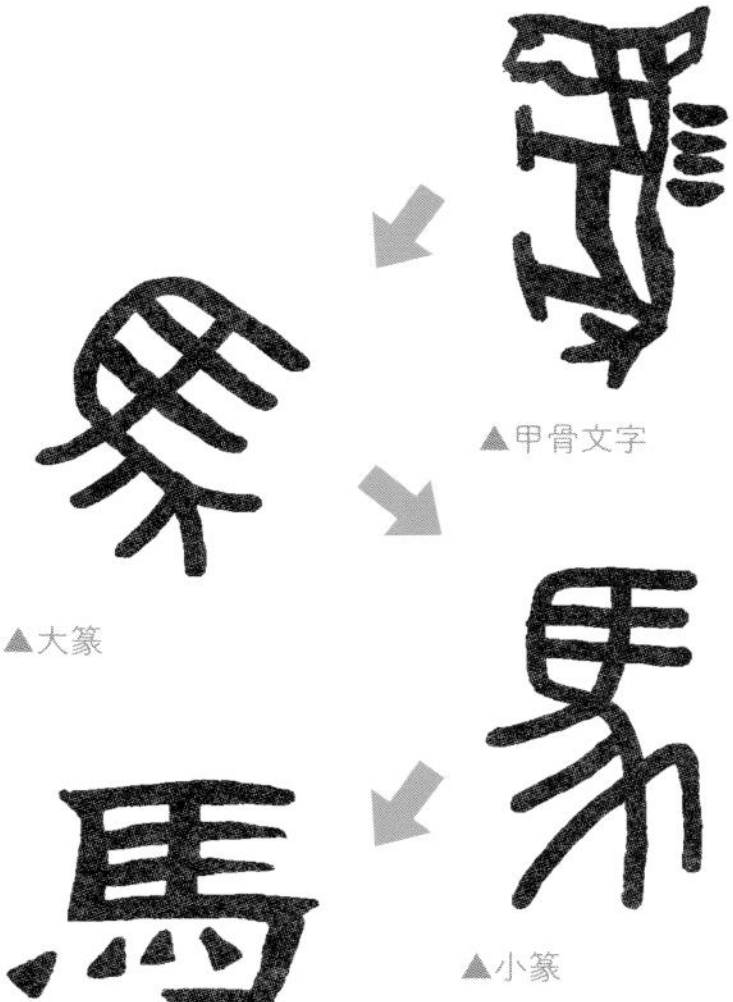

▲甲骨文字

▲大篆

▲小篆

▲隷書

漢字の字数・使用機会の増加

こうして、漢字はしだいに使いやすくなり、さらに、社会の変化が文字による記録の必要性を大きくしていった結果、後漢のころ許慎《きょしん》によって著された中国最古の字書、『**説文解字**《せつもんかいじ》』には、約九千三百字の漢字が収められ、分類・整理されるに至った。

六書《りくしょ》——漢字の構成による分類

許慎は、漢字を、その構成・成り立ち・用法に着目して、**象形**《しょうけい》・**指事**《しじ》・**会意**《かいい》・**形声**《けいせい》・**転注**《てんちゅう》・**仮借**《かしゃ》の六つに分類している。これらのうち、象形と指事が、漢字の大もととなったと考えられる。

■ **象形**《しょうけい》……物の形・姿を描いた絵から生まれた文字。

例　⊙→日　→人　→山

■ **指事**《しじ》……位置・数量など、抽象的な意味を示した文字。

例　一→一・・一→上

■**会意**《かいい》……象形・指事の文字を二つ以上組み合わせて新しい意味を示した文字。

例 日＋月→明

■**形声**《けいせい》……意味を表す部分（形）と発音を表す部分（声）とを組み合わせた文字。

例 氵（水を表す）＋工（コウという音を表す）→江《コウ》

例 貝（貨幣を表す）＋工→貢《コウ》

■**転注**《てんちゅう》……漢字本来の意味から転じ、それとかかわりのある別な意味に変わる文字。

例 楽＝本来は「楽器・音楽」（ガク）、転じて「楽しい」（ラク）

■**仮借**《かしゃ》……外来語など、もともとそれにあたる漢字がない場合に、発音だけを借りて用いる文字。

例 阿弥陀《あみだ》

例 「果《か》（くだもの）」を、同音の「はたす」（動詞）にあてて用いる。

漢字の約80％は形声文字

六書《りくしょ》のうち、形声（諧声《かいせい》ともいう）に属するものが、漢字全体の約80％といわれる。形声文字は、その発音を表す部分（声符・音符）を見ると、かなりの程度まで、その字の発音がわかる。したがって、漢字は、基本的には、一字がそれ自体ある意味を表す**表意文字**であるが、ある程度の**表音性**をもあわせもつといえる。

漢字は一字一語一音節

漢字は、一字が一語を表しつつ、ほかの字と結びつく。また、多くの二字漢語があるように、複数が組み合わさって一つの語を構成することもある。さらに、**漢字一字は語頭の子音《しいん》と語尾の母音《ぼいん》をあわせた一音節から成る。**あとで学習する押韻《おういん》は、その語頭の子音を除いた語尾の母音の部分をそろえる技巧である。

2 漢文の基本構造

主語＋述語

「――が(は)～する」「――が(は)～だ」

例 「日没」＝日＋没ス（日が沈む）

例 「山紫水明」＝（山＋紫）＋（水＋明）（山は紫《むらさき》で、水は澄んでいる）

例 「仁ハ人ノ心也。」（仁《じん》は人の心なり。＝仁は人間の大もとの心である。）

● 主語が省略されることもある。

例 「学ビテ而時ニ習フレ之ヲ。」（学びて時に之《これ》を習ふ。＝学問して、機会を得てそれを実地にくり返し習い行う。）

主語＋述語＋目的語・補語

「――が(は)□を～する」
「――が(は)□に(と)～する」

● 目的語は、述語の目的・対象を表す語で、「ヲ」を送る。補語は述語の意味を補う語で、多く「ニ」、時に「ト」を送る。「**鬼《おに》と（ヲ・ニ・ト）会ったら上へ帰れ（返れ）**」といわれるのは、この文型を教えるための語呂《ごろ》合わせである。

例 「読書」＝読ム＋書ヲ（書を読む）

例 「登山」＝登ル＋山ニ（山に登る）↓二字熟語は主語省略。

例 「孟武伯問フレ孝ヲ。」（孟武伯　孝を問ふ。＝孟武伯《もうぶはく》が、孝の本質を〈孔子に〉尋ねた。）

主語＋述語＋目的語＋補語

「――が(は)□を□に(と)～する」

● この場合、補語の上に「於・于・乎」などの助字があることが多い。

例 「王求二ム医ヲ于秦一ニ。」
（王 医を秦《しん》に求む。＝王は〈病気を治してくれる〉医者を秦国に求めた。）

例 「献二ズ不死之《の》薬ヲ於王一ニ。」
（不死の薬を王に献ず。＝不死の薬を王に献上する。）

例 「過チテ而不レル改メ、謂二フ是レヲ過一チト。」
（過《あやま》ちて改《あらた》めざる、是《こ》れを過ちと謂《い》ふ。＝過ちを犯して改めようとしない、それこそが真の過ちである。
→主語は「過而不改」として提示されている。）

● 目的語と補語との順が逆になる場合もある。この場合、「於」などの助字は用いられない。

例 「富貴ハ在レリ天ニ。」
（富貴は天に在り。＝富貴となるかどうかは、天の定めによるものだ。）

例 「燕人立テテ二太子平ヲ一為スレ君ト。」
（燕人《えんひと》 太子《たいし》平《へい》を立てて君《きみ》と為《な》す。＝燕国の人は太子平を擁立《ようりつ》して国王とした。→主語「燕人」を、「述語＋目的語」「述語＋補語」が受けている。）

● 「主語＋述語」と「主語＋述語＋目的語・補語」の文型があわさった文の例を挙げてみよう。

破ルハ二山中ノ賊ヲ一易ク、破ルハ二心中ノ賊ヲ一難シ。

A：破山中賊（主語）易（述語）、破心中賊（主語）難（述語）
B：破（述語）山中賊（目的語）、破（述語）心中賊（目的語）

（山中《さんちゅう》の賊《ぞく》を破るは易《やす》く、心中《しんちゅう》の賊を破るは難《かた》し。＝山の中にいる盗賊を討ちとるのは簡単だが、自分の心の中にある悪い性質を打ち破るのは難しい。）

修飾関係

基本的に修飾部分が上、被修飾部分が下にある。

例 「百花斉放」＝(百《ノ》 ＋花)＋(斉《ひとシク》 ＋放)
(たくさんの花が一斉に咲く。↓「百・斉」が修飾語)

例 「何《レノ》 処《ヨリカ》 秋風至《ル》。」(何《いづ》れの処《ところ》よりか秋風《しうふう》至《いた》る。＝どこから秋風が吹いてきたのか。↓「何処」が「至」を修飾)

並列関係

名詞の並列(「与《と》」を用いる場合もある)**、述語、主語＋述語の並列**(「而」を用いる場合もある)**など。**

例 「高貴」＝高＋貴

例 「日暮《レテ》 道遠《シ》。」(日暮れて道遠し。＝日は沈んだのに前途は遠い。)

Q 助字ってなに？

A 漢文において、文意、文の組み立てを助けるはたらきをする文字のことを「助字」といいます。主に日本語の助詞・助動詞・接続詞のようなはたらきをします。助字には、たとえば次のようなものがあります。

- **於・于・乎**……文中に位置し、場所・対象・受身・比較の対象などを表す。
- **而**……文中に位置し、順接・逆接を表す。
- **者**……文中に位置し、主格を表す。
- **矣**……文末に位置し、強意・断定・詠嘆を表す。
- **也**……文末に位置し、断定などを表す。
- **耳・而已・已・爾**……文末に位置し、限定などを表す。

3 訓読とは何か――基本ルールをマスターする

字《じ》訓《くん》（漢字の訓読み）

漢字・漢文にふれた当初、人々はそれらを中国音（または、それをまねた音）で読み、一字ごとの意味を知って、それらの集まりとしての文意を考えた。その後、ある一つの文字が、大和言葉《やまと》（古来の日本語）のある語に相当することに気づき始めた。たとえば、「山」は、大和言葉の「やま」に、「木」は「き」にあたる、ということがわかってきたのである。そこで、漢字を、元来の中国音とは別に、その字に相当する大和言葉を表す文字として読む（後には、書く）ことを始めた。字訓（漢字の訓読み）の起こりである。

漢文訓読――その起こりと難しさ

さらに、漢文を日本語の文として読もうとする（訓読）動きも出てきた。しかしこれは、一字ごとの訓の起こりに比べると、はるかに困難なことだった。漢文は、言葉の組み立て方（文法構造）が日本語の文とは異なるうえに、もともと中国語には品詞の区別がほとんどない（文中における語の位置で品詞としての機能が決まる）こと、したがって、活用もなく、助詞・助動詞といった付属語もきわめて少ないことなど、言語としての基本的な性質の違いが大きかったからである。

例 「大雨」は、「大雨《おおあめ》」「大《おお》いに雨が降る」「大いに雨が降った」のいずれにもなりうる。

漢文訓読の成立

しかし、奈良時代には、すでに訓読の方法が成立し、平安時代に入ると、漢字の専門家たち（博士家《はかせけ》）によって、体系的に整えられ、後の漢文訓読の源流となった。

では、前に挙げた様々な問題点は、どのようにして克服されたのだろう。

①言葉の組み立て方の違いに対しては、**返り点（レ点、一・二点、上・下点など）**が考案された。読んでゆく語順が、単純に上から下へという順（日本語の語順）と異なる場合、返り点を用いて順序を示したのである。

②ある語の、文中での役割やほかの語との関係を示したり、活用語として読んだりするためには、助詞・助動詞を補ったり、活用語尾を補ったりする方法（はじめは**ヲコト点《てん》**という点〈てんやかぎなどの記号〉、後には**送り仮名**を用いる）が考案された。

訓点

返り点・送り仮名に句読点をあわせて、訓点という。このほか、再読文字や、二字を続けて読むことを示す「-」など、正確、かつ円滑な訓読の工夫がなされている。

返り点は、下の字を先に読み、そこから上に返って読むことを示す符号で、**レ点、一・二点、上・下点**などがある。いずれも、字の左下に添える。

例 「好ムレ学ヲ」 「聞ク二人語ノ響キヲ一」

(1)**レ点（雁点《かりがねてん》）……下の一字を先に読み、上の一字に返って読むことを示す。**

例 「触レレ株ニ折ルレ頸ヲ。」（株に触れ頸《くび》を折る。）

例 「王欲スレ許サントレ之ヲ。」（王之《これ》を許さんと欲《ほっ》す。）

(2)**一・二点……下の二字以上を先に読み、上の一字に返って読むことを示す。**

例 「在リ二長安ニ一。」（長安《ちやうあん》に在《あ》り。）

例 「懸ケテ二羊頭ヲ一売ル二狗肉ヲ一。」（羊頭《やうとう》を懸《か》けて狗肉《くにく》を売る。）

●「一・二」だけでなく、「三・四」と返り点が続く場合も、その数字の順に読む。

例　「足ル三以テ事フルニ二父母ニ一。」（以《もつ》て父母《ふぼ》に事《つか》ふるに足《た》る。）
↓「以」には返り点が付されていない。

●下から返って読む語（述語）が、二字から成る熟語の時は、「‐」で結び、脇に「二」を付す。

例　「改‐築メ二宮ヲ一、師‐事ス二之ニ一。」（宮を改め築き、之に師事す。）
↓形の上では、下の二字から上に返るので一・二点を用いるが、「改築」「師事」がそれぞれ熟語として結びついている。

●一・二点とレ点とが同じ文中で組み合わされて用いられることも多い。

例　「百聞ハ不レ如カ二一見ニ一。」（百聞《ひやくぶん》は一見に如《し》かず。）
↓「不」にはレ点があるから「如」が先、さらに「如」には「二」が付されているから「一見」の方が先となる。

例　「後ルレバ則チ為ル二人ノ所一レ制スル。」（後《おく》るれば則《すなは》ち人の制《せい》する所と為《な》る。）
↓「為ル」には「二」が付されているから、「人ノ」にいき、「所」には「一」の下に「レ」が付されている（レ点）から、さらに下の「制スル」の方を先に読んでから「所ト」を読み、上の「為ル」に返る。

練習

次の㋐～㋕について、□を文字として、返り点に従って、読む順序を記入してみよう。

㋐　□□レ□□レ□
㋑　□二□一□□レ□
㋒　□レ□□二□□一□
㋓　□レ□二□□一□レ□
㋔　□□‐□二□□一
㋕　□レ□二□□□一レ□

（解答）
㋐　①③②⑤④
㋑　③①②④⑥⑤
㋒　②①⑤③④⑥
㋓　④③①②⑥⑤
㋔　①④⑤②③
㋕　⑥⑤①②④③

(3) 上・下点……一・二点をつけた部分を挟《はさ》んで、「上」から（時には「中」を経て）「下」に返る。

例 「立ツ下欲スルレ為《た》ラント二大人一之《の》志ヲ上。」
（大人《たいじん》たらんと欲《ほっ》するの志《こころざし》を立《た》つ。）

例 「不下為ニ二児孫ノ一買ハ中美田ヲ上。」
（児孫《じそん》の為に美田《びでん》を買はず。）

練習

次の1～4を、返り点・送り仮名に従って、読んでみよう。

1 客ニ有リ下能《よ》ク為《な》ス二狗盗《くたう》ヲ一者上。
2 楚人《そひと》ニ有リ下鬻《ひさ》グ二盾《たて》ト与《と》レ矛《ほこ》ヲ者上。
3 欲《ほっ》ス下以テ二先王之《の》政ヲ一治メント中当世之《の》民ヲ上。
4 有リ下以テ二千金ヲ一使《し》ムル三涓人《けんじん》ヲシテ求メ二千里ノ馬ヲ一者上。

（解答）
1 客《かく》に能《よ》く狗盗《くたう》を為《な》す者有《あ》り。
2 楚人《そひと》に盾《たて》と矛《ほこ》とを鬻《ひさ》ぐ者有《あ》り。
3 先王《せんおう》の政《まつりごと》を以《もつ》て当世《とうせい》の民《たみ》を治《をさ》めんと欲《ほつ》す。
4 千金を以《もつ》て涓人《けんじん》をして千里の馬を求めしむる者有り。

送り仮名

送り仮名は、助詞・助動詞や活用語尾などを補うために添える仮名で、漢字の右下に、カタカナで記す。その送り方は、おおむね次のようである。

❶カタカナ、歴史的仮名遣いで書く。

例 「恥《は》ヅ」（恥づ）、「請《こ》フ、以テレ剣ヲ舞ハン。」（請《こ》ふ、剣を以て舞はん。）

❷活用語（動詞・形容詞・形容動詞・助動詞）は基本的に、その活用語尾を送る。

例 「恥ヅ」「請フ」「舞ハン」（動詞）、「無シ」「不《ず》レ」安カラ」（形容詞）、「峨峨《がが》タリ」（形容動詞）

●ただし、誤読しやすい場合、語幹の一部から送ることもある。

例 「来タル」「動カス」

●助動詞については、「たり」（完了）、「ん（む）」（推量・意志）、「き」（過去）などは、語全体を送り仮名で記すが、「可ベシ」（可能・適当・許可）、「使《し》ム（令）」（使役）は活用語尾を送り（可キ・可ケレ、使メ・使ムル など）、「不《ず》」（否定)は「不《ざ》ラ・不ル」のように、語尾の一部のみを送る。

例「得《え》タリレ狐ヲ」「殺《ころ》サンレ之《これ》ヲ」「不《ざ》リキレ思ハ」

●また、「る・らる」(受身)については、「被・見・為」が用いられている場合は、これらの字を助動詞として読み、「於・于」などの助字によって受身が示されている場合は、上の述語に「ル・ラル」を送る。

例「為《ら》ルレ戮《りく》セ」「見《る》レ疑ハ」「治《をさ》メラル二於人ニ一」

❸副詞や代名詞の一部に送り仮名を添えることもある。

例「則《すなは》チ」「安《いづ》クンゾ」「是《こ》レ」

送り仮名のつけ方が、学者によって多少異なる場合もあるが、自分の使用している教科書に従えばよい。

例「曰《い》ハク・曰《いは》ク」「雖《いへ》ドモ・雖《いへど》モ」「安《いづ》クンゾ・安《いづく》ンゾ」

書き下し文

漢文を、返り点・送り仮名に従って、漢字・仮名交じり文に書き直した文を、**書き下し文**という。これには、次のようなきまりがある。

(1) **送り仮名、付属語(助詞・助動詞)は、ひらがなで書く。**

(2) **訓読しない漢字(助字の一部)は、書かない。**

(3) **その他の漢字(自立語の部分)は、漢字のままで書く。**

例「紂可シレ伐ツ矣。」(紂《ちう》伐《う》つべし。↓「矣」は訓読しない助字なので書かない。)

例「使ム三我ヲシテ長タラ二百獣ニ一。」(我をして百獣に長《ちやう》たらしむ。)

例「己ノ所ハレ不ルレ欲セ、勿《な》カレレ施スコト二於人ニ一。」(己《おのれ》の欲《ほつ》せざる所は、人に施《ほどこ》すこと勿《な》かれ。↓「於」は訓読しない助字なので書かない。)

4 基礎知識の実習

格言――人生の指針、素養として

人生の指針として、また、よく会話・文章に引用される格言を用いて、訓読の練習を始めよう。まず自力で何回か読み、そのあとで書き下し文にしてみよう。

〔対句《ついく》関係〕
人無遠慮
必有近憂

● 人無《ケレバ》二遠《キ》慮《おもんぱかリ》一、必《ズ》有《リ》二近《キ》憂《うれヒ》一。

まず、「無《ケレバ》」には、「二」がついているから、「遠《キ》慮《リ》」の方を先に読む。後半も同様で、「近《キ》憂《ヒ》」の方を先に読んでから、「有《リ》」に返る。書き下し文にすると、

「人 遠き慮り無ければ、必ず近き憂ひ有り。」

（人は、先々までよく配慮しておかないと、きっと近いうちに困ったことが出てくるものだ。）

となる。

さて、この格言の前半と後半の語の配列が、互いにそっくりの形になっていることに気づいたろうか。本文の下に、〔対句関係〕として並べて書いてある所をよく見てほしい。「人」と「必」は、提示部分で、あとは「無」と「有」、「遠慮」と「近憂」というように、互いに対応しあった語が、同じ順で並んでいる。このように、**互いに意味・構造が似た句を二つ（以上）並べる修辞技巧を「対句」といい**、漢詩はもとより、文章にも多く用いられる。[*1]漢文を読むときには、常に対句を頭に置いておく必要がある。

● 桃李不レドモレ言ハ、下自ラ成スレ蹊ヲ。

「不」は**否定の助動詞「ず」として読む**が、ここでは「レドモ」と送り仮名がついていて、已然《いぜん》形の「ざれ」が用いられている。終止形「不《ず》」で読む以外、漢文では「ラ・リ・ル・レ」を送って「ざら・ざり・ざる・ざれ」のみで訓読する。例文の「不」「成」にはレ点がついているから、下から返る。

「桃李《たうり》言はざれども、下自《おのづか》ら蹊《こみち》を成す。」

（桃《もも》や李《すもも》は何も言わないが、その美しい花やおいしい実を慕って人がやって来て小道ができる。→人徳のある人は、何も言わなくても人が慕い寄ってくる。）

対句

＊1 ことに律詩では、第三・四句、第五・六句には、必ず対句を用いることになっている。P350・351参照。

「ず」の活用

（ず）	ず	ず	ぬ	ね	○
ざら	ざり	○	ざる	ざれ	ざれ

否定の助動詞「不《ず》」

● 仁者ハ必ズ有リレ勇、勇者ハ不ニ必ズシモ有ラレ仁。

「有《あり》」「無《シ》＊2（莫《シ》・毋《シ》も同じ）」は、「不《ず》（「弗」も同じ）」「非《あらズ》（――ではない）」と同様に、**必ず下から返って読む字である。**このほかにも、「可《ベシ》」（可能・適当・許可）、「使《しム》（＊3「令《しム》」も同じ）」（使役）、「如《ごとシ》（「若《シ》」も同じ）」（比況）、「不レ如《しカ》（「不レ若《カ》」も同じ）」なども、下から返って読む字として覚えておくとよい。例文の後半は、「不ニ必《ズシモ》――一」という、**部分否定の形**＊4となっている。また前半・後半で対句《ついく》になっていることにも着目しておこう。

「仁者《じんしゃ》は必ず勇有り、勇者は必ずしも仁有らず。」

（仁を備えた人は必ず勇気をもっているものだが、勇者が必ず仁を備えているとは限らない。）

● 富ト与《と》レ貴ハ、是レ人之《の》所レ欲スル也。不レ以テセ二其ノ道ヲ一、得トモレ之ヲ不ルレ処ラ也。

必ず下から返って読む字
「有・無・莫・毋・不・弗・非・可・使・令・如・若・不如・不若」など

＊2　P446参照。
＊3　P428・429参照。
＊4　P368・431・432参照。

並列を表す「与・與」

「与」は「與」と同じで「A 与《と》ト(與)レB」(AとBと)の形となる。「不」は送り仮名から「ざれ・ざる」とわかる。「得」は、古語の「得《う》」[*5]。

「富《とみ》と貴《たふと》きとは、是《こ》れ人の欲《ほつ》する所なり。其《そ》の道を以《もつ》てせざれば、之《これ》を得《う》とも処《を》らざるなり。」

(富貴は人の望むものであるが、正しいやり方で手に入れたものでないのなら、それを得てもその境遇にはとどまらない。)

漢詩

漢詩は、磨《みが》きあげ、練りあげられた簡潔な表現の中に、様々な思いを込めて歌われている。読み方を考えたあと、その情景・心情に思いを馳《は》せてみよう。

● 絶句 (杜甫《とほ》)

江碧《みどり》ニシテ鳥逾《いよいよ》白ク　山青クシテ花欲レス然《も》エント
今春看《みすみす》又過グ　何レノ日カ是レ帰年ナラン

絶句《ぜつく》(杜甫)
江《かう》碧《みどり》にして鳥逾《いよいよ》白く
山青くして花然《も》えんと欲《ほつ》す
今春《こんしゆん》看《みすみす》又《また》過《す》ぐ
何《いづ》れの日か是《こ》れ帰年《きねん》ならん

第一句と第二句とが対句《ついく》になっていることに着目しよう。「江」は長江。「碧」は

＊5　ア行下二段動詞の終止形。「とも」は終止形接続。

緑色を帯びた青で、深々とした大河の色。そこに浮かぶ水鳥の白がきわだって見える。そして、山は青葉に覆《おお》われて、今しも赤い花々が咲き誇ろうとしている――まことに**色彩感に富んだ**、美しい春の情景である。ここまでは、レ点が一つだけ。「欲」は主に、下から返って**「欲《ほつ》ス二――ント一」（――んと欲す）**と読み、「今にも――そうだ。――ようと思う」の意となる。

五言詩（一句が五字から成る）は、**意味の句切れ目が（二＋三）となっている**ことを覚えておくとよい（**七言詩は（二＋二）＋三の形となる**）。さて、第三句は、[*6]**「起・承・転・結」**の転句。ここで、それまでの美しい風景が、一変して悲哀の情に変わる。「看《みすみす》」という表現が効果的だ。この美しい春を、ほんとうは、家族とともに眺めたかったのに……という思いで、目の前にむなしく過ぎてゆく春を歌っているのだ。そして、帰れる時を切望する結句（第四句）となる。

返り点が一つしかないので、読みやすいはず。その分だけ、内容に気を配ることが必要とされる。音読みの字（「江・今春・帰年」）と訓読みの字とが、微妙に組み合わされている。漢詩は、意味だけでなく、音の響きを大切にして訓読を考えてある。

漢詩はことに、くり返し音読し、できれば暗誦《あんしょう》することが望ましい。次の詩についても、そうしたことを忘れないで読んでほしい。

「欲《ほつ》ス二――ント一」

五言詩・七言詩の読み方

起承転結
＊6 P350参照。

音読みと訓読みの取り合わせ

● 雑詩（王維《わうゐ》）

君自《よ》リ二故郷一来タル　応《まさ》ニベシレ知ル二故郷ノ事ヲ一

来日綺窓ノ前　寒梅著《つ》ケシヤレ花ヲ未《いま》ダシヤ

第一句の「自《よ》リ」は助字なので、書き下し文ではひらがなとなる。第二句めの「応（應）」は、**再読文字**である。再読文字は、一字ではあるが、その意味を日本語に置き換えようとすると、一語では無理が生じるため、**まず副詞**として読み、次に下から返って、**助動詞**（「将・且」のみは「（——ント）す」という、〈助動詞＋助詞＋動詞〉の形）**としてもう一度読む**文字である。「応（應）」[*7]は、まず「応ニ」（応《まさ》に）と読み、次に、「知ル二故郷ノ事ヲ一」を読んだあと、レ点に従って「応ベシ」（助動詞「べし」）と読む。

[*8]再読文字には、次の例がある。

(1) **未**……「**未**《いま》ダず二——一」（未《いま》だ——ず＝まだ——ない）

(2) **将・且**……「**将**《まさ》ニす二——ント一」「**且**《まさ》ニす二——ント一」（将《まさ》〈且〉に——んとす＝今にも——ようとする）

(3) **当（當）**……「**当**《まさ》ニベシ二——一」（当《まさ》に——べし＝当然——べきだ）

(4) **応（應）**……「**応**《まさ》ニベシ二——一」（応《まさ》に——べし＝きっと——だろう）

(5) **宜**……「**宜**《よろ》シクベシ二——一」（宜《よろ》しく——べし＝——するのがよい）

雑詩（王維）
君故郷より来たる
応《まさ》に故郷の事を知るべし
来日綺窓《らいじつきさう》の前
寒梅《かんばい》花を著《つ》けしや未《いま》だしや

≫ **助字「自《よ》リ」**

≫ **再読文字「応（應）」**

*7 「応に——べし」＝きっと——だろう。——した方がよい。

*8 P447・448参照。

≫ **「未・将・且・当・応・宜・猶・盍・須」**

(6) 猶……「猶《なホ》ごとシ二――ノ(ガ)一」（猶《な》ほ――の〈が〉ごとし＝ちょうど――ようなものだ）

(7) 盍……「盍《なんゾ》ざル二――一」（盍《なん》ぞ――ざる＝――たらどうか。どうして――ないのか）

(8) 須……「須《すべかラク》べシ二――一」（須《すべか》らく――べし＝ぜひ――する必要がある）

例文の「来日」は「ライニチ」（日本へ来る）ではなく、「ライジツ」。「未」は、再読文字となることが主だが、ここでは句の末尾にあり、「未ダシ」（いまダシ＝まだだ）と形容詞に読んでいる。

【現代語訳】

◎「絶句」……川は深い青緑色に流れ、水鳥の白さがきわだっている。山は青々として、赤い花が今にも咲き誇ろうとしている。この春もまた、目の前でむなしく過ぎてゆこうとしている。いつになったら故郷へ帰れる年となるのだろう。

【現代語訳】

◎「雑詩」……あなたは私の故郷から来た方だ。きっと故郷のことをご存じだろう。あなたがこちらに来た日、わが家の飾り窓の前の寒梅は、もう花を咲かせていただろうか、まだだったろうか。

文章「苛《か》政《せい》ハ猛ニ於虎ヨリモ一也」

では、文章に取り組んでみよう。故事成語としても知られる「苛《か》政《せい》ハ猛二於虎ヨリモ一也《なり》」である。

①孔子過泰《たい》山《ざん》側《かたはら》。②有婦人哭《こく》於墓者而哀《かな》。③夫《ふう》子《し》式《しよく》而聴之、使子路問之曰、「④子《し》之《の》哭也、壱《いつ》似重有憂者。」⑤而《すなは》曰、「然《しか》。⑥昔《むかし》者吾舅《しうと》死於虎。⑦吾夫又死焉《これ》。⑧今吾子又死焉。」⑨夫《ふう》子《し》曰、「何《なん》為《す》不去也《や》。」⑩曰、「無苛政。」⑪夫子曰、「小子識《しる》之。⑫苛政猛於虎也。」

語釈

泰山＝山東省《さんとう》にある名山。
哭＝声をあげて泣く。
夫子＝先生。
式＝車の横木に手をかける形で行う礼。
子路＝孔子の古参の門人。
子＝あなた。
壱＝ひとえに。まことに。
舅＝夫の父。
何為＝どうして。
苛政＝民を苦しめるひどい政治。
小子＝君たち。
識＝記憶する。一説に、記録する。

①は一・二点だけだが、②が難しい。「有」には「下」があるから、「――者有りて」となる。「婦人ノ」をまず読み、次の「哭スル」は「墓ニ」のあとに読む（「於」は場所を示す助字で、「墓」に「ニ」を送って、「於」自体は読まない）。そのあと、「者上」に進む。③の「使」は、使役を表し、「使シム*9三＋**使役の対象**ヲシテ＋**述語**二＋**述語の目的語・補語**一」という形になっている。「問ハ」には㆑点がつけられているので、下の「之ヲ」の方を先に読む。

⑥～⑧は、同じ言い方がくり返されている。「焉」は、文末にあれば、断定や語調を整える助字で読まないが、そのほかに「これ」と読んだり、「いづクンゾ」と反語を示す語として読んだりする。⑨の「何為《なんす》レゾ」は定まった読み方として覚えておこう。この文章は全体で「於」が三回用いられているが、②では場所、⑥では原因、⑫では比較と、それぞれに意味が異なる。

＊9 P428・429参照。

【書き下し文】

①孔子《こうし》 泰山《たいざん》の側《かたはら》を過《す》ぐ。②婦人の墓に哭《こく》する者有りて哀《かな》しげなり。③夫《ふう》子式《しよく》して之《これ》を聴《き》き 子路《しろ》をして之《これ》を問《と》はしめて曰《い》はく、④「子《し》の哭《こく》するや、壱《いつ》に重《かさ》ねて憂《うれ》ひ有る者に似たり。」と。⑤而《すなは》ち曰はく、「然《しか》り。⑥昔者《むかし》吾《わ》が舅《しうと》虎に死せり。⑦吾が夫 又焉《またこれ》に死せり。⑧今 吾が子 又焉に死せり。」と。⑨夫子曰はく、「何為《なんす》れぞ去らざるや。」と。⑩曰はく、「苛政《かせい》無ければなり。」と。⑪夫子曰はく、「小子《せうし》 之《これ》を識《しる》せ。⑫苛政は虎よりも猛《まう》なり。」と。

【現代語訳】

孔子が泰山のそばを通った。一人の婦人で、墓前で大声をあげて泣いている者がいて、とても悲しそうだった。先生は、式《しょく》の礼をとって、それに耳を傾け、門人の子路に事情を尋ねさせて、こう言った、「あなたの声をあげて泣いている様子は、まことに何度も悲嘆を経験した人のようですね。」と。すると、相手が言ったことには、「そのとおりです。昔、私の舅《しゅうと》が、虎に殺されました。私の夫もまた、虎に殺されました。今、私の子もまた、虎に殺されたのです。」と。先生は言った、「どうしてこの地を去らないのですか。」と。婦人は言った、「ここにはひどい政治がありませんから……。」と。先生は言った、「君たち、これをよく覚えておきなさい。ひどい政治は人食い虎よりも暴悪なものなのだ。」と。

5 基礎知識の応用――寓話

寓話とは

「寓話《ぐうわ》」とは、教訓を含んだたとえ話のことである。子どものころ、『イソップ物語』を読んだ人は多いだろう。今、そのいくつかを思い出してみれば、それらが、決して「子ども向けのお話」にとどまらず、実社会に生きてゆくうえでまことに有効な教訓になっていることに気づく。

「矛盾《むじゅん》」「漁父《ぎょほ》の利」など、漢文に数多く登場する寓話も、全く同じことがいえる。というのも、これらは、対立する思想に対する批判・反論、国家の存亡を賭けた外交政策上の議論、というように、まことに厳しい現実を背景として生まれてきたものだからである。

「矛盾」

楚《そ》人《ひと》有鬻《ひさ》盾《たて》与《と》矛《ほこ》者。誉《ほ》之曰、「吾盾之堅、莫《な》能陥《とほ》也《なり》。」又誉其矛曰、「吾矛之利、於物無不陥也。」或《ある》曰、「以《もつ》子之矛、陥子之盾、何《い》如《かん》。」其人弗能応也。

【書き下し文】

楚《そ》人《ひと》に盾《たて》と矛《ほこ》とを鬻《ひさ》ぐ者有り。之《これ》を誉《ほ》めて曰《い》はく、「吾《わ》が盾《たて》の堅《かた》きこと、能《よ》く陥《とほ》す莫《な》きなり。」と。又《また》其《そ》の矛《ほこ》を誉《ほ》めて曰《い》はく、「吾《わ》が矛《ほこ》の利《と》きこと、物に於《お》いて陥《とほ》さざる無きなり。」と。或《ある》ひと曰《い》はく、「子《し》の矛《ほこ》を以《もつ》て、子《し》の盾《たて》を陥《とほ》さば、何如《いかん》。」と。其《そ》の人応《こた》ふること能《あた》はざるなり。

【現代語訳】

楚の人で、盾と矛とを売る者がいた。その売り物をほめて、こう言った、「私の盾の堅固なことといったら、突き通せるものはないのだ。」と。また、その矛をほめて、こう言った、「私の矛の鋭利なことといったら、どんな物でも、突き通せないものはない。」と。ある人がこう言った、「あんたの矛で、あんたの盾を突いたらどうなるのだ。」と。その商人は、答えられなくなってしまった。

法家からの儒家批判──「矛盾」「守株《しゅしゅ》」

この有名な「矛盾」の寓話は、ただ大道商人がやりこめられた、という話ではない。法家の鬼才、韓非子《かんぴし》が、儒家の崇《あが》める古代の聖王、尭《ぎょう》・舜《しゅん》について、次のように、その論理の不整合を衝《つ》いたものである──「孔子《こうし》は、尭・舜がともに理想的な帝で、仁政を布《し》き、民を善導教化したというが、尭がすでに民を教化したのなら、舜が教化する余地はなかったはずである。もし、舜も民を教化したというなら、先帝の尭は、民を十分に教化できなかった、つまり完璧な聖王ではなかった、ということになる。したがって、尭・舜は、ともには聖王として両立できない」。

同じ韓非子の「守《ル》レ株《ヲ》」は、畑の切り株にウサギがぶつかって死んだのを見た農民が、これ幸いと、その後、畑を耕しもせずじっと切り株の番をしていて、世間の笑い者になった、という話だが、これもまた、「かつてよいことがあったからといって、あとでも同じことがあるとはいえない。昔行《おこな》ってよかったことだからといって、時勢の変わった現代にそのままあてはめる(儒家の)やり方は、ここの農民と同じことだ」と批判しているのである。

外交戦略を説いて戦いを止めた「漁父《ぎょほ》の利」

また、有名な「漁父の利」は、戦国時代、趙《ちょう》が燕《えん》を攻めようとしたとき、論客《ろんかく》の蘇代《そだい》が「蚌《ぼう》(どぶ貝)と鷸《いつ》(シギ)が争っている(趙と燕との戦い)と、漁父(強国、秦《しん》)が来て両方とも持っていってしまった」と趙の国王に説いて、争いの無益さ・危険性を悟らせ、燕を救ったものなのである。こうした、鋭い〝究極の知恵〟ともいえる寓話のいくつかを、これから学習してみよう。

借二ル虎ノ威一ヲ

①荊《けい》ノ宣王問二ヒテ群臣一ニ曰ハク、②「吾聞三ク北方之《の》畏二ルルヲ昭《せう》奚《けい》恤《じゆつ》一ヲ也。③果シテ誠ニ何如《いかん》ト。」④群臣莫レシ対《こた》フル。⑤江《かう》乙《いつ》対ヘテ曰ハク、⑥「虎求二メテ百獣一ヲ而食レラヒ之ヲ、得レタリ狐ヲ。⑦狐曰ハク、⑧『子無二カレ敢ヘテ食一レラフコト我ヲ也。⑨天帝使三ム我ヲシテ長二タラ百獣一ニ。⑩今、子食レラハバ我ヲ、是レ逆二ラフ天帝ノ命一ニ也。⑪子以レテ我ヲ為レサバ不レト信ナラ、吾為レニ子ノ先行セン。⑫子随二ヒテ我ガ後一ニ観ヨ。⑬百獣之見レテ我ヲ、而敢ヘテ不レランヤ走ラ乎《や》ト。』⑭虎以テ為レス然リト。⑮故ニ遂ニ与レ之行ク。⑯獣見レテ之ヲ皆走ル。⑰虎不レル知二ラ獣ノ畏《おそ》レテ己ヲ而走一ルヲ也。⑱以テ為レス畏レルト狐ヲ也。⑲今、王之地、方五千里、帯

書き下し文

①荊《けい》の宣王《せんわう》 群臣《ぐんしん》に問《と》ひて曰《い》はく、②「吾《われ》 北方《ほくはう》の昭奚恤《せうけいじゆつ》を畏《おそ》るるを聞《き》くなり。③果《はた》して誠《まこと》に何如《いかん》。」と。④群臣《ぐんしん》対《こた》ふる莫《な》し。⑤江乙《かういつ》対《こた》へて曰《い》はく、⑥「虎《とら》 百獣《ひやくじう》を求《もと》めて之《これ》を食《く》らひ、狐《きつね》を得《え》たり。⑦狐《きつね》 曰《い》はく、⑧『子《し》 敢《あ》へて我《われ》を食《く》らふこと無《な》かれ。⑨天帝《てんてい》 我《われ》をして百獣《ひやくじう》に長《ちやう》たらしむ。⑩今《いま》、子《し》 我《われ》を食《く》らはば、是《こ》れ天帝《てんてい》の命《めい》に逆《さか》らふなり。⑪子《し》 我《われ》を以《もつ》て信《しん》ならずと為《な》さば、吾《われ》 子《し》の為《ため》に先行《せんかう》せん。⑫子《し》 我《わ》が後《あと》に随《したが》ひて観《み》よ。⑬百獣《ひやくじう》の我《われ》を見《み》て、敢《あ》へて走《はし》らざらんや。』と。⑭虎《とら》 以て然《しか》りと為《な》す。⑮故《ゆゑ》に遂《つひ》に之《これ》と行《い》く。⑯獣《けもの》 之《これ》を見《み》て皆走《みなはし》る。⑰虎《とら》 獣《けもの》の己《おのれ》を畏《おそ》れて走《はし》るを知《し》らざるなり。⑱以《もつ》て狐《きつね》を畏《おそ》ると為《な》すなり。⑲今《いま》、王《わう》の地《ち》、方《はう》五千里《ごせんり》、帯甲百万《たいかふひやくまん》、而《しか》して専《もつぱ》ら之《これ》を昭奚恤《せうけいじゆつ》に属《しよく》するなり。⑳故《ゆゑ》に北方《ほくはう》の奚恤《けいじゆつ》を畏《おそ》るるや、其《そ》の実《じつ》、王《わう》の甲兵《かふへい》を畏《おそ》るるなり。㉑猶《な》ほ百獣《ひやくじう》の虎《とら》を畏《おそ》るるがごときなり。」と。

甲百万、而シテ専ラ属二スル之ヲ昭奚恤一ニ也。⑳故ニ北方之畏ルル二奚恤一ヲ也ヤ、其ノ実、畏ルル二王之甲兵一ヲ也。㉑猶ホ二キ百獣之畏ルルガレ虎ヲ也ト。」

（戦国策《せんごくさく》）

語釈

荊＝楚《そ》の別名。

北方＝魏《ぎ》・趙《ちょう》・斉《せい》・韓《かん》など、楚の北にある国々。

昭奚恤＝楚の名族出身の重臣、将軍。

莫＝下から返って「なシ」と読む。「無・勿・毋」などと同じ意味。文意によっては「なカレ」と読んで、禁止を表す。

対＝「こたフ」と読み、上位者に対して答える場合に用いる。登場人物の立場・地位の関係を知る手がかりとなるので、しっかり覚えておこう。

江乙＝遊説《ゆうぜい》家。楚王の政治顧問。

子＝あなた（敬称）。「孔子《こうし》」「老子《ろうし》」などのように姓につけて用いることもある。

天帝＝天の神。地上のあらゆることを支配するとされる。

長＝頭《かしら》。最も上位の者。

観＝じっと注意して見る。

走＝逃げる。

遂＝そのまま。

与＝下から返って「と」と読む。

以為二――一＝「もっテ――トなス」と読み、「そのことを――と考える（判断する）」の意。なお「以為」をひとまとまりとみて「以《おも》為《ヘラク》――」（おもヘラク＝考えたことには――）と読むこともある。

方五千里＝五千里《り》四方。一里は約四〇五メートル。

帯甲＝（甲冑《かっちゅう》を帯びた）兵士。「甲兵」も同じ意味。

属＝ゆだねる。任せる。

現代語訳

楚《そ》の宣王《せんおう》が、大勢の臣下に尋ねてこう言った、「わしは北方の国々が（わが国の）昭奚恤《しょうけいじゅつ》を恐れていると聞いた。はたして事実はどうだろうか。」と。大勢の臣下は、誰も答える者がなかった。江乙《こういつ》が答えて、こう言った、「虎が多くの獣を探し求めて食らっていました。（あるとき）狐をつかまえました。狐が言いますのに、『あなたは、私を食らってはいけません。天帝様が、私をあらゆる獣の頭にしたのです。もし、あなたが私を食らえば、それは天帝様の御命令にそむくことになります。あなたが私のことを信じられないとお考えなら、私はあなたの前に立って歩きましょう。あなたは私の後ろについて来て、見てごらんなさい。あらゆる獣《けもの》は、私を見てどうして逃げないことがありましょう（皆、逃げるはずです）。』と。虎は、なるほどと思い、そこでそのまま狐と一緒に行きました。獣たちはこれを見て、皆、逃げました。虎は、獣たちが自分を恐れて逃げたことがわからなかったのです。そして、狐を恐れているのだ、と思いました。今、王の領土は五千里四方、その兵力は百万、そしてそれをもっぱら昭奚恤にゆだねておられます。したがって、北方の国々が昭奚恤を恐れているというのは、実は、王の強大な兵力を恐れているのです。ちょうど、獣たちが（ほんとうは）虎を恐れるようなものなのです。」と。

使役の形を表す「使」（P428・429参照）

⑨の文「天帝使《ム》三我《ヲシテ》長《タラ》二百獣《ニ》一。」の「使」は**使役**を表し、「～させる」という意味になる。このとき、助動詞「しむ」を用いて訓読する。句形は次のようになる。

使《レム》三＋**使役の対象（A）**《ヲシテ》＋**述語（B）**二＋**述語の対象語（C）**《ヲ(ニ)》一

〈読み方〉「Aをして、Cを（に）、B（未然形にする）しむ」

〈意　味〉「Aに（を使って）、Cを（に）、Bさせる」

この文では、「長」が述語となっているため、断定の助動詞「たり」を送って「長たら（しむ）」と読ませている。

なお、使役を表す語としては「使」のほかに「**令**・**教**・**遣**」などがある。

例　「斉王使《ム》二人《ヲシテ》取《ラ》レ之《ヲ》。」
（斉王《せいわう》人《ひと》をして之《これ》を取《と》らしむ。＝斉王が、人を使って、これを取らせた。）

例　「令《ム》二騎《ヲシテ》皆下《リ》レ馬《ヨリ》歩行《セ》一。」
（騎《き》をして皆馬《みなうま》より下《お》り歩行《ほかう》せしむ。＝騎馬の兵を、皆、馬から下りて歩かせた。）

「敢《ヘテ》」の用法

⑬の文中の「敢《ヘテ》不《ラ》レ走《ン》乎《ラや》。」は、「敢へて走らざらんや。」と読み、「どうして逃げないことがあるだろうか、（皆）逃げるはずだ。」という**反語の意味**を表す。

「敢《ヘテ》」（敢へて）は、「思い切って。すすんで。無理を押して」などの意の副詞であるが、「敢《ヘテ》不《ランヤ》二――一」（敢へて――ざらんや）の形で反語を表すほか、「無《カレ》二敢《ヘテ》――一」（敢へて――無かれ）の形で**強い禁止**を表す。

また、「不二敢《ヘテ》――一」（敢へて――ず）は、「すすんで――ようとしない。思い切って――ようとしない」の意となる。

例　「敢《ヘテ》有《ラバ》二諫《いさムル》者一死《セン》。」
（禁を押して諫める者がいれば死罪だ。）

例　「欲《シテ》レ諫《メント》不《ヘテセ》レ敢。」（王を諫めようと思うが、思い切ってそうすることができない。）

「何如」の用法

③の文「果《シテ》誠《ニ》何如。」は「果《はた》して誠に何如《いかん》。」と読み、「はたして事実はどうだろうか。」という意味となる。「何如」は二字で「いかん」と読み、「どうだ。どうなのか」という**疑問**を表す。

Q 「何如」と「如何」は違うの？

A 「何如」と「如何」には、次のような区別があります。

・**何如**＝状態やことの是非について「どうなのか」と尋ねるときに用いる。

・**如何**＝手段や方法について「どうするか」と尋ねるときに用いる。

どちらも「いかん」と読みますが、文字の並び方によって意味が異なりますので、判別できるようにしておきましょう。

「猶」は「なホ……ごとシ」と読む再読文字

（P447・448参照）

㉑の文の「猶《ホ》《キ》二百獣之畏《ルルガ》レ虎《ヲ》也。」は、「猶《な》ほ百獣の虎《とら》を畏るるがごときなり。」と読み、「ちょうど、獣たちが虎を恐れるようなものです。」の意味となる。

この文中の「猶」は、「なホ——ノ（ガ）ごとシ」と読む**再読文字**である。下から返って読むときは、「名詞＋ノ・ごとシ」「連体形＋ガ・ごとシ」の形をとり、意味は「ちょうど——ようなものだ」となる。

鑑賞

寓話の読み方

漢文には、「矛盾《むじゅん》」「漁父《ぎょほ》の利」など、寓話（たとえ話）を用いた論議が多くある。教科書や問題集にはその寓話の部分だけが取り上げられていることが多いが、それらの寓話が決して単なるおもしろさや教訓を意図したものにとどまらず、政治・外交・思想などの高度なレベルを背景にしていることを知っておく必要がある。

この「借ル二虎ノ威ヲ一」も、実は、南方の大国、楚《そ》を支える二人の大きな存在、江乙《こういつ》（王の政治顧問）と昭奚恤《しょうけいじゅつ》（楚の重臣で、国軍の総司令官）との勢力争いを背景とした、火花を散らすような論議なのである。

宣王《せんおう》の質問に対して、江乙はこの「虎の威を借る狐」の寓話で答えた。「故ニ北方之畏ルル二奚恤ヲ一……」以下の文からわかるように、昭奚恤を狐に、宣王を虎にたとえて、昭奚恤の名声は、しょせんこの狐と同じ「借り物の威力」にすぎないと論じているのである。他国にまで畏怖《いふ》される名将として昭奚恤の存在が大きくなるのを防ぎ、ついでに王の強力な力をたたえてその歓心を買うというみごとな効果をあげたわけである。

こうしてみれば、はじめ、宣王の質問に、多くの臣下が誰一人として答えようとしなかった（「群臣莫レ対」）理由もわかるだろう。

二人の対立を知っている臣下たちにしてみれば、王の問いに、肯定的に答えれば、内政・外交に力をふるう鋭い論客、江乙ににらまれるし、否定的に答えれば、国軍を率いる重臣、昭奚恤を敵にまわすことになってしまうというわけで、うっかり答えようものなら、身の破滅につながりかねなかったのである。

POINT

「之《の》」の意味・用法

「之」を「の」と訓読する場合、その意味には次の三つの可能性がある。安易に「…の」と決めつけないように注意しよう。

…が　主格を表す。
…の　連体修飾格を表す。
…で　同格を表す。

なお、「之」には、「これ」と読んで代名詞を表したり、「ゆク」と読んで動詞を表したりする用法もある。

それぞれの意味・用法をしっかり把握し、文章中に「之」が出たときに判別できるようにしておこう。

先《ま》ヅ従《よ》レリ隗《くわい》始メヨ

①燕《えん》ノ昭王弔《とむら》レヒ死ヲ問レヒ生ヲ、卑《ひく》レクシ辞ヲ厚レクシテ幣ヲ、以テ招ニク賢
者一ヲ。②問ニフ郭《くわく》隗《くわい》一ニ。（中略）③隗曰ハク、「古《いにしへ》之《の》君ニ
有下リ以ニテ千金一ヲ使三ムル涓《けん》人《じん》ヲシテ求ニメ千里ノ馬一ヲ者上。④
買ニヒテ死馬ノ骨ヲ五百金一ニ而返ル。⑤君怒ル。⑥
涓人曰ハク、『死馬スラ且ツ買レフ之ヲ、況《いは》ンヤ生ケル者ヲ乎《や》。⑦
馬今ニ至ラント矣。』⑧不ニシテ期年一ナラ千里ノ馬至ル者
三アリ。⑨今、王必ズ欲レセバ致レサント士ヲ、先ヅ従レリ隗始メヨ。⑩
況ンヤ賢ナル二於隗一ヨリ者、豈《あ》ニ遠二シトセン千里一ヲ哉《や》ト。」⑪於レイテ是《ここ》ニ、
昭王為レニ隗ノ改二メ築キ宮一ヲ、師二トシ事ス之一ニ。⑫於レイテ是ニ士
争ヒテ趨《おもむ》レク燕ニ。

（十八史略《じゅうはっしりゃく》）

書き下し文

①燕《えん》の昭王《せうわう》死《し》を弔《とむら》ひ生《せい》を問《と》ひ、辞《じ》を卑《ひく》くし幣《へい》を厚《あつ》くして、以《もつ》て賢者《けんじや》を招《まね》く。②郭隗《くわくくわい》に問《と》ふ。（中略）③隗《くわい》曰《い》はく、「古《いにしへ》の君《きみ》に千金《せんきん》を以《もつ》て涓人《けんじん》をして千里《せんり》の馬《うま》を求《もと》めしむる者《もの》有《あ》り。④死《し》馬《ば》の骨《ほね》を五百金《ごひやつきん》に買《か》ひて返《かへ》る。⑤君怒《きみいか》る。⑥涓人《けんじん》曰《い》はく、『死馬《しば》すら且《か》つ之《これ》を買《か》ふ、況《いは》んや生《い》ける者《もの》をや。⑦馬今《うまいま》に至《いた》らん。』と。⑧期年《きねん》ならずして千里《せんり》の馬至《うまいた》る者三《ものさん》あり。⑨今《いま》、王《わう》必《かなら》ず士《し》を致《いた》さんと欲《ほつ》せば、先《ま》づ隗《くわい》より始《はじ》めよ。⑩況《いは》んや隗《くわい》より賢《けん》なる者、豈《あ》に千里《せんり》を遠《とほ》しとせんや。」と。⑪是《ここ》に於《お》いて、昭王《せうわう》隗《くわい》の為《ため》に宮《きゆう》を改《あらた》め築《きづ》き、之《これ》に師事《しじ》す。⑫是《ここ》に於《お》いて士《し》争《あらそ》ひて燕《えん》に趨《おもむ》く。

語釈

燕昭王＝「燕《えん》」は、戦国時代に覇権《はけん》を争った七か国（戦国の七《しち》雄《ゆう》）の一国。現在の北京《ペキン》周辺にあった（北京の古名は燕京《えんけい》）。昭王《しょうおう》は、在位前三一一～前二七九年。父の噲王《かいおう》が、宰相《さいしょう》の子之《しし》に位を譲ったために内乱が起き、隣国、斉《せい》に侵略されて噲王、子之ともに殺された。その後、即位した昭王は、燕を建て直し、斉に復讐《ふくしゅう》しようとしていた。

弔レ死問レ生＝斉との戦いのために死んだ者に哀悼《あいとう》の意を表し、生き残った者を見舞った。

卑レ辞厚レ幣＝臣下に対して、態度や言葉遣いを丁寧《ていねい》にし、贈り物を手厚くした。

郭隗＝昭王の臣下の一人。伝未詳。すぐれた見識をもっていたことが推察される。

使＝使役の句法。P326参照。

涓人＝君主のそばに仕えて雑用をつとめる役人。

不二期年一＝一年も経《た》たないうちに。

致レ士＝すぐれた人物を招く。

遠二千里一＝千里の道のりを遠いと思う。つまり、燕に行くための道のりを苦《く》にする。

改築＝新しく建築する。

師事＝師として仕える。

現代語訳

燕の昭王は、（斉との戦いの）死者の慰霊《いれい》をし、生存者を見舞い、（臣下に）言葉・態度を丁寧にし、贈り物を手厚くして、（国を建て直すために）すぐれた人物を招こうとした。（その方法を）郭隗《かくかい》に尋ねた。（中略）隗はこう言った、「昔の君主に、千金を用いて、側役人《そばやくにん》に、一日千里を走る名馬を買い求めさせた人がいました。（その側役人は）死んだ（名）馬の骨を五百金で買って戻って来ました。君主は怒りました。（ところが）側役人はこう言いました、『死んだ（名）馬の骨でさえも買ったのです。まして、生きている名馬ならなおさら（高価で買うはず）です。名馬はすぐに（相手の方から）やって来るでしょう。』と。一年も経たないうちに、一日千里を走る名馬で（その国に）やって来たものが三頭ありました。さて今、王様がどうしてもすぐれた人物を招きたいとお思いでしたら、まず、この郭隗（を優遇すること）からお始めください。（そうすれば）まして、この私よりもすぐれた人物は、（郭隗程度であれほど優遇されるのだから……と思って）どうして千里の道のりでも遠いと思ったりするでしょうか（いや、どんなに遠くてもやって来るでしょう）。」と。そこで、昭王は郭隗のために、邸宅を新しく建築して（そこに住まわせ）、師として（郭隗に）仕えた。そこで、（天下の）すぐれた人物たちは、争うようにして燕の国に馳《は》せ参《さん》じて来た。

コラム
「賢者を招く」ことの意味

春秋・戦国時代は、中国全体を統《す》べる秩序の崩壊した時代でもあると同時に、厳しい自由競争の時代でもあった。強者は栄え弱者は滅ぶ。したがって、各国ともに、その存亡を賭けて富国強兵策を図った。

その国の抱えている内政上の問題点と解決策、また、複雑な国家間の関係をどのようにして自国に有利に導くかを、大きな視野をもって、しかも鋭く見抜く人材を、各国が切望していたのである。その国を客観的に、利害に煩《わずら》わされず分析できるのはむしろ他国の人材だったのだ。

抑揚形《よくようけい》

A（名詞）且《スラかツ》B（述語）、況《いはンヤ》C（名詞）乎《ヲや》。

⑥の文には、「Aすら且《か》つB、況んやCをや。」（Aでさえも Bなのだ、ましてCはなおさらBだ）という句法（**抑揚形**）が用いられている。抑揚形とは、まず程度の低いものについて述べておいて（抑《よく》＝つまり抑《おさ》えた表現）、「まして、こちらはそれ以上なのだから当然だ」と強調して（揚《よう》＝つまり高く揚《あ》げる表現）本来述べたかった事柄を印象づける修辞技巧である。

前半の「A 且《スラツ》 B」の部分がなくて、「況《ンヤ》――乎《ヲや》」（況んや――をや。＝まして――はなおさらだ）の部分だけで用いられることも多い。

例 「富貴《ナレバ》則《チ》親戚《モ》懼《おそレ》レ之《ヲ》、貧賤《ナレバ》則《チ》軽《けい》二易《いス》之《ヲ》一。況《ンヤ》衆人《ヲ》乎《や》。」（富貴《ふうき》なれば則《すなは》ち親戚も之《これ》を懼《おそ》れ、貧《ひん》賤《せん》なれば則ち之を軽易す。況んや衆人をや。＝富んで身分が高いとなると、血のつながった親戚もおどし、〈同じ人物が〉貧しく身分が低ければ軽く見てさげすむ。ましてやふつうの人間はなおさら〈財力と地位で人を判断するはず〉だ。）

文末の「乎」が省略されることもある。その場合は、文末の送り仮名を「――ヲヤ」とする。⑩の文は、「況《ンヤ》」で始まったものの、後半に反語の「豈《あニ》」が用いられたため、それを受ける「――ンや」で文が終わっている（P333・334参照）。

「〜より」と読む助字
「従」「自」「由」

⑨の文中に用いられている「従」は、「従《フ》」（したがフ）と読むほかに、下の名詞から返って**「従《より》」（より）と読み、「〜から」と訳す。**同じように用いられる字に「自」「由」があるが、「従」は、「自」のように起点（動きの起こる地点）を示すだけでなく、動きの道筋までを含んで表すことができる。「由」は「〜を通って」という経由を表す。

例 「病《ハ》従《リ》レ口入《リ》、禍《わざわひハ》従《リ》レ口出《ヅ》。」（病《やまひ》は口より入《い》り、禍《わざわひ》は口より出《い》づ。＝病気は口から入り、禍いは口〈言葉〉から起こる。）

例 「有《リ》下朋《ともノ》自《リ》二遠方一来《タル》上。」（朋《とも》の遠方より来たる有り。＝親しい友人で、遠くから〈はるばる〉来てくれる人がいる。）

比較を表す助字「於」

⑩の文中に用いられている「於」は、上の述語と下の名詞との関係を表す助字で、ここでは比較を表している。そのため「於」自身にではなく、下の名詞（ここでは「隗」）に「ヨリ（モ）」という送り仮名を付して、その意味を表現する。

「於」には、比較のほか、起点を表す用法もあり、この場合も下の名詞に「ヨリ」を送る。

例 「青取《ハ》二之《リテ》於藍《ヲ》一、而青《ヨリ》二於藍《シ》一。」（青は之《これ》を藍《あゐ》より取りて、藍よりも青し。＝染料の青は、藍から取って、しかも〈もとになっている〉藍よりも青みが強い。師の教えを受けた弟子が師を超えることをいう。「出《しゅつ》↓藍《らん》の誉《ほま》れ」）

「於」には、このほかにも、①場所を表す、②対象を表す、③受身を表す、などの用法があるが、これらは、下の名詞に「二」を送る（P448参照）。

文中に用いられている「乎」も、「於」と同様、比較・受身・場所・対象などを表すので要注意。

例 「莫《シ》レ大《イナルハ》二乎尊《ブヨリ》レ親《ヲ》。」（親を尊《たふと》ぶより大いなるは莫《な》し。＝親を尊重することよりも大切なことはない。）

反語を表す副詞「豈」

⑩の後半に用いられている「豈《あニ》」は、「安《いづクンゾ》」（安《いづ》くんぞ。「焉・烏・寧・悪」も同じ）と並んで、**反語を表す語の代表格。**反語は、表面上は疑問の形をとって、実は**ふつうの否定よりもっと強い否定を表す**修辞技巧である。「どうして——か（そんなことはない）」という訳になる。

反語の文の文末は基本的に「——ンヤ」という形となるが、この文のように、感動の助字「哉」（「乎・也」などでも同じ）」があるときは、その直前の述語（未然形となる）に

「ン」を送り、「哉」などの助字を「や」と読む。こうした助字が文末にないときには、述語に「――ンヤ」を送る。

例 「今日之《の》俸、豈《ニ》能《ク》常《ニ》有《ランヤ》。」
(今日《こんにち》の俸《ほう》、豈に能《よ》く常に有らんや。=現在受けている俸禄《ほうろく》は、どうしていつもありうることといえようか、いや、そうとは限らない。)

用字

油断ならない「之」の用法

③の文中にある「之」は、「の」と読み、**連体修飾格**(上の名詞「古」が、下の「君」を修飾)を表す。「借《ル》二虎《ノ》威《ヲ》一」の②にあった「之」も「の」と読み、こちらは**主格**(主語を表す)。つまり、「之」は、**格助詞「の」として読む。**

そして、⑥・⑪にある「之」は「これ」と読み、「これ。この物。この人」を表す**代名詞**となっている(「借《ル》二虎《ノ》威《ヲ》一」の⑮にある例も同じ)。「之《ノ》」とあれば、「こノ」という連体詞となる。

さらに、「之」には、**動詞として「之《ゆク》」と読む**場合もあり、それぞれよく用いられるので注意を要する。

例 「得《テ》レ罪《ヲ》亡《ゲテ》之《ク》レ燕《ニ》。」(罪を得て亡げて燕《えん》に之《ゆ》く。=罪を着せられ、逃亡して燕の国《に》に行った。)

この場合、下には目的地を示してあり、下から返って「――に之《ゆ》く」の形となる。

「こレ」「こノ」「ここ」と読む「是」「此」

「是」は、「ゼ」と音読みにする場合は、「正しい。道理にかなっている。正しいとして定めた方針」などの意となる。

例 「是非」「国是」

ほかに、「此」と同様、次のような用法もある。

①「こレ」と読んで、「これ。このこと(人・物)」などの代名詞として用いたり、文意を強調する用法。

例 「何《レノ》日《カ》是《こレ》帰年《ナラン》」(P314参照)

例 「此《レヲ》之《レ》謂《いフ》二物化《ト》一。」

②「このノ」と読んで、連体詞とする用法。

③「ここ」と読んで、「このこと。このような理由」などの意となる用法。⑪・⑫の文に用いられている「於《イテ》レ是《ニ》」は③の用法で、それまでに述べてきたことを受けて、「そこで」と次に続けていく語である。「是《ヲ》以《テ》」も、「是を《ここ》以《もつ》て」と読み、それまでに述べてきたことを理由・きっかけとして、その次の事柄が導かれることを表す（「こういうわけで。これを理由として」の意）。

④「是」「此」が、「若」「如」など、「ごとシ」と読む助字の下にあるときは、「若《シ》レ此《クノ》」（此《か》くのごとし）、「如《シ》レ是《クノ》」（是くのごとし）のように、「かク（ノ）」と読み、全体で「このようだ」の意となる。

例 「求《ムルコト》レ剣《ヲ》若《ごときハ》レ此《かクノ》、不《ず》二亦《また》惑《ヒナラ》一乎《や》。」（剣を求むること此くのごときは、亦惑《またまど》ひならずや。）

＋アルファ 人名に注意！

郭隗《かくかい》は、③以降には姓を省略して「隗」とよばれている。このように、人名は、二度目以降には名の方だけで出てくることを覚えておこう。「信」が「信じる。信用」ではなく、人名で韓信《かんしん》のことを指すこともある。

POINT

★「A 且《スラ》B《ツ》、況《いはンヤ》C 乎《ヲや》。」
＝Aでさえも Bなのだ、まして、Cはなおさら Bだ。

◎「況《ンヤ》――《ヲヤ》」だけで用いられることもある（まして――はなおさらだ）。

★「述語＋於＋名詞」は、比較・起点を表す場合（下の名詞に「ヨリ」を送る）、場所・対象・受身を表す場合（下の名詞に「ニ」を送る）がある。

★「豈《あ》ニ」は反語を表し、文末を「――ンヤ」で結ぶ（「安《いづクンゾ》」も同じ）。

五十歩百歩

①梁《りやう》ノ恵《けい》王《わう》曰ハク、「寡人之《の》於ケルレ国ニ也《や》、尽クスレ心ヲ焉《の》耳《み》矣。②河《か》内《だい》凶ナレバ、則チ移シ二其ノ民ヲ於河東一ニ、移シ二其ノ粟《ぞく》ヲ於河内一ニ。③河東凶ナルモ、亦然リ。④察スルニ二隣国之政ヲ一、無シ下如キ二寡人之用ヰルガレ心ヲ者上。⑤隣国之民不レ加ヘレ少ナキヲ、寡人之民不ルハレ加ヘレ多キヲ、何ゾ也《や》ト。」

⑥孟子対ヘテ曰ハク、「王好ムレ戦ヒヲ。⑦請フ以テレ戦ヒヲ喩《たとへ》ン。⑧塡《てん》然《ぜん》トシテ鼓シレ之ヲ、兵刃既ニ接ス。⑨棄テレ甲ヲ、曳《ひ》キテレ兵ヲ而走ル。⑩或イハ百歩ニシテ而後《のち》止《とど》マリ、或イハ五十歩ニシテ而後止マル。⑪以テ二五十歩ヲ一笑ハバ二百歩ヲ一、則チ何《い》如《かん》ト。」

書き下し文

①梁《りやう》の恵王《けいわう》曰《い》はく、「寡人《くわじん》の国《くに》に於《お》けるや、心《こころ》を尽《つ》くすのみ。②河内凶《かだいきよう》なれば、則《すなは》ち其《そ》の民《たみ》を河東《かとう》に移《うつ》し、其《そ》の粟《ぞく》を河内《かだい》に移《うつ》す。③河東《かとう》凶《きよう》なるも、亦然《またしか》り。④隣国《りんごく》の政《まつりごと》を察《さつ》するに、寡人《くわじん》の心《こころ》を用《もち》ゐるがごとき者《もの》無《な》し。⑤隣国《りんごく》の民少《たみすく》なきを加《くは》へず、寡人《くわじん》の民多《たみおほ》きを加《くは》へざるは何《なん》ぞや。」と。

⑥孟子《まうし》対《こた》へて曰《い》はく、「王戦《わうたたか》ひを好《この》む。⑦請《こ》ふ戦《たたか》ひを以《もつ》て喩《たと》へん。⑧塡然《てんぜん》として之《これ》を鼓《こ》し、兵刃既《へいじんすで》に接《せつ》す。⑨甲《かふ》を棄《す》て、兵《へい》を曳《ひ》きて走《はし》る。⑩或《ある》いは百歩《ひやつぽ》にして後止《のちとど》まり、或《ある》いは五十歩《ごじつぽ》にして後止《のちとど》まる。⑪五十歩《ごじつぽ》を以《もつ》て百歩《ひやつぽ》を笑《わら》はば、則《すなは》ち何如《いかん》。」と。

⑫曰ハク、「不可ナリ。⑬直ダ不ル二百歩ナラ一耳。⑭是レモ亦走ル也。」ト ⑮曰ハク、「王如シ知ラバレ此レヲ、則チ無カレレ望ムコト三民之多キヲ二於隣国一ヨリ也。」

（孟子《もうし》）

⑫曰《い》はく、「不可《ふか》なり。⑬直《ただ》百歩《ひゃっぽ》ならざるのみ。⑭是《こ》れも亦《また》走《はし》るなり。」と。⑮曰《い》はく、「王《わう》如《も》し此《こ》れを知《し》らば、則《すなは》ち民《たみ》の隣国《りんごく》より多《おほ》きを望《のぞ》むこと無《な》かれ。」と。

語釈

梁恵王＝「梁《りょう》」は、戦国時代の魏《ぎ》の別名。恵王《けいおう》は、在位前三七〇〜前三一九年。孟子《もうし》を厚遇した。

寡人＝P338の「＋アルファ」参照。

尽レ心＝人民のために善《よ》い政治をあれこれと考える。

河内＝「河」は黄河《こうが》（「江」は長江《ちょうこう》）。河内《かだい》は、魏の領土のうち、黄河の北一帯、河東《かとう》は黄河の南一帯を指す。

凶＝凶作。農作物が十分に収穫できないこと。

粟＝穀物。

亦＝また。同様のものを挙げる場合に用いる。上の語に「モ」を送ることが多く（⑭参照）、「モまた」とよばれる。

然＝そのようだ。前に挙げた内容と同じことを表す。

加レ少（多）＝どんどん減少（増加）する。

何也＝どうしてか。（P440参照）

対＝上位者（ここでは恵王）に対し答える場合に用いる。

填然鼓レ之＝ドンドンと戦鼓《せんこ》を打ち鳴らす。兵士に進撃を命ずる合図。

兵刃＝「兵」は武器（「曳レ兵」も同じ）、「刃」は剣や槍《やり》の刃。

棄レ甲＝重い鎧《よろい》を脱ぎ捨てる。

曳＝ひきずる。「曳レ兵」で、戦意を失った兵の様子。

走＝逃げる。敗走する。

或――、或〜＝ある者は――、またある者は〜。ある場合は――、またある場合は〜。

何如＝どうか。状態・是非を問う語（P327参照）。

不可＝だめだ。よくない。

直＝ただ――（だけ）。単に。

如＝もし。仮定を表す。

此＝これ。このこと。ここでは、五十歩逃げたことも、百歩逃げたことも大差ないということ。

無――＝禁止の句法。

於＝比較を表す助字。下の「隣国」に「ヨリ」を送ってその意味を表す（P333参照）。①・②に用いられている「於」は場所を表す。

コラム　君主に対しても手厳しい賢臣

恵王《けいおう》のはじめの言葉は、仁政《じんせい》を行えという孟子《もうし》に対して「人民のために気を配ってやっても、人民の方はそれを評価したり感謝したりしないではないか。」というグチにもなっている。それに対して、孟子は、「多少気を配っているといったって、真の王道政治を行っていない以上、王も隣国も大差ないんですよ。」と手厳しく切り返しているのである。

君主に対して媚《こ》びへつらう者は多いが、自分の思想・信念に自信と誇りをもつ遊説家《ゆうぜいか》や賢臣は、時として、あえて君主をギャフンと言わせるような批判や諫言《かんげん》を堂々と述べる。それが正当ならば受け入れて、自己啓発に努めるのが「明主」（名君）とされたのである。

＋アルファ　意外に多い一人称

一人称（「私・自分」を指すよび名）は、ふつう「吾・我（われ）」または「余」だが、①の文では、恵王は「寡人《かじん》」という言い方を用いている。これは、「徳の寡《すくな》い人」の意で、王や諸侯などが自分をへりくだっていう一人称だ。「孤《こ》」も同様に用いる（例「斉ハ因《よ》リテ二孤之《の》国ノ乱ルルニ一而襲フ。」＝斉《せい》は、私の国が乱れたのを機として攻めてきた）。

また、秦《しん》の始《し》皇帝以後、天子・皇帝は「朕《ちん》」を用いる。

さらに、自分で自分の名をよび捨てにする言い方（P329⑨・⑩の「隗」）や、自分を「臣」とよぶ言い方（例「将軍ハ戦ヒ二河北ニ一、臣ハ戦フ二河南ニ一。」＝閣下《かっか》は河北で戦い、私めは河南で戦いました）も、相手に対してへりくだった一人称である。

現代語訳

梁《りょう》の恵《けい》王が言った、「私が国を治めるうえでは、まさに（人民のために）配慮を尽くすという以外の何ものでもない。河内《かだい》地方が凶作であれば、そこで（飢《う》えさせないために）その地の人民を（収穫のよい）河東《かとう》地方に移し、（反対に）河東の穀物を河内に移送（して食料補給を）する。河東が凶作なら、その場合もまた同様の対策をとる。（自分はこれほど人民を大切にするが）隣国の政治を見ていると、私が配慮しているようなことはしていない。（それなのに）隣国の人民が（わが国に移住してきて人口が）どんどん減少するということがなく、（したがって）私の国の人民がどんどん増加することがないというのはどういうわけか。」と。

孟子《もうし》は王に答えて言った、「王は戦《いくさ》がお好きです。どうか戦にたとえて話させてください。ドンドンと戦鼓《せんこ》が鳴り響いて兵士を前進させ、すでに（両軍の）武器がぶつかりあっています。（一方が押され、兵士が重い）鎧《よろい》を脱ぎ捨て、武器をひきずって逃げます。ある者は百歩逃げたあとで踏みとどまり、またある者は五十歩逃げたあとで踏みとどまりました。五十歩だった（者が、自分はそれだけだった）という理由で百歩逃げた者を（卑怯者《ひきょうもの》と）笑ったら、どうでしょうか。」と。

王は言った、「それはだめだ。（その兵士は）ただ単に百歩ではなかったというだけのことだ。それもまた逃げた（という点では同じな）のだ。」と。

孟子は言った、「王が、もしそのことをおわかりでしたら、それでは（ご自分の国の）人民が隣国より多くなることを望まれてはいけません（真の王道政治を行っていないという点は同じなのですから、そのほかの違いなど大差ないのです）。」と。

句法

文末の「——耳・而已・已・爾」は「——のみ」

文末に、主に「耳・而已」、時として「已・爾」がきていたら、「のみ」と読む。**限定（——だけ）を表すことが多い**（⑬の文の例）が、①の例のように、「まさに——というほかはない」「——以外の何ものでもない」という、強調を含んだ断定となることもある（①の例のように、下に感動の助字「矣」がついていることもあるが、読み方は同じ）。

例 「書ハ足ル三以テ記スニ二名姓ヲ一而已。」（書《しよ》は以《もつ》て名姓《めいせい》を記《しる》すに足《た》るのみ。＝文字〈を覚える量〉は自分の姓名が書ければ十分である。）

例 「此レ亡秦之続《ぞく》耳。」（此《こ》れ亡秦《ばうしん》の続《ぞく》のみ。＝これは〈非道のために〉亡《ほろ》びた秦の二の舞というほかはない。）

「述語二＋目的語ヲ＋於＋補語（場所・状況・相手）ニ一」の文型に注意

②の文には、**述語の下に目的語があり、その下に「於」がある**という文型が二つ並んで出てくる。こうした場合、目的語からすぐに上の述語に返らないで、「於」の下の語（場所・状況・相手を表す）に「ニ」を送って、そこから上の述語に返る（A二Bヲ於Cニ一＝BをCにA〈する〉）。

例 「斉王使メテ二人ヲシテ取ラレ之ヲ、而樹ウ二之ヲ於江北ニ一。」（斉王《せいわう》人をして之《これ》を取らしめて、之を江北《かうほく》に樹《う》う。＝斉王が、人にこの木を取って来させて、これを江北地方に植えた。）

例 「孔子問フ二礼ヲ於老子ニ一。」（孔子 礼を老子に問ふ。＝孔子が、礼について老子に質問した。）

述語の下に目的語と補語とが続く場合は、「於」のほかに「于・乎」を入れることが多いが、そうした助字がない場合もあるので気をつけよう。

例 「陥シ二之ヲ死地ニ一、然ル後ニ生カス。」（之《これ》を死地《しち》に陥《おと》し、然《しか》る後《のち》に生かす。＝〈部隊を、まず〉絶体絶命の状況に陥《おちい》らせ、そのあとで生き残る道を与える。）

例 「謙信寄ス二書ヲ信玄ニ一。」（謙信《けんしん》書《しょ》を信玄《しんげん》に寄《よ》す。＝上杉謙信は、手紙を武田信玄に送った。）

「――なシ」と「――なカレ」（禁止）は同じ文型

「あリ」と「なシ」は、下から返って「有リ二――一」「無（莫・勿・毋）シ二――一」となるが、**禁止の句法は、用字・文型ともに「なシ」と全く同じ**である。したがって、「無（莫・勿・毋）二――一」を、「――なシ」と読むのかは、文全体の意味によって決まるわけだ。禁止の場合は、下の述語を連体形（または、連体形＋コト）にして、上に返って「――（するコト）なカレ」と読む。

例 「無カレ二道フコト人ノ短ヲ一、無カレ二説クコト己ノ長ヲ一。」（人の短《たん》を道《い》ふこと無《な》かれ、己《おのれ》の長《ちやう》を説《と》くこと無かれ。＝他人の欠点について言ってはいけない、〈また〉自分のすぐれている点について述べ立ててはいけない。）

例 「諸ノ悪ハ莫カレレ作ス。」（諸《もろもろ》の悪《あく》は作《な》す莫《な》かれ。＝様々な悪事は、行ってはならない。）

例 「過チテハ則チ勿カレレ憚ルコトレ改ムルニ。」（過《あやま》ちては則《すなは》ち改《あらた》むるに憚《はばか》ること勿《な》かれ。＝間違ったことをしたら、それを改めるのにためらってはいけない。）

用字

「レバ則《そく》」と呼ばれる「則《すなはチ》」

この文章では、②・⑪・⑮に、「則《すなはチ》」が三回使われている。「則」は、上の内容を原因・前提条件として、その結果として導かれる事柄につなげる接続の語で、「（――ば）その結果として〜。（――と）そこで〜。（――という状況）においては」などの意味となる。このため、**すぐ上にくる述語に「バ」を送ることが基本で、「レバ則」**と通称される。

例 「先ンズレバ即チ制シレ人ヲ、後ルレバ則チ為ル二人ノ所一レ制スル。」（先《さき》んずれば即《すなは》ち人を制《せい》し、後《おく》るれば則《すなは》ち人の制する所と為《な》る。＝先手をうてば、その結果として人をおさえられ、後れると、その結果として、人がこちらをおさえることになる。）

「即」「乃」「便」も「すなはチ」と読むが、「即」は、「すぐに。そのまま」の意となることが主で（時として「則」と同じ意味にもなる）、「乃」は「そこで。それなのに。かえって」、「便」は、「すぐに。つまり」の意となる。

例 「噲即チ帯ビレ剣ヲ擁シテレ盾ヲ入ル二軍門ニ一。」（噲即《くわいすなは》ち剣を帯《お》び盾《たて》を擁《よう》して軍門《ぐんもん》に入《い》る。＝樊噲《はんかい》〈劉邦《りゅうほう》の臣〉は、すぐに剣を腰に帯《お》び、盾を抱えて、陣営《じんえい》の門に入った。）

「以《もつ》テ」は、手段・方法、原因・理由、条件などを表す

主に下から返って「以《もつ》テ二——ヲ一」の形で、「——で。——を使って。——によって。——のために」の意となるが、文や文節のはじめに、接続詞として「それで。そこで」の意でも用いられる。

例 「以テ二子之矛ヲ一、陥サバ二子之盾ヲ一、何如。」（子《し》の矛《ほこ》を以《もつ》て、子《し》の盾《たて》を陥《とほ》さば、何如《いかん》。＝あなたの矛で、あなたの盾を突くとどうなるか。）

★文末の「——耳・而已・已・爾」は「——のみ」（限定）〈＝〜だけ〉、「——のみ」（強調的な断定）〈＝〜というほかはない〉。

★「述語二＋目的語ヲ＋於＋補語（場所・状況・相手）ニ一」は、「——を〜に＋述語」。

★「無（莫・勿・毋）二——一」は、下から返って「——無し」（否定）か「——（すること）無かれ」（禁止）。

定期テスト対策問題　寓話

解答・解説はP452～453

1 次の文章を読んで、あとの問いに答えよ（設問の都合上、返り点・送り仮名を省略した部分がある）。

狐(1)曰ハク(a)、子(2)無カレ二敢ヘテ食ラフコトレ我ヲ也。(ア)天帝使我長百獣。今、子食ラハバレ我ヲ、是レ逆ラフ二天帝ノ命ニ一(b)也。子以テレ我ヲ為サバレ不トレ信ナラ、吾為ニレ子ノ先行セン。子随ヒテ二我ガ後ニ一観ヨ。百獣之見テレ我ヲ、而(3)敢ヘテ不ランレ走ラ乎。虎(イ)以テ為スレ然リト。故ニ(ウ)遂ニ与レ之行ク。獣見テレ之ヲ皆走ル。虎(4)不ルレ知ラ二獣ノ畏レテレ己ヲ而走ルヲ一也。以テ為スレ畏ルトレ狐ヲ也。

（『戦国策《せんごくさく》』借虎威）

問一 二重傍線部a・bの読み方をひらがな（現代仮名遣い）で記し、その意味を答えよ。

問二 傍線部(1)の「曰」によって引用されている部分はどこまでか。その最後の三字を記せ。

問三 傍線部(2)～(4)を書き下し文にし、現代語訳せよ。

問四 波線部(ア)に返り点・送り仮名をつけよ。

問五 波線部(イ)・(ウ)の読み方をすべてひらがな（現代仮名遣い）で記し、現代語訳せよ。

2 次の文章を読んで、あとの問いに答えよ（設問の都合上、返り点・送り仮名を省略した部分がある）。

燕《えん》ノ昭王弔《とむら》ヒレ死ヲ問ヒレ生ヲ、卑《ひく》クシレ辞ヲ厚クシテレ幣ヲ、以テ招ク二賢者ヲ一。問フ二郭《くわく》隗《くわい》ニ一。（中略）隗曰ハク、「古《いにしへ》之君ニ(1)有リ下以テ二千金ヲ一使ムル三涓人ヲシテ求メ二千里ノ馬ヲ一者上。買ヒテ二死馬ノ骨ヲ五百金ニ一而返ル。君怒ル。涓人(2)曰ハク、(3)死馬スラ且ツ買フレ之ヲ、況ンヤ生ケル者ヲ乎。馬今ニ至ラン矣。不シテ二期年ナラ一千里ノ馬至ル者三アリ。今、王必ズ(4)欲セバレ致サントレ士ヲ、先ヅ従リレ隗始メヨ。況ンヤ賢ナル二於隗ヨリ一者、(5)豈遠千里哉ト」(6)於レ是、昭王為ニレ隗ノ改メ二築キ宮ヲ一、師二事ス之ニ一。

（『十八史略《じゅうはっしりゃく》』先従隗始）

問一 傍線部(1)を書き下し文にし、現代語訳せよ。

問二 傍線部(2)の「曰」によって引用されている部分はどこまでか。その最後の三字を記せ。

問三 傍線部(3)を書き下し文にし、現代語訳せよ。

問四 傍線部(4)を書き下し文にし、現代語訳せよ。

問五 傍線部(5)に返り点・送り仮名をつけ、現代語訳せよ。

問六 傍線部(6)の読み方をひらがな（現代仮名遣い）で記し、現代語訳せよ。

問七 「死馬ノ骨」「千里ノ馬」は何をたとえているのか。それぞれ文中から抜き出し、漢字二字で答えよ。

第2章 作品編

1

詩文

▲「漁父辞」（屈原）

POINT

古体詩・近体詩の特徴や表現形式を理解する。
対句《ついく》・押韻《おういん》などの漢詩の修辞技法を理解する。
李白《りはく》・杜甫《とほ》など主要詩人と作品への知識を深める。

漢詩の歴史―古体詩から近体詩へ―

『詩経《しきょう》』と『楚辞《そじ》』

紀元前十二世紀ごろから数百年にわたり、民間や宮廷で歌われた歌謡を収録したものが『詩経』*1である。一句は四文字（四言）で、同じ言葉のくり返しが多く、ゆっくりしたリズムの素朴な歌が多い。

黄河《こうが》流域の北方文学である『詩経』に対し、紀元前三世紀ごろになって長江流域の南方文学の代表として『楚辞』が現れた。一句は七言が多く、「兮《けい》」という助字を多く用い、抒情《じょじょう》性に富み、物語的な構成をとる。代表的詩人として屈原《くつげん》などがいる。

漢代から南北朝へ

漢の時代となって、はじめは楚辞調の詩が盛んであったが、武帝の時代ごろより、四言形式に代わって、五言詩が発達した。なかでも『文選《もんぜん》』に収められている「古詩十九首」*2が有名である。古詩は、三国時代ごろに確立し、南北朝時代には、七言詩が盛んになった。

漢詩の最盛期を迎えた唐代

唐《とう》代になると、漢詩は最盛期を迎え、押韻や対句などのきまりも整い、**盛唐期以前の詩は「古体詩」**、**盛唐期以降の詩の形式は「近体詩」**とよばれるようになり、わが国の文学にも多大な影響を与えている。

唐代は次の四期に分けられる。

初唐……ロマン的作風が特徴。代表的詩人に、王勃《おうぼつ》・楊《よう》烱《けい》・盧照鄰《ろしょうりん》・駱賓王《らくひんおう》などがいる。

盛唐……唐詩の最盛期。玄宗《げんそう》が世を治め、国力も最盛を誇り、**李白《りはく》・杜甫《とほ》**の二大詩人の出現により黄金時代を迎えた。代表的詩人は李白・杜甫のほか、**孟浩然《もうこうねん》・王維《おうい》・高適《こうせき》・岑参《しんじん》・王之渙《おうしかん》・王翰《おうかん》・王昌齢《おうしょうれい》**など。

中唐……盛唐ほどの勢いはないが、作詩人が増加した時期。代表的詩人に**白居易《はくきょい》**(白楽天《はくらくてん》)・**元稹《げんしん》・韓愈《かんゆ》・柳宗元《りゅうそうげん》・李賀《りが》**などがいる。

晩唐……唐王朝の衰退期。次の五代・宋に影響する詩風が現れた。代表的詩人として、**杜牧《とぼく》**・李商隠《りしょういん》など。

*1 『詩経』は漢詩の最も古い形態を伝え、現在、三百数編が伝えられている。

*2 五世紀から六世紀。このころから、漢詩は修辞を重んじるようになり、「平仄《ひょうそく》」や「押韻」などを考えてつくられるようになった。

▶「春暁」(孟浩然)

▲「春夜桃李園に宴する序」（李白）

散文の歴史

駢儷文《べんれいぶん》批判から古文復興へ

中国の散文は、古文→駢儷文→古文復興という形で推移した。

古文とは、秦・漢以前の、論旨の明解さを第一とする文章をいう。具体的には思想書の『孟子』『荀子』『荘子』、歴史書の『史記』などの文章を指す。

しかし、魏・晋・南北朝ころから、辞賦《じふ》（戦国時代の屈原《くつげん》を祖とする散文的な韻文）の影響を受け、修辞的技巧を多く用いる駢儷文が作られるようになった。駢儷文は、四字・六字の対を基調とするところから四六《しろく》駢儷文ともいい、李白の「春夜宴二スル桃李園一ニ序」が代表的な作品である。

唐代になると、駢儷文が外形的修辞に力を注ぐあまり、文章の生命ともいうべき思想内容をおろそかにしていることに対する批判が起こる。中唐の韓愈《かんゆ》や柳宗元《りゅうそうげん》は、外形的な修辞よりも達意を旨とした古文の精神に帰れと唱え（古文復興）、その主張は、宋代の欧陽脩《おうようしゅう》らに受け継がれた。唐の韓愈、柳宗元に、宋の欧陽脩、蘇洵《そじゅん》、蘇軾《そしょく》、蘇轍《そてつ》、曾鞏《そうきょう》、王安石《おうあんせき》を加えた八人は、後世古文作家の模範として称揚され、「唐宋八大家《とうそうはちたいか》」とよばれている。彼らの作品は、『唐宋八家文読本』や『文章軌範』、『古文真宝後集』などで読むことができる。

散文にはこのほかに、小説がある。小説とは、民間の出来事や話題を採集し記録したもので、日本語の小説（novel の訳語）とは意味を異にする。小説には二つの大きな系統があり、一つは六朝《りくちょう》時代の志怪小説、唐代の伝奇小説などの文語体の短編小説であり、もう一つは宋代以後の白話（口語）による通俗的な長編小説である。

代表的な散文の作者と作品

代表的な散文の作者とその作品を挙げておく。ただし、太字の作者・作品以外は覚える必要はない。

陶潜（三六五―四二七）東晋末の詩人。「**桃花源記**」「**帰去来辞**」「五柳先生伝」

李白（七〇一―七六二）盛唐の詩人。
「**春夜宴桃李園序**」

韓愈（七六八―八二四）中唐の文章家・詩人。古文復興に力を尽くした。「**雑説**」「**師説**」

柳宗元（七七三―八一九）中唐の詩人・文章家。韓愈とともに古文復興を主張し、韓柳と並称される。
「**捕蛇者説**」「送薛《せつ》存《そん》義《ぎ》序」

欧陽脩（一〇〇七―一〇七二）北宋の政治家・学者。
「酔翁亭記」「朋党論」

蘇洵（一〇〇九―一〇六六）北宋の学者。蘇軾・蘇轍の父。蘇洵・蘇軾・蘇轍の三人を「三蘇」とよぶ。「六国論」

蘇軾（一〇三六―一一〇一）北宋の政治家・詩人・文章家。
「**赤壁賦**」「留侯論」

蘇轍（一〇三九―一一一二）北宋の文章家。蘇軾の弟。
「上《たてまつル》枢密韓大尉書」

曾鞏（一〇一九―一〇八三）北宋の政治家・文章家。
「戦国策目録序」

王安石（一〇二一―一〇八六）北宋の政治家。
「読孟嘗君伝」

基礎知識（漢詩）

1 漢詩の種類

漢詩は、「古体詩」と「近体詩」とに分類される。「古体詩」は、古代から存続した古い形態の詩であり、「近体詩」とは、押韻《おういん》・平仄《ひょうそく》などの形式が整った盛唐期に完成された詩形のものをいう。

2 押韻

漢詩の詩句の末尾を同じ響きの音（「韻」）であわせるきまりを**押韻**という。押韻を見つけるためには、その文字を音読みしてみればよく、たとえば、「稀（キ）」「帰（キ）」「衣（イ）」「違（イ）」が押韻されている（いずれも語尾が（i）で終わる）ことがわかる。ほんとうは古代中国語の発音をきちんと調べる必要があるのだが、大学入学共通テストをはじめ大学入試などでは、日本の字音に従った押韻のはっきりとわかるものが出題されている。

漢詩				
近体詩（盛唐期に完成した形式の詩）			古体詩（盛唐以前の詩）	
排律（五言・七言）	律詩（五言・七言）	絶句（五言・七言）	楽府《がふ》	古詩（四言・五言・七言）
十句以上で構成される長編の律詩。十二句、十六句が多い。	八句構成。二句ずつまとめて「首聯《しゅれん》・頷《がん》聯《れん》・頸聯《けいれん》・尾聯《びれん》」とよぶ。五言は偶数句末に、七言は初句と偶数句末に押韻がある。また、頷聯（三句と四句）と頸聯（五句と六句）はそれぞれ対句《ついく》となる。	「起・承・転・結」の四句構成。五言は第二句と四句の偶数句末に、七言は初句と偶数句末（二句と四句）に押韻がある。	一句の字数は自由。長句と短句が混じる。	句数は自由。押韻は偶数句末。四言詩は『詩経《しきょう》』に多い。

五言詩、七言詩ともに偶数句末（七言詩は、第一句にも押韻し、第一句に押韻のないものを「ふみ落とし」とよんでいる）に押韻する。

3 対《つい》句《く》

漢詩では、句と句を対応させて表現することが多い。字数を同じくし、文字の配列、語順を対応させ、内容的にも対照させている。このような表現を「**対句**」という。律詩では、頷聯《がんれん》と頸聯《けいれん》が対句となっている。

4 平仄

漢字は、同じ音のアクセントが**四種類**あって、その四種類（「**四声**《しせい》」）によって、それぞれ意味が違ってくる。平坦に高く発音されるものを「平声《ひょうしょう》」、しり上がりに高く発音されるものを「上声《じょうしょう》」、語尾が下がって発音されるものを「去声《きょしょう》」、その文字がp・t・kで終わるものを「入声《にっしょう》」という。そのうち、平声を「**平**《ひょう》」といい、上声・去声・入声を「**仄**《そく》」という。唐代以降に確立した近体詩は、**平仄のルールに従って字を配列する原則**がある。

5 漢詩読解のポイント

① **句切れに注意**

意味を正確にとらえるために、句切れに留意する。五言は二字・三字、七言は、四字・三字（あるいは二字・二字・三字）で内容を区切る。

〈五言〉

○○ 2 ○○○ 3

〈七言〉

○○○○ 4 ○○○ 3

○○ 2 ○○ 2 ○○○ 3

② **作者の心情や主題をとらえる**

ア 時（季節・時間）

イ 場所（山・海・川・町）

ウ 登場人物とその言動

エ 方向性（誰がどこへ行くのか）

③ **起・承・転・結の関連や対句《ついく》などに注意する。特に、結句には作者の心情が込められる。**

李白《りはく》

「詩仙」とよばれた唐《とう》代随一の詩人、李白《りはく》

李白、字《あざな》は太白《たいはく》。四十二歳で玄宗《げんそう》皇帝に仕え、のち追放される。物事にこだわらず、自然と酒を愛した。作風は自由奔放、表現は明るく雄大、自然・酒・友人を歌う作品が多く、盛唐の代表的な詩人として評されている。

黄《くわう》鶴《かく》楼《ろう》ニテ送ル三孟《まう》浩《かう》然《ねん》ノ之《ゆ》クニ広《くわう》陵《りよう》ニ一

①故人西ノカタ辞シ二黄鶴楼ヲ一

②烟花三月下ル二揚州ニ一

③孤帆ノ遠影碧《へき》空《くう》ニ尽キ

④惟ダ見ル長江ノ天際ニ流ルルヲ

静《せい》夜《や》思《し》

①牀《しやう》前《ぜん》看ル二月光ヲ一

②疑フラクハ是レ地上ノ霜カト

書き下し文／現代語訳

黄鶴楼《くわうかくろう》にて孟浩然《まうかうねん》の広陵《くわうりよう》に之《ゆ》くを送《おく》る

①故人《こじん》西《にし》のかた黄鶴楼《くわうかくろう》を辞《じ》し

②烟花三月《えんくわさんぐわつ》揚州《やうしう》に下《くだ》る

③孤帆《こはん》の遠影碧空《ゑんえいへきくう》に尽《つ》き

④惟《た》だ見《み》る長江《ちやうかう》の天際《てんさい》に流《なが》るるを

黄鶴楼で孟浩然が広陵に行くのを見送る

①わが友（孟浩然）はここ西方の地、黄鶴楼に別れを告げ、②かすみにけむり、花咲く三月揚州へと（舟に乗って）下ってゆく。③（友の乗った）一そうの舟は、遠くへ去り、青い空のかなたに姿を消した。④（そのあと）私が見るものは、長江が大空の果てに流れてゆく風景ばかりである。

静夜思《せいやし》

①牀前月光《しやうぜんげつくわう》を看《み》る

②疑《うたが》ふらくは是《こ》れ地上《ちじやう》の霜《しも》かと

③頭《かうべ》を挙《あ》げて山月《さんげつ》を望《のぞ》み

④頭《かうべ》を低《た》れて故郷《こきやう》を思《おも》ふ

③挙レゲテ頭《かうべ》ヲ望二ミ山月一ヲ
④低《た》レレテ頭《かうべ》ヲ思二フ故郷一ヲ

送二ル友人一ヲ

①青山横二タハリ北郭一ニ
②白水遶《めぐ》二ル東城一ヲ
③此ノ地一タビ為《な》レシ別レヲ
④孤《こ》蓬《ほう》万里ニ征ク
⑤浮雲遊子ノ意
⑥落日故人ノ情
⑦揮《ふ》レリテ手ヲ自レリ兹《ここ》去レバ
⑧蕭《せう》蕭《せう》トシテ班馬鳴《いなな》ク

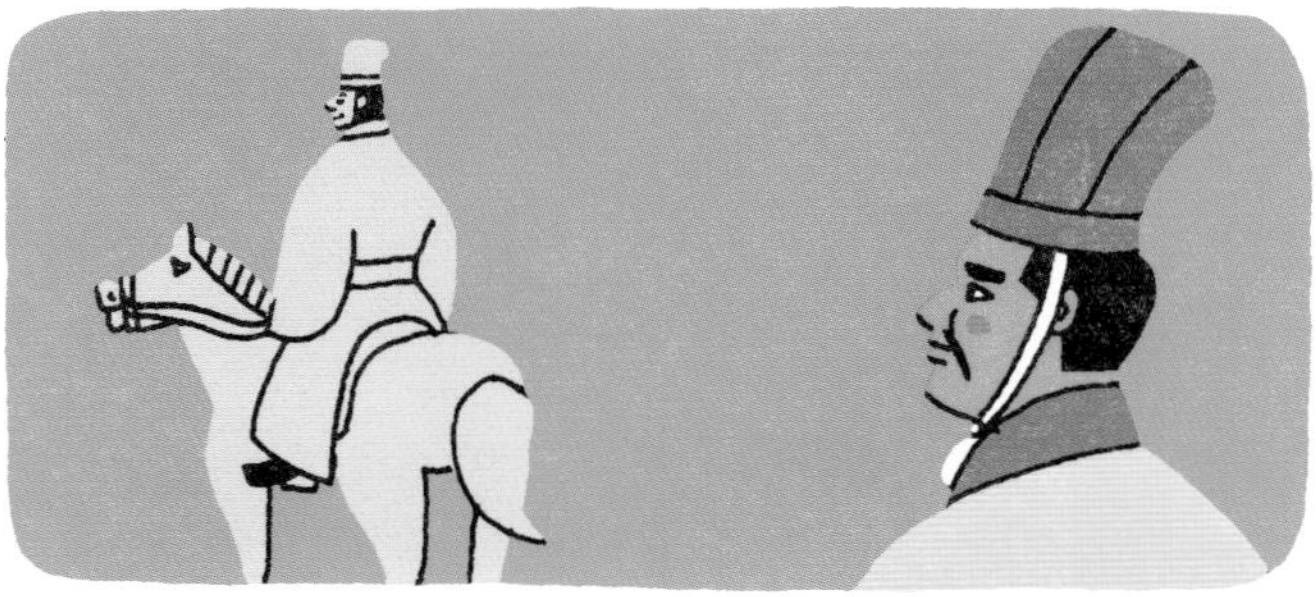

●静かな夜のもの思い

①（旅の枕で寝つかれぬまま）寝床の前に月光が射すのが見える。②それは、まるで地上に降りた霜ではないか、と見まがうようだ。③頭をあげて山にかかる月を眺め、④（故郷に照る月が思い出され）うなだれては故郷のことを（しみじみと）思ってしまうのだ。

●友人《いうじん》を送《おく》る

①青山北郭《せいざんほくくわく》に横《よこ》たはり
②白水東城《はくすいとうじやう》を遶《めぐ》る
③此《こ》の地《ち》一《ひと》たび別《わか》れを為《な》し
④孤蓬万里《こほうばんり》に征《ゆ》く
⑤浮雲遊子《ふうんいうし》の意《い》
⑥落日故人《らくじつこじん》の情《じやう》
⑦手《て》を揮《ふ》りて茲《ここ》より去《さ》れば
⑧蕭蕭《せうせう》として班馬《はんば》鳴《いなな》く

●友人を見送る

①青々とした山々が町の北方に横たわり、②白く輝く川が町の東側をめぐっている。③（私は君と）この地でひとたび別れる。④君は一人蓬《ほう》草のようにはるかな旅路をたどるだろう。⑤あのちぎれ雲は旅の下の君の心であり、⑥あの落日は、友としての私の心である。⑦互いに手をふって別れ去ろうとすると、⑧（その気持ちを察してか）馬までが悲しげに鳴いていることだ。

解釈

黄鶴楼送㆔孟浩然之㆓広陵㆒

形式 七言絶句

押韻 「楼」「州」「流」。

黄鶴楼＝湖北《こほく》省武昌《ぶしょう》の西南にあった建物。長江《ちょうこう》に臨んでいる。

孟浩然＝盛唐の詩人。自然を詠むことで有名。李白や王《おう》昌齢《しょうれい》と親交が深かった。

之＝ここでは動詞で、「ゆク」と読む。目的地に向かって出かける。

広陵＝江蘇《こうそ》省の郡の名。「揚州《ようしゅう》」と同じ地。繁華をきわめた商工業地。

故人＝友人。親友。ここでは「孟浩然《もうこうねん》」を指す。

辞＝辞去する。別れを告げる。

烟花＝「烟」はかすみ、もやのこと。かすみの中に花が咲いているのである。

孤帆＝一そうの帆船。孟浩然の乗っている舟を指す。

天際＝空の果て。長江の水平線。

句法 「**惟**」は、「**惟だ……（のみ）**」と読んで、「……だけ」という限定を表す。

限定を表す語にはこのほかに、「但・唯・徒」などがある。

内容 春、かすみがたちこめ花の咲くころ、親友孟浩然はにぎわう揚州へ旅立ってゆく。転句から結句は、広大な風景の中に、小さな帆かげが青空に吸い込まれるように消えてゆくさまを印象的にとらえている。そこにたたずむ李白には、ただ時間のみが流れるばかりである。

Q 「故人」の意味が日本語とは違う……！

A 「故人」は、今の日本では亡くなった人という意味ですが、漢文では多く、**昔からの友人**の意味で使われます。誤って解釈してしまわないよう、文脈を確認しながら意味を考えるようにしましょう。

静夜思

形式 五言絶句

押韻 「光」「霜」「郷」。

牀前＝寝台の前の床。

疑＝「疑ふらくは」と読みならわしている。「疑是」で、「まるで〜ではないか」の意。

山月＝山の端の月。

内容 季節は秋。故郷を遠く離れ旅する作者が寝つけぬ夜ふけ、枕辺に射す月の光を見、思わず故郷の地を偲《しの》ぶ切ない心情を歌っている。月は広大な中国のどこからも見られるわけであり、異郷の地でありながらも故郷を思いやってしまうのである。

送㆓友人㆒

形式 五言律詩

押韻 「城」「征」「情」「鳴」。

対句 首聯《しゅれん》（第一・二句）と頸聯《けいれん》（第五・六句）。

北郭＝町をとりまく北側の城郭《じょうかく》。

白水＝白く輝き流れる川。

孤蓬＝よるべない蓬《ほう》。「蓬」はアカザの一種で、ヨモギではない。ここでは孤独な旅をする友人をたとえる。

遊子＝旅人。ここでは友人を指す。

蕭蕭＝ものさびしく悲しい様子。ここは馬の鳴き声を形容している。

内容 この詩は、いつ、誰を、なぜ見送ったか、はっきりわからないが、遠方に旅立つ友人を郊外に見送って、その別れを惜しむ詩である。

修辞

対句《ついく》の構成美――「送二友人一」

律詩のルールからいうと頷聯《がんれん》（第三・四句）と頸聯《けいれん》（第五・六句）が対句となるところだが、この詩は頷頸に対句は見られず、首聯《しゅれん》（第一・二句）が対句となっている。

次のように、「青」と「白」、「北」と「東」と、色彩、方向とが対応しており、一首全体を鮮やかに引き立たせている。また、頸聯の対句も「浮雲」と「落日」と、浮雲は白、落日は赤と、みごとな色彩の対比がそこにはある。

〈首聯の対句〉

青山	白水
横	遶
北郭	東城

▲李白

◀「黄鶴楼にて孟浩然の広陵に之くを送る」

鑑賞

転句、結句の情景は――「黄鶴楼……」

友人、孟浩然《もうこうねん》の乗った舟《ふね》は、しだいに長江《ちょうこう》の中ほどへ遠ざかり、その白い帆は青空にくっきりと映えている。作者、李白《りはく》はその場にたたずみ、ただ舟の小さくなっていくのを見続ける。しだいに舟は小さくなり、ついには青空の中に吸い込まれていくようだ。けれども李白はその場から立ち去ろうとはせず、すでに帆舟の消えた水平線をじっと見続けているのである。

漢詩と月――「静夜思」

漢詩には、月を見ながら故郷を偲《しの》ぶ作品が数多くある。それは、月は、どこからでも眺めることができるものだからである。つまり、故郷で見た月と同じ月が異郷の地で輝いているのだという発想であり、また、古来、照り輝き続けてきた月は、昔の人々が見てきた月でもあるという懐古の情にもつながっているのである。

心象風景としての落日――「送㆓友人㆒」

登場人物の心理・心境が風景描写に表れているものを心象風景とよんでいる。漢詩の場合、この心象風景をとらえることが、読解の大きな手がかりとなる。この詩においては、「孤蓬」も「浮雲」も、一人さまよいつつ旅をするであろう友人をたとえたものだ。「落日」は、西に沈みかける夕日で、それは「浮雲」を照らす作者の心そのものであり、夕日は、別れを惜しむ李白《りはく》の心象風景となっているのである。

POINT

★絶句の構成は、起・承・転・結。

絶句の構成は、「起」(歌いおこし)、「承」(起句を受ける)、「転」(内容が移る)、「結」(内容をまとめる)から成る。

★律詩の構成は、首聯《しゅれん》(第一・二句)、頷聯《がんれん》(第三・四句)、頸聯《けいれん》(第五・六句)、尾聯《びれん》(第七・八句)。

詩文

杜甫《とほ》

「詩聖」とよばれた盛唐《せいとう》の詩人、杜甫《とほ》

字《あざな》は子美《しび》。三十五歳ごろまで放浪の身であり、李白《りはく》や高適《こうせき》と交際した。四十四歳、安禄山《あんろくざん》の乱で功績があり左《さ》拾遺《しゅうい》に任ぜられるものの、乱平定後、左遷され、以後は苦しい生活をしいられた。天才肌の李白と違い、細かな心理描写を得意とし、政治や社会に対する内容を詩に取り入れた、努力型の詩人である。

春望

①国破レテ山河在リ

②城春ニシテ草木深シ

③感ジテハ㆑時ニ花ニモ濺《そそ》ギ㆑涙ヲ

④恨ミテハ㆑別レヲ鳥ニモ驚カス㆑心ヲ

⑤烽《ほう》火《くわ》連ナリ㆓三《さん》月《げつ》ニ㆒

⑥家書抵《あた》ル㆓万金ニ㆒

⑦白頭搔《か》ケバ更ニ短ク

⑧渾《す》ベテ欲ス㆑不《ざ》ラント㆑勝《た》ヘ㆑簪《しん》ニ

書き下し文／現代語訳

春望《しゅんぼう》

①国《くに》破《やぶ》れて山河《さんが》在《あ》り

②城春《しろはる》にして草木《そうもく》深《ふか》し

③時《とき》に感《かん》じては花《はな》にも涙《なみだ》を濺《そそ》ぎ

④別《わか》れを恨《うら》みては鳥《とり》にも心《こころ》を驚《おどろ》かす

⑤烽火三月《ほうくわさんげつ》に連《つら》なり

⑥家書万金《かしょばんきん》に抵《あた》る

⑦白頭《はくとう》搔《か》けば更《さら》に短《みじか》く

⑧渾《すべ》て簪《しん》に勝《た》へざらんと欲《ほっ》す

春の日の眺め

①国都（長安）は（戦乱で）破れ荒れ果ててしまったが、山や河は昔のままに存在している。②町は春を迎え、草木だけが深く生い茂っている。③この時世を悲しみ思えば花を見ても涙をこぼし、④（肉親との）別離を嘆いているわが身には鳥の声を聞いても心が痛む。⑤（敵の来襲を告げる）のろしは何か月も上り続け、⑥家族からの手紙は万金に相当するほど大切なもの

登高

①風急ニ天高クシテ猿ノ嘯《な》クコト哀《かな》シ
②渚《なぎさ》清ク沙《すな》白クシテ鳥ハ飛ビ廻《めぐ》ル
③無辺ノ落木蕭《せう》蕭《せう》トシテ下リ
④不尽ノ長江滾《こん》滾《こん》トシテ来タル
⑤万里悲秋常ニ作《な》リレ客ト
⑥百年多病独リ登ルレ台ニ
⑦艱難苦《はなは》ダ恨ム繁霜ノ鬢《びん》
⑧潦《らう》倒《たう》新タニ停《とど》ム濁酒ノ杯

だ。⑦しらが頭をかきむしれば、髪の毛はいっそう短くなり、⑧どうにも、冠をとめるかんざしを髪の毛にさすことはできそうにもない。

●登高《とうかう》

①風《かぜ》急《きふ》に天《てん》高《たか》くして猿《さる》の嘯《な》くこと哀《かな》し
②渚《なぎさ》清《きよ》く沙《すな》白《しろ》くして鳥《とり》は飛《と》び廻《めぐ》る
③無辺《むへん》の落木《らくぼく》蕭蕭《せうせう》として下《くだ》り
④不尽《ふじん》の長江《ちやうかう》滾滾《こんこん》として来《き》たる
⑤万里《ばんり》悲秋《ひしう》常《つね》に客《かく》と作《な》り
⑥百年《ひやくねん》多病《たへい》独《ひと》り台《だい》に登《のぼ》る
⑦艱難《かんなん》苦《はなは》だ恨《うら》む繁霜《はんそう》の鬢《びん》
⑧潦倒《らうたう》新《あら》たに停《とど》む濁酒《だくしゆ》の杯《はい》

●丘に登る

①（秋の）風は激しく吹き、青空は高く澄み、猿の鳴き声が悲しげに響く。②水辺は清らかで、砂は白く、鳥が飛び回っている。③果てしなく枯葉ははらはらと散り④流れの尽きない長江は湧きたつように滔々《とうとう》と流れている。⑤（故郷を）万里も離れて（また）悲しい秋を迎えたが（私は）いつも同じくさすらう旅人である。⑥一生涯、病気がちな身で（今日）ただ一人高台に登っている。⑦苦労を重ね、何とも恨めしいことに鬢の毛は白くなってしまった。⑧老いぼれた私は、最近は濁り酒を飲むこともやめてしまった。

解釈

春望

形式 五言律詩

押韻 「深」「心」「金」「簪」。

対句 首聯《しゅれん》・頷聯《がんれん》・頸聯《けいれん》

国＝国都。ここでは長安《ちょうあん》。

破＝戦乱によってすっかり破壊されてしまったこと。

城＝城壁に囲まれた町。ここでは当時の都、長安をいう。

感レ時＝「時」とはその時代、時世。その時世を悲しむということ。

烽火＝戦場で敵の来襲を知らせるのろしのこと。

三月＝「さんげつ」と読み、長い月日のこと。

家書＝家族からの手紙。

抵二万金一＝「万金」は貴重で大切なもののたとえ。「抵《あた》る」は相当するの意。

不レ勝レ簪＝「不レ勝」は、耐えられない、簪《しん》が引っかからないという意。「簪」は冠をとめるかんざし。

内容 安禄山《あんろくざん》の乱によって荒れ果てた都長安の春景色を見ながら、時世を嘆き、故郷を偲《しの》び、肉親を想い、老いの身を憂えた作品となっている。

補講 「渾欲レ不レ勝レ簪」の解釈

「渾」は「すベテ」と読み、全く、すっかりという意味の副詞。

「欲」はここでは「将」「且」と同じで、「今にも……しそうだ」という意味。全体としては「かんざしを髪《かみ》にさすことができなくなりそうだ」という意味になる。

登高

形式 七言律詩

押韻 「哀」「廻」「来」「台」「杯」。

対句 八句すべてが対句の構成となっている。

登高＝陰暦九月九日、重陽《ちょうよう》の節句の風習。肉親たちが厄《やく》ばらいのために集まり、丘《おか》などに登り酒宴を催した。

渚＝長江《ちょうこう》の岸辺のこと。

無辺＝果てのない広がりのある様子。

不尽長江＝流れの尽きることのない長江。

滾滾＝水が盛んに湧いて滔々《とうとう》と流れる様子。

客＝旅人。ここでは作者、杜甫自身を指す。

百年＝人の一生を表す。

多病＝病気がち、病気が多いこと。杜《と》甫《ほ》は喘息《ぜんそく》だったらしい。

繁霜鬢＝耳ぎわの毛が霜《しも》が降りたように真っ白になること。

潦倒＝老いて弱々しくなるさまをいう。老衰。

内容 前半は周囲の情景描写、後半の四句は、自らの衰えや心情を語る。自然のさびしさや力強さなどを歌いあげたあとに描かれる、放浪する作者の孤独感がひしひしと伝わってくる。

修辞

対句《ついく》について――「春望」

律詩のルールから、頷聯《がんれん》と頸聯《けいれん》が対句になっているほか、首聯《しゅれん》も対句構成をとっている。

〈首聯〉

国破レテ山河在リ
城春ニシテ草木深シ

〈頷聯〉

感ジテハレ時ニ花ニモ濺ギレ涙ヲ
恨ミテハレ別レヲ鳥ニモ驚カスレ心ヲ

〈頸聯〉

烽火連ナリ二三月一
家書抵ル二万金一

〈対句〉

POINT

安禄山の乱

杜甫の詩を理解するためには、唐王朝を揺るがせた安禄山の乱に関する知識が欠かせない。安禄山は唐の武将で、玄宗皇帝に重く用いられたが、謀反を起こして国中を混乱に陥れた。杜甫もこの乱に翻弄され、「春望」などの晩年の詩にはその影響が色濃く現れている。

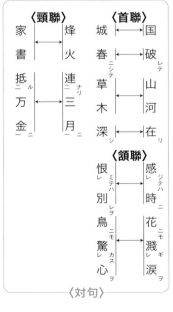

詩文

王翰《わうかん》・岑参《しんじん》

壮麗《そうれい》な言葉を駆使した初唐《しょとう》の詩人、王翰
辺塞《へんさい》詩人として有名な岑参

涼《りやう》州《しう》詞《し》

王翰

① 葡《ぶ》萄《だう》ノ美酒夜光ノ杯
② 欲スレバレ飲マント琵《び》琶《は》馬上ニ催《もよほ》ス
③ 酔ウテ臥《ふ》ストモ二沙《さ》場《ぢやう》ニ一君莫《な》カレレ笑フコト
④ 古来征戦幾人カ回《かへ》ル

涼州詞《りやうしうし》
① 葡萄《ぶだう》の美酒《びしゆ》夜光《やくわう》の杯《さかづき》
② 飲《の》まんと欲《ほつ》すれば琵琶《びは》馬上《ばじやう》に催《もよほ》す
③ 酔《よ》うて沙場《さぢやう》に臥《ふ》すとも君《きみ》笑《わら》ふこと莫《な》かれ
④ 古来征戦幾人《こらいせいせんいくにん》か回《かへ》る

涼州のうた
①ぶどうでつくったうまい酒を夜光の玉杯に注ぎ、②飲もうとすると、馬の上で琵琶を弾いている者がいて酒興を添える。③酔っ払ってこの戦場の砂漠につぶれてしまっても、君よ笑ってくださるな。④昔から辺地に遠征して、何人が無事に生還しただろうか。

王翰
字《あざな》は子羽《しう》。六八七年?〜七二六年?。晋陽《しんよう》(今の山西省《さんせい》太原《たいげん》)の人。若いころから豪放な性格で、酒を愛した。宰相の張説《ちょうえつ》に認められたが、彼の失脚とともに左遷され、不遇のうちに没した。詩は十四首が残っている。

磧《せき》中《ちうノ》作

①走ラセテレ馬ヲ西《せい》来《らい》欲スレ到《いた》ラントレ天ニ

②辞シテヨリレ家ヲ見ル二月ノ両回円《まどか》ナルヲ一

③今夜不レ知ラ何《いづレノ》処ニカ宿スルヲ

④平《へい》沙《さ》万里絶ユ二人煙一

岑参

岑参

盛唐の詩人。七一五年～七七〇年。江陵《こうりょう》（湖北《こほく》省沙市《しゃし》市）の人。名門に生まれたが、辺境での活躍を志して長く辺塞に従軍した。安禄山《あんろくざん》の乱のとき朝廷に戻り、嘉州《かしゅう》（今の四川《しせん》省楽山《らくざん》県）の刺史《しし》となった。高適《こうせき》・王昌齢《おうしょうれい》とともに辺塞詩人として知られる。

磧中《せきちゅう》の作《さく》

①馬《うま》を走《はし》らせて西来天《せいらいてん》に到《いた》らんと欲《ほっ》す

②家《いへ》を辞《じ》してより月《つき》の両回円《りやうくわいまどか》なるを見《み》る

③今夜《こんや》知《し》らず何《いづ》れの処《ところ》にか宿《しゆく》するを

④平沙万里人煙《へいさばんりじんえん》絶《た》ゆ

砂漠で詠んだ詩

①馬を走らせて西方へと旅してきたが、（このまま進むと）天にまで届くかと思われる。

②わが家を出発して、もう月が二度も満月になるのを見た。

③今夜はいったいどこに宿泊するのだろう。

④（見渡せば）この平らかな砂漠の万里四方、どこにも人家の煙は見あたらないことだ。

解釈

涼州詞

形式 七言絶句

押韻 「杯」「催」「回」。

葡萄美酒＝西域産のぶどうでつくった酒。珍しい、高価なものとして珍重されていた。

夜光杯＝西域産の白玉でつくられた杯。

琵琶＝西域から伝えられた弦楽器の一つ。

沙場＝砂漠のこと。辺地の戦場は砂漠が多かった。

征戦＝戦いに出かけること。

内容 生きて帰れるかわからない辺地の戦い。つかのまの酒宴にその憂いを忘れようとする作者の心の痛みのよくわかる作品。「葡萄美酒」も「夜光杯」も「琵琶」も西域独特のもので、それらの道具立てにより異国情緒を盛り上げるとともに、いっそう故郷を偲《しの》ばせることとなり、異国にある兵士の郷愁と悲しみをかもし出している。

Q 「幾人回」はどう解釈するの？

A 「幾人回」は反語で解釈しましょう。「幾人か回《かえ》る」と読み、「幾」という疑問詞が使われているので、文全体は疑問文です。

しかし、意味的には「何人が生還したというのか、いや、ほとんどいないだろう」と反語の意にとらなければなりません。

磧中作

形式 七言絶句

押韻 「天」「円」「煙」。

磧中＝砂漠の中。

西来＝西へ向かって進む。「来」は助字。

両回＝二度。

人煙＝人家の煙。「絶二人煙一」とは、見渡す限りの砂漠に人家など一つもないという意味。

内容 辺塞《へんさい》の地を旅する作者の孤独感を巧みにとらえた秀作。起句で西域を馬で旅する姿を描き、承句で時間的な表現を、転句で現実的に今日の宿泊のことを気にし、結句で旅人の心細さを描いている。

補講 「不レ知何処宿」の訳に注意

「不レ知」だけなら「わからない」と訳するところだが、下に「何処」と疑問詞が配されているので、「どこに……しようか」と訳す。

POINT

「欲《ス》二……一《セント》」の意味・用法

「……せんと欲す」と読み、大きく分けて次の二つの意味・用法がある。

①……したいと思う。〔意志の用法〕

②今にも……しそうだ。〔状態の用法〕

散文

雑説《ざっせつ》（韓愈《かんゆ》）

すぐれた人材が世に埋もれてしまうことへの嘆きと批判

千里の馬はいつでもいるが、その才能を見抜き、引き出す伯楽と出会わないために、世に埋もれてしまうものが多い。天下に名馬はいないと思い込まれるのは、まことに心外である。

①世ニ有リテ伯《はく》楽《らく》、然《しか》ル後ニ有リ千里ノ馬。②千里ノ馬ハ常ニ有レドモ、而伯楽ハ不常ニハ有ラ。③故ニ雖《いへど》モ有リト名馬、祇《た》ダ辱メラレ於奴隷人之《の》手ニ、駢《へん》死シテ於槽《さう》櫪《れき》之間ニ、不以テ千里ヲ称セラレ也《なり》。

④馬之千里ナル者ハ、一食ニ或《ある》イハ尽クス粟《ぞく》一《いっ》石《こく》ヲ。

⑤食《やしな》フ馬ヲ者ハ、不シテ知ラ其ノ能ノ千里ナルヲ而食フ也。

⑥是ノ馬也《や》、雖モ有リト千里之能、食不レバ飽カ、

書き下し文／現代語訳

①世《よ》に伯楽《はくらく》有《あ》りて、然《しか》る後《のち》に千里《せんり》の馬《うま》有《あ》り。②千里《せんり》の馬《うま》は常《つね》に有《あ》れども、伯楽《はくらく》は常《つね》には有《あ》らず。③故《ゆゑ》に名馬《めいば》有《あ》りと雖《いへど》も、祇《た》だ奴隷人《どれいじん》の手《て》に辱《はづかし》められ、槽櫪《さうれき》の間《かん》に駢死《へんし》して、千里《せんり》を以《もつ》て称《しよう》せられざるなり。

①この世に伯楽がいて、そのあとに初めて一日千里を走る名馬がいるのだ。②一日千里を走る名馬はいつでもいるが、伯楽はいつもいるとは限らない。③だから名馬はいるのだが、むなしく馬丁の恥辱的な扱いを受け、馬小屋の中で（ほかの駄馬と）首を並べて死に、千里の馬という名でたたえられることもない。

④馬《うま》の千里《せんり》なる者《もの》は、一食《いつしよく》に或《ある》いは粟一石《ぞくいつこく》を尽《つ》くす。⑤馬《うま》を食《やしな》ふ者《もの》は、其《そ》の能《のう》の千里《せんり》なるを知《し》らずして食《やしな》ふなり。⑥是《こ》の馬《うま》や、千里《せんり》の能《のう》有《あ》りと雖《いへど》も、食飽《しよくあ》かざれば、力足《ちからた》らず、才《さい》の美外《びそと》に見《あらは》れず。⑦且《か》つ常馬《じやうば》と等《ひと》しからんと欲《ほつ》すれども得《う》べからず。⑧安《いづ》くんぞ其《そ》の能《のう》の千里《せんり》なるを求《もと》

力不レ足ラ、才ノ美不ニ外ニ見《あらは》レ一。⑦且ツ欲下スレドモ与ニ常馬一等上シカラント不レ可レカラ得《う》。⑧安クンゾ求メンニ其ノ能ノ千里ナルヲ一也《や》。⑨策《むち》ウツニレ之ニ不レ以テセニ其ノ道ヲ一、食《やしな》フニレ之ヲ不レ能ハレ尽クサシムルニ其ノ材ヲ一、鳴ケドモレ之ニ而不レ能ハレ通ズルニ其ノ意ニ一。⑩執リテレ策ヲ而臨ミテレ之ニ曰ハク、「天下ニ無シトレ馬。」⑪鳴《あ》呼《あ》、其レ真ニ無キレ馬邪《か》。⑫其レ真ニ不ルレ知ラレ馬ヲ也《か》。（韓昌黎集《かんしょうれいしゅう》）

……めんや。⑨之《これ》に策《むち》うつに其《そ》の道《みち》を以《もつ》てせず、之《これ》を食《やしな》ふに其《そ》の材《ざい》を尽《つ》くさしむる能《あた》はず、之《これ》に鳴《な》けども其《そ》の意《い》に通《つう》ずる能《あた》はず。⑩策《むち》を執《と》りて之《これ》に臨《のぞ》みて曰《い》はく、「天下《てんか》に馬《うま》無《な》し。」と。⑪鳴《あ》呼《あ》、其《そ》れ真《しん》に馬《うま》無《な》きか。⑫其《そ》れ真《しん》に馬《うま》を知《し》らざるか。

④馬で一日千里を走るものは、一食に時として粟一石を食ってしまう。⑤（この）馬を飼っている者は、その馬の能力が一日千里ということを知らないで飼っているのだ。⑥この馬は、一日千里の能力があるのだが、食料が十分でないとその力は満ち足りず、そのすぐれた素質は表に現れてこない。⑦たとえ、ふつうの馬と同じになろうと願っても（それさえ）叶えられるはずがない。⑧（こんな状態で）どうして一日千里の能力を発揮できようか。⑨この馬にむち打って調教するのに、名馬にふさわしいやり方を用いず、この名馬を飼うのに、その素質を十分発揮させることができず、馬は飼い主に鳴いて訴えるのに、その馬の思いを理解できない。⑩むちを持ってこの名馬の前で言う、「天下に名馬はいないものだ。」と。⑪ああ、いったいほんとうに名馬がいないのか。⑫それとも、ほんとうに馬の良し悪《あ》しがわからないのか……。

語釈

伯楽＝馬の良し悪《あ》しを見分ける名人。ここでは、人の真価を見抜く眼識をもっている人物のたとえ。

千里馬＝一日に千里（唐《とう》代の一里は、約五六〇メートル）を走るという名馬。ここでは、すぐれた素質をもった人のたとえ。

駢死＝（ほかの駄馬と）首を並べて死ぬ。

槽櫪之間＝馬小屋の中。「槽」は飼葉桶《かいばおけ》、「櫪」は馬小屋の板。

粟一石＝飼料の雑穀六〇リットル。「石」は量をはかる単位。「粟」は雑穀の意で、「あわ」とは読まない。

才美＝本来もっている素質の優秀さ。

其道＝すぐれた素質をもったものにふさわしいやり方。

其材＝その馬のもつすぐれた素質。

〜邪、〜也＝二つを並べて（後者を）選ばせる選択的疑問。

句法

部分否定と全部否定

「不常有」は、「常ニ 有リ」（いつもいる）という状態が「不」によって否定されており、したがって「いつもいるとは限らない。いることはいるが、いつもではない」という意味になる。

このように、否定を表す語の下に副詞（ここでは「常」）がある場合は、その副詞が否定されるだけで、下の動詞そのものが否定されるわけではない。こうした句法を**部分否定**という。

これに対し、副詞が上にあって、その下に否定の語がある場合は**全部否定**となる。

補講 部分否定

部分否定の表現は、否定される副詞に、強調の助詞（主に「ハ」）を添える。

例 「貧《ひん》ニシテ 不二常ニハ 得一レ油ヲ。」（貧《ひん》にして常には油を得《え》ず。）
＝貧しくて、いつも油を得られるとは限らなかった。）

受身を表す助字「於」

③の文中にある「於」は、下にある名詞と上の述語との関係を表す助字で、ここでは受身を表している。そこで、下の名詞に「ニ」を送り、上の述語に、受身の助動詞「ル・ラル」を送って、「――に～（未然形）る（または、らる）」と訓読する（現在の「――に～れる・られる」）。

Q **「於」のほかの用法も知りたい！**

A 「於」には、受身のほかに、①**場所・時間を表す**、②**原因・理由を表す**、③**起点・比較を表す**、などの用法があります。

解釈

この文章は、表面上は名馬が飼い主に理解してもらえないことを哀れんでいる様子を表しているように見えるが、実は、この文章全体が比喩《ひゆ》（寓話《ぐうわ》）になっており、すぐれた人材が上級者の無理解のためにむなしく埋《う》もれてしまうことを憤《いきどお》っているのである。

「千里馬」は、すぐれた素質・才能に恵まれた人、「奴隷人」は、自分の部下のすぐれた才能もわからずに粗末に扱う者、「食レ馬者」は、さらに上級の役人で、やはり部下の才能も見抜けず、「すぐれた人材はいないものだ」などと嘆いている人、そして「伯楽《はくらく》」は、自分の臣下、部下たちの素質・才能を鋭く見抜き、すぐれた者は抜擢《ばってき》して、責任の重い仕事を任せ、高い地位に引き上げてやることのできるすぐれた君主や大臣を表している。

POINT

★「不＋副詞＋述語」は部分否定。

★「安」「焉」「烏」**は反語を表し、**「いづクンゾ――（ンヤ）」**と訓読する。**

散文

桃花源《たうくわげん》ノ記

（陶潜《たうせん》）

晋の太元年間のこと、武陵に住む一人の漁師が道に迷い、桃花の林に出会った。さらに進むと山に洞穴があり、くぐり抜けてみると、秦の時代の戦乱を避けてやって来た人たちの子孫が、平和な生活を営む別天地があった。漁師はそこでもてなしを受け、数日を過ごしたあとに武陵に帰り、郡の長官にそのことを報告すると、長官は部下をつかわしてその村を捜させた。しかし、捜し出すことはできず、その後その村へ行った者はなかった。

①晋《しん》ノ太元中、武陵ノ人捕ラフルヲレ魚ヲ為《な》スレ業ト。②縁《よ》リテレ渓《たに》ニ行キ、忘ル二路《みち》之遠近ヲ一。③忽《たちま》チ逢《あ》フ二桃花ノ林ニ一。④夾《さしはさ》ムコトレ岸ヲ数百歩、中《うち》ニ無シ二雑樹一。⑤芳草鮮美、落英繽《ひん》紛《ぷん》タリ。⑥漁人甚ダ異《あや》シムレ之ヲ。⑦復《ま》タ前行シテ、欲スレ窮メント二其《そ》ノ林ヲ一。⑧林尽キテ水源アリ、便《すなは》チ得タリ二一山ヲ一。⑨山ニ有リ二小口一、髣《はう》髴《ふつ》トシテ若《ごと》シレ有ルガレ光。⑩便チ捨テテレ船ヲ、従《よ》リレ口入ル。

書き下し文／現代語訳

①晋《しん》の太元中《たいげんちゆう》、武陵《ぶりよう》の人《ひと》 魚《うを》を捕《と》らふるを業《げふ》と為《な》す。②渓《たに》に縁《よ》りて行《ゆ》き、路《みち》の遠近《ゑんきん》を忘《わす》る。③忽《たちま》ち桃花《たうくわ》の林《はやし》に逢《あ》ふ。④岸《きし》を夾《さしはさ》むこと数百歩《すうひやつぽ》、中《うち》に雑樹《ざつじゆ》無《な》し。⑤芳草鮮美《はうさうせんび》、落英繽紛《らくえいひんぷん》たり。⑥漁人《ぎよじん》 甚《はなは》だ之《これ》を異《あや》しむ。⑦復《ま》た前行《ぜんかう》して、其《そ》の林《はやし》を窮《きは》めんと欲《ほつ》す。⑧林《はやし》尽《つ》きて水源《すいげん》あり、便《すなは》ち一山《いちざん》を得《え》たり。⑨山《やま》に小口《せうこう》有《あ》り、髣髴《はうふつ》として光《ひかり》有《あ》るがごとし。⑩便《すなは》ち船《ふね》を捨《す》てて、口《くち》より入《い》る。

①晋の太元年間のこと、武陵の人で魚を捕ることをなりわいとする人がいた。②（その人が）谷川に沿って行くうちに、どのあたりまで来たかわからなくなってしまった。③いつのまにか目の前に桃の花の咲く林が現れた。④（その林は）両岸に数百歩の長さが続き、桃以外の木が一本も混じっていない。⑤香り高い草が色鮮やかに生い茂り、花びらがはらはらと舞い落ちている。⑥漁師は（その光景を）ひどく不思議に思った。⑦（漁師は）さらに前進して、その林の尽きるところまで行ってみようと思った。⑧林が尽

⑪初メハ極メテ狭ク、纔《わづ》カニ通ズルノミ㆑人ヲ。⑫復タ行クコト数十歩、豁《くわつ》然《ぜん》トシテ開朗ナリ。⑬土地平《へい》曠《くわう》、屋舎儼《げん》然《ぜん》タリ。⑭有リ㆓良田美池、桑竹之属㆒。⑮阡《せん》陌《ぱく》交通シ、鶏犬相聞コユ。⑯其ノ中ニ往来種作スル男女ノ衣《い》著《ちやく》、悉《ことごと》ク如シ㆓外人㆒ノ。⑰黄髪垂《すい》髫《てう》、並ビニ怡《い》然《ぜん》トシテ自ラ楽シム。

きたところに水源があり、すぐそこに一つの山があった。⑨山には小さな洞穴があり、ぼんやりと光が射しているように見える。⑩(漁師は)すぐに船を捨てて、(洞穴の)口から中に入った。

⑪初《はじ》めは極《きは》めて狭《せま》く、纔《わづ》かに人《ひと》を通《つう》ずるのみ。⑫復《ま》た行《ゆ》くこと数十歩《すうじつぽ》、豁然《くわつぜん》として開朗《かいらう》なり。⑬土地平曠《とちへいくわう》、屋舎儼然《をくしやげんぜん》たり。⑭良田美池《りやうでんびち》、桑竹《さうちく》の属《ぞく》有《あ》り。⑮阡陌交通《せんぱくかうつう》し、鶏犬相聞《けいけんあひき》こゆ。⑯其《そ》の中《うち》に往来種作《わうらいしゆさく》する男女《だんじよ》の衣著《いちやく》、悉《ことごと》く外人《ぐわいじん》のごとし。⑰黄髪垂髫《くわうはつすいてう》、並《なら》びに怡然《いぜん》として自《みづか》ら楽《たの》しむ。

⑪(洞穴は)初めはとても狭く、人がやっと通れるほどであった。⑫さらに数十歩進むと、からりと開けて明るくなった。⑬(そこは)土地が平らで広く開け、建物がきちんと建っている。⑭よく肥えた畑や美しく水をたたえた池があり、桑や竹のたぐいが植えられている。⑮畑のあぜ道が四方に通じ、鶏や犬の鳴き声も聞こえる。⑯その中を往来したり畑仕事をしたりしている男女の衣服は、外部の人と少しも変わるところがない。⑰老人も子どもも、皆のんびりと楽しそうにしている。

⑱見漁人、乃大驚、問所従来。⑲具答之。⑳便要還家、設酒殺鶏作食。㉑村中聞有此人、咸来問訊。㉒自云、「先世避秦時乱、率妻子邑人、来此絶境、不復出焉。㉓遂与外人間隔。」㉔問、「今是何世。」㉕乃不知有漢、無論魏・晋。㉖此人一一為具言所聞。㉗皆歎惋。㉘余人各復延至其家、皆出酒食。㉙停数日、辞去。㉚此中人語云、「不足為外人道也。」

⑱漁人《ぎよじん》を見《み》て乃《すなは》ち大《おほ》いに驚《おどろ》き、従《よ》りて来《き》たる所《ところ》を問《と》ふ。⑲具《つぶ》さに之《これ》に答《こた》ふ。⑳便《すなは》ち要《えう》して家《いへ》に還《かへ》り、酒《しゆ》を設《まう》け鶏《にはとり》を殺《ころ》して食《しよく》を作《つく》る。㉑村中《そんちゆう》此《こ》の人有《ひとあ》るを聞《き》き、咸《みな》来《き》たりて問訊《もんじん》す。㉒自《みづか》ら云《い》ふ、「先世《せんせい》秦時《しんじ》の乱《らん》を避《さ》け、妻子邑人《さいしいふじん》を率《ひき》ゐて、此《こ》の絶境《ぜつきやう》に来《き》たり、復《ま》た出《い》でず。㉓遂《つひ》に外人《ぐわいじん》と間隔《かんかく》せり。」と。㉔問《と》ふ、「今《いま》は是《こ》れ何《なん》の世《よ》ぞ。」と。㉕乃《すなは》ち漢《かん》有《あ》るを知《し》らず、魏《ぎ》・晋《しん》に論無《ろんな》し。㉖此《こ》の人《ひと》一一為《いちいちため》に具《つぶ》さに聞《き》く所《ところ》を言《い》ふ。㉗皆歎惋《みなたんわん》す。㉘余人《よじん》各《おのおの》復《ま》た延《ひ》きて其《そ》の家《いへ》に至《いた》らしめ、皆酒食《みなしゆしよく》を出《い》だす。㉙停《とど》まること数日《すうじつ》にして辞去《じきよ》す。㉚此《こ》の中《うち》の人《ひと》語《つ》げて云《い》ふ、「外人《ぐわいじん》の為《ため》に道《い》ふに足《た》らざるなり。」と。

⑱（村人は）漁師の姿を見てひどく驚き、どこから来たのかと尋ねた。⑲（漁師は）こと細かに答えた。⑳（村人は）そのままぜひにと（漁師を）家に連れ帰り、酒を用意し鶏をつぶし、食事をつくってもてなしてくれた。㉑村中の人がこういう人が来ていると聞きつけ、皆やって来て（漁師に）質問する。㉒（村人が）自ら言うには、「（私たちの）先祖は秦の時代の戦乱を避けて、妻子や村人を引き連れて、この世間から隔絶したところにやって来て、それきり外に出ていません。㉓こういうわけで外部の人と隔たってしまったのです。」と。㉔（村人は）「今は何という時代ですか。」と尋ねた。㉕なんと（村人は）漢という時代があったことを知らず、（その後の）魏や晋について（知らないの）はもちろんだった。㉖この人（漁師）は一つ一つ、こと細かに自分が聞き知っていることを話した。㉗（それを聞いた

㉛既出、得其船、便扶《よ》向《さき》路、処処誌《しる》之。㉜及郡下、詣《いた》太守、説如此《か》。㉝太守即《すなは》遣人随《したが》其往《ゆ》、尋向所誌、遂迷不復得路。㉞南陽劉《りう》子《し》驥《き》、高尚士也。㉟聞之、欣《きん》然《ぜん》規《はか》往。㊱未果。㊲尋病終。㊳後遂無問津《しん》者。

（陶淵明《とうえんめい》集）

村人は）皆驚き、ため息をついた。㉘ほかの村人も、それぞれ（漁師を）自分の家に連れて行き、皆酒食を出してもてなした。㉙（漁師は）数日間滞在し、別れを告げることになった。㉚（別れに際して）村人は、「外部の人に話すほどのことではありませんよ。」と言った。

㉛既《すで》に出《い》でて、其《そ》の船《ふね》を得《え》、便《すなは》ち向《さき》の路《みち》に扶《よ》り、処処《しよしよ》に之《これ》を誌《しる》す。㉜郡下《ぐんか》に及《およ》び、太守《たいしゆ》に詣《いた》り、説《と》くこと此《か》くのごとし。㉝太守《たいしゆ》即《すなは》ち人《ひと》をして其《そ》の往《ゆ》くに随《したが》ひ、向《さき》の誌《しる》しし所《ところ》を尋《たづ》ねしめしも、遂《つひ》に迷《まよ》ひて復《ま》た路《みち》を得《え》ず。㉞南陽《なんやう》の劉子驥《りうしき》は、高尚《かうしやう》の士《し》なり。㉟之《これ》を聞《き》き、欣然《きんぜん》として往《ゆ》かんことを規《はか》る。㊱未《いま》だ果《は》たさず。㊲尋《つ》いで病《や》みて終《お》はる。㊳後遂《のちつひ》に津《しん》を問《と》ふ者《もの》無《な》し。

㉛（漁師は村を）出ると、乗ってきた船を見つけ、そのまま来た道に沿って、あちこちに印をつけながら帰った。㉜（漁師は）郡役所のある町に着くと、郡の長官のところに行き、（村の様子を）これこれしかじかと話した。㉝郡の長官はすぐに部下に命じて漁師について行かせ、以前につけた目印を捜させたが、そのまま迷ってしまい、二度と（村への）道を見つけることはできなかった。㉞南陽の劉子驥は、人格の高潔な人物であった。㉟この話を聞いて、喜び勇んで（その村へ）行ってみようとした。㊱（しかし）まだ実現しないうちに、㊲まもなく病で亡くなった。㊳それからは、こういうわけでその村への道を尋ねる人はいなくなった。

語釈

桃花源　桃の花が咲く水源の地。現在の湖南省桃源県の地とされている。

記　文体の一種。多くは事実をありのままに述べる文。なお、『陶淵明集』では題を「桃花源の記并《なら》びに詩」、あるいは「桃花源の詩并びに記」として、この文章とは別に詩を収めている。

太元　東晋の孝武帝の年号。（三七六―三九六）

武陵　地名。現在の湖南省常徳市。

縁レ渓行　谷川に沿って、舟でさかのぼる。

忘二路之遠近一　どれくらいの道のりを来たのかわからなくなる。

忽　突然。ふと。

数百歩　一歩は、約一・四メートル。左足と右足を踏み出した長さで、日本の「一歩」とは異なる。

芳草　香りのよい草。

落英繽紛　散る花びらがひらひらと舞う。「英」は、花。「繽紛」は、花がひらひらと乱れ散る様子。

異　不思議に思う。いぶかしく思う。

欲　……しようとする。「欲ス」には、「今にも……しそうだ」の意もある。

窮　見きわめる。

林尽水源　林が尽きたあたりに、谷川の水源がある。

便　そのまま。ただちに。

髣髴　ぼんやり見える様子。

若　……のようだ。「如」と同じ。

纔通レ人　やっと人ひとりが通れるほどである。

豁然開朗　広々と明るく開ける。

平曠　平らで広い。

屋舎　家。建物。

儼然　きちんと整っている様子。

属　たぐい。種類。

阡陌交通　畑のあぜ道が交わり通じる。「阡」は南北の道を、「陌」は東西の道をいう。

鶏犬相聞　鶏や犬の鳴き声が聞こえてくる。『老子』第八十章に「小国寡民《せうこくくわみん》。什伯《じふはく》するの器有《きあ》るも用《もち》ゐざらしむ。……。民《たみ》をして……隣国相望《りんごくあひのぞ》み、鶏犬《けいけん》の声相聞《こゑあひきこ》ゆるも、民《たみ》老死《ろうし》に至《いた》るまで、相往来《あひわうらい》せず。」とあるのに基づく。「相」は、動作に方向や対象があることを示す。「互いに」の意ではない。

種作　種をまいたり耕作したりする。

衣著　衣服。

悉　すっかり。すべて。

如　……のようだ。「若」と同じ。

外人　外部の人。この村の人たちの服装が、村の外の人と変わるところがなく、同じであった、ということ。「この村の人の服装が外国人のようであった」という意味ではない。「桃花源記」には「外人」の語が三回出ているが、いずれも桃源郷の外部の人の意である。

黄髪垂髫　黄ばんだ髪と束ねてさげた髪。老人と幼児をいう。

並　みんな。

怡然　のんびりと楽しむ様子。

乃　そこで。その前後に間や曲折があることを示し、同訓の「則」や「即」とは意味が異なる。ここでは、漁人を見て大いに驚くまでのタイムラグを表している。

具　こと細かに。すべて。

殺ㇾ鶏作ㇾ食　鶏をつぶして食事を用意する。

咸　みな。「皆」と同じ。

問訊　尋ねる。一説に、挨拶する。

先世　先祖。

秦時乱　秦の時代の戦乱。秦の時代には始皇帝の始めた苛酷な政治に対して、各地で反乱や蜂起があった。その代表的なものは陳勝《ちんしょう》・呉広《ごこう》の乱（前二〇九年）で、この乱が項羽や劉邦が挙兵するきっかけとなった。

邑人　村人。

絶境　世間から隔絶された所。

不二復出一焉　二度と外へ出ない。「焉」は文末の助字。訓読では読まない。

遂　そのまま。「結局」「とうとう」の意ではない。

何世　何という時代。

乃　なんとまあ。ここでは、驚きや意外な気持ちを表す。

無ㇾ論二魏・晋一　魏や晋の時代については、いうまでもない。秦の滅亡後、漢王朝が興るが、その漢も知らないのだから、漢に続く魏・晋の時代はいうまでもないということ。
所レ聞　漁師が聞き知っていること。「所」は、「……のこと」「……のもの」の意。
歎惋　驚きため息をつく。
辞去　別れを告げる。
此中人　ここの人。桃源郷の人をいう。
不レ足下為二外人一道上也　外部の人には言うまでもない。「不レ足」は、ここでは「……しないほうがよい」「……しないでほしい」という、遠回しな禁止の意。「道」は、「報道」の「道」で、言う。
既　……すると。……したあとで。
其船　漁師が乗って来た船。
扶　沿って。「沿」と同じ。
向路　もと来た道。
処処　あちらこちら。「ところどころ」の意ではない。
誌　目印をつける。
郡下　郡役所のある町。
太守　郡の長官。
即　すぐに。

遣人随其往　部下をつかわして、漁師について行かせる。「遣」は、「使」「令」「教」と同じで、使役の意を表す。「人」は、太守の部下。
向所誌　以前につけた目印。
不二復得一レ路　二度と道は捜し出せなかった。
南陽　地名。現在の河南省内。
劉子驥　晋の時代の隠者。「子驥」は、字。名は驎之。
高尚士　人格の高潔な人。
欣然　喜ぶ様子。
規　計画する。
未レ果　まだ実現しない。
尋病終　まもなく病死した。
無二問レ津者一　その村への行き方を尋ねる人はいなくなった。「津」は、渡し場。「問レ津」は、『論語』微子編の「長沮《ちやうそ》・桀溺《けつでき》、耦《ぐう》して耕す。孔子之を過ぎ、子路《しろ》をして津を問はしむ。」から出た言葉。

句法

疑問詞の「何」

「何」という疑問詞は、意味によって「なに・なんノ・なんゾ・いづレ・いづコ」などと読み分ける。「胡」や「奚」「曷」も「何」と同じ意味に用いることがあるが、疑問詞の中では「何」の使用頻度が最も高い。

「何」はほかの語と複合すると、「何為（なんすレゾ＝どうして）」「何以（なにヲもつテ＝どうして）」「何謂也（なんノいヒゾや＝どういうわけか）」「何必（なんゾかならズシモ＝どうして…する必要があろうか）」などとなる。読みと意味を確実に覚えよう。

複雑な使役形

使役形は一般に「A 使《ム》二B《ヲシテ》 C《(セ)》一」（A BをしてCせしむ）の形で示される。「AがBにCさせる」の意味で、「使」のかわりに「令・遣・教」も用いられる。本文中の「太守即《チ》遣《レメシモ》下人《ヲシテ》随《ヒ》二其《ノ》往《クニ》一、尋《ネ》中向《ノ》所《ヲ》上誌《シシ》」」は、やや複雑な使役形で、Cが二つあるタイプである。「太守はすぐに部下に漁師の後について行かせた」と「太守はすぐに以前につけた目印を捜させた」を合体した形であり、「使」は「随」「尋」の二つの動詞を受けていることに注意しよう。

鑑賞

ユートピア、シャングリラ、ザナドゥなど、理想の世界を表す言葉の中で、陶潜の「桃花源記」から出た桃源郷の語は、日本では最もよく知られたものだろう。

「桃花源記」は、一人の漁師が桃の花の咲き乱れる谷川に迷い込み、数百年もの間、世間と隔絶した暮らしをしている村を見つける話である。その村のたたずまいや暮らしぶりは、老子が「小国寡民」(『老子』第八十章)で述べた世界そのものであり、名誉や利益を超越した村人たちの営みが生き生きと描かれている。

やや長文なので、語釈を参照しながら、物語の展開を正確に追う必要があるが、特に次の点に注意して読解を進めよう。

- この村はどのような事情でできたのか。
- 村人は漁師にどのような態度で接したか。
- 漁師との別れに際して村人が告げた言葉には、どのような思いが込められているか。
- 漁師が二度とこの村へ行けなかったのはなぜか。
- 高潔な人格者と評される劉子驥でさえも、村へ行けなかったのはなぜか。

なお、「桃花源記」は、後世、絵画などのモチーフとされるなど、様々な芸術作品に影響を与えた。

▲『桃花源図』山本梅逸筆

＋アルファ 三つの「外人」

「桃花源記」には「外人」の語が三回出てくる。

① 其ノ中ニ往来種作スル男女ノ衣著、悉ク如シ二**外人**ノ一。

② 先世避ケ二秦時ノ乱ヲ一、率ヰテ二妻子邑人ヲ一、来タリ二此ノ絶境ニ一、不二復タ出デ一焉。遂ニ与二**外人**一間隔セリ。

③ 此ノ中ノ人語ゲテ云フ、「不レ足ラ下為ニ二**外人**ノ一道《い》フニ上也ト。」

②・③の「外人」の意味は理解しやすいだろう。②は、戦乱を避けた村人たちがこの地に閉じ込もり、外部との接触を断ったために、「外部の人」と隔たってしまったということ。また③では、村の存在を知られることを恐れる村人が、漁師に「この村のことを外部の人に話してくれるな。」と頼んでいる。

これに対して①は、村人の服装が「見慣れない外国の人」のようであったと安易に解釈しがちである。たしかに五百年以上も外部との接触を断ってきた村人が、漁師やその周辺の人々と同じ服装をしているのは、やや非現実的かもしれない。しかし作者の狙いは、その非現実性は承知しつつ、村人のルーツをたどれば漁師ともつながるかもしれない、ごくふつうの人々であったという現実性を強調することにあるのである。

以前は、①だけは「漁師が見たこともない異国の人」と解釈されることもあったが、現在の教科書はいずれも三つの「外人」はすべて「外部の人」とする説に拠っている。

POINT

使役を表す助字には「遣」のほかに「使」「令」「教」などがあるが、字義としては次のような使い分けがある。

使 人を使って……させる。
令 人に命令して……させる。
遣 人を遣わして……させる。
教 人に教えて……させる。

本文中の「太守即チ遣下メシモ人ヲシテ随ヒ二其ノ往《ゆ》クニ一、尋ネ中向ノ所上レヲ誌シシ、」は、「遣」を「派遣する」という動詞と解釈して、「太守即チ遣《つか》ハシテレ人ヲ随ヒ二其ノ往《ゆ》クニ一、尋ネシメシモ二向ノ所レヲ誌シシ、」と訓読することも可能である。

定期テスト対策問題　詩文

解答・解説はP453～454

1 次の詩を読んで、あとの問いに答えよ。

黄鶴楼ニテ送ル三孟浩然ノ之クヲ二広陵ニ一　　李《り》白《はく》

(ア)故人西ノカタ辞シ二黄鶴楼ヲ一
烟花三月下ル二揚州ニ一
(イ)孤帆ノ遠影(ウ)碧空ニ尽キ
(エ)惟ダ(オ)見ル(カ)長江ノ天際ニ流ルルヲ

問一 この詩の形式を答え、また、押韻《おういん》を指摘せよ。

問二 傍線部(ア)「故人」の意味として最も適切なものを、次の中から一つ選べ。

① すでに世を去った人
② 尊敬してやまない人
③ 昔から知っている友人

④ 異郷をさまよう旅人

問三 傍線部㋑「孤帆」とは何か。最も適切なものを、次の中から一つ選べ。

① 一人で遠ざかっていく友人の乗った舟《ふね》
② 孤独に耐えながら旅をする作者の乗っている舟
③ 遠くかすかに見える釣り人の舟
④ さびしさに耐えながら旅に出る作者と友人を乗せた舟

問四 傍線部㋒「碧空尽」とは何の、どんな様子か。最も適切なものを、次の中から一つ選べ。

① 青空の美しい影がすっかりなくなってしまう様子。
② 遠くに浮かぶ一そうの舟が青空の中きわだって見えている様子。
③ 長江《ちょうこう》の流れが遠く続いてその果てが見えなくなっている様子。
④ 遠ざかっていく舟が青空の中に消えていく様子。

問五 傍線部㋓「惟」と同じ意味・用法をもつ語を、次の中から一つ選べ。

① 夫　② 但
③ 且　④ 抑

問六 傍線部㋔「見」の主語として最も適切なものを、次の中から一つ選べ。

① 舟　② 故人
③ 長江　④ 作者

問七 傍線部㋕「長江天際流」とはどんな情景か。最も適切なものを、次の中から一つ選べ。

① 長江が水平線と平行に流れている情景。
② 長江が空の果てにつながっているように流れている情景。
③ 長江がただゆったりと流れている情景。
④ 長江とたなびく白い雲が静かに流れている情景。

2 次の詩を読んで、あとの問いに答えよ(設問の都合上、送り仮名を省略した部分がある)。

春望　　杜《と》甫《ほ》

国破《レテ》山河在《リ》　城春《ニシテ》草木深《シ》
感《ジテハ》レ時《ニ》花《ニモ》濺《ギ》レ涙《ヲ》　恨《ミテハ》レ別《レヲ》㋐鳥驚レ心
烽火連《ナリ》二㋑三月《ニ》一　家書抵《ル》二万㋒《ニ》一
白頭搔《ケバ》更《ニ》短《ク》　渾《テ》㋓欲レ不レ勝レ簪

問一 この詩の形式を答えよ。

問二 傍線部㋐「鳥驚心」の読み方として最も適切なものを、次の中から一つ選べ。

① 鳥にも心を驚かす
② 鳥にも心に驚く
③ 鳥心より驚く
④ 鳥心を驚かさる

問三 傍線部㋑の読み方を答えよ。また、㋓をひらがなで書き下せ。

問四 空欄 ㋒ に該当する語句を、次の中から一つ選べ。

① 想　② 森
③ 日　④ 金

定期テスト対策問題　散文

解答・解説はP454

次の文章を読んで、あとの問いに答えよ（設問の都合上、送り仮名を省略した部分がある）。

初《メハ》極《メテ》狭《ク》、纔《わづカニ》通《ズルノミ》人《ヲ》。復《タ》a行《クコト》数十歩、豁《くわつ》然《ぜんトシテ》開朗《ナリ》。土地平《へい》曠《くわう》、屋舎儼《げん》然《ぜんタリ》。有《リ》良田美池、桑竹之属。阡《せん》陌《ばく》交通《シ》、鶏犬相聞《コユ》。其《ノ》中《ニ》b往来種作《スル》①男女衣著、悉如外人。黄髪垂《すい》髫《てう》、並《ビニ》怡《い》然《ぜんトシテ》自《ラ》楽《シム》。見《テ》漁人《ヲ》乃《すなはチ》大《イニ》驚《キ》、問《フ》所《ヲ》従《リテ》来《タル》。具《サニ》c答《フ》之《ニ》。便《チ》要《シテかヘリ》還家《ニ》、設《ケ》酒《ヲ》殺《シテ》鶏《ヲ》作《ル》食《ヲ》。村中聞《キ》有《ルヲ》此《ノ》人、咸《みな》来《タリテ》問《もん》訊《じんス》。自《ラ》云《フ》、「②先世避秦時乱、率妻子邑人、来此絶境、不復出焉。遂与外人間隔。」問《フ》、「今《ハ》是《レ》何《ノ》世《ゾト》。」③乃不知有漢、無論魏・晋。此《ノ》人一一為《ために》具《サニ》言《フ》所《ヲ》聞《ク》。皆歎《たん》惋《わんス》。余人各復《タ》延《ひキテ》至《ラシメ》其《ノ》家《ニ》、皆出《いダス》酒食《ヲ》。停《とどマルコト》数日《ニシテ》辞去《ス》。此《ノ》中《ノ》人語《つゲテ》云《フ》、「④不足為外人道也。」

（桃花源記）

問一 二重傍線部a〜cの読み方を、現代仮名遣いを用い、ひらがなで記せ。(送り仮名がある場合は、併せて記すこと。)

問二 傍線部①を全文ひらがなで書き下せ。(送り仮名以外は、現代仮名遣いでよい。)

問三 傍線部②はどういうことか。最も適切なものを、次から一つ選べ。

ア 村人の先祖は、秦の時代の戦乱から逃れてこの地にやって来たが、妻子や村人を引き連れて再び外部に出た。その結果、外国の人と交渉が絶えてしまった。

イ 村人の先祖は、秦の時代の戦乱を避けて、妻子や村人を引き連れてこの地にやって来て、それ以来ここを出ていない。その結果、外部の人と交渉が絶えてしまった。

ウ 村人の先祖は、秦の時代の戦乱を避けて、妻子や村人を引き連れてこの景色の美しい村にやって来て、それ以来秦にもどっていない。その結果、外国の人と交渉が絶えてしまった。

エ 村人の先祖は、秦の時代に戦乱を引き起こし、その責任を逃れるために妻子や村人を引き連れてこの地にやって来て、それ以来外部に出ていない。その結果、秦の人と行き来が絶えてしまった。

問四 傍線部③を、「乃」のニュアンスを生かして平易な現代語に改めよ。

問五 傍線部④には村人のどのような思いが込められているか。最も適切なものを、次から一つ選べ。

ア 村の存在を知られたくないので、外部の人には話さないでほしいという思い。

イ 秦の国に攻め込まれると困るので、秦の人には話さないでほしいという思い。

ウ 外国の人には理解されそうもないので、うかつに話さないでほしいという思い。

エ 漁師は村に来てまもないので、村のことをよく知ってから話してほしいという思い。

2 史伝

▲司馬遷

POINT

長い漢文を正しく訓読することに慣れる。
歴史的背景を理解し、全体の構成を正確に把握する。
登場人物の性格や心情に注意し、その人間像を探る。

歴史を重んじる伝統

中国では、古くから史官*1を置き、歴史を記録してきた。五経の一つである『書経《しょきょう》』は、夏《か》・殷《いん》・周《しゅう》の三代の史官の手になる歴史書の一種ともいわれている。

春秋時代の魯《ろ》の国の史官の記録をもとに、孔子が編纂《へんさん》したとされている歴史書が五経の一つの『春秋《しゅんじゅう》』である。『春秋』は歴史的事実を年表のように時代順に記している。このような歴史の記録方法を〈編年体〉という。

『史記』とそれ以降の歴史書

前漢の司馬遷《しばせん》*2は、太史令*3の家に生まれ、父の遺命により歴史書の編纂に着手した。四十八歳のとき、友人の将軍李陵《りりょう》を弁護したことから武帝《ぶてい》の逆鱗《げきりん》に触れ、宮刑*4に処せられた。しかし司馬遷は恥辱《ちじょく》に耐え、失意の底から発憤して、全百三十巻、五十二万六千五百字におよぶ『史記《しき》』を完成した。この経緯から『史記』を「発憤の書」ともよぶ。

『史記』は、本紀《ほんぎ》*5、表、書、世家、列伝からなり、個々の人間を中心に、歴史を多面的・立体的に描く工夫がなされている。このような記述方法を〈紀伝体〉といい、これ以後の〈正史〉*6はすべてこの体裁である。

『史記』のあとを受けて、後漢以降も王朝の命令により歴史書が編纂された。前漢の『史記』から清《しん》代の『明《みん》史《し》』までの二十四の正史を総称して〈二十四史〉という。また、これに『新元史《しんげんし》』を加えて〈二十五史〉とすることもある。

民間の学者などが書いた正史以外の歴史書を〈野史《やし》〉*7という。『資治通鑑《しじつがん》』*8や『貞観政要《じょうがんせいよう》』*9などは正史ではないが、すぐれた歴史書として評価されている。

歴史書には〈通史〉と〈断代史〉とがある。『史記』は上古の黄帝から現王朝までの通史であるが、二十四史のほとんどはある時代だけを切り取って記述した断代史である。

宋《そう》末元《げん》初の曾先之《そうせんし》*10は、二十四史のうちの十七史とほかの史料を簡略な記述の編年体に編集し直し、初学者向けに『十八史略《じゅうはっしりゃく》』を著した。太古から宋末までの歴史を俯瞰《ふかん》できる便利な書で、広く愛読されてきている。

*1 歴史を記録する役人。
*2 前一四五～前八七？ 字《あざな》は子長《しちょう》。
*3 史官の長。
*4 生殖器を取り去る刑。
*5 「本紀」は帝王の記録、「表」は年表、「書」は制度などの記録、「世家」は諸侯などの記録、「列伝」は個人の伝記。
*6 王朝の公認した正統な歴史書。
*7 「野」は民間の意、外史とも。
*8 北宋の司馬光《しばこう》の編纂。
*9 唐の呉兢《ごきょう》の編纂。
*10 生没年未詳。

史伝

臥薪嘗胆《ぐわしんしやうたん》（十八史略《じふはつしりやく》）

復讐《ふくしゅう》の連鎖は越の勝利に終わる

呉王夫差《ごふさ》は、父の仇《あだ》を討つために「臥薪」して苦心しながら、越への復讐を果たした。敗れた越王勾践《こうせん》は、「会稽の恥」を雪《すす》ぐために「嘗胆」し、呉を打ち破ることに専念した。夫差は中傷を信じて、腹心の伍子胥《ごししょ》を死に追いやってしまう。一方勾践は富国強兵に励み、ついに呉を破った。夫差は子胥を疑ったことを悔い、死んでいった。

①呉《ご》ハ姫《き》姓《せい》、太《たい》伯《はく》・仲《ちう》雍《よう》之所レ封《ほう》ゼラレシ也。②十九世ニシテ至リ二寿《じゅ》夢《ぼう》ニ一、始メテ称スレ王ト。③寿夢ノ後四君ニシテ而至ル二闔《かふ》廬《りよ》ニ一。④挙ゲテ二伍《ご》員《うん》ヲ一謀ラシム二国事ヲ一。⑤員、字《あざな》ハ子《し》胥《しよ》、楚人伍《ご》奢《しや》之子ナリ。⑥奢誅《ちう》セラレテ而奔《はし》リレ呉ニ、以《ひき》ヰテ二呉ノ兵ヲ一入ルレ郢《えい》ニ。

書き下し文／現代語訳

①呉《ご》は姫《き》姓《せい》、太伯《たいはく》・仲雍《ちゅうよう》の封《ほう》ぜられし所《ところ》なり。②十九世《じふきうせい》にして寿夢《じゅぼう》に至《いた》り、始《はじ》めて王《わう》と称《しよう》す。③寿夢《じゅぼう》の後《のち》四君《しくん》にして闔廬《かふりよ》に至《いた》る。④伍員《ごうん》を挙《あ》げて国事《こくじ》を謀《はか》らしむ。⑤員《うん》、字《あざな》は子胥《ししよ》、楚人《そひと》伍《ご》奢《しや》の子《こ》なり。⑥奢《しや》誅《ちう》せられて呉《ご》に奔《はし》り、呉《ご》の兵《へい》を以《ひき》ゐて郢《えい》に入《い》る。

①呉は（周室と同じく）姫姓で、（周の文王の伯父の）太伯と仲雍が領地を与えられた国である。②十九代で寿夢に至り、初めて王と称した。③寿夢のあと、四人の君主を経て闔廬に至った。④闔廬は伍員を取り立てて国政について相談した。⑤伍員は字を子胥といい、楚の国の人伍奢の子である。⑥伍奢が（楚の平王に）殺されたので、（子胥は）呉に亡命し、呉の軍隊を率いて（楚の都）郢に攻め入（り父の仇を討）った。

⑦呉《ご》伐ツレ越《ゑつ》ヲ。⑧闔廬傷ツキテ而死ス。⑨子ノ夫《ふ》差《さ》立ツ。⑩子胥復《ま》タ事《つか》フレ之ニ。⑪夫差志スレ復セントレ讎《あだ》ヲ。⑫朝夕臥《ぐわ》シ二薪中一ニ、出入スルニ使メテ二人ヲシテ呼一バ曰ハク、「夫差、而《なんぢ》忘レタル三越人之殺シシヲ二而ノ父一ヲ邪《か》ト。」

⑬周ノ敬王ノ二十六年、夫差敗ル二越ヲ于夫《ふ》椒《せう》ニ一。⑭越王勾《こう》践《せん》、以テ二余兵ヲ一棲ミ二会《くわい》稽《けい》山《ざん》ニ一、請フ二為リレ臣ト、妻ハ為ランレ妾《せふ》ト。⑮子胥言フ、「不可ナリト。」⑯太《たい》宰《さい》伯《はく》嚭《ひ》受ケ二越ノ賂《まひなひ》ヲ一、説キテ二夫差ニ一赦《ゆる》サシムレ越ヲ。⑰勾践反リレ国ニ、懸ケ二胆《きも》ヲ於座《ざ》臥《ぐわ》ニ一、即チ仰ギレ胆ヲ嘗《な》メテレ之ヲ曰ハク、「女《なんぢ》忘レタル二会稽之恥一ヲ邪ト。」⑱挙ゲテ二国政ヲ一属《しよく》シ二大《たい》夫《ふ》種《しよう》ニ一、而シテ与二范《はん》蠡《れい》一治メレ兵ヲ、事トスレ謀ルレ呉ヲ。

⑦呉《ご》 越《ゑつ》を伐《う》つ。⑧闔廬《かふりよ》 傷《きず》つきて死《し》す。⑨子《こ》の夫差《ふさ》立《た》つ。⑩子胥《ししよ》 復《ま》た之《これ》に事《つか》ふ。⑪夫差《ふさ》 讎《あだ》を復《ふく》せんと志《こころざ》す。⑫朝夕《てうせき》 薪中《しんちゆう》に臥《ぐわ》し、出入《しゆつにふ》するに人《ひと》をして呼《よ》ばしめて曰《い》はく、「夫差《ふさ》、而《なんぢ》越人《ゑつひと》の而の父《ちち》を殺《ころ》ししを忘《わす》れたるか。」と。

⑦（その後）呉が越を攻めた。⑧（その戦いで）闔廬は負傷し死んだ。⑨（闔廬の）子の夫差が王位についた。⑩子胥は引き続き夫差に仕えることになった。⑪夫差は（父の）仇を討ちたいと心に誓った。⑫（そして）いつもたきぎの上で寝起きし、家臣がそこに出入りするたびに、「夫差よ、お前は越人がお前の父親を殺したことを忘れたのか」と言わせた。

⑬周《しう》の敬王《けいわう》の二十六年《にじふろくねん》、夫差《ふさ》 越《ゑつ》を夫椒《ふせう》に敗《やぶ》る。⑭越王勾践《ゑつわうこうせん》、余兵《よへい》を以《ひき》ゐて会稽山《くわいけいざん》に棲《す》み、臣《しん》と為《な》り、妻《つま》は妾《せふ》と為《な》らんと請《こ》ふ。⑮子胥《ししよ》言《い》ふ、「不可《ふか》なり。」と。⑯太宰伯嚭《たいさいはくひ》 越《ゑつ》の賂《まひなひ》を受《う》け、夫差《ふさ》に説《と》きて越《ゑつ》を赦《ゆる》さしむ。⑰勾践《こうせん》 国《くに》に反《かへ》り、胆《きも》を座臥《ざぐわ》に懸《か》け、即《すなは》ち胆《きも》を仰《あふ》ぎ之《これ》を嘗《な》めて曰《い》はく、「女《なんぢ》 会稽《くわいけい》の恥《はぢ》を忘《わす》れたるか。」と。⑱国政《こくせい》を挙《あ》げて大夫種《たいふしよう》に属《しよく》し、而《しか》して范蠡《はんれい》と兵《へい》を治《をさ》め、呉《ご》を謀《はか》るを事《こと》とす。

⑬周の敬王の二十六年に、夫差は越の軍を夫椒山で打ち破った。⑭越王の勾践は敗残兵を引き連れて会稽山に立てこもり、（自分は）臣下となり、妻は召し使いと

⑲太宰嚭譖《しん》子胥恥謀《はかりごと》不用怨《ゑん》望《ばう》。⑳夫差乃賜子胥属《しょく》鏤《る》之剣。㉑子胥告其家人曰、「必樹《う》吾墓檟《か》。㉒檟可材也。㉓抉《ゑぐ》吾目懸東門。㉔以観越兵之滅呉。」㉕乃自剄《けい》。㉖夫差取其尸《し》、盛以鴟《し》夷《い》、投之江。㉗呉人憐之、立祠《ほこら》江上、命《な》曰胥《しょ》山《ざん》。

して差し出すと（夫差に命乞いを）願い出た。⑮子胥は、「聞き入れてはいけない。」と言った。⑯（しかし）宰相の伯嚭が越から賄賂をもらっていて、夫差を説得して越王を許させた。⑰勾践は帰国すると、（苦い）きもを寝起きする場所に吊《つ》るしておき、そのきもをなめては言った、「お前は会稽山で受けた恥辱を忘れたのか。」と。⑱（また）国内の政治はすべて大夫の文種に任せ、（自分は）范蠡とともに軍備を整え、呉を攻め滅ぼすことに没頭した。

⑲太宰嚭《たいさいひ》 子胥《ししょ》 謀《はかりごと》の用《もち》ゐられざるを恥《は》ぢて怨《ゑん》望《ばう》すと譖《しん》す。⑳夫差《ふさ》 乃《すなは》ち子胥《ししょ》に属鏤《しょくる》の剣《けん》を賜《たま》ふ。㉑子胥《ししょ》 其《そ》の家人《かじん》に告《つ》げて曰《い》はく、「必《かなら》ず吾《わ》が墓《はか》に檟《か》を樹《う》ゑよ。㉒檟《か》は材《ざい》とすべきなり。㉓吾《わ》が目《め》を抉《ゑぐ》りて東門《とうもん》に懸《か》けよ。㉔以《もつ》て越兵《ゑつへい》の呉《ご》を滅《ほろ》ぼすを観《み》ん。」と。㉕乃《すなは》ち自剄《じけい》す。㉖夫差《ふさ》 其《そ》の尸《し》を取《と》り、盛《も》るに鴟夷《しい》を以《もつ》てし、之《これ》を江《かう》に投《とう》ず。㉗呉人《ごひと》 之《これ》を憐《あは》れみ、祠《ほこら》を江上《かうじやう》に立《た》てて、命《な》づけて胥山《しょざん》と曰《い》ふ。

⑲（一方、呉では）宰相の伯嚭が、子胥は（自分の）計略が採用されなかったことを恥じて、（夫差を）恨んでいると中傷した。⑳夫差は、そこで子胥に属鏤の剣を与え（自殺を命じ）た。㉑子胥は家族に遺言して言った、「必ず私の墓にひさぎの木を植えてくれ。㉒ひさぎの

㉘越十年生《せい》聚《しゅう》、十年教訓。㉙周元王四年、越伐呉。㉚呉三戦三北《に》。㉛夫差上姑《こ》蘇《そ》、亦請成《たひらぎ》於越。㉜范蠡不可《き》。㉝夫差曰、「吾無以見子胥。」㉞為《つく》幎《べき》冒《ばう》乃死。

（巻一、春秋戦国、呉）

木は（夫差の）棺桶の材料にすることができる。㉓（それから）私の目をえぐり出して、都の東の門にかけてくれ。㉔（その目で）越が（攻め込んできて）呉の国を滅ぼすのを見てやるのだ。」と。㉕（子胥は）自ら首をはねて死んだ。㉖夫差は（怒って）子胥の死骸を馬の皮でつくった袋に詰め込み、長江に投げ込んだ。㉗呉の人々は子胥を哀れに思い、長江のほとりにほこらを建て（て子胥の霊を慰め）、胥山と名づけた。

㉘越《ゑつ》十年生聚《じふねんせいしゆう》し、十年教訓《じふねんけうくん》す。㉙周《しう》の元王《げんわう》の四年《よねん》、越《ゑつ》呉《ご》を伐《う》つ。㉚呉《ご》三《み》たび戦《たたか》ひ三《み》たび北《に》ぐ。㉛夫差《ふさ》姑蘇《こそ》に上《のぼ》り、亦《ま》た成《たひらぎ》を越《ゑつ》に請《こ》ふ。㉜范蠡《はんれい》可《き》かず。㉝夫差《ふさ》曰《い》はく、「吾《われ》以《もつ》て子胥《ししよ》を見《み》る無《な》し。」と。㉞幎冒《べきばう》を為《つく》りて乃《すなは》ち死《し》す。

㉘越は十年間は人民を増やし物資を豊かにし（て国力の増進を図り）、（次の）十年間は人民の教育と訓練に努めた。㉙周の元王の四年、越は呉を攻めた。㉚呉は連戦連敗した。㉛夫差は姑蘇台に上り、（以前会稽山で勾践がしたのと）同様に越に和睦を請うた。㉜（しかし）范蠡は聞き入れなかった。㉝夫差が言うことには、「私は（あの世で）子胥にあわせる顔がない。」と。㉞（そして）死者の顔を覆う四角い布をつくって（顔を覆い）自殺した。

語釈

呉＝春秋時代の国の名。現在の江蘇《こうそ》省に位置し、姑蘇《こそ》（現在の蘇州市）に都した。

字＝中国で、男子が成人のとき、実名のほかにつけ、それ以後通用させた別名。伍員《ごうん》は、伍が姓、員が名、子胥《ししょ》が字である。

以二呉兵一入レ郢＝呉《ご》の軍隊を率いて郢《えい》に攻め込む。郢は楚《そ》の都で、伍員が父と兄の仇《あだ》を討つために楚を攻撃したことをいう。

越＝春秋時代の国の名。現在の浙江《せっこう》省に位置し、会稽《かいけい》（現在の紹興市）に都した。

臥二薪中一＝たきぎの上で寝起きする。夫差《ふさ》がふとんに寝ず、たきぎの上で寝起きしたのは、常に身体を痛めつけ、越《えつ》に対する復讐心《ふくしゅうしん》をかきたてるためである。

出入使二人呼一＝出入りするたびに家臣に大声で言わせた。「出入」の主語は夫差とも家臣とも解釈できるが、家臣が出入りするたびにととるほうが、より自然であろう。**「使ム二Aヲシテ B一」は使役形で、「AにBさせる」の意。**

而＝二人称の代名詞。「汝《なんじ》」に同じ。

余兵＝生き残った兵。敗残兵。

請二為レ臣、妻為レ妾＝自身は臣下となり、妻は召し使いとして差し出すと願い出る。「……んと請ふ」の形で自己の意志や希望を表す。

座臥＝寝起きする場所。

仰レ胆嘗レ之＝きも（胆汁をたくわえる器官）を仰ぎ見てなめる。勾践《こうせん》は非常に苦いきもをなめて、敗戦の屈辱《くつじょく》を忘れまいとしたのである。

女＝二人称の代名詞。「汝」に同じ。

属＝任せる。委嘱する。「嘱」に同じ。

事レ謀レ呉＝呉を攻め滅ぼす計画に専念する。「事」は専念するの意。

怨望＝恨む。不満に思う。「怨」も「望」も「恨む」の意味。

賜二子胥属鏤之剣一＝子胥に属鏤《しょくる》という名剣を与える。夫差のこの行為は、子胥に自殺を命じることを意味する。

自剄＝自ら首をはねて死ぬこと。「自刎《じふん》」ともいう。

盛以二鴟夷一＝（子胥の遺体を）馬の皮でつくった袋に入れる。夫差が子胥の死体を辱《はずかし》めようとしての行為である。

生聚＝人民を増やし、物資を豊かにする。

教訓＝人民を教育し、訓練する。

三戦三北＝連戦連敗する。「三」は何度もの意。「北」は負けて逃げる意。

姑蘇＝建物の名で姑蘇台のこと。夫差が越を破ったときに勾践から献上された西施《せいし》という美女を住まわせたところ。

亦請㆓成於越㆒＝夫差もやはり越に和睦《わぼく》を願い出た。かつて会稽山《かいけいざん》で勾践が命乞《ご》いしたのと同様に、の意味で「亦」が用いられている。「成《たいらぎ》」は和睦・講和の意。

吾無㆔以見㆓子胥㆒＝私は子胥にあわせる顔がない。子胥の進言を聞き入れなかったことを後悔する気持ちを表している。

幎冒＝死者の顔にかける四角い布。

句法

……邪＝「……か」。文末にあって疑問や反語を表す。「乎」や「耶」も同じ意味で用いられる。原則として、**連体形や体言に接続するときは「か」、終止形に接続するときは「や」と読み分ける。**

例 「為ニ㆑人ノ謀リテ而不ル㆑忠ナラ乎。」（論語《ろんご》）（人の為に謀《はか》りて忠ならざるか。＝人の相談にのってやったときに、真心を尽くさないことがなかったか。）

例 「其レ真ニ無キ㆑馬邪。」（韓愈《かんゆ》―雑説《ざっせつ》）（其れ真に馬無きか。＝いったいほんとうに名馬がいないのか。）

解釈

本文は有名な呉越《ごえつ》の興亡の故事である。「臥薪」して仇《あだ》を討った呉王夫差《ふさ》が、反対に「嘗胆」して復讐の機会を狙っていた越王勾践《こうせん》に敗れるという歴史の皮肉に思いを馳《は》せたい。

この故事からできた成語に、次のようなものがある。

臥薪嘗胆《がしんしょうたん》＝たきぎの上に寝起きし、苦いきもをなめる。転じて、目的を成し遂げるために苦労を耐え忍んで努力することをいう。

会稽之恥《かいけいのはじ》＝越王勾践が会稽山《かいけいざん》で屈辱《くつじょく》的な講和を結んだこと。転じて、敗戦の恥辱や他人からのひどい辱《はずかし》めをいう。「会稽の恥を雪《すす》ぐ」のように用いる。

＋アルファ

「臥薪嘗胆《がしんしょうたん》」の故事に登場する人物を簡単に紹介しておく。呉と越の国別に分けてみるとよい。

太伯《たいはく》・仲雍《ちゅうよう》＝周《しゅう》の文《ぶん》王の伯父の太伯とその弟の仲雍。二人の弟にあたる季歴《きれき》に位を譲るため、呉に出奔《しゅっぽん》したといわれる。

寿夢《じゅぼう》＝(在位前五八五〜前五六一)呉の第十九代の君主。

闔廬《こうりょ》＝(在位前五一四〜前四九六)呉の第二十四代の君主。「闔閭」とも書く。

伍員＝楚の人。父の伍奢と兄の伍尚《ごしょう》が刑死したため、呉に亡命し闔廬に仕えた。

伍奢＝楚の人。伍員の父。楚の平《へい》王の太子建《けん》の太傅《たいふ》(教育係)であったが、讒言《ざんげん》されて子の伍尚とともに平王に殺された。前五〇六年、郢に攻め込んだ伍員は、楚の平王の墓からその死骸《しがい》を掘り出して、これをむちで打って父と兄の仇《あだ》を晴らしたといわれる。

夫差＝(在位前四九五〜前四七三)闔廬の子で、呉の第二十五代の君主。

勾践＝(在位前四九七〜前四六五)越の君主。「句践」とも書く。

太宰伯嚭《たいさいはくひ》＝太宰は官名で、宰相のこと。伯嚭は、楚の人。呉に亡命し、闔廬と夫差の二君に仕えた。越の賄賂《わいろ》を受け取り勾践の命を救ったが、後に勾践に不忠者として殺された。

大夫種《たいふしょう》＝大夫は官名。種は人名で、姓は文。

范蠡《はんれい》＝楚《そ》の人。勾践の参謀として呉を倒したが、勾践の人物に失望し、越を去って斉《せい》に行き、陶朱公《とうしゅこう》と名乗って財産を築いた。

POINT

文末の「邪・乎・耶」は「や・か」と読み、疑問または反語を表す。

史伝

項王《かうわう》の最期《さいご》

四面楚歌《しめんそか》～烏江亭《うかうてい》（史記《しき》）

英雄項羽の壮絶な最期

項羽が立てこもる垓下の町を、漢軍の兵士が幾重にも取り巻いた。「四面楚歌」の状況となったことを知った項羽は、愛する虞美人《ぐびじん》に別れを告げ、烏江まで逃れる。しかし、もはや天命が尽きたことを知った項羽は、壮絶な最期を遂げたのだった。

①項王ノ軍壁ス二垓《がい》下《か》ニ一。②兵少ナク食尽ク。③漢軍及ビ諸侯ノ兵、囲ムコトレ之ヲ数《すう》重《ちよう》ナリ。④夜聞キ二漢軍ノ四面皆楚歌スルヲ一、項王乃チ大イニ驚キテ曰ハク、「漢皆已ニ得タルレ楚ヲ乎《か》。⑤是レ何ゾ楚人之多キ也《や》ト。」⑥項王則チ夜起キテ飲ム二帳中ニ一。⑦有リ二美人一、名ハ虞《ぐ》。⑧常ニ幸セラレテ従フ。⑨駿《しゆん》馬《め》アリ、名ハ騅《すゐ》。⑩常ニ騎ルレ之ニ。⑪於イテレ是ニ、項王乃チ悲歌忼《かう》慨《がい》シ、自ラ為《つく》リテレ詩ヲ曰ハク、

書き下し文／現代語訳

①項王《かうわう》の軍《ぐん》　垓下《がいか》に壁《へき》す。②兵少《へいすく》なく食尽《しよくつ》く。③漢軍及《かんぐんおよ》び諸侯《しよこう》の兵《へい》、之《これ》を囲《かこ》むこと数重《すうちよう》なり。④夜《よる》　漢軍《かんぐん》の四面《しめん》　皆楚歌《みなそか》するを聞《き》き、項王乃《かうわうすなは》ち大《おほ》いに驚《おどろ》きて曰《い》はく、「漢《かん》　皆已《みなすで》に楚《そ》を得《え》たるか。⑤是《こ》れ何《なん》ぞ楚人《そひと》の多《おほ》きや。」と。⑥項王則《かうわうすなは》ち夜起《よるお》きて帳中《ちやうちゆう》に飲《の》む。⑦美人有《びじんあ》り、名《な》は虞《ぐ》。⑧常《つね》に幸《かう》せられて従《したが》ふ。⑨駿馬《しゆんめ》あり、名《な》は騅《すゐ》。⑩常《つね》に之《これ》に騎《の》る。⑪是《ここ》に於《お》いて、項王乃《かうわうすなは》ち悲歌《ひか》忼慨《かうがい》し、自《みづか》ら詩《し》を為《つく》りて曰《い》はく、

⑫力《ちから》は山《やま》を抜《ぬ》き　気《き》は世《よ》を蓋《おほ》ふ
⑬時利《ときり》あらず　騅逝《すゐゆ》かず
⑭騅《すゐ》の逝《ゆ》かざる　奈何《いかん》すべき
⑮虞《ぐ》や虞《ぐ》や　若《なんぢ》を奈何《いかん》せんと
⑯歌《うた》ふこと数関《すうけつ》、美人《びじん》　之《これ》に和《わ》す。⑰項王《かうわう》　泣数《なみだすう》行下《かうくだ》る。⑱左右皆泣《さいうみなな》き、能《よ》く仰《あふ》ぎ視《み》るもの莫《な》し。

①項王の軍は垓下の城壁の中に立てこもった。②（すでに）兵の数は少なく、食糧も尽きてしまっていた。

⑫力ハ抜キレ山ヲ兮気ハ蓋《おほ》フレ世ヲ

⑬時不レ利アラ兮騅不レ逝《ゆ》カ

⑭騅ノ不ルレ逝カ兮可キニ奈何《いかん》スー

⑮虞ヤ兮虞ヤ兮奈レ若《なんぢ》ヲ何セント

⑯歌フコト数《すう》闋《けつ》、美人和スレ之ニ。⑰項王泣《なみだ》数《すう》行《かう》下ル。⑱左右皆泣キ、莫シニ能《よ》ク仰ギ視《み》ルモノー。

③漢の軍と諸侯の兵が、これを幾重にも取り囲んでいた。④夜、漢軍が四方で皆楚の国の歌を歌うのを聞いて、項王はたいへん驚いて言うことには、「漢はもうすっかり楚の地を占領してしまったのか。⑤（敵軍の中に）なんと楚の人間の多いことか。」と。⑥項王は夜半に起き上がり、とばりの中で酒宴を開いた。⑦美人がおり、名を虞といった。⑧いつも（項王に）寵愛《ちょうあい》されて付き従っていた。⑨駿馬があり、名を騅といった。⑩（項王は）いつもこれに乗っていた。⑪このときに、項王は悲しげに歌い、嘆き憤って自ら詩をつくって言った、⑫わが力は山を抜くほどであり、わが気力は天下を覆うほどであった⑬（しかし）時運は自分に味方せず、（愛馬の）騅も前に進まなくなった⑭騅が進まないことを、いったいどうしようか⑮（愛する）虞よ虞よ、お前をどうしてやったらよいのかと。⑯数回くり返して歌い、虞美人がこれに唱和した。⑰項王は涙をいくすじか流した。⑱左右の者は皆泣き、一人として顔を上げて（項王の顔を）正視できる者はなかった。

⑲是《ここ》に於《お》いて、項王乃《かうわうすなは》ち東《ひがし》して烏江《うかう》を渡《わた》らんと欲《ほっ》す。⑳烏江《うかう》の亭長船《ていちやうふね》を檥《ぎ》して待《ま》つ。㉑項王《かうわう》に謂《い》ひて曰《い》はく、「江東《かうとう》小《せう》なりと雖《いへど》も、地《ち》は方千里《はうせんり》、衆《しゅう》は数十万人《すうじふまんにん》あり。㉒亦《ま》た王《わう》たるに足《た》るなり。㉓願《ねが》はくは大王《だいわう》急《いそ》ぎ渡《わた》らんことを。㉔今独《いまひと》り臣《しん》のみ船有《ふねあ》り。㉕漢軍《かんぐん》至《いた》るも、以《もっ》て渡《わた》ること無《な》からん。」と。㉖項王笑《かうわうわら》ひて曰《い》はく、「天《てん》の我《われ》を亡《ほろ》ぼすに、我何《われなん》ぞ渡《わた》ることを為《な》さん。㉗且《か》つ籍《せき》江東《かうとう》の子弟八千人《していはっせんにん》と、江《かう》を渡《わた》りて西《にし》

⑲於是《ここ》、項王乃欲東渡烏江。⑳烏江亭長艤《ぎ》船待。㉑謂《い》項王曰、「江東雖《いへども》小、地方千里、衆数十万人。㉒亦足王也。㉓願大王急渡。㉔今独臣有船。㉕漢軍至、無以渡。」㉖項王笑曰、「天之《の》亡我、我何渡為。㉗且《か》籍与江東子弟八千人、渡江而西、今無一人還《かへ》。㉘縦《たと》江東父兄憐而王我、我何面目見之。㉙縦彼不言、籍独不愧《は》於心乎。」㉚乃謂亭長曰、「吾知公長者。㉛吾騎此馬五歳、所当無敵。㉜嘗一日行千里。㉝不忍殺之。㉞以

せしも、今一人《いまいちにん》の還《かへ》るもの無《な》し。㉘縦《たと》ひ江東《かうとう》の父兄《ふけい》憐《あは》れみて我《われ》を王《わう》とすとも、我何《われなん》の面目《めんぼく》ありて之《これ》を見《み》ん。㉙縦《たと》ひ彼《かれ》言《い》はずとも、籍《せき》独《ひと》り心《こころ》に愧《は》ぢざらんや。」と。㉚乃《すなは》ち亭長《ていちやう》に謂《い》ひて曰《い》はく、「吾《われ》 公《こう》の長者《ちやうじや》なるを知《し》る。㉛吾《われ》 此《こ》の馬《うま》に騎《の》ること五歳《ごさい》、当《あ》たる所敵無《ところてきな》し。㉜嘗《かつ》て一日《いちにち》に行《ゆ》くこと千里《せんり》なり。㉝之《これ》を殺《ころ》すに忍《しの》びず。㉞以《もつ》て公《こう》に賜《たま》はん。」と。

⑲そこで項王は東に進み、（江東の地に行くために）烏江（から長江）を渡ろうとした。⑳烏江の宿駅の長が船出の用意をして（項王を）待っていた。㉑（そして）項王に言うことには、「江東の地は狭くはありますが、土地は千里四方もあり、民衆は数十万人もおります。㉒（だから）王となるのに何の不足もない土地です。㉓どうか大王様には、急いでお渡りください。㉔今、私だけが船を持っております。㉕漢軍がやって来ても、渡る方法はありません。」と。㉖（それを聞いて）項王が笑って言うことには、「天が私を亡ぼそうとしているのに、どうして（それに逆らって、江を）渡ろうか。㉗そのうえ、私は（今から八年前）江東の若者八千人を引き連れ、（秦討伐のために）長江を渡り西に向かったのだが、（皆討ち死にし）今一人の帰る者もない。㉘もし江東の父兄たちが哀れんで私を王に立ててくれたとしても、私はどんな顔をして彼らに会うことができようか。㉙（また）もし彼らが（私に対する恨みや不満を）口にしなくても、私はどうして心に深く恥じずにいられようか。」と。㉚そこで宿駅の長に言うことには、「私

賜ハントレ公ニ。」

㉟乃チ令《し》メ二騎ヲシテ皆下リテレ馬ヲ歩行セ一、持シテ二短兵ヲ一接戦ス。㊱独リ項王ノ所ノレ殺ス漢軍数百人ナリ。㊲項王ノ身モ亦タ被《かうむ》ル二十余創ヲ一。㊳顧ミテ見テ二漢ノ騎司馬呂《りよ》馬《ば》童《どう》ヲ一曰ハク、「若ハ非ズ二吾ガ故人ニ一乎ト。」㊴馬童面《そむ》キレ之ニ、指サシテ二王《わう》翳《えい》ニ一曰ハク、「此レ項王也ト。」㊵項王乃チ曰ハク、「吾聞ク、漢購《あがな》フト二我ガ頭《かうべ》ヲ千金・邑《いふ》万《ばん》戸《こ》ニ一。㊶吾為ニレ若ガ徳セシメントト。」㊷乃チ自《じ》刎《ふん》シテ而死セリ。

（項《こう》羽《う》本《ほん》紀《ぎ》）

は貴公が有徳の人であると知った。㉛私はこの馬に五年も騎乗しているが、向かうところ敵がない。㉜かつて一日に千里の道を駆けたこともあった。㉝（私は）この馬を殺すに忍びない。㉞（これを）貴公に進呈しよう。」と。

㉟乃《すなは》ち騎《き》をして皆《みな》馬《うま》を下《お》りて歩《ほ》行《かう》せしめ、短《たん》兵《ぺい》を持《ち》して接《せっ》戦《せん》す。㊱独《ひと》り項《かう》王《わう》の殺《ころ》す所《ところ》の漢《かん》軍《ぐん》数《すう》百《ひやく》人《にん》なり。㊲項《かう》王《わう》の身《み》も亦《ま》た十《じふ》余《よ》創《さう》を被《かうむ》る。㊳顧《かへり》みて漢《かん》の騎《き》司《し》馬《ば》呂《りよ》馬《ば》童《どう》を見《み》て曰《い》はく、「若《なんぢ》は吾《わ》が故《こ》人《じん》に非《あら》ずや。」と。㊴馬《ば》童《どう》之《これ》に面《そむ》き、王《わう》翳《えい》に指《ゆび》さして曰《い》はく、「此《こ》れ項《かう》王《わう》なり。」と。㊵項《かう》王《わう》乃《すなは》ち曰《い》はく、「吾《われ》聞《き》く、漢《かん》我《わ》が頭《かうべ》を千《せん》金《きん》・邑《いふ》万《ばん》戸《こ》に購《あがな》ふと。㊶吾《われ》若《なんぢ》が為《ため》に徳《とく》せしめん。」と。㊷乃《すなは》ち自《じ》刎《ふん》して死《し》せり。

㉟そこで騎馬の兵を皆馬から下りて歩かせ、短い武器を持たせて白兵戦をした。㊱項王が一人で殺した漢軍の兵士は数百人にのぼった。㊲（しかし）項王自身もまた十数箇所の傷を負った。㊳（項王がふと）振り返り、漢の騎馬兵の隊長の呂馬童を見つけて言うことには、「お前は私の古い知り合いではないか。」と。㊴呂馬童は（項王から）顔をそむけ、王翳に指さして言うには、「これが項王だぞ。」と。㊵そこで項王が言うことには、「私の聞くところでは、『漢は私の首に千金と戸数一万戸の領地を懸けている』とのことである。㊶私はお前に恩恵を施してやろう。」と。㊷そして（項王は）自ら首をはねて死んだのだった。

語釈

項王＝項羽《こうう》（前二三二～前二〇二）のこと。楚《そ》の人で、二十四歳のとき、叔父の項梁《こうりょう》と秦《しん》討伐のために挙兵し、一時覇権《はけん》を握り、西楚の覇王と号した。しかし、力を蓄えた沛公《はいこう》（劉邦《りゅうほう》、後の漢の高祖《こうそ》）（前二四七～前一九五）の軍に追われて垓下《がいか》に籠城《ろうじょう》し、烏江《うこう》まで逃れたが自刃《じじん》して果てた。「鴻門《こうもん》の会」から四年後、項羽三十一歳のときであった。

壁㆓垓下㆒＝垓下の城壁の中に立てこもる。垓下は、現在の安徽《あんき》省霊壁《れいへき》県にある地名。

漢軍＝漢王沛公の軍勢。

楚歌＝項羽の出身地である楚の地方の民謡を歌う。この事実は、項羽の拠《よ》り所である楚の若者たちが多く漢軍に編入されていることを意味し、項羽の驚きと落胆をよぶ。一説に、これは沛公の参謀、張良《ちょうりょう》の考えた戦術であるとする。

何楚人之多也＝なんと楚の国の人が多いことか。

「何……也」は、「なんと……だろう」という詠嘆の形。

虞＝項羽に寵愛《ちょうあい》された女性。

騅＝項羽の愛馬の名。「騅」はあしげの馬の意。

於㆑是＝そこで。こうして。このときに。**「是」を「ここ」と読むことに注意。**

悲歌忼慨＝悲しげに歌い、嘆き憤る。「忼慨」は慷慨とも書く。

力抜㆑山兮気蓋㆑世＝わが力は山をも引き抜かんばかりであり、わが気力は天下を覆い尽くすほどであった。**「兮」は語調を整える助字**で、訓読しない。

可㆓奈何㆒＝どうすることができようか。ここでは反語ととる。

奈㆑若何＝お前をどうしようか。ここでは反語ととる。「若」は二人称の代名詞《なんじ》で「女」「汝」「而」などと同じ。

歌数闋＝数回くり返し歌う。「闋」は歌の一句切り。

和㆑之＝項羽《こうう》の詩にあわせて歌う。一説に、項羽の詩にあわせて詩をつくるとする。

烏江亭長＝「烏江《うこう》」は、現在の安徽《あんき》省和《わ》県にあった長江《ちょうこう》の渡し場。「亭長」は宿駅の長。里長。警察権をもち、治安の維持にあたった。

江東＝長江下流の南岸一帯の地方。項羽が挙兵した土地である。

願大王急渡＝どうか大王様、急いでお渡りください。**「願はくは……せよ（……ことを）」の形で、他に対する願望や丁寧な命令を表す。**

独臣有レ船＝私だけが船を持っている。**「独」は「のみ」を添えて読み、「……だけ」という限定の形。**

我何渡為＝どうして江を渡ろうか。**「何……」は「どうして……しようか」という反語の形。**

縦＝「縦ひ……とも」の形で、「もし仮に……としても」という**仮定の形**。「縦」は「縦令」「仮令」とも書く。

籍独不レ愧二於心一乎＝私はどうして心中恥じずにいられようか。「籍《せき》」は項羽の名。「独……乎」は「どうして……か」という**反語の形**。

長者＝徳の高い人物。有徳の人。

令二騎皆下一レ馬歩行一＝騎馬兵をすべて馬から下りて歩かせる。**「令」は「使」と同じく使役の助字。**

持二短兵一接戦＝刀剣などの短い武器を持たせて接近戦をする。「短兵」に対して、弓などは「長兵」という。

騎司馬＝官名で、騎馬兵の隊長。

故人＝昔なじみ。古い知り合い。呂馬童《りょばどう》は以前項羽に仕えていたことがあった。

面レ之＝項王を正視できず顔をそむける。一説に、「之に面《めん》す」と読み、項王に顔を向け正視する、とする。

邑万戸＝戸数一万戸の領地。

徳＝恩恵を施す。

自刎＝自ら首をはねて死ぬこと。「臥薪嘗胆《がしんしょうたん》」にある「自《じ》剄《けい》」と同意。

Q 「馬童面㆑之」には、どうして二通りの解釈があるの？

A 「面《そむ》く」という解釈は、呂馬童《りょばどう》はかつて項羽に従っていたことがあり、項羽を裏切った後ろめたさから顔をそむけたという考え方に基づいています。一方「面《めん》す」という解釈は、呂馬童は項羽の顔を確認するために直視したはずだという考え方によっています。ここでは「面《そむ》く」と解釈しましたが、どちらの解釈も根拠のあるものです。
　漢字には「面」のように、その文字の意味がもとの意味と反対に用いられるものがあり、乱（みだれる・おさめる）、汚（けがす・すすぐ）などの例があります。

句法

奈何＝「如何・若何」と同じく、**「どうしよう。どうしたらよいか」と方法や手段を問う語。**「如……何」「奈……何」は、「……をどうしようか」という目的語をとった形。**目的語は「如何」の二字の間に置かれることに注意する。**

例 「如㆓吾《ガ》民《ヲ》㆒何《セン》。」（柳宗元《りゅうそうげん》—送㆓薛存義之㆑任序）（吾が民を如何《いかん》せん。＝われわれの人民をどうしたらよいのか。）

＋アルファ 「欲」の用法

「欲……」は「……んと欲す」の形で用いられ、二つの用法がある。

❶……しようとする。（願望）
❷……しようとしている。（状態）

本文にある「欲《ス》㆔東《シテ》渡《ラント》㆓烏江《ヲ》㆒。」は、❶の用法。❷の例。「山青《クシテ》花欲《ス》㆑然《エント》」（杜甫《とほ》—絶句《ぜっく》）（山青くして花然えんと欲す＝山は青々として、赤い花が今にも咲き誇ろうとしている）

解釈

いったんは楚《そ》の地を目指した項羽《こうう》だが、江《こう》を渡ることを断念したのはなぜだろうか。

項羽は言う、「天の我を亡《ほろ》ぼすに、我何ぞ渡ることを為《な》さん。」と。「江東の子弟八千人と、江を渡りて西せしも、今一人の還《かへ》るもの無し。」という自責の念も理由の一つと考えられるが、天命がまさに尽きようとしている今、自分を偽《いつわ》らず死にたいと考えた結果の行動であると説明できるだろう。最後まで自尊心を失わない、いかにも項羽らしい死に方であった。

POINT

★「如何・奈何・若何」は「どうしようか」と方法・手段を問う語。

（「何如・何奈・何若」は「どうであるか」と状態・程度・是非を問う語。）

★「如何・奈何」が目的語をとるときは、二字の間に置く。

例 「奈㆑若ヲ何セン」「如㆓吾ガ民㆒ヲ何セン」

＋アルファ

(1) **この物語から生まれた成語**

四面楚歌《しめんそか》＝四方から楚の国の歌が聞こえる。周囲が敵や反対者ばかりで味方がないことのたとえ。

抜山蓋世《ばつざんがいせい》＝山を引き抜くほどの力と、天下を覆い尽くすほどの気力。転じて、体力や気力が雄大なさま。

(2) **虞美人草《ぐびじんそう》**

項羽に寵愛《ちょうあい》された虞美人は、垓下《がいか》の陣中で項羽の詩に和して歌った後、自ら命を絶った。翌年の春、彼女の墓にひなげしの花が咲き、人々はその可憐《かれん》な姿に虞の在りし日を偲《しの》び「虞美人草」と名づけたという。

(3) **項羽のなきがらの行方**

「自刎《じふん》」して果てた項羽の遺体には、漢の兵士たちが恩賞にありつこうとして群がり、互いに争って数十人が死んだという。

結局、頭部を王翳《おうえい》が、手足を呂馬童ら四人が分けて持ち帰り、五人は恩賞を受けて諸侯に取り立てられた。

定期テスト対策問題　史伝

解答・解説はP454〜455

次の文章を読んで、あとの問いに答えよ(設問の都合上、送り仮名を省略した部分がある)。

於《イテ》レ是《ニ》、項王乃《チ》①欲《ス》三東《シテ》渡《ラント》二烏江《ヲ》一。烏江《ノ》亭長檥《シテ》レ船《ヲ》待《ツ》。謂《ヒテ》二項王《ニ》一曰《ハク》、「江東雖《モ》レ小《ナリト》、地《ハ》方千里、衆《ハ》数十万人《アリ》。②亦足《レ》王也。願《ハクハ》大王急《ギ》渡《ランコトヲ》。③今独《リ》臣《ノミ》有《リ》レ船。漢軍至《ルモ》、無《カラント》二以《テ》渡《ルコト》一。」項王笑《ヒテ》曰《ハク》、「天之亡《ボスニ》レ我《ヲ》、④我何渡為。且《ツ》籍与二江東《ノ》子弟八千人一、渡《リテ》レ江《ヲ》而西《セシモ》、今無《シ》二一人《ノ》還《ルモノ》一。縦《ヒ》江東《ノ》父兄憐《レミテ》而王《トストモ》レ我《ヲ》、我何《ノ》面目《アリテ》見《ン》レ之《ヲ》。縦《ヒ》⑤彼不《トモ》レ言《ハ》、⑥籍独《リ》不《ラン》レ愧《ヂ》二於心《ニ》一乎《ト》。」

(『史記《しき》』項羽本紀《こううほんぎ》)

問一 二重傍線部c・d・eの読み方をひらがな(現代仮名遣い)で記せ。

問二 二重傍線部a・bの意味を記せ。

問三 傍線部①・③・⑥を現代語訳せよ。

問四 傍線部②・④を書き下し文にせよ。

問五 傍線部⑤は、何を言わないというのか。簡潔に説明せよ。

問六 この場面で、項羽《こうう》は自らの敗因をどう考えているか。漢字五字以内で抜き出し、白文の形で答えよ。

3 思想

▲孔子の講義風景

POINT

訓読に慣れ、内容を正確に把握する。
「仁《じん》・義《ぎ》・忠《ちゅう》・恕《じょ》」などの語の意味を理解する。
各学派の主張を整理し、自分の考えと照らし合わせる。

百家争鳴の春秋・戦国時代

周《しゅう》王朝の権威が衰え、秩序の乱れた春秋・戦国時代は、多くの思想家たちが現れ、学派を形成して自説の優劣を争った百家争鳴の時代でもあった。この時代の思想家たちを〈諸子百家〉[*1]とよぶ。

諸子百家の概観

後漢《ごかん》の班固《はんこ》は『漢書』芸文志《げいもんし》で諸子百家を〈九流十家〉[*2]に分類している。

儒家……孔子を祖とし、「修己《しゅうこ》」[*3]と「治人《ちじん》」[*4]を根本として、「仁《じん》」[*5]の獲得を目指した。孔子の思想は孟子《もうし》、荀子《じゅんし》へと受け継がれ、発展をみた。漢の武帝《ぶてい》の時代に国教に制定され、その後も各王朝で保護された。

道家……「無為自然《むいしぜん》」を主張し、「人為」[＊6]を否定して儒家と対立した。始祖の**老子**《ろうし》の教えは、**荘子**《そうし》や列子《れっし》に継承された。「**老荘思想**」ともいわれる。

法家……「仁」を基調とする儒家の学説に対して、人間不信ともいえる厳格な**法治主義**を唱えた。管仲《かんちゅう》[＊7]を祖とし、**韓非子**《かんぴし》、**李斯**《りし》の時代に集大成された。

墨家《ぼっか》……墨子《ぼくし》を開祖とし、「兼愛」[＊8]、「非攻」[＊9]を説いた。[＊10]

陰陽家……あらゆる存在を「陰」と「陽」に分ける陰陽説に基づき、天文や暦法などで吉凶を占った。代表的な思想家は**騶衍**《すうえん》。

名家……「名」[＊11]と「実」との関係を追究した。「白馬は馬に非《あら》ず」論など詭弁《きべん》的な論理が特徴。代表的な思想家は公孫竜《こうそんりゅう》、恵施《けいし》。

縦横家《じゅうおうか》……「**合従連衡**《がっしょうれんこう》」[＊12]を提唱。「合従」策は**蘇秦**《そしん》、「連衡」策は**張儀**《ちょうぎ》。

雑家……様々な学派の主張の統一を試みた。代表的な思想家は呂不韋《りょふい》。

農家……農業中心の政治論を展開した。代表的な思想家は許行《きょこう》。

小説家……市井《しせい》の些細《ささい》なうわさや出来事を収集した。詳細は不明である。

※**兵家**……九流には加えられないが、軍事に関する様々な説を成した。代表的な思想家は**孫子**《そんし》、呉子《ごし》。

＊1　儒家を中国思想の本流と見て、儒家以外の各学派を諸子百家ということもある。
＊2　儒家から農家までを九流九家とし、これに小説家を加えて九流十家としているが、九流には数えられない兵家もほかと同様に重要である。
＊3　己を修めるの意。
＊4　人を治めるの意。
＊5　深い人間愛の意。
＊6　人間の手が加わることの意。
＊7　春秋時代の斉《せい》の宰相。
＊8　無差別、平等な愛の意。
＊9　反戦の意。
＊10　一時期は「儒・墨」と併称されるほど支持された。
＊11　「名」は言葉、「実」は実体の意。
＊12　戦国時代の六国《りっこく》が縦や横に同盟して秦《しん》に対抗したこと。

▶蘇秦「合従」策

基礎知識（思想）

1 孔子《こうし》と『論語《ろんご》』

1 **孔子**（前五五一～前四七九）は春秋時代の思想家。儒家の始祖で「聖人」と仰がれた。生まれは魯《ろ》の陬邑《すうゆう》（現在の山東省曲阜《きょくふ》市）で、名は丘《きゅう》、字《あざな》は仲尼《ちゅうじ》。五十四歳のとき、魯の大司寇《だいしこう》（司法・警察長官）となって政治の改革を目指したが失脚、以後の十数年間は諸国を遍歴して諸侯に政治理想を説いたが、受け入れられることはなかった。魯に帰国後は、『詩経《しきょう》』『書経《しょきょう》』などの古典の整理や『春秋《しゅんじゅう》』の編纂《へんさん》にたずさわるとともに、門人の教育に力を尽くし、七十三歳で亡くなった。

2 『論語』は孔子とその門人たちの言行を記録したもの。二十編、約五百章からなり、孔子の思想を知るうえで最も重要な書。孔子の死後、門人たちが編集したもの。

3 孔子の思想を集約した**「仁」**（深い人間愛）をより具体化した概念が**「忠《ちゅう》・恕《じょ》」**（まごころと思いやり）と**「礼」**（秩序、社会生活のルール）である。儒家では「仁」を体得した人を「君子」とよぶが、「君子」にはほかに為政者《いせいしゃ》の意味があり、為政者が徳をもって人民を治めるべきだという**徳治主義**の理想を反映している。

4 孔子の教えは曽子《そうし》、子思《しし》らを経て、**孟子《もうし》**や**荀子《じゅんし》**に継承された。同じ儒家に属しながら、孟子は「仁」を重視し**〈性善説〉**で人間の善意を信じたのに対して、荀子は**〈性悪説〉**の立場から人間の利を求める本能は「礼」によってコントロールされるべきだと唱えた。

5 孔子学派の教えは儒教として発展し、漢《かん》の武帝《ぶてい》のときに国教に制定され、清《しん》代に至るまでの長い間、支配者階級の指導理念として保護を受けた。

2 孟子の思想

1 **孟子**（前三七二?～前二八九?）は戦国時代の思想家。魯の国に生まれた。名は軻《か》、字は子輿《しよ》（一説に子車《ししゃ》）。孔子の孫の子思の門人に学び、孔子の学説を継承・発展させ、「亜聖」（聖人に次ぐ立派な人）と仰がれた。

2 『孟子』は〈**四書**〉の一つで、孟子の言行や学説を記した書。孟子自身の著とも門人の編集したものともいわれる。

3 孟子は、孔子の唱えた「仁」に「**義**」（人の踏み行うべき正しい道）を加え、「仁は人の心なり、義は人の路なり。」（孟子―告子《こくし》・上）とする〈仁義説〉を提唱。〈**性善説**〉を説き、為政者は仁義に基づいて人民の幸福を実現すべきだとする〈**王道政治論**〉を展開した。

3 荀子の思想

1 **荀子**（前三一三?～前二三八?）は戦国時代の思想家。孟子の約六十年後に趙《ちょう》の国に生まれた。名は況《きょう》、尊ばれて荀卿《じゅんけい》ともよばれた。

2 『荀子』は、荀子の学説を記した書。そのほとんどは荀子自身の著作といわれる。

3 荀子は、人間の本性を悪と規定して〈**性悪説**〉を主張、生来悪である人間を善に導くために教育や「**礼義**」の必要性を訴えた。『荀子』巻頭の「学は以《もっ》て已《や》むべからず。」（荀子―勧学《かんがく》）という言葉は、学問は中途でやめてはならない。（学問によ）る本性の矯正《きょうせい》について述べたものである。

4 荀子は、それまで社会生活のルール・マナーとされていた「礼」を、より厳格に社会的な約束事ととらえ直し、法家の法治主義につながる学説を展開、門下から法家の**韓非子**《かんぴし》や李斯《りし》が出た。

思想

論語《ろんご》(1)

孔子が門人たちに、「学」と「思」との関係、自らの抱負、政治の要諦、真の正直について語る。

① 子曰《ハク》、「学《ビテ》而不《レバ》レ思《ハ》則《チ》罔《くらシ》。② 思《ヒテ》而不《レバ》レ学《バ》則《チ》殆《あやふシト》。」（為《い》政《せい》編）

③ 顔《がん》淵《えん》・季《き》路《ろ》侍《ス》。④ 子曰《ハク》、「盍《なんゾ》《ルト》三各言《ハ》二爾《なんぢノ》志《ヲ》一。」

⑤ 子《し》路《ろ》曰《ハク》、「願《ハクハ》車馬・衣裘《きう》、与二朋友一共《ニシ》、敝《やぶリテ》レ之《ヲ》而無《カラント》レ憾《うらムコト》。」

⑥ 顔淵曰《ハク》、「願《ハクハ》無《ク》レ伐《ほこルコト》レ善《ヲ》、無《カラント》レ施《ほこルコト》レ労《ヲ》。」

書き下し文／現代語訳

①子曰《しい》はく、「学《まな》びて思《おも》はざれば則《すなは》ち罔《くら》し。②思《おも》ひて学《まな》ばざれば則《すなは》ち殆《あやふ》し。」と。

①孔子が言った、「学ぶだけでよく思索しないと、道理がわからなくなる。②（一方、）ただ思索するだけで広く学ばないと、独断に陥り危険である。」と。

③顔淵《がんえん》・季路《きろ》侍《じ》す。④子曰《しい》はく、「盍《なん》ぞ各《おのおの》爾《なんぢ》の志《こころざし》を言《い》はざる。」と。⑤子路曰《しろい》はく、「願《ねが》はくは車馬《しゃば》・衣裘《いきう》、朋友《ほういう》と共《とも》にし、之《これ》を敝《やぶ》りて憾《うら》むこと無《な》からん。」と。⑥顔淵曰《がんえんい》はく、「願《ねが》はくは善《ぜん》を伐《ほこ》ること無《な》く、労《らう》を施《ほこ》ること無《な》からん。」と。⑦子路曰《しろい》はく、「願《ねが》はくは子《し》の志《こころざし》を聞《き》かん。」と。⑧子曰《しい》はく、「老者《らうしゃ》は之《これ》に安《やす》んじ、朋友《ほういう》は之《これ》を信《しん》じ、少者《せうしゃ》は之《これ》に懐《なつ》けしめん。」と。

③顔淵と季路（子路）とが（孔子のおそばに）控えていた。④孔子が言った、「どうだ、めいめい自分の志すところを述べてみないか。」と。⑤子路が（答えて）言った、「どうか、車や馬、上着や皮の外套（などの高価な品）

⑦子路曰、「願聞子之志。」

⑧子曰、「老者安之、朋友信之、少者懐之。」

（公冶長《こうやちょう》編）

⑨子貢問政。⑩子曰、「足《た》食、足兵、民信之矣。」

⑪子貢曰、「必不得已而去、於斯三者何《いづ》先。」

⑫曰、「去兵。」

⑬子貢曰、「必不得已而去、於斯二者何先。」⑭曰、「去食。⑮自古《いにしへ》皆有死。⑯民無信不立。」

（顔淵編）

を友人と共有し、ぼろぼろにされても、不満に思うことがないようにしたいものです。」と。⑥（続いて）顔淵が（答えて）言った、「どうか、（自分の）善行を自慢することがなく、（また自分の）労苦を自慢することがないようにしたいものです。」と。⑦子路が言った、「どうか、先生のお気持ちをうかがいたいものです。」と。⑧孔子は言った、「老人が（自分を）安心して頼り、友人は信頼し、若者には（自分が）慕われるようにしたいものだ。」と。

⑨子貢《しこう》政《まつりごと》を問《と》ふ。⑩子《し》曰《い》はく、「食《しょく》を足《た》し、兵《へい》を足《た》し、民《たみ》は之《これ》を信《しん》にす。」と。⑪子貢《しこう》曰《い》はく、「必《かなら》ず已《や》むことを得《え》ずして去《さ》らば、斯《こ》の三者《さんしゃ》に於《お》いて何《いづ》れをか先《さき》にせん。」と。⑫曰《い》はく、「兵《へい》を去《さ》らん。」と。⑬子貢《しこう》曰《い》はく、「必《かなら》ず已《や》むことを得《え》ずして去《さ》らば、斯《こ》の二者《にしゃ》に於《お》いて何《いづ》れをか先《さき》にせん。」と。⑭曰《い》はく、「食《しょく》を去《さ》らん。⑮古《いにしへ》より皆死《みなし》有《あ》り。⑯民《たみ》信《しん》無《な》くんば立《た》たず。」と。

⑨子貢が政治のあり方について尋ねた。⑩孔子は（答えて）言った、「食糧を十分にし、軍備を十分にし、人民には信義の心をもたせることだ。」と。⑪子貢は尋ねて言った、「どうしてもやむを得ずに取り除くとしたら、（食・兵・信の）三つの中で、どれを先にするのですか。」と。⑫（孔子は）言った、「軍備を取り除こう。」と。⑬（さらに）子貢は尋ねて言った、「どうしてもやむを得ずに…やむを

⑰ 葉《せふ》公《こう》語《つ》ゲテ二孔子一ニ曰ハク、「吾ガ党ニ有リ二直《ちょく》躬《きう》ナル者一。⑱其ノ父攘《ぬす》ミテレ羊ヲ、而子証セリトレ之ヲ。」⑲孔子曰ハク、「吾ガ党ノ直キ者ハ、異ナリ二於是一ニ。⑳父ハ為ニレ子ノ隠シ、子ハ為ニレ父ノ隠ス。㉑直キコト在リト二其ノ中《うち》ニ一矣。」

（子《し》路《ろ》編）

得ずに取り除くとしたら、（食・信の）二つの中で、どちらを先にするのですか。」と。⑭（孔子は）言った、「食糧を取り除こう。⑮昔から、誰にも死はある。⑯（しかし）人民は、信義の心がなければ世に処していけないのだ。」と。

⑰葉公《せふこう》 孔子《こうし》に語《つ》げて曰《い》はく、「吾《わ》が党《たう》に直躬《ちよくきう》なる者有《ものあ》り。⑱其《そ》の父《ちち》 羊《ひつじ》を攘《ぬす》みて、子《こ》 之《これ》を証《しよう》せり。」と。⑲孔子《こうし》曰《い》はく、「吾《わ》が党《たう》の直《なほ》き者《もの》は、是《これ》に異《こと》なり。⑳父《ちち》は子《こ》の為《ため》に隠《かく》し、子《こ》は父《ちち》の為《ため》に隠《かく》す。㉑直《なほ》きこと其《そ》の中《うち》に在《あ》り。」と。

⑰葉公が孔子に語って言った、「私の村里に正直者の躬という者がいる。⑱その父親が迷い込んできた羊をねこばばしたところ、息子（の直躬）が（父の罪を訴え出て）証言したのだ。」と。⑲孔子は言った、「私の仲間で正直者というのは、それとは違います。⑳父親は息子のために（その罪を）隠し、息子は父親のために（その罪を）隠します。㉑正直ということは、そのような行為の中に存在するのです。」と。

語釈

子＝男子の尊称で、先生の意。孔子《こうし》を指す。

罔＝学んだことの道理がよくわからない。「罔」は「網」と同じで、網をかぶせられたようにぼんやりすることをいう。

殆＝独断に陥って危険である。「殆」は「危」と同じ。

顔淵＝孔子の門人。姓は顔《がん》、名は回《かい》、淵《えん》（または子淵）は字《あざな》。孔子より三十歳年少で、孔子に最も愛されたが、夭《よう》折《せつ》した。

季路＝孔子の門人。姓は仲《ちゅう》、名は由《ゆう》、季路《きろ》は字で、子路ともよばれた。孔子より九歳年少で、勇を好んだ。

爾＝お前。二人称の代名詞で、「女・汝・而・若」などと同じ。

衣裘＝上着と皮の外套《がいとう》。「車馬」とともに高価な品物である。

敝レ之而無レ憾＝ぼろぼろにされても、不満に思わない。「憾」は、恨めしく思う意で、「遺憾《いかん》（思いどおりにいかず心残りなこと）」の熟語がある。

施レ労＝苦労を自慢する。「施《ほどこ》スレ労ヲ」と読んで、つらいことを他人に押しつけるとも解釈できる。

子貢＝孔子の門人。姓は端木《たんぼく》、名は賜《し》、子貢《しこう》は字。弁舌にすぐれていた。

足レ食、足レ兵＝食糧を十分にし、軍備を十分にする。「足」は充足の意。

必不レ得レ已而去＝どうしてもやむを得ず取り除くとしたら。

不レ立＝世に処していけない。身を立てることができない。

葉公＝楚《そ》の葉《しょう》の地方の長官。地名や人名では「葉《しょう》」と読むことに注意。

吾党＝わが村里。ここでは「党」は村里・郷党の意。これを受けて、孔子は「吾党」を「私の仲間」の意味で用いている。

攘＝迷い込んできたものを自分のものにする。ねこばばする。

直在二其中一矣＝正直というものは、父と子が互いに隠しあうという行為の中に存在する。

修辞

対句《ついく》法（二つの句を対応させて対にする技法）は、漢文の修辞法の中で最も重要なものの一つである。

学 而 不 思 則 罔。
思 而 不 学 則 殆。

右の例では、学問と思索はともに大切で、並行して行わなければならないことを強調するうえで、対句の効果が発揮され、説得力を生んでいる。

句法

則＝……すると。……したら。一般に**「……れば則ち」**（**レバ則《そく》**）**の形**で用い、「則」の上の部分が**仮定や条件を表し**、「則」の下に**その結果が述べられる**。

盍＝「なんゾ……ざル」と再読し、**反語の形**。❶**「……してみないか」という勧誘の意味**と、❷**「……するべきだ」という詰問の意味**がある。ここでは❶。「盍」は「何不」の二字を合わせたもので、ここは「何ゾ不ル三各言ハ二爾ノ志ヲ一。」の意味。

「すなはチ」の種類

則＝❶……すると。❷つまり。❸そこで。
即＝❶すぐに。❷……すると。❸つまり。
乃＝❶そこで。❷しかたなく。❸ところが。❹意外なことに。

＋アルファ

(1)孔門の十哲《じってつ》

三千人ともいわれる孔子の門人のうち、学徳の特にすぐれた十人を「孔門の十哲」とよぶ。また、それぞれが長じている分野を四つに分けていることから「四科《しか》十哲」ともいう。

- 徳行（行動が道徳にかなっていること）にすぐれている者…顔淵《がんえん》、閔子騫《びんしけん》、冉伯牛《ぜんはくぎゅう》、仲弓《ちゅうきゅう》
- 言語（弁舌が巧みであること）にすぐれている者…宰我《さいが》、子貢《しこう》
- 政事（政治的手腕があること）にすぐれている者…冉有《ぜんゆう》、季路《きろ》

●文学（学問に通じていること）にすぐれている者
…子游《しゆう》、子夏《しか》

(2)『論語《ろんご》』を出典とする故事成語 ＊〔 〕内は編名。

●一を聞きて以て十を知る〔公冶長《こうやちょう》〕
●己に如《し》かざる者を友とすること勿《な》かれ〔学而《がくじ》〕
●温故知新〔為政《いせい》〕　●怪力乱神を語らず〔述而《じゅつじ》〕
●下問を恥じず〔公冶長《こうやちょう》〕
●義を見て為《せ》ざるは勇無きなり〔為政〕
●君子は器ならず〔為政〕　●君子は豹変《ひょうへん》す〔雍也《ようや》〕
●敬遠〔雍也〕　●啓発〔述而〕
●剛毅木訥《ごうきぼくとつ》、仁《じん》に近し〔子路《しろ》〕
●巧言令色、鮮《すくな》し仁〔学而《がくじ》〕　●後生畏《おそ》るべし〔子罕《しかん》〕
●道聴塗説〔陽貨《ようか》〕　●堂に入る〔先進《せんしん》〕
●鶏を割くに焉《いず》くんぞ牛刀を用いん〔陽貨〕
●任重くして道遠し〔泰伯《たいはく》〕　●発奮〔述而〕
●不惑〔学而〕　●匹夫《ひっぷ》も志を奪うべからず〔子罕〕
●暴虎馮河《ぼうこひょうが》〔述而〕　●木鐸《ぼくたく》〔八佾《はちいつ》〕
●行くに径《こみち》に由らず〔雍也〕
●由《よ》らしむべし、知らしむべからず〔泰伯〕
●和を貴しと為《な》す〔学而〕

Q 『論語《ろんご》』の編名の由来ってなに？

A 『論語』の編名は内容とは直接関係のない便宜《べんぎ》的なもので、各編の最初の章句の冒頭の二字ないし三字に由来します。

例　子曰《ハク》、「学《ビテ》而時《ニ》習《フ》レ之《ヲ》、不二亦《タ》楽《シカラ》一乎。……」

この章句の「子曰」を除いた最初の二字によって「学而編」と命名されています。

POINT

「願《ハクハ》……《セン(セヨ)》」の形

「……」の部分に願うことの内容が示され、「願はくは……せん（せよ）」と読む。

願《ハクハ》……《セン》……したい。（自己の願望）
願《ハクハ》……《セヨ》……してほしい。（他者への希望）

「請《フ》……《セン(セヨ)》」も同じ意味である。

論語《ろんご》(2)

孔子が門人たちに、「中庸」の大切さ、「恕」の意味、門人の個性に応じた教育法について語る。

①子貢問《フ》、「師与《ト》レ商孰《いづレカ》賢《まさレルト》。」

②子曰《ハク》、「師也《や》過《ギタリ》。」③商也不《ト》レ及《バ》。」

④曰《ハク》、「然《ラバ》則《チ》師愈《まさレルか》与《ト》。」

⑤子曰《ハク》、「過《ギタルハ》猶《ホ》《シト》レ不《ルガ》レ及《バ》。」

（先進《せんしん》編）

⑥子貢問《ヒテ》曰《ハク》、「有《リ》下一言《ニシテ》而可《キ》二以《テ》終身行《フ》レ之《ヲ》者上乎《やト》。」

書き下し文／現代語訳

①子貢《しこう》問《と》ふ、「師《し》と商《しやう》と孰《いづ》れか賢《まさ》れる。」と。②子《し》曰《い》はく、「師《し》や過《す》ぎたり。③商《しやう》や及《およ》ばず。」と。④曰《い》はく、「然《しか》らば則《すなは》ち師《し》愈《まさ》れるか。」と。⑤子《し》曰《い》はく、「過《す》ぎたるは猶《な》ほ及《およ》ばざるがごとし。」と。

①子貢が尋ねた、「師（子張）と商（子夏）とでは、どちらがすぐれていますか。」と。②孔子は言った、「師は（積極的で）行き過ぎるところがあり、③商は（遠慮がちで）足りないところがある。」と。④子貢は（さらに）尋ねた、「それでは、師のほうがすぐれているのですか。」と。⑤孔子は言った、「行き過ぎは足りないのと同じようなものだ（不十分さではどちらも同じだ）。」と。

⑥子貢《しこう》問《と》ひて曰《い》はく、「一言《いちげん》にして以《もつ》て終身之《しゆうしんこれ》を行《おこな》ふべき者有《ものあ》りや。」と。⑦子《し》曰《い》はく、「其《そ》れ恕《じよ》か。⑧己《おのれ》の欲《ほつ》せざる所《ところ》は、人《ひと》に施《ほどこ》すこと勿《な》か

⑦子曰《ハク》、「其《レ》恕乎《か》。⑧己《ノ》所《ハ》レ不《ル》レ欲《セ》、勿《カレ》レ施《スコト》二於人《ニ》一。」

（衛霊公《えいのれいこう》編）

⑨子路問《フ》、「聞《クガママニ》斯《すなはチ》行《ハンカト》レ諸《これヲ》。」

⑩子曰《ハク》、「有《リ》二父兄《ノ》在《いまス》一。⑪如《レ》之《ヲ》何《ゾ》其《レ》聞《クガママニ》斯《チ》行《ハント》レ之《ヲ》。」

⑫冉《ぜん》有《いう》曰《ハク》、「聞《クガママニ》斯《チ》行《ハンカト》レ諸《ヲ》。」

⑬子曰《ハク》、「聞《クガママニ》斯《チ》行《ヘト》レ之《ヲ》。」

⑭公《こう》西《せい》華《くわ》曰《ハク》、「由《いう》也《や》問《フ》、『聞《クガママニ》斯《チ》行《ハンカト》レ諸《ヲ》。』

⑮子曰《ハク》、『有《リト》二父兄《ノ》在《ス》一。』⑯求《きう》也問《フ》、『聞《クガママニ》

れ。」と。

⑥子貢が尋ねた、「ただひとことで（言い尽くされた言葉で）、生涯実行するにふさわしい言葉がありますか。」と。⑦孔子は言った、「まあ、思いやりだろうな。⑧（思いやりというのは）自分が望まないことは、人にもしてはいけない（ということだ）。」と。

⑨子路《しろ》問《と》ふ、「聞《き》くがままに斯《すなは》ち諸《これ》を行《おこな》はんか。」と。⑩子《し》曰《い》はく、「父兄《ふけい》の在《いま》す有《あ》り。⑪如何《いかん》ぞ其《そ》れ聞《き》くがままに斯《すなは》ち之《これ》を行《おこな》はん。」と。⑫冉有《ぜんいう》曰《い》はく、「聞《き》くがままに斯《すなは》ち諸《これ》を行《おこな》はんか。」と。⑬子《し》曰《い》はく、「聞《き》くがままに斯《すなは》ち之《これ》を行《おこな》へ。」と。⑭公西華《こうせいくわ》曰《い》はく、「由《いう》や問《と》ふ、『聞《き》くがままに斯《すなは》ち諸《これ》を行《おこな》はんか。』と。⑮子《し》曰《い》はく、『父兄《ふけい》の在《いま》す有《あ》り。』と。⑯求《きう》や問《と》ふ、『聞《き》くがままに斯《すなは》ち諸《これ》を行《おこな》はんか。』と。⑰子《し》曰《い》はく、『聞《き》くがままに斯《すなは》ち之《これ》を行《おこな》へ。』と。⑱赤《せき》や惑《まど》ふ。⑲敢《あ》へて問《と》ふ。」と。⑳子《し》曰《い》はく、「求《きう》や退《しりぞ》く、故《ゆゑ》に之《これ》を進《すす》めたり。㉑由《いう》や人《ひと》を兼《か》ぬ、故《ゆゑ》に之《これ》を退《しりぞ》けたり。」と。

⑨（あるとき）子路が尋ねた、「お聞きしたことを、そ

斯《チ》行《ハンカト》レ諸《ヲ》。』⑰子曰《ハク》、『聞《クガママニ》斯《チ》行《ヘト》レ之《ヲ》。』⑱赤《せき》也惑《フ》。⑲敢《ヘテ》問《フト》。」⑳子曰《ハク》、「求也退《ク》、故《ニ》進《メタリ》レ之《ヲ》。㉑由也兼《ヌ》レ人《ヲ》、故《ニ》退《ケタリト》レ之《ヲ》。」

（先進《せんしん》編）

▶孔門十哲

のまま実行に移してよいでしょうか。」と。⑩孔子は言った、「（お前には）父兄がいらっしゃるだろう。⑪どうして聞いたことをそのまま実行してよいものか。」と。⑫（またあるとき）冉有が尋ねた、「お聞きしたことを、そのまま実行に移してよいでしょうか。」と。⑬孔子は言った、「聞いたらそのまますぐに実行しなさい。」と。⑭（二つの問答を聞いた）公西華が尋ねた、「由（子路）が『お聞きしたことを、そのまま実行に移してよいでしょうか。』と尋ねたとき、⑮先生は『父兄がいらっしゃるだろう。』とお答えになりました。⑯（また）求（冉有）が『お聞きしたことを、そのまま実行に移してよいでしょうか。』と尋ねたとき、⑰先生は『聞いたらすぐに実行しなさい。』とお答えになりました。⑱私はわからなくなりました。⑲（どうして答えが違うのか）あえてお尋ねします。」と。⑳孔子は言った、「求は引っ込み思案だから、（進んでことを行うように）あと押ししたのだ。㉑由は出しゃばりだから、（慎重に行動するように）抑えたのだ。」と。

語釈

師＝孔子《こうし》の門人の子張《しちょう》の名。姓は顓孫《せんそん》、字《あざな》は子張。物事に積極的な性格であったという。

商＝孔子の門人の子夏《しか》の名。姓は卜《ぼく》、字は子夏。やや消極的な性格であったという。

孰賢＝どちらがすぐれているか。「賢」は、まさる・すぐれるの意で、二行後の「愈」も同じ意味。

過猶レ不レ及＝行き過ぎたのは足りないのと同じだ。「猶」は「なホ……ごとシ」と再読し、「ちょうど……のようだ」の意味。

其恕乎＝まあ、思いやりだろうな。「恕《じょ》」はほかを思いやること。「忠恕（まごころと思いやり）」の形で使われることが多い。**「乎」は軽い疑問を表す。**

己所レ不レ欲＝自分の望まないこと。「所」は動詞を名詞化する働き。「所感（感ずる所）・所属（属する所）」などの語はこの例である。

聞斯行レ諸＝何かよいことを聞いたら、そのまますぐに実行に移してよいか。「斯」は、ここでは「……したら、そのまますぐに」の意味。

有二父兄在一＝父兄がいらっしゃる。実行の前に父兄と相談せよということ。

冉有＝孔子《こうし》の門人。姓は冉《ぜん》、名は求《きゅう》、字は子有《しゆう》。遠慮がちな人柄だったという。

公西華＝孔子の門人。姓は公西《こうせい》、名は赤《せき》、字《あざな》は子華《しか》。儀式や礼法に通じていた。

赤也惑＝（同じ質問に対する孔子の答えが違うので）私はわからなくなった。「赤」は公西華の名。

求也退＝冉有《ぜんゆう》は消極的で引っ込み思案である。「求《きゅう》」は冉有の名。

進＝（進んでことを行うように）あと押しする。

由也兼レ人＝子路《しろ》は出しゃばりで、人を押しのける。「由《ゆう》」は子路の名。

退＝（じっくり考え、慎重に行動するように）抑える。

句法

也＝「や」と読み、「……の場合は」の意味。主題をはっきりと提示する場合に用いる。

例 「回也不レ愚ナラ。」（論語《ろんご》）
（回や愚ならず。＝顔回《がんかい》は愚かではない。）

与＝文末で「か」と読み、**疑問・反語を表す。**

例 「是レ魯ノ孔丘与。」（論語）
（是れ魯《ろ》の孔丘《こうきゅう》か。＝魯の孔丘〈孔子〉か。）

勿＝「勿《な》かれ」と読み、**「……するな」という禁止の形。** **「無・莫」**も同じ意味に用いる。

例 「過チテハ則チ勿カレレ憚《はば》カルコトレ改ムルニ。」（論語）
（過ちては則ち改むるに憚かること勿かれ。＝過ちを犯したら、改めるのにためらってはいけない。）

行レ諸＝「諸」は「之・乎」の二字を合わせたもので、ここは「行ハンレ之ヲ乎《か》。」の意味。

例 「堯・舜モ其レ猶ホ病メルカレ諸ヲ。」（論語）
（堯《げう》・舜《しゅん》も其れ猶ほ諸《これ》を病めるか。＝堯《ぎょう》帝や舜帝も苦労したであろうか。）

如レ之何＝「之《これ》を如何《いかん》ぞ」と読み、「どうして……か」という**疑問・反語の形。**「如何《いかん》」が目的語をとった形だが、「之」は特に意味はない。

例 「対シテレ此ニ如何ゾ不ランレ涙垂レ。」（白居易《はくきょい》―長恨歌《ちょうごんか》）
（此に対して如何ぞ涙垂れざらん。＝これらを目にして、どうして涙がこぼれないことがあろうか。）

解釈

孔子が**「仁」（深い人間愛）を最高の道徳**とした。『論語』約五百章のうち、五十八の章に「仁」の語が登場する。恕《じょ》は、この「仁」の概念をより具体的に説明したものであり、自己修養の獲得目標として位置づけられている。『論語』には孔子の門弟曾子《そうし》の言葉として、「夫子《ふうし》之道ハ、忠恕而已《のみ》矣。（里仁《りじん》）（夫子の道は、忠恕のみ。＝先生の道を貫いているものは、まごころと思いやりにほかならない。）」とも記録されている。

＋アルファ　慣用的表現

漢文の訓読では、本文の「然ラバ則チ」のように慣用句的に用いられるものがある。代表的なものを挙げておく。

- 於イテレ是《ここ》ニ ＝そこで。このときに。
- 以テレ是《これ》ヲ ＝これで。これによって。
- 是《ここ》ヲ以テ ＝こういうわけで。
- 不者《しからズンバ》 ＝そうしなければ。「不ンバレ然ラ」に同じ。
- 然《しか》ラバ則チ ＝そうだとすると。
- 否《しか》ラズンバ則チ ＝そうでなければ。
- 然リ而《しかう》シテ ＝このようにして（順接）。それなのに（逆接）。
- 然ル後ニ ＝……してはじめて。
- 何ヲ以テ ＝どうして……か。
- 何為《なんす》レゾ ＝どうして……か。
- 何トナレバ者 ＝なぜならば。
- 何ノ謂《い》ヒゾ ＝どういう意味か。
- 所謂《いはゆる》＝世間で言われている。
- 所以《ゆゑん》＝わけ。理由。
- 以為《おも》ヘラク ＝思うことには。
- 幾何《いくばく》＝どれくらい。どれほど。

Q 〈四書〉と〈五経〉ってなに？

A 『論語《ろんご》』は漢《かん》代になってから書名や体裁が現在の形になりました。

『論語』は宋《そう》代の朱熹《しゅき》によって『大学《だいがく》』『中庸《ちゅうよう》』『孟子《もうし》』とともに〈四書〉に制定され、さらに重んじられるようになりました。

また、漢代に制定された〈五経〉とは、『易経《えききょう》』『書経《しょきょう》』『詩経《しきょう》』『礼記《らいき》』『春秋《しゅんじゅう》』の五つをいい、儒家の重要なテキストです。

POINT

「所」の意味・用法

「所」は動詞の前に置かれ、その動詞の動作の対象や内容にあたる人、物、場所、理由などを示す。

所レ……スル　……のもの。……のこと。

思想

人《ひと》に忍《しの》びざるの心《こころ》（孟子《まうし》）

人は誰でも「人に忍びざるの心」をもっている

人は皆「人に忍びざるの心」をもっており、その心で政治を行うならば、天下を治めることも容易である。人に「人に忍びざるの心」があることは、とっさの場合に「惻隠《そくいん》の心」が現れることから明らかである。

①孟子曰、「人皆有不忍人之心。②先王有不忍人之心、斯《ここ》有不忍人之政矣。③以不忍人之心、行不忍人之政、治天下、可運《めぐ》之掌上。④所以《ゆゑん》謂人皆有不忍人之心者、今人乍《たちま》見孺《じゅ》子将入於井、皆有怵《ぢゅつ》惕《てき》惻《そく》隠《いん》之心。⑤非所以内《い》交於孺子之父母也。⑥非所以要《もと》誉於郷党朋友也。⑦非悪《にく》其声《せい》而然也。

①孟子《まうし》曰《い》はく、「人皆《ひとみな》 人《ひと》に忍《しの》びざるの心《こころ》有《あ》り。②先王《せんわう》 人《ひと》に忍《しの》びざるの心《こころ》有《あ》りて、斯《ここ》に人《ひと》に忍《しの》びざるの政《まつりごと》有《あ》り。③人《ひと》に忍《しの》びざるの心《こころ》を以《もっ》て、人《ひと》に忍《しの》びざるの政《まつりごと》を行《おこな》はば、天下《てんか》を治《をさ》むること、之《これ》を掌上《しやうじやう》に運《めぐ》らすべし。④人皆《ひとみな》 人《ひと》に忍《しの》びざるの心《こころ》有《あ》りと謂《い》ふ所以《ゆゑん》の者《もの》は、今《いま》 人《ひと》 乍《たちま》ち孺子《じゅし》の将《まさ》に井《せい》に入《い》らんとするを見《み》れば、皆《みな》 怵惕《ぢゅつてき》惻隠《そくいん》の心《こころ》有《あ》り。⑤交《まじ》はりを孺子《じゅし》の父母《ふぼ》に内《い》るる所以《ゆゑん》に非《あら》ざるなり。⑥誉《ほま》れを郷党朋友《きやうたうほういう》に要《もと》むる所以《ゆゑん》に非《あら》ざるなり。⑦其《そ》の声《せい》を悪《にく》みて然《しか》するに非《あら》ざるなり。

①孟子が言った、「人には皆、人の不幸を見過ごしにできない心がある。②古代の聖王たちは、この人の不幸を見過ごしにできない心をもっていたので、人民に残忍でない政治を行った。③人の不幸を見過ごしにできない心で、人民に残忍でない政治を行ったならば、天下を治めることは、まるでてのひらの上で物を転がすようにたやすいのである。④人には皆、人の不幸を見過ごしにできない心があるという理由は、今仮に、人が不意に、幼児が今にも井戸に落ちようとしているのが

⑧由是観之、無惻隠之心、非人也。⑨無羞《しう》悪《を》之心、非人也。⑩無辞《じ》譲《じやう》之心、非人也。⑪無是《ぜ》非《ひ》之心、非人也。⑫惻隠之心、仁之端《たん》也。⑬羞悪之心、義之端也。⑭辞譲之心、礼之端也。⑮是非之心、智之端也。⑯人之有是四端也、猶其有四体也。」

（公孫丑《こうそんちゅう》上編）

を見ると、誰でもはっとし、いたましく思う気持ちが起こるであろう。⑤（これは、幼児を助けることによって）幼児の父母と交際を結ぼうとするからではない。⑥（また、幼児を助けて）村里の人や友人からほめられようと思ってするのでもない。⑦（また、幼児を助けなかったという）悪い評判を嫌ってそうするのでもない。

⑧是《これ》に由《よ》りて之《これ》を観《み》れば、惻隠《そくいん》の心無《こころな》きは、人《ひと》に非《あら》ざるなり。⑨羞悪《しうを》の心無《こころな》きは、人《ひと》に非《あら》ざるなり。⑩辞譲《じじやう》の心無《こころな》きは、人《ひと》に非《あら》ざるなり。⑪是非《ぜひ》の心無《こころな》きは、人《ひと》に非《あら》ざるなり。⑫惻隠《そくいん》の心《こころ》は、仁《じん》の端《たん》なり。⑬羞悪《しうを》の心《こころ》は、義《ぎ》の端《たん》なり。⑭辞譲《じじやう》の心《こころ》は、礼《れい》の端《たん》なり。⑮是非《ぜひ》の心《こころ》は、智《ち》の端《たん》なり。⑯人《ひと》の是《こ》の四端《したん》有《あ》るや、猶《な》ほ其《そ》の四《し》体《たい》有《あ》るがごときなり。」と。

⑧以上のことから考えてみると、（人の不幸を）いたましく思う心のない者は、人間ではない。⑨（同じように）悪を恥じ憎む心のない者は、人間ではない。⑩へりくだり人に譲る心のない者は、人間ではない。⑪正しいか正しくないかを判断する心のない者は、人間ではない。⑫（人の不幸を）いたましく思う心は、仁の糸口である。⑬悪を恥じ憎む心は、義の糸口である。⑭へりくだり人に譲る心は、礼の糸口である。⑮正しいか正しくないかを判断する心は、智の糸口である。⑯人間にこの四つの糸口があるのは、ちょうど人間に両手両足が備わっているのと同じなのである。」と。

語釈

不レ忍レ人之心＝人の不幸を黙って見ていられない心。「忍」は「残忍」の「忍」で、むごいことを平気で行うこと。

先王＝（堯《ぎょう》・舜《しゅん》・禹《う》など）古代の聖王。

可レ運二之掌上一＝てのひらの上で物を転がすようにたやすい。

乍＝ふと。不意に。

孺子＝よちよち歩きのおさな子。

怵惕惻隠之心＝はっとし、いたましく思う心。

非下悪二其声一而然上＝幼児を助けなかったという悪評を嫌ってそうするのではない。「声」は評判の意。「然」は、そのようにするの意。

由レ是観レ之＝「以上のことから考えてみると」という慣用句。

羞悪之心＝自分の悪を恥じ、他人の悪を憎む心。「悪」の音は「オ」。

辞譲之心＝へりくだり人に譲る心。

是非之心＝正しいか正しくないかを判断する心。

端＝糸口。「端緒《たんしょ》」の「端」で、仁義礼智《じんぎれいち》の徳を導き出す手がかりの意。

猶三其有二四体一也＝ちょうど人間に両手両足が備わっているのと同じである。

句法

斯＝……すれば。……したら。その結果。「**則**」に同じ。

所二以……一者＝「……所以《ゆえん》の者《もの》は」と読み、「……のわけは。……の理由は」の意。

今＝今仮に。今もしも。**仮定を表す。**

猶＝**「なホ……ごとシ」と再読**し、「ちょうど……のようである。まるで……と同じだ」の意。

解釈

孟子《もうし》の重要な思想の一つが、ここに述べられた「**性善説**」である。孟子は、幼児が今にも井戸に落ちようとする極限状況を設定し、そこに生じる利害や名誉を離れた自然な心の動きを手がかりに、人間の性は善であることの証明を試みている。人間の可能性に大きな信頼と期待を寄せる思想が「性善説」であるといえよう。なお、人間の本質である「**惻隠**《そくいん》**の心・羞悪**《しゅうお》**の心・辞譲**《じじょう》**の心・是非**《ぜひ》**の心**」をそれぞれ「**仁・義・礼・智**」の糸口とする考え方を「**四端**《したん》**の説**」という。

―＋アルファ― 孟子にまつわるエピソード

孟母三遷《もうぼさんせん》＝孟子の母親は教育熱心で、住居を三度も変えて最適な環境を求めたという。〔列女伝《れつじょでん》〕
孟母断機《だんき》＝孟子が修行を投げ出して帰宅したとき、母親は織っていた織物を断ち切り、学問を中途でやめることの非を戒めたという。〔列女伝〕

―＋アルファ― 「将ニ……す」の意味

「将」を「まさニ……す」と再読する場合、大きく分けて二つの用法がある。「且（まさニ……す）」も同様に用いる。この章の「見《レバ》二孺子《ノ》将《ニ》レ《ルヲ》入《ラント》二於井《ニ》一」は、次の❶の意味である。

❶「**今にも……しそうだ。きっと……なる**」→動作や状態が起ころうとすることを表す。

例 「田園将《ニ》レ蕪《レナント》。」〔陶潜《とうせん》―帰去来辞〕（田園将に蕪《あ》れなんとす。＝田園は今にも荒れ果てようとしている。）

❷「**……するつもりだ。……しようと思う**」→意志・決意を表す。

例 「亦《タ》将《ニ》レ《ル》有《ラント》三以《テ》利《スルコト》二吾《ガ》国《ヲ》一乎。」〔孟子〕（亦《ま》た将《まさ》に以て吾が国を利すること有らんとするか。＝（あなたも）やはりわが国に利益をもたらす策がおありなのか。）

POINT

「悪」の二つの音「アク」と「オ」に注意！
アク…①悪い。「善悪」　②みにくい。「醜悪」　③そまつだ。「悪衣悪食」
オ……①憎む。「羞悪」　②嫌う。「好悪」　③気分が悪い。「悪寒」

定期テスト対策問題　思想

解答・解説はP455～456

1 次の文章を読んで、あとの問いに答えよ（設問の都合上、返り点・送り仮名を省略した部分がある）。

顔淵・季路侍ス。①子曰ハク、②「盍各言爾志。」子路曰ハク、「願ハクハ車馬・衣裘、③与ニ朋友一共ニシ、ａ敝リテレ之ヲ而無カラントレｂ憾ムコト。」顔淵曰ハク、「願ハクハ無クレ④伐ルコトレ善ヲ、無カラントレ⑤施ルコトレ労ヲ。」子路曰ハク、⑥「願ハクハ聞カント二子之志ヲ一。」子曰ハク、「老者ハ安ンジレ之ニ、朋友ハ信ジレ之ヲ、⑦少者ハ懐ケシメントレ之ニ。」

（『論語《ろんご》』公冶長《こうやちょう》編）

問一 二重傍線部ａ・ｂの読み方を記せ。

問二 傍線部①は、ここでは誰のことか。その人の姓と名を記せ。

問三 傍線部②をすべてひらがなで書き下せ。

問四 傍線部③・④は、それぞれ具体的に何をどうすることか。簡潔に説明せよ。

問五 傍線部⑤を「労を施す」と読めば、意味はどうなるか。簡潔に説明せよ。

問六 傍線部⑥・⑦を現代語訳せよ。

問七 三人の「志」には、どのような違いがあるか。説明として最も適切なものを、次の中から一つ選べ。

㋐ 子路《しろ》・顔淵《がんえん》は行為を、「子」は精神を対象としている。
㋑ 子路は品物を、ほかの二人は精神を対象としている。
㋒ 子路は品物を、顔淵は行為を、「子」は精神を対象としている。
㋓ 三者の「志」の内容に大きな差はない。

2 次の文章を読んで、あとの問いに答えよ(設問の都合上、返り点・送り仮名を省略した部分がある)。

a所㆕‐以ノ謂㆔フ人皆有㆓リト①不㆑ル忍㆑ビ人ニ之心㆒者ハ、今人b乍チ②見孺子将入於井、皆有㆓リ③怵惕惻隠之心㆒。④非㆕所㆔‐以内㆓交於孺子之父母㆒也。非㆕ザル所㆔‐以ニ要㆓ムル⑤誉レヲ於郷党朋友㆒ニ也。非㆘ザル⑥悪㆓ミテ其ノ声㆒ヲ而⑦然㆖スルニ也。c由㆑リテ是ニ観㆑レバ之ヲ、無㆓キハ惻隠之心㆒、非㆑ザル人ニ也。

(『孟子《もうし》』公孫丑《こうそんちゅう》上編)

問一 二重傍線部a～cの読み方を現代仮名遣いで記せ。

問二 傍線部①・③は、それぞれどのような「心」か。簡潔に説明せよ。

問三 傍線部②・④を、それぞれ書き下し文にし、現代語訳せよ。

問四 傍線部⑤はどのような「誉れ」か。説明として最も適切なものを、次の中から一つ選べ。

㋐ 幼児の父母と交際があるという「誉れ」。 ㋑ 「人に忍びざるの心」のもち主だという「誉れ」。

㋒ 幼児の命を救ったという「誉れ」。 ㋓ 「惻隠の心」のもち主だという「誉れ」。

㋔ 「郷党・朋友」の評判になるという「誉れ」。

問五 傍線部⑥は、何をどうすることか。簡潔に説明せよ。

問六 傍線部⑦は、どうすることか。説明として最も適切なものを、次の中から一つ選べ。

㋐ 評判を得ること。 ㋑ 名誉を得ること。 ㋒ 幼児を見殺しにすること。

㋓ 幼児の命を救うこと。 ㋔ 幼児の命を救わないこと。

第3章

知っておくべき句法と用字

1 使役形

ほかのものに何かをさせるという意を表す。

A 使役の助字を用いる場合、

B 使役を暗示する漢字を用いる場合、

C 文脈から判断する場合に分類できる。書き下し文にする場合は、日本語の助動詞になるので、必ずひらがなに直す。

A 「使」「令」「遣」「教」などの「しム」と読む使役の助字を用いる場合

……漢文訓読ではすべて使役形は「しム」と読み、日本語の古典文法の「す」「さす」を用いることはない。

基本形　①使二AB一。→②AヲシテB(セ)しム。→③AにBさせる。

例
❶天帝使《ム》三我《ヲシテ》長《タラ》二百獣《ニ》一。(戦国策《せんごくさく》)
❷天帝我をして百獣に長たらしむ。
❸天の神が私を獣たちの長とさせた。

基本形（変形）　①使レB。→②B(セ)しム。→③Bさせる。

※この形は基本形「使二AB一」のAの部分が省略されたもの。

例
❶令《ム》レ遣《ラ》二絹二匹《ヲ》一。(蒙求《もうぎゅう》)
❷絹二匹《ひき》を遣《おく》らしむ。
❸絹二匹(匹は布の長さの単位)を贈らせた。

B 「命」「勧」「召」「説」などのように命令・依頼の意をもつ漢字がある場合

……下の動詞を使役に読む。

例
❶命《ジテ》二善《ク》射《ル》者《ニ》一、射《シム》レ之《ヲ》。(史記《しき》)
❷善く射《い》る者に命じて、之を射《い》しむ。
❸弓の名手に命じて、これを射させた。

C 文脈から使役と判断する場合

……前後の文脈から使役と読むことが適当だと判断される場合には使役として読む。

例
❶連《ネテ》二六国《ヲ》一以《テ》事《ヘシム》レ秦《ニ》。(史記)
❷六国を連ねて以て秦に事《つか》へしむ。

③六つの国と同盟を結んで秦に仕えさせた。

入試出題例

「令㆔官遣㆓之粟㆒」の読み方として最も適当と思われるものを、次の中から選べ。

1 官をして之の粟を遺らしむ
2 官に之の粟を遺らしめんとす
3 官をして之に粟を遺らしむ

〈立命館大〉

（解答） 3

2 否定形・禁止形

動作や状態などを打ち消す場合の句法。
A 否定（禁止）の助字を用いる場合、
B 二重否定になる場合、
C 部分否定・全部否定になる場合、
D 特殊な形になる場合などに分類できる。否定（禁止）の助字は必ず下から返って読む、返読文字である。

A 「不」「無」「非」など否定（禁止）の助字を用いる場合

1 **「不」「弗」など「ず」と読む漢字を用いる場合**→用言を否定する。書き下し文にする場合は、日本語の助動詞になるので必ずひらがなに直す。

例 ❶勇者ハ不㆑懼レ。（論語《ろんご》） ❷勇者は懼《おそ》れず。 ❸勇者は恐れない。

2 **「非」「匪」など「あらズ」と読む漢字を用いる場合**→体言を否定する。

例 ❶非ザル㆓戦ヒ之罪ニ㆒也。（史記） ❷戦ひの罪に非ざるなり。 ❸戦い方がまずかったためではない。

3 **「無」「莫」「勿」「毋」など「なシ」と読む漢字を用いる場合**→体言を否定する。書き下し文にする際、これらは漢字のまま書く。

例 ❶有レバ㆑備ヘ無シ㆑患ヒ。（書経《しょきょう》） ❷備へ有れば患《うれ》ひ無し。 ❸事前の備えがあれば、あとの心配はなくなる。

4 **「無」「弗」「莫」「毋」など「なカレ」と読む漢字を用いる場合＝禁止形**→書き下し文にする際は、漢字のままで書く。

例 ❶無《カレ》レ友《トスルコト》ニ不《ル》レ如《カ》レ己《ニ》者一《ヲ》。（論語）
❷己に如《し》かざる者を友とすること無かれ。
❸自分より劣った者を友とはするな。

5 「未」「盍」という再読文字を用いる場合→「未」は「未《いま》だ～ず」と呼応し、「盍」は「盍《なん》ぞ～ざる」と呼応する。

例 ❶見《テ》レ牛《ヲ》未《ダ》レ見《ル》レ羊《ヲ》也。（孟子《もうし》）
❷牛を見て未だ羊を見ざるなり。
❸牛だけを見てまだ羊に目がいっていない。

B 二重否定になる場合

……二重否定は強い肯定の意味になる。次のような分類ができる。

1 基本形 ①無レ不レA。→②A（セ）ざル無シ。→③Aしないものはない。

例 ❶於《テ》レ物《ニ》無《シ》レ不《ル》レ陥《サ》。（韓非子《かんぴし》）
❷物に於《おい》て陥《とほ》さざる無《な》し。
❸どんな物でも突き通さないものはない。

2 基本形 ①無ニA不レB。→②AトシテB（セ）ざルハ無シ。→③どんなAでもBしないものはない。

例 ❶偶有《リ》ニ名酒一。無《シ》ニ夕《ベトシテ》不《ルハ》レ飲《マ》一。（陶潜《とうせん》）
❷偶《たまたま》名酒有り。夕べとして飲まざるは無し。
❸たまたま名酒が手に入り、毎晩飲まない夜はなかった。

3 基本形 ①不レ可レ不レA。→②A（セ）ざルべカラず。→③Aしないわけにはいかない。

例 ❶父母之年不《ハ》レ可《カラ》レ不《ル》レ知《ラ》也。（論語）
❷父母の年は知らざるべからざるなり。
❸両親の年齢は知らないわけにはいかない。

4 基本形 ①不ニ敢不レA。→②敢《あ》へテA（セ）ずンバアラず。→③どうしてもAしないわけにはいかない。

例 ❶不《ル》ニ敢《ヘテ》不《ンバアラ》レ告《ゲ》也。（論語）
❷敢へて告げずんばあらざるなり。
❸どうしても告げないわけにはいかない。

5 基本形 ①莫レ非レA。→②Aニ非《あら》ザルハ莫シ。→③Aでないものはない。

例 ❶莫《シ》レ非《ザルハ》ニ王土一《ニ》。（詩経《しきょう》）
❷王土に非ざるは莫《な》し。
❸王の領土でない土地はない。

6 基本形 ①未ニ嘗不レA。→②未ダ嘗《かつ》テA（セ）ずンバアラず。→③これまでAしないことはなかった。

例

❶吾未《ダ》《ル》ニ嘗《テ》不《ンバアラ》レ得レ見《ユルヲ》也。（論語）

❷吾《われ》未だ嘗て見《まみ》ゆるを得ずんばあらざるなり。

❸私はこれまでお目にかからなかったことはなかった。

C 部分否定・全部否定になる場合

……以下の組み合わせは、形を優先させて分類したものであり、必ずしも部分否定・全部否定にならないものもある。なお、右側が部分否定、左側が全部否定である。

1 基本形

①不ニ常Aー。↓②常ニハA（セ）ず。↓③いつもAするとは限らない。

①常不レA。↓②常ニA（セ）ず。↓③いつもAしない。

例

❶伯楽不《ハ》ニ常有《ニハ》ー《ラ》。（韓愈《かんゆ》）

❷伯楽《はくらく》は常には有らず。

❸伯楽はいつも存在するとは限らない。

例

❶種レ之《ウルコト》常《ヲ》不《ニ》レ後レ時《レ》。《ニ》（蘇軾《そしょく》）

❷之《これ》を種《う》うること常に時に後《おく》れず。

❸作物を植えるのにいつも時機に遅れない。

2 基本形

①不ニ必Aー。↓②必ズシモA（セ）ず。↓③必ずしもAするとは限らない。

①必不レA。↓②必ズA（セ）ず。↓③必ずAしない。

例

❶勇者不《ハ》ニ必《ズシモ》有レ仁《ラ》。（論語）

❷勇者は必ずしも仁有らず。

❸勇者が必ずしも仁徳を備えているとは限らない。

例

❶死者《は》人之所ニ《ナリ》必不《ズ》レ免《まぬがレ》《ル》。（論語集注）

❷死は人の必ず免《まぬが》れざる所なり。

❸死は人が決して免れられないものである。

3 基本形

①不ニ復Aー。↓②復タA（セ）ず。↓③二度とAしない。

①復不レA。↓②復タA（セ）ず。↓③また今度もAしない。

例

❶壮士一《タビ》去《リテ》不ニ復《タ》還ー《ラ》。（史記）

❷壮士《さうしひと》一たび去りて復《ま》た還《かへ》らず。

❸壮士は一度この地をあとにしたら、二度とは帰ってこない。

例

❶復タ不レ至ラ。（三国志《さんごくし》）

❷復た至らず。

❸また今度もやってこなかった。

4

基本形

①不二倶A一。↓②倶《とも》ニハA（セ）ず。↓③両方ともにAするということはない。

①倶不レA。↓②倶ニA（セ）ず。↓③両方ともAしない。

例

❶今両虎共ニ闘ハバ、其ノ勢不二倶ニハ生一キ。（史記）

❷今両虎共に闘《たたか》はば、其の勢倶《せいとも》には生きず。

❸もし二頭の虎のような二人が互いに争えば、その勢いから両方がともに生き残るということはない（必ず一方は死ぬ）。

例

❶倶ニ不レ得二其ノ死一ヲ。（論語）

❷倶《とも》に其の死を得ず。

❸両者ともまっとうな死に方ができなかった。

5

基本形

①不二敢A一。↓②敢《あ》ヘテA（セ）ず。↓③すすんではAしない＝否定形

①敢不レA。↓②敢ヘテA（セ）ざランヤ。↓③どうしてAしないことがあろうか。＝反語形

例

❶側メテレ目ヲ不二敢ヘテ視一。（十八史略《じゅうはっしりゃく》）

❷目を側《そば》めて敢《あ》へて視《み》ず。

❸目をそらしてすすんで見ようとはしなかった。

例

❶百獣之見レテ我ヲ而敢ヘテ不ランレ走ラ乎《や》。（戦国策）

❷百獣の我を見て敢へて走らざらんや。

❸獣たちが私を見て、どうして逃げないことがあろうか、いや必ず逃げる。

D 特殊な形になる場合

1

基本形

①不レA、不レB。↓②A（セ）ずンバ、B（セ）ず。↓③Aしなければ、Bしない。

例

❶不ンバレ入ラ二虎穴一ニ、不レ得二虎子一ヲ。（後漢書《ごかんじょ》）

❷虎穴《こけつ》に入《い》らずんば、虎子《こじ》を得《え》ず。

❸虎の棲《す》む穴に入らなければ、虎の子は手に入らない（何か大きなことを成就するにはそれなりの危険は覚悟せよ）。

2

基本形

①無レA無レB。↓②Aト無クBト無ク。↓③AもBもみな。

入試出題例

〈日大〉

「未 聞 好 学 者 也」の読み方として最も適当と思われるものを、次の中から選べ。

1 イマダガクヲコノムヲキカザルモノナリ
2 イマダガクヲコノムモノヲキクニアラズ
3 ガクヲコノムモノヲイマダキカザルナリ
4 イマダガクヲコノムモノヲキカザルナリ

（解答） 4

3 受身形

ほかからの動作・作用を受ける意を表す。

A 受身の助字を用いる場合、
B 「為A所B」の形になる場合、
C 「於」を用いる場合、
D 受身を暗示する漢字を用いる場合などに分類できる。

受身形で「る」「らる」と読む部分は日本語の助動詞にあたるので、書き下し文にするときはひらがなに直す。

A 「見」「被」「所」「為」など「る」「らル」と読む受身の助字を用いる場合

例
❶三《タビ》仕《ヘテ》三《タビ》見レ逐《ハ》二於君《ニ》一。（史記）
❷三たび仕へて三たび君に逐《お》はる。
❸三度主君に仕えてそのたびに追放された。

B 「為二A所レB」の形になる場合……一見して受身形だとは思えないので注意。

1 基本形

①為二A所レB。→②AノB（スル）所ト為ル。→③AにBされる。

例
❶後《ルレバ》則《チ》為《ル》二人《ノ》所《ト》レ制《スル》。（史記）
❷後《おく》るれば則ち人の制する所と為《な》る。
❸後手に回ると他人に制せられてしまう。

2 基本形

①為レ所レB。→②B（スル）所ト為ル。→③Bされる。（1のAが省略されたもの）

例
❶若《ガ》属皆且《ニ》レ為《ラント》レ所《ト》レ虜《トスル》。（史記）
❷若《なんぢ》が属皆且《まさ》に虜《とりこ》とする所と為らんとす。
❸お前たち一族はいまに皆（沛《はい》公に）捕虜にされてしまうだろう。

C 「於」を用いる場合

……「於」は下の名詞に「ヨリ」と送って比較を表したり、「二」（置き字の場合もあり）と送って場所を表したりなどほかの用例も多いので注意したい助字。

基本形
①B二於A一。↓②AニB（セ）ラル。↓③AにBされる。

例
①辱《メラル》二於奴隷人之手《ニ》一。（韓愈）
②奴隷人《どれいじん》の手に辱《はづかし》めらる。
③召し使いたちに辱められる。

D 「囚」「任」「封」「叙」など受身を暗示する漢字に「ル」「ラル」を送って受身とする場合

入試出題例 〈お茶の水女子大〉

「将《ニ》レ為《ラント》二天地鬼神《ノ》所《ト》レ責《ムル》矣。」を訳せ。

（解答）天地の神々に責めとがめられることになるでしょう。

4 疑問形

相手に問いかける意を表す。
A 疑問詞を用いる場合、
B 疑問終尾詞を用いる場合、
C 疑問詞と疑問終尾詞とを併用する場合、
D 複合語を用いる場合などに分類できる。また、疑問形・反語形・詠嘆形は形の上では同じであるので、意味から判断するしか方法はない。

A 疑問詞を用いる場合

1 **「何」「奚」「胡」**など、「なんゾ・なにヲ・いづクニカ・いづレノ」などと読む漢字を用いる場合。

例
①問《フ》レ君《ニ》何《ゾ》能《ク》爾《ルト》。（陶潜）
②君に問ふ何ぞ能《よ》く爾《しか》ると。
③どうしてそうすることができるのか。

2 **「誰」「孰」**など、「たれ・たれカ・いづレ・いづレカ」など読む漢字を用いる場合。

例
❶誰カ為ニ二大王ノ一為セル二此ノ計ヲ一者ゾ。（史記）
❷誰《たれ》か大王の為《ため》に此《こ》の計を為《な》せる者ぞ。
❸誰が大王にこの計略を勧めたのか。

3 **「安」「悪」「焉」**など「いづクンゾ・いづクニカ」と読む漢字を用いる場合。

例
❶安クンゾ与ニ二項伯一有ルレ故。（史記）
❷安《いづ》くんぞ項伯《かうはく》と故《ゆゑ》有る。
❸どうして項伯と知り合いなのか。

B 疑問終尾詞を用いる場合……「乎」「邪」

「与」「耶」「哉」「也」など、「か・や」と読む漢字を用いる場合。これらは必ず文末・句末にくる。また、疑問形の場合は「か」と読むことが多く、反語文では「や」と読むことが多い。

例
❶君子亦モ有ルレ窮スルコト乎。（論語）
❷君子も亦窮《またきう》すること有るか。
❸君子でもやはり行き詰まることがあるのですか。

C 疑問詞と疑問終尾詞とを併用する場合

……AとBとを同時に用いる場合である。

例
❶何ゾ前ニハ倨リテ而後ニハ恭シキ也。（十八史略）
❷何ぞ前《さき》には倨《おご》りて後《のち》には恭《うやうや》しきや。
❸どうして以前には傲慢《ごうまん》だったのに、今度はうやうやしい態度をとるのか。

D 複合語を用いる場合

1 **何以**（なにヲもつテ）……どうして。方法・手段・理由を問う。

例
❶何ヲ以テ為リシヤ二我ガ禽ト一。（史記）
❷何を以て我が禽《とりこ》と為りしや。
❸どうして私の捕虜となったのだ。

2 **何為**（なんすル＝身分を問う・なんすレゾ＝理由を問う）

例
❶客何為ル者ゾ。（史記）
❷客何為《かくなんす》る者ぞ。
❸お前はどういう身分の者だ。

3 **何由**（なにニよリテ）……どうして。理由を問う。

例
❶何ニ由リテ知ル二吾ガ可ナルヲ一也。（孟子）
❷何に由《よ》りて吾が可《か》なるを知るや。

③どういう理由で私ができることがわかるのか。

4　**何日**（いづレノひカ）……いつになったらの意。

例
①何レノ日カ是レ帰年ナラン。（杜甫《とほ》）
②何《いづ》れの日か是《こ》れ帰年《きねん》ならん。
③いつになったら故郷に帰れる日が来るのだろうか。

5　**何如・何若・何奈**（いかん）……どのようであるか。様子・状態・是非を問う。

例
①今日之事何如。（史記）
②今日《こんにち》の事何如《いかん》。
③今日の（会合の）様子はどのようであるか。

6　**如何・若何・奈何**（いかん・いかんセン）……どうするか。手段・方法を問う。

例
①取リテ二吾ガ璧ヲ一不ンバレ予ヘ二我ニ城ヲ一奈何。（史記）
②吾が璧《へき》を取りて我に城を予《あた》へずんば奈何《いかん》。
③わが国の璧を取り上げて、都市を寄こさなかったらどうするのか。

7　**幾何・幾許**（いくばく）……どれくらい。数量を問う。

例
①如キハレ我ノ能ク将タル二幾何ニ一。（史記）
②我のごときは能《よ》く幾何《いくばく》に将《しやう》たる。
③私の場合、どれくらいの数の兵を統率する将軍になれるだろうか。

8　**多少**（たしょう）……どれくらい。数量を問う。

例
①花落ツルコト知ル多少。（孟浩然《もうこうねん》）
②花落つること知る多少。
③花はどれくらい散っただろうか。

5　反語形

文意を強調するための表現。
A　疑問詞を用いる場合、
B　疑問終尾詞を用いる場合、
C　疑問詞と疑問終尾詞とを併用する場合、
D　複合語を用いる場合などに分類できる。

A　疑問詞を用いる場合

1　**「何」「奚」「焉」「寧」**など、「なんゾ・なにヲカ・いづクニカ・いづレノ」と読む漢字を用いる場合。

例 ①内《ニ》省《ミテ》不《ンバ》レ疚《シカラ》、夫《レ》何《ヲカ》憂《ヘ》何《ヲカ》懼《レン》。（論語）

②内《うち》に省《かへり》みて疚《やま》しからずんば、夫《そ》れ何をか憂《うれ》へ何をか懼《おそ》れん。

③自分の心を反省して疚《やま》しい点がなければ、いったい何を心配し、何を恐れることがあろうか、いやその必要はない。

2 「誰」「孰」など、「たれカ・いづレカ」と読む漢字を用いる場合。

例 ①向《カツテ》レ月《ニ》胡笳誰《カ》喜《バン》レ聞《クヲ》。（岑参《しんじん》）

②月に向かつて胡笳《こか》誰か聞くを喜ばん。

③月に向かって吹く胡笳の音色を誰が喜んで聞くであろうか、いや誰も喜ばない。

3 「安」「悪」「焉」「寧」「烏」など、「いづクンゾ・いづクニカ」と読む漢字や、**「豈」**（あニ）を用いる場合。

例 ①卮酒安《クンゾ》足《ランヤ》レ辞《スルニ》。（史記）

②卮酒《ししゆ》安《いづ》くんぞ辞《じ》するに足らんや。

③たかが一杯や二杯の酒をどうして辞退しようか、いや辞退などしない。

例 ①百鳥豈《ニ》無《カランヤ》レ母。（白居易《はくきょい》）

②百鳥豈《あ》に母無からんや。

③多くの鳥たちにどうして母がいないことがあろうか、いや必ずいる。

B 疑問終尾詞を用いる場合……「乎」「邪」「与」「耶」「哉」「也」

など、「や・か」と読む漢字を用いる場合で、反語形の場合は「や」と読むことが多い。

例 ①以《テ》レ臣《ヲ》弑《ス》レ君《ヲ》、可《ベケン》レ謂《フ》レ仁《ト》乎。（史記）

②臣を以て君を弑《しい》す、仁と謂《い》ふべけんや。

③臣下の身分で主君を殺すというのは、どうして仁といえようか、いやいえない。

C 疑問詞と疑問終尾詞とを併用する場合

……AとBとを同時に用いる場合である。

例 ①豈《ニ》遠《シトセン》二千里《ヲ》一哉。（十八史略）

②豈《あ》に千里を遠しとせんや。

③どうして千里の道のりを遠いと思うだろうか、いや思わない。

D 複合語を用いる場合

1 **何以**（なにヲもつテ）

例
❶不《ンバ》レ然《ラ》、籍何《ヲ》以《テ》至《ラン》レ此《ニ》。（史記）

❷然《しか》らずんば、籍《せき》何を以て此《ここ》に至らん。

❸さもなければ、私（項籍）がどうしてこんなことをしただろうか、いやするはずがないだろう。

2 **何為**（なんすレゾ）

例
❶何為《レゾ》其《レ》然《ラン》也。（論語）

❷何為《なんす》れぞ其《そ》れ然《しか》らんや。

❸どうしてそんなことがあろうか、いやそんなことはない。

3 **何遽**（なんゾ）

例
❶此《レ》何遽《ゾ》不《ラン》レ為《ラ》レ福《ト》乎。（淮南子《えなんじ》）

❷此れ何遽《なん》ぞ福《ふく》と為らざらんや。

❸これがどうして幸いにならないだろうか、いや幸いになるだろう。

4 **何独**（なんゾひとリ～ノミナランヤ）

例
❶故郷何《ゾ》独《リ》在《ルノミナランヤ》二長安一《ニ》。（白居易）

❷故郷何ぞ独《ひと》り長安に在るのみならんや。

❸私の故郷がどうして長安だけにあると限ろうか、いやそんなことはない。

5 **何不・奚不・胡不**（なんゾ～ざル）

例
❶胡《ゾ》不《ル》レ帰《ラ》。（陶潜）

❷胡《なん》ぞ帰らざる。

❸どうして帰らないのか、帰ればよいのに。

6 **幾何**（いくばくゾ）

例
❶為《スコト》レ歓《ビヲ》幾何《ゾ》。（李白《りはく》）

❷歓《よろこ》びを為《な》すこと幾何《いくばく》ぞ。

❸楽しいときなどどれくらいあるだろうか、いやほとんどない。

7 **敢不**（あへテ～セざランや）

例
❶百獣之見《テ》レ我《ヲ》而敢《ヘテ》不《ラン》レ走《ラ》乎。（戦国策）

❷百獣の我を見て敢《あ》へて走らざらんや。

❸獣たちが私を見て、どうして逃げないことがあろうか、いや必ず逃げる。

入試出題例

〈学習院大〉

「安用重法邪。」の説明として最も適当と思われるものを、次の中から選べ。

1 心安んじて法律をきびしくすることができよう。
2 どうして法律をきびしくする必要があろうか。
3 心安んじて不正を重く裁くことができよう。
4 どうして不正を重く裁く必要があろうか。

（解答） 2

6 詠嘆形

感嘆の意味を表す。

A 文頭に詠嘆の助字を用いる場合、
B 文末に詠嘆の助字を用いる場合、
C AとBを併用する場合、
D 特殊な形の場合などに分類できる。

A 文頭に「唉」「呼」「嗟」「噫」「於」「悪」「烏」「于」「乎」「嗚呼」「嗟乎」など、「ああ」と読む漢字を用いる場合

例
❶唉、豎子不レ足ラ二与ニ謀ルニ一。（史記）
❷唉《ああ》、豎子《じゅし》与《とも》に謀《はか》るに足らず。
❸ああ、青二才とは一緒に仕事はできんわい。

B 文末に「哉」「乎」「矣」「与」「夫」「邪」「也哉」「乎哉」など、「かな」「か」と読む漢字を用いる場合

例
❶孝ナル哉。為ニ二母之故ノ一、忘ル二其ノ刖罪ヲ一。（韓非子）
❷孝なるかな。母の故《こと》の為《ため》に、其の刖罪《げつざい》を忘る。
❸親孝行であるなあ。母のことのために自分の足切りの刑さえ忘れるとは。

C AとBを併用する場合

例
❶嗚呼、其レ真ニ無キレ馬邪。（韓愈）
❷嗚呼《ああ》、其れ真に馬無きか。
❸ああ、本当に名馬がいないのであろうか。

D　特殊な形の場合

1　「何～也」（なんゾ～や）の形。

例
❶是何《ゾ》レ楚人之多《キ》也。（史記）
❷是《こ》れ何ぞ楚《そ》人《ひと》の多きや。
❸なんと楚の国の人間の多いことよ。

2　「不亦～乎」（また～ずや）の形。詠嘆的反語。

例
❶有《リ》レ朋自《リ》二遠方一来《タル》、不二亦楽《シカラ》一乎。（論語）
❷朋《とも》有り遠方より来たる、亦《また》楽しからずや。
❸志を同じくする友人がいて、わざわざ遠方から訪ねてきてくれる。なんと楽しいことではないか。

3　「豈不～哉」（あニ～ずや）の形。詠嘆的反語。

例
❶豈《ニ》不レ哀《シカラ》哉。（史記）
❷豈に哀しからずや。
❸なんと悲しいことではないか。

※詠嘆的反語について

2の「不亦～乎」と3の「豈不～哉」は、反語形であり、否定の字「不」とあわせて二重否定のように表現することで文章の意味を強調し、詠嘆を表すことがある。このような句形のことを「詠嘆的反語」という。

入試出題例
〈南山大〉

「不二亦《また》惑《ヒナラ》一乎。」の意味として最も適当と思われるものを、次の中から選べ。

1　なんとも迷惑至極ではありませんか。
2　わからずやと同類ではあるまいか。
3　ひとしく不惑の人ではあるまいか。
4　なんとまあ見当違いではないか。

（解答）　4

7　抑揚形

文意を強調するための表現。
まず、前半を軽く抑えた表現（抑）にし、後半をそれと比較して強調した表現（揚）にすることによって、全体を強調するもの。

A 基本形

①A且B。而況C乎。↓
②Aスラ且ツB。而《しか》ルヲ況《いは》ンヤCヲや。↓
③AでさえBなのであるから、ましてCはなおさらBだ。

※「且」の代わりに「猶・尚」(なホ)、「乎」の代わりに「哉・也」(や)を用いる場合もある。

例
①死馬《スラ》且《ツ》買《フ》レ之《ヲ》。況《ンヤ》生《ケル》者《ヲ》乎。(十八史略)
②死馬すら且《か》つ之を買ふ。況《いは》んや生ける者をや。
③死んでいる馬でさえ買ったのであるから、まして生きている馬ならなおさら買うであろう。

B 基本形の前半部分はそのままで、後半部分に「いづクンゾ〜や」という反語形を用いる場合

例
①臣死《スラ》且《ツ》不レ避《ケ》。卮酒安《クンゾ》足《ランヤ》レ辭《スルニ》。(史記)
②臣死すら且《か》つ避けず。卮酒《ししゆ》安《いづ》くんぞ辞《じ》するに足らんや。
③私は死でさえも避けようとは思っていません。ですからましてや、たかが一杯や二杯の酒をどうして辞退いたしましょうか、いや辞退などしません。

入試出題例
〈岡山大・改〉
「而況於賢者乎。」をすべてひらがなで書き下し文にしなさい(現代仮名遣いとする)。
(解答) しかるをいわんやけんじゃにおいてをや。

8 仮定形

「もし〜だったら」という願望や仮想の意を表す。
A 仮定の助字を用いる場合、
B 文脈から判断する場合などに分類できる。

A 仮定の助字を用いる場合

1 「如」「若」「説」「脱」「仮」「即」「向使」など、「もシ」と読む漢字を用いる場合。

例
①若《シ》嗣子可《クンバ》レ輔《ク》、輔《ケヨ》レ之《ヲ》。(三国志)

②若《も》し嗣子《しし》輔《たす》くべくんば、之《これ》を輔けよ。

③もしわが嫡男《ちゃくなん》に補佐する値打ちがあるなら、補佐していただきたい。

2 **「縦令」「縦」「令」「仮令」「仮設」「設使」**など、「たとヒ」と読む漢字を用いる場合。

例

①縦ヒ彼不トモレ言ハ、籍独リ不ランレ愧ヂ二於心ニ一乎。（史記）

②縦《たと》ひ彼言はずとも、籍独《ひと》り心に愧《は》ぢざらんや。

③たとえ彼らが批判がましいことを言わなくても、私（項籍）がどうして心に恥じないでいられようか。

3 **「苟」**（いやしくモ）を用いる場合……この漢字は、仮定の意味と「まことに」の意味とをもっている。

例

①苟モ志セバ二於仁ニ一矣、無キレ悪シキコト也。（論語）

②苟《いやしく》も仁《じん》に志《こころざ》せば、悪《あ》しきこと無きなり。

③もし本当に仁を目指しているなら、悪いことはなくなるのだ。

4 **「今」**（いま）を用いる場合……「今」という漢字は、「現在」という意味でももちろん用いるが、「現在は違うが、もし今、こうなっていたら」という意味から、仮定の意味で用いられることが多い。

例

①今不ンバ二急ギ下ラ一、吾烹ン二太公ヲ一。（史記）

②今急ぎ下《くだ》らずんば、吾太公《たいこう》を烹《に》ん。

③もしすぐに下りてこなければ、わしは（お前の父）太公を釜《かま》ゆでにして殺してしまうぞ。

5 **「無」「微」**など、「なクンバ・なカリセバ」と読む漢字を用いる場合。

例

①微カリセバ二管仲一、吾其レ被髪左衽セン。（論語）

②管仲《くわんちう》微《な》かりせば、吾《われ》其れ被髪左衽《ひはつさじん》せん。

③もし管仲がいなかったとしたら、今のわれわれは皆ざんばら髪で着物を左前《ひだりまえ》（野蛮な習俗）にしていただろう。

B 文脈から判断する場合

例

①朝ニ聞カバレ道ヲ、夕ニ死ストモ可ナリ矣。（論語）

②朝《あした》に道を聞かば、夕《ゆふべ》に死すとも可《か》なり。

③もし、朝に真の人の道がわかったなら、たとえその日の夕方に死んでもかまわない。

入試出題例 〈龍谷大・文〉

「縦彼不言、籍独不愧於心乎。」に訓点（返り点・送りがな）を付けなさい。なお、これをカタカナばかりで書き下せば、次のとおり。タトヒカレイハズトモ、セキヒトリココロニハヂザランヤ。

（解答）縦《ヒ》彼不《トモ》レ言《ハ》、籍独《リ》不《ラン》レ愧《ヂ》二於心《ニ》一乎。

9 限定形

「ただ〜だけだ」という限定の意を表す。

A 限定の助字を用いる場合、
B 文末に限定の助字を用いる場合、
C AとBを併用する場合、
D 文脈から判断する場合などに分類できる。

A 限定の助字を用いる場合（通常、送り仮名に「ノミ」をつけて呼応する）

1 「唯」「惟」「只」「但」「徒」「直」「特」「第」「止」など、「たダ」と読む漢字を用いる場合。

例 ❶但《ダ》聞《クノミ》二人語《ノ》響《キヲ》一。（王維《おうい》）
❷但《た》だ人語《じんご》の響きを聞くのみ。
❸ただ人の話し声が響いてくるだけだ。

2 「独」「特」など、「ひとリ」と読む漢字を用いる場合。

例 ❶今独《リ》臣《ノミ》有《リ》レ船。（史記）
❷今独《ひと》り臣のみ船有り。
❸今は、この私だけが船を持っています。

3 「纔」（わづカニ）を用いる場合。

例 ❶初《メハ》極《メテ》狭《ク》、纔《カニ》通《ズルノミ》レ人《ヲ》。（陶潜）
❷初めは極めて狭く、纔《わづ》かに人を通ずるのみ。
❸最初はとても狭くて、やっと人が通れるだけであった。

B 「耳」「而」「已」「爾」「而已」「也已」「而已矣」など、「のみ」と読む助字を文末に用いる場合

例 ❶此《レ》亡秦之続耳。（史記）
❷此《こ》れ亡秦《ぼうしん》の続《ぞく》のみ。
❸これでは滅んだ秦の二の舞になるだけです。

C　AとBを併用する場合

例
❶直《ダ》不《ル》㆓百歩《ナラ》㆒耳。（孟子）
❷直《た》だ百歩ならざるのみ。
❸ただ百歩逃げなかっただけである。

D　文脈から判断する場合

入試出題例〈岡山大〉

「然則但求㆓放心㆒。」を書き下し文にしなさい。

（解答）然らば則ち但だ放心を求むるのみ。

10　比較・選択形

ほかのものと比較したり、二つ以上のものから一方のものを選ぶ意を表す。次のように分類できる。

A　「於」「于」「乎」などを用いて、下の名詞に「ヨリ(モ)」を送る漢字を用いる場合

例
❶苛政猛《ハ》㆓於虎《ヨリモ》㆒也。（礼記《らいき》）
❷苛政《かせい》は虎よりも猛《まう》なり。
❸苛酷な政治は虎の害より恐ろしい。

B　「如」「若」「猶」など、「ごとシ」と読む漢字を用いる場合（比況）

例
❶不《ルコト》㆑動《カ》如《シ》㆑山《ノ》。（孫子《そんし》）
❷動かざること山のごとし。
❸物事に動揺しない様子はまるで山のようである。

C　「不㆑如」「不㆑若」など、「〜ニしカず」という形

基本形
①A不㆑如㆑B。↓②AハB二如《し》カず。↓
③AはBに及ばない。

例
❶百聞《ハ》不㆑如《カ》㆓一見《ニ》㆒。（漢書《かんじょ》）
❷百聞は一見に如《し》かず。
❸百遍聞いたとしても、一度見ることには及ばない。

D 「莫レ如」「莫レ若」など、「～ニしクハなシ」という形

基本形
①莫レ如レA。→②Aニ如クハ莫シ。→③A以上のものはない・Aするにこしたことはない。

例
❶衣《ハ》莫レ《ク》若レ《クハ》新《シキニ》、人《ハ》莫レ《シ》若レ《クハ》故《キニ》。（晏子春秋《あんししゅんじゅう》）
❷衣《ころも》は新しきに若《し》くは莫《な》く、人は故《ふる》きに若くは莫し。
❸衣服は新しいものにこしたものはなく、人は昔なじみであるのにこしたものはない。

E 「寧A無レB」（むしロA〔ス〕トモB〔スルコト〕なカレ）、「寧A不B」（むしロA〔ス〕トモB〔セ〕ず）の形

基本形
①寧A無レB。→②寧ロA（ス）トモB（スルコト）無カレ。→③Aすることはあっても Bするな。

例
❶寧《ロ》為二《ルトモ》鶏口一《ト》、無レ《カレ》為二《ル》牛後一《ト》。（十八史略）
❷寧《むし》ろ鶏口《けいこう》と為《な》るとも、牛後《ぎゅうご》と為る無かれ。
❸鶏のくちばしにはなっても、牛の尻尾にはなるな（大集団の末尾にいるより、小集団でもよいから長となれ）。

F 「与レA寧B」（AよリハむしロBナレ）の形

基本形
①与レA寧B。→②Aよリハ寧ロBナレ。→③AであるよりはBであれ。

例
❶礼《ハ》与二《リハ》其《ノ》奢一《ラン》也、寧《ロ》倹《ナレ》。（論語）
❷礼は其の奢《おご》らんよりは、寧《むし》ろ倹《けん》なれ。
❸礼というものは贅沢《ぜいたく》にするよりは、つつましやかであれ。

G 「A与レB孰C」（AトBといづレカCナル）の形

基本形
①A与レB孰C。→②AトBと孰レカCナル。→③AとBとではどちらがCなのか。

例
❶撃《ツト》与二和親一《スル》孰《レカ》便《ナル》。（史記）
❷撃《う》つと和親すると孰《いづ》れか便《べん》なる。
❸攻撃するのと和約を結ぶのとどちらが都合が

よいか。

重要句法

1 下から返って読む字

A 有《リ》・無《シ》……❶「有《リ》二――一」（――有り）「無《シ》二――一」（――無し）となる。

❷「在《リ》」は、下から返って「在《リ》二――一《ニ》」（――に在《あ》り）となるのが基本。

❸「莫《シ》・勿《シ》・毋《シ》」も、「無」と同様に用いる。また、これらは、同じ文型で「無《カレ》二――一（コト）」（――こと無かれ＝――てはいけない）と**禁止の句法**としても読む。

B **不《ず》・弗《ず》**……否定を表す。助動詞「ず」として読む。終止形のほかは「不《ざラ》・不《ざリ》・不《ざル》・不《ざレ》」と送り仮名を送る。

C **非《あらズ》・匪《あらズ》**……下から返って「非《ズ》二――一《ニ》」（――に非《あら》ず＝――ではない）となる。「ず」を送り仮名とする。

例 「非《ザル》二天之亡《ボスニ》レ我《ヲ》也。」（天の我を亡《ほろ》ぼすに非ざるなり。＝天が私を滅亡させるのではない。）

D **使《しム》・令《ム》・教《ム》・遣《ム》**（使役の句法）……下にある**使役の対象＋述語**の部分から返る。「――ヲシテ～しム」。

例 「令《ム》二項羽《ヲシテ》攻《メ》レ秦《ヲ》一。」（項羽《かうう》をして秦《しん》を攻めしむ。＝項羽に秦を攻撃させた。）

E **被《る・らル》・見・為・所**（受身の句法）……下の述語から返って、受身の助動詞「る・らる」として読む。

例 「恐《ル》レ見《れンコトヲ》レ欺《カ》。」（欺かれんことを恐る。＝だまされるのではないかと恐れた。）

F **可《ベシ》**……「可《シ》二――一」（――べし）の形で、可能・適当・許可を表す。「不《ず》レ可《カラ》二――一」は、不可能・禁止となる。

例 「可《シ》二以《テ》濫《うかブ》レ觴《ヲ》。」（以《もつ》て觴《さかづき》を濫《うか》ぶべし。＝そこに杯を浮かべることができるくらいだ。）

※「不《ず》レ能《あたハ》二――一（コト）」「不《ず》レ得《え》二――一（コト）ヲ」も、「不《ず》レ可《カラ》二――一」と同様、下から返って不可能を表す。

G **如《ごとシ》・若《ごとシ》**……下から返る際、「名詞＋ノ＋如《シ》」・連体形＋ガ＋如《シ》」となる。比況（――のようなものだ）を表す。

例 「霜如《シ》レ雪《ノ》。」

（霜《しも》雪のごとし。＝霜が真《ま》っ白《しろ》で雪のようだ。）

例 「若シレ怨《うら》ムガ。」（怨《うら》むがごとし。＝怨んでいるようだ。）

※「不レ如カ二――一ニ」「不レ若カ二――一ニ」は、「――に如《し》（若《し》）かず」（――にはかなわない）となる（比較の句法）。

H 欲《ほっス》……下から返って、「欲ス二――一ント」（――んと欲す＝（今にも）――ようとする。――ようと思う）となる。

例 「山雨欲スレ来タラント。」（山雨来たらんと欲《ほっ》す。＝今にも山の雨が降って来ようとしている。）

I 自《より》・従《より》・由《より》……下から返って、起点（――から）・経由（――を通って）を表す。

例 「自リ二遠方一来タル。」（遠方《ゑんぱう》より来たる。＝遠くから来た。）
「従リレ口入ル。」（口より入《い》る。＝口から入る。）

J 與《と》・与《と》……「Aト与《と》（與）レB」（AとBと）、「与（與）レA」（Aと）の形で、並列を表す。

K 雖《いへどモ》……下から返って、「雖《いへどモ》二――一ト」（――と雖も＝――ではあるが。――ではあっても）となる。

例 「雖モレ令スト不レ従ハレ。」（令《れい》すと雖《いへど》も従はれず。＝命令を下しても従われない。）

これらのほか、「以テ二――一ヲ」（――を以《もっ》て＝――で。――という理由で）、「毎ニ二――一」（――毎《ごと》に）、「為ニ二――一ノ」（――の為に）、「為《な》ル二――一ト」（――と為《な》る）、「為《た》リ二――一」（――たり）、「於イテ二――一ニ」（――に於《お》いて）、などがある。

2 再読文字

A 未……「未《ず》ダ二――一」（未《いま》だ――ず＝まだ――ない）

例 「未《ず》ダレ知ラレ生ヲ。」（未《いま》だ生《せい》を知らず。＝まだ生とは何かがわからない。）

B 将・且……「将《す》ニ二（且ニ二）――一ント」（将《まさ》（且《まさ》）に――んとす＝これから――ようとする。今にも――ようとする）

例 「田園将《す》ニレ蕪《あ》レナント。」（田園将《まさ》に蕪《あ》れなんとす。＝美しい田園は今にも荒廃してしまいそうだ。）

C 応（應）……「応《まさ》ニ《ベシ》二――一」（応《まさ》に――べし＝きっと――だろう。――た方がよい）

例 「応ニ《ベシ》レ知ル二故郷ノ事一ヲ。」（応《まさ》に故郷の事を知るべし。＝きっと故郷のことをご存じだろう。）

D 当（當）……読み方は「応」と同じ（当《まさ》に――べし）。「当然――べきだ」の意となる。

例 「人当《ベシ》レ惜《ニ》二寸陰《シム》一《ヲ》。」（人 当《まさ》に寸陰を惜しむべし。＝人は当然、わずかな時間も惜しむべきだ。）

E 宜……「宜《よろシク》《ベシ》二——一」

（宜《よろ》しく——べし＝——のがよい）

例 「用《ヰルハ》レ人《ヲ》宜《シク》《ベシ》レ取《ル》二其《ノ》所《ヲ》レ長《ズル》一。」（人を用ゐるは、宜《よろ》しく其《そ》の長ずる所を取るべし。＝人を使うときは、その人のすぐれている点を取り上げてやるのがよい。）

F 猶・由……「猶《なホ》《ごとシ》二（由《なホ》二）——一《ノ・ガ》」

（猶《なな》（由《なな》）ほ——の（が）ごとし＝ちょうど——ようなものだ）

例 「過《ギタルハ》猶《ホ》《ごとシ》レ不《ルガ》レ及《バ》。」（過ぎたるは猶ほ及ばざるがごとし。＝行き過ぎは至らないのと同じようなものだ。）

G 盍……「盍《なんゾ》《ざル》二——一」（盍《なん》ぞ——ざる＝どうして——ないのか。——たらどうか）

「何《ゾ》不《ざル》二——一」を一字化した用法。

例 「王盍《ゾ》《ル》レ反《ラ》二其《ノ》本《ニ》一矣。」（王 盍ぞ其《そ》の本《もと》に反《かへ》らざる。＝王よ、どうしてその根本に戻らないのか。）

H 須……「須《すべかラク》《ベシ》二——一」

（須《すべか》らく——べし＝ぜひ——必要がある）

例 「須《ラク》《ベシ》レ惜《シム》二少年《ノ》時《ヲ》一。」（須《すべか》らく少年の時を惜しむべし。＝ぜひ年若で力にあふれた時代を大切にする必要がある。）

3 文中・文末に用いられる助字（1に掲げたものを除く）

A 於・于・乎……文中で❶場所、❷対象（目的）、❸受身、❹比較を表す。❶〜❸は、下の名詞に「ニ」を送り（受身の場合は、さらに上にある述語に「ル・ラル」を送る）。❹の場合は、下の名詞に「ヨリ（モ）」を送る。

例 ❶武王、至《ル》二於盟津《まうしんニ》一。 ❷老《おイテ》倦《うム》二于勤《つとメニ》一。

❸用《ヰラル》二於楚《そニ》一。 ❹青《シ》二於藍《あゐヨリモ》一。

B 而……文中では、上の述語に「テ」を送って、この字は読まないのがふつう。文頭にある場合や、強調したい場合には、「而《シテ》」「而《ウシテ》」（而《しか》して・而《しか》うして＝そして）、「而《しかルニ》」（而《しか》るに＝それなのに）、「而《モ》」（而《しか》も）などと読む。

C 也……文末においては、「なり」（断定）、または

「や」（疑問）。文中では「や」（強調・よびかけ）と読む。

D　矣……文末において感動・判断を表すが、ふつうは読まず、感嘆の意をことに表したいとき、「かな」と読む。

E　哉・乎・夫……文末において「かな」と読み、感動を表す。また、「邪・耶・与」と同様、文末において「や・か」と読んで、疑問・反語を表すこともある（反語の副詞と呼応して「――んや」となる）。

例　「善哉《キ》。」（善きかな。）

例　「逝《ク》者《ハ》如《キ》レ斯《クノ》夫。」（逝《ゆ》く者は斯《か》くのごときかな。）

例　「雲耶山耶。」（雲か山か。）

F　耳・而已・已・而已矣・爾……文末において「のみ」と読み、限定（――だけ）、強調（まさに――）を表す。

例　「直《ダ》不《ル》二百歩《ナラ》一耳。」（直《た》だ百歩ならざるのみ。）

例　「僅《ニ》三人而已。」（僅《わづか》に三人のみ。）

G　焉……文末において語調を整え、断定の意を添える。この場合は読まないが、文中においては「焉《クンゾ》」（焉《いづ》くんぞ）と読んで反語の副詞となったり、「焉《これ》」と読んで代名詞となったりするので要注意。

4　その他の読み方・意味に注意すべき字

■ **固**《ヨリ》（固《もと》より＝もともと）

■ **具**　❶具《サニ》（具《つぶ》さに＝詳しく）　❷具《フ》（具《そな》ふ＝準備する）

■ **卒**　❶卒《ニ》（卒《つひ》に＝結局）　❷卒《ス》（卒《しゅっ》す＝死ぬ）

■ **質**《ス》（質《ただ》す＝尋ねる）

■ **因**《リテ》（因《よ》りて＝そこで。そのために）

■ **能**《ク》（能《よ》く＝――できる。否定形は「不レ能《ハ》」（能《あた》はず））

■ **方**《ニ》（方《まさ》に＝ちょうど。今や）

■ **乃**《チ》（乃《すなは》ち＝そこで）

■ **所以**《ゆゑん》　理由。いわれ。――するべきところ・こと。

■ **所謂**《いはゆる》　世に言う――。

■ **以為**《ヘラク》（以為《おも》へらく＝考えたことには）

MY BEST

For Everyday Studies and Exam Prep
for High School Students

漢文

定期テスト対策問題

解答・解説

寓話

定期テスト対策問題　寓話

解答

1 問一　aし／あなた　bめい（に）／命令（いいつけ）

問二　不走乎

問三　(2)敢へて我を食らふこと無かれ。／決して私を食ってはいけません。　(3)敢へて走らざらんや。／どうして逃げないことがありましょう（きっと逃げるはずです）。

(4)虎獣の己を畏れて走るを知らざるなり。／虎は、獣が自分を恐れて逃げたことがわからなかった。

問四　天帝使ム㆔我ヲシテ長タラ㆓百獣ニ㆒

問五　(イ)もってしかりとなす。／なるほどもっともだと思った。(ウ)ついにこれといく。／そのまま、狐と一緒に行った。

2 問一　千金を以て涓人をして千里の馬を求めしむる者有り。／千金を用いて、側役人に、一日千里を走る名馬を買い求めさせた人がいた。

問二　今至矣

問三　死馬すら且つ之を買ふ、況んや生ける者をや。／死んだ馬でさえ買うのだから、まして生きている名馬を買わないはずはない。

問四　必ず士を致さんと欲せば、／どうしてもすぐれた人物を招きたいと思うなら、

問五　豈ニ遠シトセン㆓千里ヲ㆒哉。／どうして千里の道のりも遠いと思うだろうか。

問六　ここにおいて／そこで

問七　「死馬ノ骨」＝郭隗　「千里ノ馬」＝賢者

1 問一　a「子《し》」は、尊敬の二人称。姓につけて「――先生・殿」の形でも用いる（例 孔子《こうし》）。

問二　「子」「我」を使っているのは狐《きつね》の会話部分。このあと、「虎」となるのが地《じ》の文のはじまり。

問三　(2)「無――」は、「無し」か「無かれ」。「敢」は「敢《あ》へて」と読む。　(3)「敢不――」は反語となる。反語の文は「――ンヤ」でとじる。

問四　「使・令」は使役の句形となる。下の「我」が使役の対象（目的語）、下の「長」が述語。

問五　(イ)「以為然」は、よく用いられる表現なので、覚えておこう。

(ウ)「与」は下から返って「と」（格助詞）と読む。

2 問一　まず、一・二点に従って読み進め、「上」に至って、「下」

に返る。「使」は使役の句形。

問二 涓人《けんじん》の返事は、本文P329④に対する説明となっている部分。⑧の内容はその結果である。

問三 「……《スラ》且《ツ》――、況《ンヤ》～《ヲヤ》」の形。

問四 「欲」についてはP447参照。

問五 「豈《あニ》」は反語を表す。文末は「――ンヤ」で終わる。

問六 「是・此」についてはP334・335参照。

問七 「死馬《ノ》骨」は「役にも立たないがそれを高額で買うことで、真にすぐれたもの（千里《ノ》馬）を得るという結果に結びつくもの」のこと。

書き下し文 **現代語訳** 1 はP323・325、2 はP329～331を参照。

詩文

定期テスト対策問題　詩文

解答

1
問一 七言絶句／「楼」「州」「流」
問二 ③　**問三** ①　**問四** ④　**問五** ②
問六 ④　**問七** ②

2
問一 五言律詩　**問二** ①
問三 ㋑さんげつ　㋓しんにたへざらんとほつす
問四 ④

1 **問一** 詩の形式、押韻《おういん》の問題は頻出。型を理解しておけばよいので、パターン化してマスターしよう。なお、押韻は、五言詩なら偶数句末、七言詩なら、初句と偶数句末、というルールを覚えておけばよい。

問二 単語レベルの問題。「故人」は和漢異義語の代表的な言葉の一つで、漢文で「故人」とあったら「旧友」と理解しておくとよい。

問三 友人を作者が岸から見送っている場面をしっかりイメージしていれば、舟《ふね》で遠ざかっていく友人をとらえることが可能だろう。

問四 第三句の主語は「孤帆の遠影」であり、それが「碧空に尽く」のである。舟が青空の中に消えていく、というのはどのような状況かを考えればよい。

問五 限定法の問題。句形をマスターすることは漢文読解の基礎である。

問六 作者が岸から友人を送っているのであるから、おのずから主語は作者となる。

問七 「天際」とは、空と長江《ちょうこう》との境、つまりは水平線のこと。長江が水平線に流れるというのだから、広々とした長江のはるか先が空と区別できなくなった状態をいっている。

2 問二 文の構造をつかみ、作者が「鳥」に「はっと気づかされる」という読み方をしているものを探せばよい。

問四 押韻を考えれば、②か④となる。あとは内容を考えて、④を選ぶ。

書き下し文 現代語訳 1 は本文P352、2 はP358・359を参照。

定期テスト対策問題　散文

解答

問一 aまた　bうちに　cつぶさに

問二 だんじょのいちゃく、ことごとくがいじんのごとし。

問三 イ

問四 なんと（村人は）漢という時代があったことを知らないし、（その後の）魏や晋について知らないのはもちろんだった。

問五 ア

問一 いずれも基本的な読み。必ずマスターしよう。

問二 「著」は、ここでは「着」と同じ意味なので、音は「チャク」。「悉」は、すっかりの意で、「ことごとク」と読む。

問三 何度も読み返して、村人が外界と隔絶した事情を確認しよう。

問四 「乃」は、ここでは驚きや意外性を表している。

問五 村人が外部からの来訪者を拒否する理由を考えてみよう。

書き下し文 現代語訳 は、本文P371〜373を参照。

史伝

定期テスト対策問題　史伝

解答

問一 cいえど（も）　dか（つ）　eたと（い）

問二 aそこで（このときに）　b船出の準備をして

問三 ①東に進み、烏江を渡ろうとした。　③今、私だけが船を持っている。　⑥私はどうして心中恥じずにいられようか。

問四 ②亦た王たるに足るなり。　④我何ぞ渡ることを為さん。

問五 項羽が自分たちの子弟を戦死させてしまったことに対する恨みや不満。

問六 天之亡我

問一 e「縦令・仮令」なども「たとヒ」と読む。

問二　a「是」は「ここ」と読むことに注意。

問三　①「欲す」は、ここでは意志・決意を表す。③「独り……のみ」は限定の形。⑥「独り……や」は反語の形。

問四　④文末の「為」を反語の助字と考えて、「何ぞ渡らんや」と訓読することもできる。

問五　「彼」は「江東の父兄」を指す。

問六　項羽《こうう》は敗戦の原因を自らの作戦の失敗とは考えなかった。そこに項羽の美意識を発見することができる。白文は、訓点をすべて省いた漢文のこと。

書き下し文　現代語訳　は、本文P396〜398を参照。

思想

定期テスト対策問題　思想

解答

1

問一　aやぶ（りて）　bうら（むこと）

問二　孔丘

問三　なんぞおのおのなんぢのこころざしをいはざる（と）。

問四　③車馬や衣裘を友人と共有すること。　④善行を自慢すること。

問五　つらいことを他人に押しつける。

問六　⑥どうか、先生のお気持ちをうかがいたい。　⑦若者には（自分が）慕われるようにしたいものだ。

問七　ウ

2

問一　aゆえん　bたちま（ち）　cこれ（に）よ（りて）これ（を）み（れば）

問二　①人の不幸を黙って見ていられない心。　③はっと驚き、いたましく思う心。

問三　②孺子の将に井に入らんとするを見れば、／幼児が今にも井戸に落ちようとしているのを見ると、　④交はりを孺子の父母に内るる所以に非ざるなり。／幼児の父母と交際を結ぼうとするからではない。

問四　ウ

問五　幼児を見殺しにしたという悪評を嫌うこと。

問六　エ

1

問一　b「遺憾《いかん》に思う」の「憾」である。

問二　孔子《こうし》は、姓は孔、名は丘《きゅう》、字《あざな》は仲尼《ちゅうじ》。

問三　「盍」は「なんゾ……ざル」と再読し、ここでは「……してみないか」の意。

問四 ④「善」はよい行いやよい発言などの意。

問五 「施」は、「己《ノ》所《ハ》レ不《ル》レ欲《セ》、勿《カレ》レ施《スコト》二於人《ニ》一。」〔論語《ろんご》—衛霊公編《えいのれいこう》〕と同じ用法。

問六 ⑥この「願」は、他に対する願望を表す。

問七 子路《しろ》→顔淵《がんえん》→孔子の順に抱負の内容がより高度になっていることに注意。

2 問一 c「以上のことから考えてみると」という慣用句。

問二 ①「忍」は「むごいことを平気で行う」意。バ行上二段に活用する。

問三 ②「将（まさニ……す）」は、ここでは「今にも……しようとしている」という意味。再読文字の二度目に読む部分は、書き下し文ではひらがなで書く。

問四 「誉」は「名誉、名声」の意。

問五 「声」は「評判」の意で、ここでは幼児を見殺しにしたという悪評のこと。「悪」は「嫌い憎む」の意で、音は「オ」。

問六 「然す」は「そうする、そのようにする」の意。

書き下し文 現代語訳 1 は本文P408・409、2 は本文P420・421を参照。

NOTE

NOTE

NOTE

NOTE

NOTE

NOTE

NOTE

MY BEST
よくわかる高校古文+漢文

著　者　黒澤弘光（元筑波大学附属高校教諭）
塚田勝郎（元筑波大学附属高校教諭）
イラストレーション　FUJIKO、宮野耕治
制作協力　株式会社エデュデザイン
執筆・編集協力　大橋直文（はしプロ）
校正　相澤尋、加藤陽子、工藤竜暉、高木直子、佐藤玲子
写　真　アフロ、「石山寺縁起絵巻」石山寺所蔵、神奈川県立金沢文庫、京都大学附属図書館、公益財団法人平木浮世絵財団、公益財団法人陽明文庫、国文学研究資料館、国立国会図書館、個人蔵 提供：中央公論新社、五島美術館蔵<撮影：名鏡勝朗>、斎宮歴史博物館、東京国立博物館所蔵 Image: TNM Image Arch、風俗博物館、山種美術館蔵 image: Yamatane Museum of Art / Artefactory
データ作成　株式会社四国写研
印刷所　株式会社リーブルテック